中国物流专家专著系列 · 2022

需求更新与行为视角下的物流服务供应链协调问题研究

刘伟华　著

中国财富出版社有限公司

图书在版编目（CIP）数据

需求更新与行为视角下的物流服务供应链协调问题研究 / 刘伟华著. —北京：中国财富出版社有限公司，2022.5

（中国物流专家专著系列）

ISBN 978－7－5047－7457－6

Ⅰ.①需…　Ⅱ.①刘…　Ⅲ.①物流管理—供应链管理—研究　Ⅳ.①F252

中国版本图书馆 CIP 数据核字（2021）第 113966 号

策划编辑	郑欣怡	**责任编辑**	白　昕　王新月	**版权编辑**	李　洋
责任印制	尚立业	**责任校对**	杨小静	**责任发行**	敬　东

出版发行	中国财富出版社有限公司		
社　　址	北京市丰台区南四环西路 188 号 5 区 20 楼	**邮政编码**	100070
电　　话	010－52227588 转 2098（发行部）		010－52227588 转 321（总编室）
	010－52227566（24 小时读者服务）		010－52227588 转 305（质检部）
网　　址	http：//www. cfpress. com. cn	**排　　版**	宝蕾元
经　　销	新华书店	**印　　刷**	北京九州迅驰传媒文化有限公司
书　　号	ISBN 978－7－5047－7457－6/F・3423		
开　　本	710mm×1000mm　1/16	**版　　次**	2022 年 5 月第 1 版
印　　张	26	**印　　次**	2022 年 5 月第 1 次印刷
字　　数	453 千字	**定　　价**	128.00 元

作者简介

刘伟华，天津大学运营与供应链管理系主任、教授、博士生导师，兼任中国物流学会副会长，教育部物流管理与工程类教学指导委员会委员兼青年工作组组长，全国物流标准化技术委员会委员，国家社科基金重大项目首席专家。近年来，先后在 EJOR、IJOPM、TRE、IJPE、IJPR、SCMIJ、PPC、AOR、JPSM 等国际高水平学术期刊发表 SCI/SSCI 检索论文 70 余篇，出版《服务供应链管理》等 10 部专著。主持 1 项国家社科基金重大项目、1 项国家重点研发计划子课题、3 项国家自然科学基金项目（两项后评估优秀）、2 项教育部人文社科基金项目、1 项中国工程院决策咨询重点课题、4 项国家发改委委托课题、1 项国家级新工科研究与实践项目和首批全国新文科研究与改革实践项目等 18 个省部级以上课题以及主持完成近 40 多项企业合作课题。先后荣获改革开放 40 周年交通运输与物流杰出专家 40 人、中国智库创新人才青年标兵奖、宝钢教育基金优秀教师奖、中国物流与采购联合会科技进步一等奖和科技创新人物奖等多项荣誉，提交的多项决策咨询建议获得中共中央办公厅、中共中央财经委等决策部门采纳，牵头第一项智慧物流国家标准《智慧物流服务指南》和第一项 IEEE 智能工厂物流流程规范；现任 *International Journal of Logistics: Research and Applications* 期刊亚洲区编辑、*Modern Supply Chain Research and Applications* 副主编（Associate Editor）和 IJPE/TRE/OCMA 等多个国际高水平期刊的特邀编辑。2013 年入选天津市 131 创新人才计划，2015 年入选天津市五个一批人才计划，2021 年入选天津大学首批英才教授。

前　言

消费升级、互联网快速发展、新技术飞速进步正在成为推动中国市场发生重大变革的重要新兴力量。中国经济经过20年的高速发展，推动中国市场发生了显著变化。无论是to B还是to C的市场，市场的分层化、小众化、个性化、便利化、社群化正在成为新的发展趋势。同时技术的快速发展，特别是智能技术、大数据技术、信息技术，正在为企业创造新的发展机遇。这是个高速变化的世界，产业环境在变，企业环境也在变；单个企业在变，供应链也在变。

基于变化的市场环境，企业的需求更新管理也将成为常态。一方面，企业需求可能面临突发式变化。尤其是在新冠肺炎疫情期间许多行业需求下滑，部分企业无力支撑导致破产，直接造成供应链中断。例如，2020年1月1日—5月12日，我国有1345家汽车经销商登记注销，其中，创立时间在3年以内的占了近六成。另一方面，一些企业在促销季节或者受重大事件的影响，面临需求暴涨的问题，导致企业管理困难。例如，2019年11月11日，天猫的单日电子商务交易额达到了2684亿元，全天各快递企业共处理快件5.35亿件，这些数据每年都在不断更新。2020年11月11日，天猫的单日电子商务交易额增长到了4982亿元，仅圆通速递公司单日揽件量就突破1亿件。如何管理变化的物流需求，给客户提供更好的服务，成为这些快递企业迫切需要解决的难题。

当发生需求更新时，物流服务供应链管理的难度将大大提升。一方面，在需求更新环境下，供应链成员之间存在复杂的博弈行为，如理性预期行为、不公平厌恶行为、过度自信行为、顺从行为、信任行为、互惠行为等都可能引起供应链决策的变化，这些行为在需求变化情况下变得更加明显，因此行为视角下的供应链决策问题明显不同于普通的供应链决策问题。另一方面，不同于有形的实体产品，服务产品具有无形性、不可储存性、不可分割性、顾客影响性、服务异质性等特性，服务供应链与传统产品供应链运作管理存在较大的差异，因此，需求更新环境下传统产品供应链的协调方法在物流服务供应链问题中并不完全适用，迫切需要围绕供应链成员行为，在充分考虑物流服务特性的基础上，探索新的物流服务供应链协调理论与方法。

本书受国家自然科学基金面上项目“需求更新环境下考虑提供商策略行为的物流服务供应链协调机制研究”（课题编号：71672121）的资助，本人主持了该项目的研究。本项目从理论研究与实证研究两个层面展开。理论研究层面，在能力合作前，研究基于需求更新与提供商理性预期行为的物流服务供应链能力采购策略，并探索基于需求更新与提供商能力配置行为的物流服务供应链能力数量协调策略；在能力合作中，研究基于需求更新与提供商质量承诺行为的物流服务供应链质量协调策略；在能力合作后，从可持续合作角度出发，研究基于需求更新与提供商顺从行为的物流服务供应链利润分配策略。实证研究层面，将以前面的理论模型研究为基础，利用多案例分析方法和结构方程建模方法，研究不同情境下基于需求与行为共同驱动的物流服务供应链协调机制，完善物流服务供应链协调理论。

本书一共分为 12 章，第 1 章是绪论；第 2 章是文献综述与研究议程；第 3 章是需求更新和理性预期行为下的物流服务供应链二次订购模式选择；第 4 章是需求更新与互惠行为下的物流服务供应链能力采购；第 5 章是需求更新与顺从行为下的物流服务供应链服务能力采购；第 6 章是需求更新与不公平厌恶行为下的物流服务供应链订单分配模型；第 7 章是需求更新和双重过度自信行为的物流服务供应链决策；第 8 章是需求突增背景下集成商过度自信行为对供应链决策的影响；第 9 章是信息不对称下考虑信任行为的物流服务供应链冲突处理机制；第 10 章是物流服务供应链需求更新、策略行为与绩效间的关联关系；第 11 章是客户的不耐心行为对物流服务供应链绩效管理的影响；第 12 章是考虑需求更新的物流服务供应链综合绩效评价。

本书的部分理论研究成果已经先后发表在 *Annals of Operations Research*、*International Journal of Production Economics*、*Transportation Research Part E*、*International Journal of Production Research*、*Asia-Pacific Journal of Operational Research*、*European Journal of Industrial Engineering*、*International Journal of Logistics: Research and Applications*、*Journal of industrial and management optimization*、*Modern Supply Chain Research and Applications* 等国际学术期刊以及国内的《供应链管理》等专业学术期刊上。

本书的撰写也得到了我们团队研究生的大力支持。博士生王迪、申欣冉、闫晓宇、魏婉莹等先后开展了基于行为的相关研究，硕士生朱冬蕾、王一家、武润泽、王美丽、王树青、谢冬、刘阳等也都围绕需求更新和行为运作开展了相应研究。他们先后参与了国家自然科学基金资助项目，与本人在国际和国内学术期刊上合作发表了许多论文。其中，王思雨、魏爽还参与了全书的校对和文献格式的统一工作。

本书在写作过程中得到天津大学的李波教授、彭岩副教授、林强副教授、杨道箭副教授、霍艳芳副教授、高举红副教授、何龙飞副教授、周刚副教授、霍宝锋教授、毛照昉教授、赵道致教授、李勇建教授等人的大力支持，感谢加拿大劳瑞尔大学的施春明教授、英国格林尼治大学的周莉教授、瑞典林雪平大学的唐讴教授、重庆大学的林明锦院长、南开大学的李响教授、天津财经大学的秦娟娟教授、浙江财经大学的包兴副教授等人在书稿撰写中给予的指导和帮助。本书在写作过程中，也得到了许多国内物流企业包括世能达物流（天津）有限公司、中外运集装箱运输有限公司、青岛日日顺物流有限公司、天津陆路港公路运输发展有限公司、上海新杰物流有限公司、招商物流集团北京有限公司、京东物流、苏宁物流、菜鸟网络等的指导和帮助，限于篇幅不全部点名致谢。特别感谢中国物流与采购联合会贺登才副会长、蔡进副会长、崔忠付副会长、任豪祥副会长，电子商务物流与快递分会万莹秘书长，汽车物流分会执行副会长马增荣，研究室周志成主任，物流学会工作部黄萍主任，危化品物流分会秘书长刘宇航以及国家发展改革委经济运行调节局刘希龙处长，经贸司肖光伟处长等领导对实证调研工作的支持与帮助。最后，还要感谢中国财富出版社有限公司的编辑们对本书出版所作出的辛勤工作。

本人自博士毕业以来一直从事物流服务供应链领域的相关研究，先后主持的三个国家自然科学基金项目（70902044、71372156、71672121）以及教育部人文社科基金项目（13YJC630098）都与物流服务供应链协调机制研究密切相关，因此，本书也是近年来本领域的部分总结。作为对物流服务供应链领域的行为运作理论与方法的粗浅探索，本书的出版仅是抛砖引玉，可能存在疏漏与不足之处，敬请各位读者批评指正。

本书可作为物流管理专业、物流工程专业、供应链管理专业本科生、研究生的教学参考资料，对物流与供应链管理领域的管理人员和技术人员也有一定的帮助。

刘伟华

2021 年 1 月 28 日

目　录

1 绪论

1.1 研究背景与意义

近年来，随着物流服务外包越来越普及，许多物流服务集成商（后文简称集成商）与功能型物流服务提供商（后文简称提供商）建立了长期的合作关系，为客户（如制造企业、商贸企业）提供集成化的服务，并形成了物流服务供应链（Liu et al.，2011）。例如，宝供物流是中国较大的物流服务集成商，它整合仓储供应商500多家、公路运输供应商1200多家、人力装卸搬运作业队500多家，这些供应商利用自身的能力，帮助宝供物流完成客户（宝洁、飞利浦等）所需要的物流业务。此外，圆通速递公司、美国罗宾逊全球物流（CH Robinson）等公司也都整合了多家物流服务提供商，通过向这些提供商采购运输能力、仓储能力等，为客户提供系统化、集成化的物流服务。

为了形成更加紧密的供应链伙伴关系，设计合理的物流服务供应链协调机制将更加重要。然而，物流服务供应链的协调并不是容易的事情，因为物流服务集成商通常面临来自客户和提供商的双重压力。一方面，客户的需求信息经常更新（Fisher and Raman，1996），不断变化的需求对物流服务提出了很高的要求。2019年11月11日，天猫的单日电子商务交易额达到了2684亿元，全天各快递企业共处理快件5.35亿件，这些数据每年都在不断更新。2020年11月11日，天猫的单日电子商务交易额增长到了4982亿元，仅圆通速递公司单日揽件量就突破1亿件。这些快递包裹必须在承诺的3～5天送达，激增的需求完全突破了圆通速递公司的预期。由于物流服务具有不可储存性和无形性的特征，不能提前生产，只能通过提前储备相应的服务能力应对客户需求的激增，但由于物流服务能力准备不足，促销活动给圆通速递公司造成了巨大的物流服务压力，物流爆仓、延迟配送以及货物破损等问题集中爆发。另一方面，功能型物流服务提供商在物流服务集成商采购能力的决策中并不是完全被动的，而是存在策略行为（Strategic Behavior）。比如在合作开始前的物流服务订单分配过程中，提供商存在理性预期行为（Liu et al.，2014），即它会考虑参与订单分配得到任务的可能性，从而作出是否参与订单分配的战略决策，而不只是被动地接受订单分配；在合作过程中的质量协调方面，客户要求提供商提供更好的服务，提供商可能会采取服务质量承诺策略以提高市场竞争份额，这种承诺行为也是具有战略性的。显然，在这种需求更新和提供商策略行为同时存在的复杂环境下，物流服务供应链的协调机制明显不同于普通环境下的协调机制，迫切需要开展探索性的理论研究。

从产业层面来看，虽然国内许多物流服务集成商（如宝供物流、传化物流集团、圆通速递公司等），已经意识到在物流服务供应链协调中，充分考虑提供商的策略行为将有助于改善物流服务绩效和提高客户满意度，而且采取了提供商数量优化、提供商分级管理和加强质量监督等手段来提高协调绩效（陈思云等，2005；黄祖庆等，2013；Liu et al.，2015），但是这些管理手段和方法目前尚未得到系统化总结，迫切需要加强这方面的实证研究。

近年来，国内外学者关于需求更新下的供应链协调研究主要围绕制造企业的产品供应链展开，服务供应链尤其是物流服务供应链的研究相对较少，也未考虑到提供商策略行为因素。不同于有形的实体产品，服务产品具有无形性、不可储存性、不可分割性、客户影响性、服务异质性等特性（Nie and Kellogg，1999），服务供应链与传统产品供应链运作管理存在较大的差异（Ellralm et al.，2006；刘伟华，2007），因此，需求更新环境下传统的产品供应链的协调方法在物流服务供应链问题中并不完全适用，迫切需要围绕提供商策略行为，在充分考虑物流服务特性的基础上，探索新的物流服务供应链协调理论与方法，同时对国内物流服务供应链的协调经验进行总结，使之成为普遍适用的管理方法。

因此，本章将通过引入行为分析方法，探索在需求更新环境下，提供商的理性预期行为、能力配置行为、质量承诺行为、顺从行为等策略行为对物流服务供应链协调的影响，设计相应的供应链协调机制，并利用实证研究方法，对物流服务集成商管理提供商策略行为的典型经验进行总结，形成具有普遍规律的协调方法，为物流服务集成商更好地管理物流服务供应链提供决策借鉴。

1.2 国内外研究现状与分析

1.2.1 需求更新下供应链的决策研究

需求更新下的决策是指随着需求实现点的临近，决策者不断收集市场信息并进行需求更新，并利用更新后的市场需求信息作出更好的决策。目前被广泛应用的需求更新方法包括：贝叶斯更新法（Lee et al.，2012）、条件分布法（Zhang et al.，2013）和 AR（1）过程（So et al.，2003）。在供应链采购问题中，需求更新是近年来经常探讨的问题，尤其对于一些典型的有较长产品提前期和较短销售季的行业，如时尚行业（Yang et al.，2011）、半导体行业（So et al.，2003）、无线电通信和汽车行业（Özen et al.，2012）等。在物流服务供应链中，也经常采取需求更新方法，例如，为了应对爆发式物流需求，许多物流服务集成商也采用类似的预测方法，对可能产生的新需求进行预测。

许多学者研究了需求更新下的供应链决策问题。研究内容主要包括零售商采取信息更新手段优化订货策略、需求更新下的供应链契约协调、需求更新下的生产库存系统等。在这些研究中，需求信息更新通常用贝叶斯更新法（Berk et al.，2007；李娟等，2008；陈金亮等，2010；宋华明等，2010；魏炜，2010；Song et al.，2014；Liu et al.，2015；Zhan and Liu，2016）、条件分布法（Iyer and Bergen，1997；申成霖等，2012；Zhang et al.，2013；申成霖等，2015）、AR（1）过程（So and Zheng，2003）和累积分布函数（尚文芳等，2013）等方法进行表示。

在订货策略方面的研究中，Gurnani and Tang（1999）研究了不确定需求下，零售商利用观测市场信号进行需求信息更新，优化两阶段订货决策的问题。So and Zheng（2003）讨论了两级供应链中需求预测信息更新对零售商订货数量变动的影响，认为预测需求更新将增加订货数量变动性，尤其是在外部需求相关的情况下。他们使用 AR（1）过程来构建外部需求，这样需求在前后两个阶段是相关的。随后，不少学者将该问题拓展到更加复杂的情形，分别探讨零售商允许在外部市场采购商品（Sethi et al.，2004），存在能力或供应约束（Miltenburg and Pong，2007b；Zheng et al.，2015；Zheng et al.，2016）、服务水平约束（Sethi et al.，2007）、质量承诺约束（Liu et al.，2015）、紧急订购约束（汪峻萍等，2015）等条件下的二次订货问题，也有不少学者拓展到多产品、多阶段的研究（Miltenburg and Pong，2007b；Song et al.，2014）。

在订货策略方面的研究中，主要有一次订购策略和二次订购策略。在一次订购策略的研究中，主要是关于供应链成员的采购、库存以及最优采购时间的研究，有许多文献对此进行了研究。例如，Iyer and Bergen（1997）构建模型研究了一次订购策略，其中零售商可以在压缩的提前期内通过观测市场信号改善需求预测。Choi and Yan（2004）找到了零售商的最优一次订购策略，并提出使用多种运输方式可以提高库存决策的弹性。在此基础上，Choi et al.（2006）通过两个信息更新模型研究了快速反应政策，并发现有效的快速反应政策依赖于准确的信息更新模型以及选择适当的销售季前产品。Zheng et al.（2016）通过对报童模型的拓展，研究了两种供应限制，即对买家订购时间范围进行限制和最大允许订购量递减，并通过两种模式的对比，发现需求预测更新受到采购价格上涨和订购时间、数量存在限制的消极影响。然而，在二次订购策略下，学者们主要研究了供应链契约设计问题和供应链采购问题，同时，服务限制和服务水平等因素也被考虑进来，更加符合实际情况。Sethi et al.（2007）研究了需求更新下的单期两阶段有服务限制的供应链，其中买家做出服务水平承诺。经过研究发现，最优的第一阶段订购量和最优期望利润随服务水平单调变化，并且考虑了预测质量对最优决策的影响并用回购契约进行供应链协调。Zhou and Wang（2012）研究了由一个制造商和一个买家组成的两级供应链中的二次订购问题，并提出用改善的收益共享契约协调供应链。Liu et al.（2015）在考虑服务水平的条件下，探究了需求信息不确定完全揭示/不完全揭示和质量保障变化成本/不变化成本所组成的四种情况对供应链成员最优决策的影响。

在供应链契约设计方面，也有不少学者进行了研究，并且指出当市场需求可预测时，供应商和零售商执行适当的契约可使供应链的收益获得帕累托改进（Donohue，2000）。Milner et al.（2002）研究了当零售商在市场需求确定前订货，但是待市场需求确定后允许其调整实际订货量的带有数量弹性的订货契约。随后，更多的学者研究了复杂环境下的供应链契约设计问题，分别考虑了定价因素（Chen et al.，2006）、期权因素（李娟等，2008）、风险分担因素（宋华明等，2010）、服务水平约束（申成霖，2012）和公平偏好（徒君等，2017），在契约设计方法上采用了回购契约（Chen，2006；简惠云，2013）、收益共享契约（吴江华等，2010）、补偿契约（陈金亮等，2010）、批发价格契约（李祥祥等，2015）、供应链激励契约（郑琪，2018）和供应链佣金契约（张旭梅等，2020）等。

在生产库存系统中，也有不少学者研究了需求更新的影响。例如，Berk et al.（2007）考虑了损失销售情况下的需求贝叶斯更新报童模型。Benjaafar et al.（2011）研究了不完美预测需求信息和更新问题对生产库存的影响。Özen et al.（2012）利用需求更新研究了在离散决策下的库存共享问题。Zhang et al.（2013）研究了如何通过协调延迟生产点和预测更新改进生产效率，他们研究中的需求更新过程与 Iyer and Bergen（1997）类似。Li et al.（2021）以非平稳随机需求的零售商为研究对象，提出了一种求解两阶段优化问题的追索权方法，并推导出了最优库存。此外，国内的一些学者也进行了类似的研究，将问题拓展到更为复杂的决策环境，包括延期交货问题（王晶等，2010）、预测精度问题（宋华明等，2010）、期权协调问题（尚文芳等，2013）、带有库存限制与需求更新问题（温馨等，2017）以及考虑服务时间的订货策略（秦雅玲，2019）等。

从这些文献来看，已有的需求信息更新的文献主要以报纸、杂志、食品、药品和时装等为研究对象，并且只是将价格、提前期以及订购批量作为决策变量，对物流服务供应链协调机制的研究较少。

1.2.2 基于行为的供应链协调研究

许多研究表明，由于在运作管理系统中，人的实际行为并非与理性假设和预测相符，因此，迫切需要结合行为理论开展运作管理的创新性研究。Bendoly et al.（2006）对从 1985 年到 2005 年 6 月发表的行为运营管理研究的文献进行了系统综述，他发现在考虑行为运营模式下，许多文献的结论与通常的结论不同。Bendoly et al.（2006）和 Croson et al.（2013）认为在运营管理的研究中，考虑行为方面的问题已经非常必要。

在供应链协调研究中，供应链成员之间存在复杂的相互作用，这种相互作用也会产生复杂的行为动态，因此，供应链成员之间的行为和决策协调成为新的研究方向。从近年来发表的文献所属学术期刊来看，基于行为的供应链管理主要侧重于供应链库存管理研究（Croson and Donohue，2003；Zhao，2010；Hartwig et al.，2015）、供应链讨价还价（拍卖）（Bolton et al.，2003）、供应链定价问题（杨道箭等，2010；张新鑫等，2015；Han et al.，2015；王宣涛等，2015）和供应链道德问题（Deyong and Pun，2015；Kaynak et al.，2015）等方面。其研究方法主要有行为实验法（Akkermans and Vos，2003）、调查研究法（Croson and Donohue，2003；Flynn et al.，2010）、仿真分析法（Zhao，2010）、博弈论（Bolton et al.，2003；杨道箭等，2010）、运筹学建模方法（Hamdouch，2011）。国际学术期刊 *International Journal of Production Economics* 还在 2012 年 3 月出版了一期以行为运营管理为主题的论文专辑，专门探讨了供应链成员的行为对供应链运作的影响。国际学术期刊 *Journal of Operations Management* 也在 2013 年 1 月出版了行为运营的专刊，共发表了 10 篇关于行为运营的文章。*Annals of Operations Research* 在 2016 年出版了有关行为运营管理的特辑，对行为运营管理和其中难解的“病理学”（如牛鞭效应、羊群效应、替代性经验和社会公信力等）进行更深入研究。而且，近年来 *Management Science*、*Production and Operations Management*、*Manufacturing & Service Operations Management* 等国际高水平期刊刊发了许多基于行为的供应链协调的文章。由此可见，基于行为的供应链协调研究正成为新的研究趋势。

在供应链行为研究中，供应商的策略行为是非常重要的方面。由于供应链实际上是网状结构，供应商常常面对多个下游零售商，这时会出现产能不足或者是产生风险（张新鑫等，2015），因此供应商就会对产能进行策略性分配（Chen et al.，2012）。供应商的分配机制和零售商的订购水平之间形成了博弈（Hartwig et al.，2015）。一方面，供应商要预测供应链中各种内在或外在因素的变化所导致的合作伙伴长期或短期行为的变化（Rabelo et al.，2008），提前拟定与合作伙伴在不同情况下的关于时间、成分和频率有差异的支付方案（Chen and Chen，2005）或者决定最佳出售时间（徐兵等，2015）。另一方面，供应商并不总处在主导的地位，供应商有时实力较弱，因此会做出一定的让步和牺牲来维持正常的伙伴关系，尽管这些让步会让该供应商付出一定的代价，这种行为称为顺从行为（Hung et al.，2009）。例如，供应商会选择转移支付的方式激励合作伙伴（孔振德，2018），供应商愿意这样做的原因是建立一份长期的、紧密的公司关系。陈洪转等（2017）以价格谈判为切入点提出了战略谈判协商定价模型，对制造商和供应商让步均衡进行研究。此外，还有一些策略性行为如质量承诺行为、损失厌恶行为等也将对供应链协调产生影响。因此，在供应链协调研究中，研究供应商的策略行为将能够更全面地理解和解释供应链协调中的现象与规律。

1.2.3 物流服务供应链协调研究

随着服务供应链研究的兴起，越来越多的学者开始研究服务供应链，特别是物流服务供应链。从研究视角来看，物流服务供应链的研究仍然主要围绕物流服务集成商和功能型物流服务提供商的合作关系协调来展开，主要涉及的问题包括供应链任务分配、物流能力的数量协调、物流服务质量监控、物流绩效分配整体优化。

在物流服务供应链任务分配协调的研究中，田宇（2005）从探讨第三方提供商与分包商如何构建有效的合作机制出发，基于 Berglund（2000）的研究成果，开发了一个三阶段物流服务数量折扣与回购分包合同模型。刘伟华等（2008）以两级物流服务供应链的基本结构为研究对象，提出了面向多个提供商的两级物流服务供应链任务分配模型。刘伟华等（2012）将订单分配从两级物流服务供应链扩展到三级供应链，研究了随机环境下的三级物流服务供应链任务分配问题。Yang et al.（2012）利用遗传算法研究了物流服务供应链任务分配问题。李姗姗（2014）研究了物流服务供应链订单分配优化及其遗传算法。Liu et al.（2013）研究了基于前景理论的物流服务供应链订单分配问题。胡彦勇等（2019）考虑了订单分配问题的动态性与模糊性，对物流服务供应链订单分配进行研究。郭杰（2019）探讨了快消品物流服务供应链运作阶段中功能型物流服务提供商任务分配问题。黄金虎等（2020）提出了考虑时效激励机制的物流服务供应链任务分配设计方案。

在物流服务能力数量协调中，刘伟华等（2008）研究了物流服务供应链两级能力合作的数量协调模型。Cui et al.（2008）研究了 Stackelberg（斯塔克尔伯格）博弈模型下依赖期权合约的物流服务供应链能力协调问题。何美玲等（2010）研究了物流服务供应链能力协调问题。Liu et al.（2012）研究了多周期环境下的物流服务供应链能力合作数量协调问题。王志宏（2015）研究了商业信用和数量折扣组合合同下物流服务供应链的数量协调问题。Liu et al.（2017）考虑了提供商的可靠性，对两级物流服务供应链的能力优化与协调进行研究。江田田（2019）研究了需求不确定的背景下，基于平台的物流服务供应链能力协调机制问题。Song et al.（2020）物流服务商为主导，采用 Stackelberg 博弈模型分析了收益共享合同、成本分担合同以及收益共享合同与成本分担合同的组合合同对物流服务提供商重建绿色物流能力积极性的影响。

在物流服务供应链的质量协调中，刘伟华等（2007）研究了两级物流服务供应链的质量监督四种模型。Zhang et al.（2010）研究了非对称信息条件下物流服务供应链质量监督问题，建立了非对称信息条件下贝叶斯纳什均衡模型。Liu et al.（2013）研究了基于质量承诺的物流服务供应链协调问题。Liu et al.（2015）进一步研究了提供商质量承诺行为与需求更新环境下的物流服务供应链能力采购问题。李晓萍和刘美璐（2015）研究了多级复杂物流服务供应链下的质量监督均衡问题，得到了不同模型下的混合 Nash（纳什）均衡解。张丹凤（2018）考虑了努力水平，对物流服务供应链质量监督与协调进行研究。蹇洁等（2018）引入客户作为质量协调博弈模型的影响因素，基于多周期合作对物流服务供应链的质量协调进行研究。Shu et al.（2020）研究了带定价的物流服务质量优化问题，提出了通过收益分成和成本分担合同协调供应链。

在物流绩效分配协调的研究中，桂云苗等（2009）研究了需求不确定下物流服务供应链协调问题，建立了市场需求受价格敏感的随机变量条件下的集中协调、Stackelberg 主从协调、竞争联盟协调的数学模型，并分析了不同协调方法的最优解的实现条件。Cho et al.（2012）研究了服务供应链绩效评价问题。黄祖庆等（2013）以传化物流为例研究了利益相关者理论视角下物流服务供应链绩效评价问题。王效俐和张默（2014）研究了物流服务供应链突发事件合作补救能力评价模型，该模型是典型的层次分析法（AHP）模型，探讨了各层级指标之间的内部依赖、外部依存关系，并运用 Super Decisions 软件进行评价。Pandari et al.（2017）提出一种基于模糊认知映射（FCM）的服务供应链绩效评估（SSCPE）模型。随着互联网经济的兴起，供应链整合能够更好地提升物流行业的整体绩效，王东生等（2020）分析了物流服务供应链整合对物流绩效的影响。李晓萍等（2020）从关系质量视角出发，从客户关系、供应商关系、共生关系三个层面对物流服务供应链绩效评价体系进行构建与优化。

1.2.4 文献总结

已有的文献表明，供应链成员之间存在复杂的相互作用，这种相互作用也会导致复杂的行为动态，因此，供应链系统成员之间的行为和决策协调成为新的研究方向。从近年来国内外学术期刊上发表的文章来看，基于行为的供应链管理研究主要侧重制造产品供应链，针对服务供应链的行为决策研究相对较少。此外，由于服务运作具有不同于产品制造的六大典型特征（Liu et al.，2014），因此，物流服务供应链协调机制与一般的生产供应链的协调机制将有较大区别，如何在考虑提供商策略行为和服务产品特性的双重视角下，研究物流服务供应链的协调机制问题成为重要的学术研究问题。

在物流服务供应链运作中，集成商协调整个物流服务供应链通常面临来自客户和提供商的双重压力，主要表现在客户需求的更新性和提供商行为的策略性。而且，由于客户需求的更新会进一步刺激提供商行为使其具有策略性，提供商并不是完全被动地参与供应链协调，而是具有理性预期行为、能力配置行为、质量承诺行为和顺从行为等策略性行为。显然，在这种双重压力的复杂环境下，物流服务供应链的协调机制明显不同于普通环境下的协调机制，迫切需要开展探索性理论研究。这不仅可以丰富物流服务供应链管理理论，也有助于提高需求更新环境下物流服务供应链协调绩效，增强物流服务供应链的竞争能力。

1.3 理论框架与研究内容

1.3.1 理论框架

物流服务供应链本质上是以服务能力合作为核心的服务供应链。本书将在需求更新环境下，着重研究考虑提供商策略行为的物流服务供应链协调策略。按照“能力合作前—能力合作中—能力合作后”的顺序，在能力合作前，重点介绍二次订购模式选择以及能力采购模型、订单分配模型，这些模型能够反映理性预期行为、互惠行为、顺从行为以及不公平厌恶行为；在能力合作中，重点介绍服务水平设计与冲突处理，可以研究单一过度自信行为、双重过度自信行为和信任行为；在能力合作后，主要介绍绩效影响因素、绩效管理策略和绩效评价方法。此研究中既有博弈模型和多目标规划构建，又有问卷调查、结构方程检验和案例实证分析，综合应用了多种方法研究相关问题，从而完善已经提出的物流服务供应链协调机制理论与方法。本书的研究框架如图 1 – 1 所示。

不同于一般的供应链协调优化建模，本书充分考虑服务产品区别于有形产品的典型特性以及需求更新的环境特性对供应链协调过程的影响，这些主要体现在能力采购过程中，物流服务产品的无形性、不可储存性、不可分割性、客户影响性、服务异质性等特性对这些服务供应链协调过程的影响；同时，还要充分考虑服务能力的不可储存性、不可分割性特点，考虑需求更新下实行二次订购的订购特点；另外，考虑需求更新与服务采购的特点，即第一次订购只是进行服务能力预配置的过程，而需求更新后进行的第二次订购才是服务能力的真实配置。在质量监控过程中，还要考虑服务无形性带来的服务质量不容易测度的特性和服务产品的无库存性特征，建立集成商与提供商的最优利润函数。在研究中，考虑需求变化特征和服务产品特征对供应链协调绩效的影响，构建相应的关联分析模型。

本书的撰写中，各个章节采用了不同的研究方法。例如，在建模的章节中，主要使用了贝叶斯更新理论、主从博弈理论、信息不对称理论、期权契约、多目标规划、模糊 AHP 评价方法等；在实证的章节中，使用了案例教学法（Real-case method）、结构方程检验、多案例分析等方法，这些方法的组合应用，不仅有助于深刻理解不同问题的内在规律，也可以为读者开展类似问题的行为运作研究提供重要参考。

1.3.2 主要研究内容

本书各部分的主要研究内容如下。

（1）行为视角下的服务供应链管理：文献综述与研究议程。

在第 2 章中，通过在 5 个数据库中搜索了 2009—2018 年发表的相关文献，筛选后最终选择了 64 篇文献作为综述的基础，采用文献分析法对这些文献从服务供应链的环节角度以及行为因素角度进行分类，通过比较分析找出了研究缺口，并提出了 5 个未来的研究议程。从服务供应链的环节角度来看，多数

文献综述
合作阶段
研究问题
主要行为
研究内容
主要方法
需求更新与行为视角下的物流服务供应链协调研究
行为视角下的服务供应链管理：文献综述与研究议程
能力合作前
能力合作中
能力合作后
采购模式选择
能力采购模型
订单分配模型
服务水平设计
冲突处理
绩效影响因素
绩效管理策略
绩效评价方法
理性预期行为
互惠行为
顺从行为
不公平厌恶行为
双重过度自信行为
单一过度自信行为
信任行为
策略行为
不耐心行为
综合行为
需求更新和理性预期行为下的二次订购模式选择
需求更新与互惠行为下的物流服务供应链能力采购
需求更新与顺从行为下的物流服务供应链服务能力采购
需求更新与不公平厌恶行为下的物流服务供应链订单分配模型
需求更新和双重过度自信行为的物流服务供应链决策
需求突增背景下集成商过度自信行为对供应链决策的影响
信息不对称下考虑信任行为的物流服务供应链冲突处理机制
物流服务供应链需求更新、策略行为与绩效间的关联关系
考虑客户不耐心行为的物流服务供应链绩效管理
考虑需求更新的物流服务供应链综合绩效评价
贝叶斯更新理论、理性预期均衡、主从博弈理论
互惠契约、主从博弈理论、多案例分析
贝叶斯更新理论、主从博弈理论、信息不对称理论
期权契约、多目标规划
Real-case method、贝叶斯更新理论、主从博弈理论
主从博弈理论、动态批发价格机制
区块链技术应用、信息不对称理论
结构方程检验、问卷调查
多案例分析
评价指标体系设计、模糊AHP评价法

图1-1 本书的研究框架

的既有文献集中在对集成商、供应商的关注，对需求管理与客户关系管理的关注较少；从行为因素角度来看，对经典行为因素的关注较多，对于新兴的行为关注较少。此章提出了5个研究议程：面向客户管理的行为研究和面向集成化服务供应链的行为决策研究、与新型行为结合的研究、与新的服务业发展情境结合的相关行为研究、考虑服务平台化与定制化发展趋势的影响研究以及考虑行业特性的服务供应链运作研究。

（2）需求更新和理性预期行为下的二次订购模式选择。

在第3章中，在需求更新的情况下，二次订购策略是服务供应链能力采购中常见的一种策略。此章探索了在需求更新和理性预期条件下，两种不同的二次订购模式（模式1为第二次订购只能增加订购量，模式2为第二次订购可以增加订购量或减少订购量）在物流服务供应链能力采购中的使用条件。考虑由一个物流服务集成商和一个功能型物流服务提供商组成的物流服务供应链，在需求更新情况下，物流服务集成商在订单到达前较长时间和订单临近到达时刻分别向物流服务提供商采购一定的物流服务能力，考虑理性预期约束，此章建立了两种不同二次订购模式下的集成商利润模型和提供商利润模型，给出了物流服务集成商两阶段采购决策的最优解。在需求为贝叶斯更新的条件下，重点分析了模式2优于模式1的条件，并利用 Mathematica 9.0 软件进行数值分析。研究结果表明，第一，模式2并不绝对优于模式1。第二，采用模式2会促使物流服务集成商（LSI）在第一阶段采购较多的服务能力，但并不能使双方的期望利润函数同时增大，而是存在一定的适用条件。第三，该适用条件与信息更新程度、需求看涨概率、减少订购量的最大比例、理性预期参数等因素相关。

（3）需求更新与互惠行为下的物流服务供应链能力采购。

在第4章中，尽管现有文献已经分别研究了供应链中的互惠行为和需求更新，需求更新下的互惠行为问题还没有得到整体研究。此章建立了需求更新条件下，基于互惠合同的物流服务集成商两阶段服务能力采购模型。通过求解该模型，找到了物流服务供应链互惠合同的使用条件，探索了需求更新因素对互惠合同的影响。此章还利用三角论证法，通过对于天津 SND 物流公司进行案例分析证明了理论观点。研究结果表明，在参数满足一定范围的情况下，此章提出的互惠合同可以协调供应链，互惠合作能够为双方带来双赢。互惠行为的程度随客户要求的服务水平的提高而提高，随提供商的边际成本的增加而降低。签订互惠合同时，若双方预判集成商总采购量较低，双方的互惠程度均会随着更新后的需求不确定增加而提高；若双方预判集成商总采购量较高，双方的互惠程度均会随着更新后的需求不确定程度的增加而降低。

（4）需求更新与顺从行为下的物流服务供应链服务能力采购。

在第 5 章中，随着市场竞争的加剧和现代物流技术的发展，需求更新成为供应链成员增加需求预测准确度和保障自身收益的重要手段。同时，供应链成员为了赢得客户而做出质量承诺以及顺从行为。这些因素的共同作用使得供应链决策变得更加复杂。因此，这章以一个物流服务集成商和一个功能型物流服务提供商组成的两级物流服务供应链作为研究对象，在市场需求更新情况下，建立了考虑集成商质量承诺和提供商顺从行为的两阶段服务能力采购模型。此章主要研究了需求更新与提供商顺从行为两个因素对集成商服务能力采购和质量承诺的分别影响，得到了许多重要结论。第一，集成商两次采购的最优采购量随着提供商当期的顺从因子增加而增加。第二，若提供商的顺从因子较高，则集成商的利润随其质量承诺增加，集成商的最优质量承诺为其上限；反之亦然。对于提供商来说，当集成商对提供商的惩罚系数较大时，提供商的最优决策是完全顺从。第三，在不同的需求更新条件下，提供商和集成商的决策不同。

（5）需求更新与不公平厌恶行为下的物流服务供应链订单分配模型。

在第 6 章中，考虑了由一个物流服务集成商和多个功能型物流服务提供商组成的两级物流服务供应链，在需求更新环境下，考虑提供商的不公平厌恶行为，分别引入向提供商预订期权与向外购买期权担保两种期权契约，构建了两阶段订单分配的多目标规划模型。此章探索了期权契约是否可以削弱不公平厌恶差异对订单分配的影响，并得到了两个重要结论。第一，与不采用期权契约相比，这章采用的两种期权契约均可以增加供应链总绩效，并且存在最优更新时刻，在这时订单分配结果达到最优值并且趋于稳定。第二，两种期权契约在一定条件下均可以削弱不公平厌恶差异对订单分配的影响，在需求减少情况下，选择预定期权更优；在需求增加情况下，集成商向外部购买期权担保更优，因为适用范围更广。

（6）需求更新和双重过度自信行为的物流服务供应链决策——以港口为例。

在第 7 章中，在天津港、船公司、客户组成的港口服务供应链的情境下，考虑需求更新情况，利用 Real-case method，建立了基于双重过度行为的供应链决策模型，以探究天津港过度自信行为和船公司过度自信行为对港口服务水平与承运量的影响。此章发现船公司的过度自信行为会导致船公司的利润降低，而双方的过度自信行为均会导致天津港利润增加。船公司的过度自信行为和天津港的过度自信行为对港口服务水平的影响相矛盾，导致天津港过度自信因子在某个临界值时，其港口服务水平等于理性情况下的最优值。此章发现船公司过度自信行为会影响天津港过度自信因子的临界值，需求更新会进一步放大这种影响。此章发现需求更新不仅会增加船公司承运量、提高天津港的港口服务水平，对双方的利润也有正向作用。我们意外地发现需求更新和过度自信行为之间会互相影响。

（7）需求突增背景下集成商过度自信行为对供应链决策的影响。

在第 8 章中，过度自信是指决策者认为自己知识的准确性比实际程度更高，包括过高定位、过度估计和过度精确。在物流服务供应链的实践中，物流服务集成商往往主导供应链，因此在市场需求突增时容易产生过度自信，典型的行为就是过度估计。即在采购决策前，集成商认为可以从提供商处采购到的物流服务能力高于提供商实际提供的物流服务能力。这种过度自信行为会影响到采购决策。此章以一个物流服务集成商和一个功能型物流服务提供商组成的两级物流服务供应链作为研究对象，在考虑第一阶段没有市场需求突增而第二阶段有市场需求突增的情况下，建立了考虑物流服务集成商过度自信行为的两期服务能力采购模型。经过研究发现，在第二阶段市场需求突增的情况下，集成商的过度自信行为将会给集成商的定价决策和提供商的服务水平决策带来负面影响。无论集成商第二阶段过度自信的采购能力能否满足第二阶段市场需求，市场需求突增和集成商过度自信都会导致第二阶段提供商的最优服务水平降到下限，且若第二阶段市场需求突增的比例较小，集成商第二阶段的最优定价将低于在第一阶段的水平。但是，这种负面影响可以通过转移第二阶段供应链控制权改善，即第二阶段由提供商主导供应链，且在适当条件下，还可以通过加入动态批发价格机制来消除这种不利影响。

（8）信息不对称下考虑信任行为的物流服务供应链冲突处理机制。

在第 9 章中，在智慧物流服务供应链中，快速匹配能力以及集成商的整合能力是其重要的特性，这对提供商的选择提出严格要求。通常，集成商在对提供商进行严格考核的同时，也会对提供商有一定的信任程度。但集成商与提供商之间存在信息不对称，导致提供商存在质量欺骗行为，从而引发冲突。此章考虑集成商的信任行为以及提供商的欺骗行为，探讨信息不对称和信任程度对双方决策和利润的影响，并研究质量欺骗导致的冲突的发生条件，对此提出区块链技术应对机制和传统的奖惩机制，给出两种机制的适用条件。此章得出了以下几条结论。第一，当集成商对提供商的信任程度较低的情况下，低质量提供商和高质量提供商均选择说真话；反之相反。第二，集成商与高质量的提供商合作存在双赢局面，不会导致冲突；集成商与低质量的提供商合作，会发生零和博弈情况。第三，集成商与低质量的提供商合作且信任程度较低时，集成商会因为信息不对称而遭受损失，此时集成商可以采用区块链技术。而与低质量的提供商合作且信任程度较高时，低质量的提供商会存在欺骗行为，此时集成商可以对低质量提供商的欺骗行为采取惩罚机制。

（9）物流服务供应链需求更新、策略行为与绩效间的关联关系。

在第 10 章中，在物流服务供应链运作中，供应链绩效不仅受到外部需求变化的影响，也受到物流服务供应链成员决策行为的影响。研究需求更新、成员决策行为与供应链绩效之间的关系，将有助于识别绩效影响因素和影响路径、提升物流服务供应链绩效。此章建立了关于需求更新、成员决策行为以及供应链绩效的结构方程模型，利用调研的问卷数据，采用 SmartPLS 验证了模型，得出了结论。第一，许多既有文献认为需求因素将对供应链绩效产生直接影响，我们通过实证研究发现需求更新无法对供应链绩效产生直接影响，必须通过供应链成员决策行为这一中介变量来实现，且“需求更新—集成决策因子—供应链绩效因子”是需求更新对供应链绩效影响最大的路径。第二，需求更新对集成商和提供商的决策行为均具有显著的正向影响，但对集成商的影响权重更大，而集成商行为对提供商行为有着正向的影响作用。第三，许多既有文献认为集成商在服务供应链中起到主导作用，集成商的作用明显大于提供商。研究表明，在物流服务供应链绩效的改进过程中，集成商行为的贡献度只是略微大于提供商行为的贡献度，这提醒了集成商要更加重视自身在供应链中的主导权，积极改善自身行为，避免被提供商控制。

（10）考虑客户不耐心行为的物流服务供应链绩效管理。

在第 11 章中，随着物流产业的不断转型，以客户为中心的物流服务模式成为越来越多企业的共同选择。许多实践证据表明，客户的耐心程度不断降低，这对物流服务供应链绩效管理带来了巨大影响，然而既有文献缺乏对客户的不耐心行为的深入探索。此章选取了国内四家物流企业作为研究样本，通过多案例分析探索了客户的不耐心行为对物流服务供应链绩效的影响，得到以下几条结论。首先，客户的不耐心行为会对上下游协同程度、同行竞争强度以及风险厌恶程度产生正向影响；其次，解释了三种中介因素对物流服务供应链绩效的影响机制，其中上下游协同程度和同行竞争强度具有正向影响，而风险厌恶程度具有负向影响；最后，供应链控制权强度对上述影响机制具有调节作用。据此得到了一个全新的理论框架，可以为物流服务企业绩效管理的实践者提供有益的决策参考。

（11）考虑需求更新的物流服务供应链综合绩效评价。

在第 12 章中，在供应链绩效评价中，需求更新会对指标体系产生巨大影响。此章依据指标体系构建原则，首先考虑物流服务供应链特性，建立了一般指标体系；在此基础上，考虑需求更新对集成商和提供商之间信息沟通机制的要求、对提供商灵活性的要求，构建了考虑需求更新的物流服务供应链综合绩效评价指标体系。在综合分析了常见的综合绩效评价方法的基础上，采用层次分析法和模糊 AHP 评价法进行评价，并用算例分析对某供应链的综合绩效进行了评价，分析了该供应链的综合绩效以及需求更新的相关指标。

1.4　本书的主要创新点

本书将围绕需求更新环境和提供商行为，研究物流服务供应链协调的几个关键问题，并进行实证研究，主要有以下创新。

（1）发现了行为视角下的服务供应链研究未来议程。根据对现有研究的系统综述与维度划分，我们认为学者们需要关注服务供应链中关注度较低的那些环节，也就是服务需求管理和服务集成管理，同时将实践中更加多样化的行为因素引入学术研究。从服务供应链的实践角度看，需要深度分析服务供应链的发展背景、发展趋势与各个细分服务行业的特性，才能以指导实践为目标，进行更有价值的研究。我们提出了 5 个研究议程，这将对未来的物流服务供应链管理研究提供重要的参考。

（2）给出需求更新情境下面向复杂决策行为的物流服务供应链协调模型。传统的供应链协调问题大多局限在制造业产品供应链范畴，涉及服务供应链特别是物流服务供应链的研究较少，考虑行为因素的协调理论更少。本书将紧密围绕需求更新特性和提供商行为特性，在能力合作前，分析理性预期、不公平厌恶行为、互惠行为、顺从行为等对能力多阶段采购的影响；在能力合作中，围绕服务水平和冲突处理两个问题，解决协调过程中出现的优化目标与约束条件，构建不同策略行为下的物流服务供应链协调优化模型，提出模型的求解思路与方法，为今后研究考虑行为的服务供应链协调机制提供理论借鉴。

（3）凝练应对需求更新环境和行为运作的物流服务供应链科学协调规律与方法。传统的供应链协调机制问题大多局限在建模和数值求解范畴，与实际案例结合并进行具体应用的相对较少。本书将集成理论研究与实证研究的双视角，利用多案例交叉分析技术和三角论证方法技术，凝练应对需求更新环境的物流服务供应链科学协调规律与方法。以世能达物流（天津）有限公司、中外运集装箱运输有限公司、天津陆路港公路运输发展有限公司、青岛日日顺物流有限公司等具有需求更新环境的物流企业为样本，建立国内物流服务供应链协调方法的案例分析库，对提出的协调优化模型进行实际应用，并对物流服务集成商管理提供商策略行为和应对需求更新的典型经验进行总结，形成具有普遍规律的协调方法，为物流服务集成商管理物流服务供应链提供决策借鉴。

2　文献综述与研究议程

2.1　引言

近年来，服务已经成为世界经济发展过程中重要的驱动力（Wang et al.，2015）。在激烈的市场竞争下，许多制造企业为了生存逐步把产品的范围从单纯的有形产品扩展到基于产品的服务，这种趋势被学术界称为“产品服务化”（Sousa and Silveira，2018）。在此背景下，各研究领域开始引入服务，如服务营销、服务运营管理、服务科学。Youngdahl and Loomba（2000）指出，在传统的供应链管理中，供应链的每个阶段为管理人员提供了整合服务角色的机会，以提高供应链的有效性并最终提升与客户的亲密度，因此服务供应链得到了越来越多学者的关注。学者们从不同的角度切入服务供应链的研究，产生了许多有趣的研究议题。Wang et al.（2015）对服务供应链中的运营模型进行了回顾，综述了服务采购、服务外包、契约设计、定价及质量决策等相关主题的研究进展。

然而，考虑到服务供应链成员之间复杂的相互作用和动态行为因素，许多现有文献的研究前提需要进行修正，因为此前运营管理的研究侧重于提供方案，帮助决策者进行战术性运营决策（Nagarajan and Sošić，2008），但在研究中忽略了一个重要的问题：决策者的行为会带来决策偏差，使决策的结果偏离传统经济学的计算结果（Chen and Krajbich，2018；Liu et al.，2020）。事实上，决策者追求的并非只是简单的最优化结果，而是基于社会偏好的“最满意方案”。以行为经济学为基础的行为运营并非对传统经济学完全否定，而是为了使学术研究的结论能够更好地服务于管理学实践（Croson et al.，2013）。

在行为和服务供应链两个独立的研究方向中，学者们已经进行了丰富且深入的探讨。由于大多数服务在很大程度上取决于人类的参与程度（Boshoff and Leong，1998；Sengupta et al.，2006），因此在服务行业中，个体行为对操作环境的影响更加明显。理解个体有哪些行为、为什么产生这些行为以及这些行为对传统研究假设带来的影响是非常重要的（Bendoly et al.，2006）。与此同时，由于服务具有无形性、异质性以及客户参与等特点，服务供应链中的决策背景更加丰富多样。因此，越来越多的学者开始将目光聚焦于交叉研究方向——行为视角下的服务供应链管理。这是考虑行为因素的研究情境下的一种服务供应链管理方式，考虑了供应链成员在决策中的各种行为，这些行为影响了整体的供应链决策。本章回顾服务供应链管理的现有文献，并整理出行为操作相关内容，以便后续研究，这有助于学者了解该领域的发展历程，明晰研究缺口并且聚焦于更有价值的研究领域。

2.2 研究方法与论文选择

2.2.1 服务供应链管理

随着服务重要性的提升，学者们开始在传统制造业供应链中考虑服务的影响，服务供应链应运而生（Anderson and Morrice，2000）。在早期，学者们仅仅将服务供应链视为制造业供应链的一种补充，Waart and Kemper（2004）将服务供应链定义为“与材料的计划、运输和维修有关的所有过程和活动，以实现对公司产品的售后支持”。Ellram et al.（2006）提出了一个基于生产的供应链的通用框架，并确定了主要服务功能，他们构建了一个基于 Hewlett-Packard、SCOR 和 GSCF 模型的服务供应链管理框架。随着研究的深入，学者们逐渐认识到服务的特性以及服务供应链和制造业供应链的差异（Sengupta et al.，2006；Baltacioglu et al.，2007；Liu et al.，2007；Ivanov et al.，2018）。不同于制造业供应链中的标准化和集中化的管理，由于服务供应链中的人为参与，服务产品产出的变化更多，不确定性更高（Sengupta et al.，2006）。Baltacioglu et al.（2007）详细讲述了服务的特性以及服务供应链与制造业供应链在结构上的差异，据此提出了服务供应链的新定义：由供应商、消费者、服务提供商和其他支持单位组成的网络，它们提供生产服务所需的资源，将资源转化为支持性和核心服务，然后将这些服务提供给客户。Liu（2007）从供应链结构、产品形式、稳定性、供应链协调等角度总结了服务供应链与传统的制造业供应链的主要差异（见表2－1）。Ivanov et al.（2018）研究了制造业供应链和服务运营的供应链灵活性驱动因素，对讨论制造业供应链与服务供应链的文献进行了详细综述。

表2－1　　服务供应链和制造业供应链的对比

项目	服务供应链	制造业供应链
供应链结构	原材料供应商—制造商—批发商—销售商—客户	功能型服务提供商—服务集成商—客户
产品形式	无形的服务或“无形服务＋有形产品”	有形产品
供应链协调	服务能力协调、服务计划协调	生产计划协调、库存管理协调
稳定性	稳定性较差，供需面临不确定性	具有较高的稳定性
绩效评价	基于服务运作的评价，主观性较强，指标较为抽象	基于产品运作的评价，易于确定指标
牛鞭效应的影响因素	服务信号、需求信号、价格波动	库存、需求信号、价格波动

一种被广泛接受的服务供应链结构是“服务提供商—服务集成商—终端客户”（Choy et al.，2007；Liu et al.，2018），集成商通常具有很强的控制权，为了保持其核心竞争力将基础性服务进行外包；提供商为集成商提供基础的功能型服务，最终由集成商将这些功能型服务整合为一体化的服务解决方案并销售给客户。许多学者在物流（Liu et al.，2018）、广告（Zhao et al.，2017）、咨询（Breidbach et al.，2015）、呼叫中心（Coyle，2010；Xia et al.，2015）、医疗（Samuel et al.，2010）、专业服务（Harvey，2016）等情境下拓展服务供应链的相关研究。Wang et al.（2015a）对服务供应链中的运营模型进行了综述，根据供应链中服务的具体形态，将服务供应链进一步细分为两类：仅服务供应链和产品服务供应链。仅服务供应链中的产品是纯服务，如医疗保健、身体检查，而产品服务供应链中的产品则是物理产品和服务的结合。仅服务供应链明确地聚焦于服务行业特性的影响。目前相关文献中讨论较多的仍然是产品服务供应链（Stock et al.，2010；Maull et al.，2012；Li et al.，2016），只是研究情境中引入了服务要素。与有形产品相比，服务的特性

（包括无形性、同时性、异质性、易腐性和劳动密集性）使服务的可视化和衡量变得困难，而管理服务供应链则更具挑战性（Baltacioglu et al.，2007；Maull et al.，2012）。

一些学者探索了服务供应链的流程与环节。Baltacioglu et al.（2007）提出服务供应链管理可以分为需求管理、能力和资源管理、客户关系管理、供应商关系管理、订单流程管理、服务绩效管理以及信息和技术管理。Pandari and Azar（2017）通过编码将服务供应链分为服务交付管理、供应商关系管理、客户关系管理、市场管理、服务能力管理、知识和信息流管理、现金流管理和风险管理几部分。在上述研究的基础之上，我们按照服务供应链的基本结构，将服务提供商、服务集成商以及终端客户视为三个重要的节点，据此将服务供应链管理分为四个环节（见表2－2），分别是：①服务供应管理，包括外包与订单管理，供应商决策管理；②服务需求管理，包括需求管理，客户决策管理；③服务集成管理，包括能力与资源管理，集成商决策管理（包括数量、定价、服务、渠道等决策内容）；④全链条协同管理，包括服务供应链绩效管理、协调与优化。

表2－2　服务供应链管理的环节

SCCM 的环节	面向对象	主要任务
服务供应管理	服务提供商	外包与订单管理，供应商决策管理
服务需求管理	终端客户	需求管理，客户决策管理
服务集成管理	服务集成商	能力与资源管理，集成商决策管理
全链条协同管理	整体服务供应链	服务供应链绩效管理、协调与优化

2.2.2 研究方法

本章采用的文献研究策略过程如图2－1所示，大致分为资源识别、资源选择和提取、资源评估三部分（Agrawal et al.，2015；Liu et al.，2017）。

（1）资源识别。

资源识别是文献综述的第一步，它旨在确定四个关键点：来源、范围、关键词和时间跨度。本章选择了五个常用的数据库：Wiley，Web of Science，Emerald，Taylor & Francis，ScienceDirect。在开始进行文献综述之前，我们需

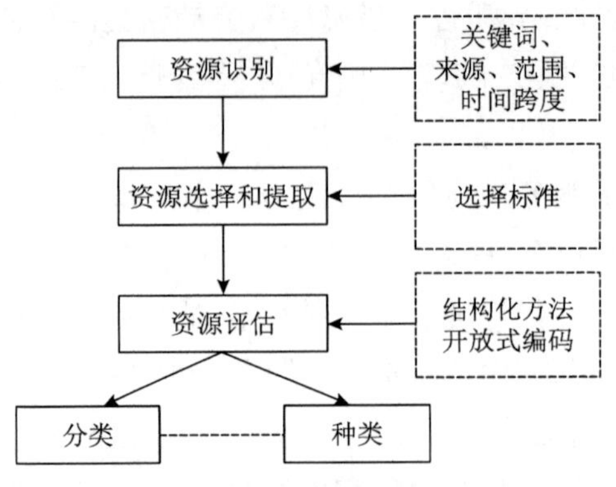

图 2－1　文献研究策略过程

要确定范围并提供研究重点（Croson et al. ，2013；Boysen et al. ，2015），至关重要的是，确定哪些论文符合行为视角下的服务供应链管理要求。我们认为符合选择条件的文献必须满足两个条件：第一，需要发生在服务供应链情境中，包括上文提到的仅服务供应链和产品服务供应链；第二，需要体现行为因素的影响，也就是说，研究中的决策过程的确受到了所引入的行为因素的影响，并且导致个人表现出了有限理性，不再是以单纯的自身利润最大化为目标进行决策。行为科学是一个非常宽泛的概念，它包含了多种细分行为因素，有些文献没有直接使用“行为”等词汇，而是使用了细分主题的关键词。根据 Croson et al. （2013）对行为运营的定义，只要是在本质上修正了理性决策者这个假设的因素，都可以被归类为行为因素。尽管行为运营的相关研究开展的时间较早，但服务供应链在供应链管理中属于新兴的研究方向。大部分相关文献发表于近十余年，因此本章选择的时间期限为 2009—2018 年。

根据上述标准，在五个数据库中初步搜索了服务供应链与行为因素结合研究的相关文献。现有文献中主要关注了几种细分的行为因素：前景理论与风险态度、公平偏好、预测偏差、互惠与利他行为、策略行为。此外，还有一些学者关注到服务供应链中的关系管理行为、竞争行为以及认知行为。越来越多的学者开始从关注个体的决策行为转向更为全面的全局供应链视角，个人关系、群体关系等带来的行为影响受到了一些学者的关注（Song et al. ，2016；Wang et al. ，2018；Rood et al. ，2018）。研究视角的转变使决策者不再单纯地关注自身的收益，因此会产生新的研究结论。这些行为因素虽然在行为科学领域不是主流的因素，但是它们的存在导致了服务供应链中决策者目标函数的转变，产生了决策偏差，本章将这些因素统一归为其他行为。

因此，根据文献搜索的结果，本章对这六种细分行为因素下的服务供应链的研究进行系统综述。六种行为因素的概念及文献搜索的关键词见表2-3，此外搜索了标题和摘要中同时含有上述关键词和服务供应链的文献，初始文献数量见表2-4。

表2-3　数据库搜索的关键词

行为因素	搜索关键词	含义
前景理论与风险态度	前景理论，风险态度，风险厌恶，风险偏好	风险态度是指决策者面对风险时的表现。前景理论是指决策者在面临收益风险时是厌恶的，在面临损失时是风险偏好的
公平偏好	公平，公平偏好，公平关怀	在与其他成员进行对比时，差异化的利润会对具有公平偏好的决策者的效用函数产生影响
预测偏差	预测偏差，过度自信，过度摆放，过度估计，过度精确	由于行为因素的存在，预测结果与真实结果之间存在差距，即预测偏差。过度自信是一种常见的预测偏差
互惠与利他行为	互惠，利他主义	互惠是一种以另一种积极/消极行动来回应一种积极/消极行动的社会规范。利他主义意味着一种动机状态，其目标是使他人受益而不需要自我牺牲
策略行为	战略，客户，消费者，供应商，服务提供商，集成商，行为	狭义的策略行为是指前瞻性行为；广义的策略行为是指决策者受到多种因素影响而作出的决策
其他行为	竞争，关系，认知等级	其他由于人的参与而引发的行为

表2-4　各个数据库的初始文献数量　　单位：篇

数据库	前景理论与风险态度	公平偏好	预测偏差	互惠与利他行为	策略行为	其他行为	总数
Wiley	11	8	5	5	33	13	75
Web of Science	14	14	1	6	49	35	119
Emerald	10	3	14	10	84	39	160
Taylor & Francis	22	13	36	7	24	9	111
Science Direct	14	49	52	59	41	21	236

（2）资源选择和提取。

这个步骤目的是从初始识别的文献中提取更加契合研究主体的部分。考虑到研究范围，仅包括直接讨论服务供应链中的行为操作并具有强相关性的文献。具体标准如下：本章仅保留了经过同行评审发表的期刊论文，不包括会议论文、工作论文、评注以及书评（Liu et al.，2017）。保留那些明确表明行为因素对服务供应链的研究情境产生了影响的研究，那些仅仅涉及行为或服务供应链概念，而没有进行深入分析的文献被剔除，例如，Williams and Waller（2011）讨论了供应链中的需求预测，尽管在摘要中出现了搜索关键词“服务”，但文章中并没有讨论服务相关的内容，也没有凸显服务供应链的特征，因此最终被排除。然后将按照不同关键词筛选出的重复论文进行了剔除，例如，使用“行为”和“公平”作为关键词检索可能会搜索出同一篇论文，为了避免重复计数，需要进行筛选。在选择论文时，优先选取运营管理领域的权威期刊，目的是获取更加权威的研究，并基于此提出更优参考价值的研究议程。运营管理领域的权威期刊包括 *Journal of Operations Management*，*Manufacturing & Service Operations Management*，*Production and Operations Management*，*Management Science*，*Decision Sciences*，*International Journal of Operations & Production Management*，*European Journal of Operational Research*，*Omega* 以及一些细分领域的顶级期刊，如物流领域的 *Transportation Research Part B: Methodological*。但是，对于那些受到关注较少的主题，相关研究数量有限，为了避免遗漏掉具有创新观点的研究工作，更全面呈现研究现状，生成的论文数据库中也会包含一些发表于除上述期刊外的其他刊物的文献。我们按照上述原则对初始文献进行了进一步精练与筛选，最终选择了 64 篇与本章讨论主题较为一致的文献作为分析基础，表 2－5 列出了这 64 篇文献所在的期刊统计情况。

表 2－5　　主要期刊所涵盖的文献数量

期刊名称	数量（篇）
International Journal of Production Economics	6
International Journal of Production Research	5
European Journal of Operational Research	4
Annals of Operations Research	4
Journal of Business & Industrial Marketing	3

续　表

期刊名称	数量（篇）
Asia-Pacific Journal of Operational Research	2
Transportation Research Part E：Logistics and Transportation Review	2
Journal of Control and Decision	2
European Journal of Industrial Engineering	2
Discrete Dynamics in Nature and Society	2
Chinese Journal of Management Science	2
Journal of Supply Chain Management	2
The International Journal of Logistics Management	1
International Journal of Operations & Production Management	1
Journal of Cleaner Production	1
Journal of Service Research	1
International Journal of Shipping and Transport Logistics	1
Production and Operations Management	1
其他期刊	22
总数	64

（3）资源评估。

为了对所选文献进行更客观、清晰的分类，本章选取了编码，包括开放式编码与主轴编码方法，对上述64篇文献进行进一步整理与评估。开放式编码是提取、提炼和分析构建体之间关系的过程，而主轴编码旨在发现构建体之间的内在联系（Hollebeek et al.，2017）。这样使我们能够提高分类与其对应分类之间关系的有效性。2.3节将详细解释编码方式及分类结果。

2.3　文献概况

我们对上述文献进行了发表年份、行为类型与主要作者的分析。虽然关于行为视角下的服务供应链管理的文献有限，但2009—2018年对此的关注热度不断提升。此外，我们也进行了主要作者的分析（见图2-2），可以看出Liu W. H.，Wang D.，Dan B.，Shen X.，Bao X.，Choi T. M.，Song H.等学者在该领域进行了较多探索。我们发现，更多的研究来自中国的学者，他们对这个研究领域给予了许多关注，这是因为，一方面，作为世界第二大经济体，中国的服务经济快速发展。2007 年服务业占 GDP 的 40.1%，经过了十年，2017 年这一比率高达 51.6%，并且中国的目标是使服务业对 GDP 的贡献在 70%~80%。为了保持核心竞争力，越来越多的企业开始将功能型的服务外包给提供商，自己扮演服务集成商的角色，从而在产业实践中形成了服务供应链的组织结构（Liu et al.，2020）。例如，菜鸟就是一个典型的物流服务集成商，它整合功能型物流服务提供商的资源（如顺丰这样的功能型物流服务提供商和一些区域性的功能型物流服务提供商）来为最终客户提供物流解决方案。另一方面，行为运营在中国受到了许多学者的关注，“行为运筹学与行为运作管理”国际研讨会由中国运筹学会主办。这个研讨会产生了许多优秀的创造性研究项目，丰富了参与者对行为操作的理解。由中国运筹学会行为运筹与管理分会举办的“行为运筹学与行为运作管理”国际研讨会已经连续开展多年，涌现出众多优秀和有创意的研究，丰富了学者对于行为运营发展的理解。基于上述原因，近年来中国学者对行为视角下服务供应链的关注度持续上升。

图 2-2　行为视角下的服务供应链管理领域的主要作者

在此基础上，我们使用开放式编码和主轴编码将这些文献按照研究主题所属的供应链环节以及服务供应管理、服务需求管理、服务集成管理、全链条协同管理四个环节进行分类。四个环节涵盖的研究内容分别是①服务供应管理——供应商选择与绩效评价、外包与订单分配、采购管理、供给不确定

（供应中断）、服务供应商的最优决策、契约选择；②服务需求管理——需求更新、需求不确定（需求中断）、客户分类管理、客户关系管理与维护、客户参与的价值共创；③服务集成管理——资源与订单管理、供需匹配、服务集成商的最优决策（集成商的定价决策、服务质量管理与监督）、契约设计；④全链条协同管理——绩效评价与管理、服务供应链协调与优化、利润分配、全局管理框架。例如，Liu et al.（2013b）研究了基于累积前景理论的物流服务供应链的订单分配，属于服务供应管理；Sawik（2016）研究了风险厌恶对于供应商联合选择的影响，属于服务供应管理；Liu et al.（2018）研究了同伴诱导和分配公平偏好对订单分配中最优决策的影响，同时供应链全局优化的角度设计了契约，本章把它归为全链条协同管理。行为视角下的服务供应链管理分类如表 2－6 所示。

通过对已有文献的整理与分类，我们发现不同行为类别受到的关注程度存在差异：策略行为是文献数量最多的类别（14 篇），我们发现王大飞等（2017）直接研究了客户的策略行为，8 篇论文考虑了客户的影响，还有 5 篇论文从定性角度说明了客户存在对于服务供应链的重要性。前景理论与风险态度、公平偏好受到的关注也较多，分别有 12 篇、8 篇，在服务行业的实践中，这两项是能够被决策者易于感知的行为，风险态度以及公平偏好的模型表达方式已经较为成熟，此外，服务的特性对模型影响较小，因此也成为行为视角下服务供应链研究的热门话题。互惠与利他行为的研究相对较少，预测偏差（主要集中于过度自信行为）受到的关注较多。总体来看，研究数量在 2015 年后逐渐增多，与行为经济学交叉研究得到了越来越多学者的关注。此外，对于传统话题（风险态度、公平偏好）的关注度开始下降，而与新行为相关的研究逐渐增多。

根据对文献所属供应链环节的分类结果，可以发现，现有研究多集中于服务供应管理以及全链条协同管理，讨论服务需求管理的研究较少。尽管有许多研究中考虑了客户类型与客户分类，但大部分研究的重点仍然是供应商、集成商等成员的最优决策问题，直接刻画客户自身行为并聚焦于客户管理与优化的研究较为有限。Breidbach et al.（2015）曾提出目前服务供应链的研究过于局限，大多聚焦于服务提供商，忽略了对客户角色的深入分析。在制造业供应链的研究中，已有学者开始讨论客户行为，如 Yi et al.（2018）讨论了客户的公平偏好对渠道选择的影响，Amornpetchkul et al.（2018）研究了客户

表 2-6 行为视角下的服务供应链管理分类

分类	前景理论与风险态度	公平偏好	预测偏差	互惠与利他行为	策略行为	其他行为
服务供应管理	Liu et al. (2013b); Liu et al. (2014); Liu and Wang (2015); Benedettini et al. (2015); Sawik (2016)	Liu et al. (2015); Liu et al. (2017); Liu et al. (2018)	Liu et al. (2018)	Chu et al. (2012); 张旭梅等 (2017)	Haas et al. (2013); López and Zúñiga (2014); Zhang et al. (2015); Zhang et al. (2018)	Jin and Ryan (2012); Nagurney et al. (2015); Rood et al. (2018); Dan et al. (2018)
服务需求管理	—	—	Liu et al. (2018)	—	Kurata and Nam (2010); Kurata and Nam (2013)	—
服务集成管理	Yang et al. (2009); Choi (2016); Chen (2017)	Li and Li (2016); Du and Han (2018)	Bao (2014); Liu et al. (2018)	王磊和戴更新 (2014); Beitelspacher et al. (2018)	Dan et al. (2012); 王大飞等 (2017); Cai et al. (2017); Zhou et al. (2017)	Liu and Xie (2013)
全链条协同管理	Selviaridis and Norrman (2014); Liu et al. (2015); Zhang et al. (2017); Truong and Hara (2018)	柳键和舒斯亮 (2015); Wang et al. (2016); 马雪松和陈荣秋 (2017)	Manary et al. (2009); Baecke et al. (2017); Meeran et al. (2017); Liu et al. (2018)	Urda and Loch (2013); Hwang and Rho (2016); Liu et al. (2020)	Wang et al. (2015); 王大飞等 (2017); Boon-itt et al. (2017); Komulainen et al. (2018)	Vieira et al. (2011); Gligor and Holcomb (2013); Song et al. (2016); Pandari and Azar (2017); Wang et al. (2018)

的过度消费行为。未来学者们可以结合服务行业的特点，强化服务供应链中客户行为的研究，为管理者提供更多关于需求与客户管理的宝贵建议。

2.4 文献讨论

在这个部分，我们首先简要梳理服务供应链管理研究中涉及的行为因素的概念及其发展，然后对现有文献进行系统回顾，从而帮助后文提出行为视角下的服务供应链管理的研究议程。

2.4.1 运营管理领域主要的行为因素

从认知系统的角度来说，决策者的行为是双重过程的结果，一个是快速直观的过程，另一个是缓慢而深思熟虑的过程（Krajbich et al.，2015；Chen and Krajbich，2018）。因此，决策者会具有社会偏好并产生许多不同的行为表现（Urda and Loch，2013）。2001 年，美国经济学会颁发的约翰·贝茨·克拉克奖被 Matthew Rabin 获得，他的主要贡献在于将人的心理行为因素引入经济学分析模型；2002 年的诺贝尔经济学奖由 Kahneman 和 Vernon Smith 获得，Kahneman 在 1979 年凭借前景理论取得了突破，该理论对传统的风险决策理论进行了修正，发现人们在不确定环境下的决策会产生偏差。自此之后，行为经济学以及以此为基础的行为运营领域逐渐得到了大家的重视并且快速发展。

为了能让读者对本章综述的行为因素有更加系统的了解，首先对运营管理领域中这六种行为因素的相关研究问题进行了总结，如表 2－7 所示。

表 2－7　运营管理领域中六种行为因素的相关研究问题

行为因素	运营管理领域的现存研究问题
前景理论与风险态度	风险价值法、条件风险价值法以及均值方差模型方法，风险态度与供应商选择，物流服务供应链中的风险态度与质量控制，累积前景理论对订单分配的影响
公平偏好	渠道协调，收益管理，程序公平，优势不公平和劣势不公平模型，公平偏好理论

续 表

行为因素	运营管理领域的现存研究问题
预测偏差	预测偏差的具体行为表现，过度自信理论与影响
互惠与利他行为	积极互惠和消极互惠，企业社会责任，供应链合作，供应链协调、供应链最优决策、供应链知识共享，订单分配，供应链绩效，利他行为的类型
策略行为	狭义的策略行为是指前瞻性行为，包括策略客户，策略行为的影响。广义的策略行为是指决策者受到多种因素影响而作出的决策
其他行为	关系管理行为、竞争行为

2.4.2 行为视角下的服务供应链管理

2.4.2.1 前景理论与风险态度

由于服务具有易逝性，服务供应链中的风险是不容忽视的问题，包括市场风险、金融风险等，这些风险往往不是独立存在的（Truong and Hara, 2018）。Selviaridis and Norrman（2014）从提供商风险的角度找出了服务供应链中存在财务风险的条件下的四个影响因素：服务供应链中的绩效归因、服务供应链关系中的关系治理、提供者的风险和报酬平衡、提供者将风险转移给分包商的能力。Benedettini et al.（2015）研究发现，服务业务的存在会导致企业面临更多的破产风险，当企业提供需求链相关的服务时，会面临更大的环境风险。风险的存在会影响决策者的风险态度，从而导致了不同的决策行为（Liu and Wang, 2015；Yang et al., 2009；Yang and Xiao, 2017；Zhang et al., 2017），因此，在不确定性较高的服务业（如物流业、金融业等）供应链中，考虑决策者的风险态度十分重要（Sawik, 2016；Choi, 2018；Chen, 2017）。Liu and Wang（2015）研究了物流服务供应链中的两种风险态度，他们发现在集成商需要进行质量监督时，物流服务集成商倾向于寻求风险的功能型物流服务提供商，以获得较小的监管可能性和较大的合规可能性。更多的学者认为决策者面对不确定风险时会有厌恶行为并且尽可能降低风险。Liu et al.（2015）提出了电子商务服务供应链知识共享激励模型，考虑了服务提供商的风险厌恶行为；Sawik（2016）研究了在供应随机中断的情况下，最优联合选择供应商和随机安排客户订单。Choi（2018）指出，在时装业的服务供应链中，为了控制风险水平，零售商往往会有规避风险的行为，这将影响零售商的最佳决策。前景理论较早受到研究者关注。Liu et al.（2013b）和 Liu et al.（2014）在物流服务供应链领域中引入了前景理论，通过考虑前景理论提出的参照点、损失厌恶以及面对收益与损失的风险态度，修正了已有的订单分配额目标函数。还有的学者将前景理论中的 S 形价值曲线与风险态度结合起来进行研究。

前景理论和风险态度作为传统运营管理领域研究较早的两种行为，在服务供应链领域中的研究相对较多，可能因为风险态度的表达方式较为固定，学者们可以基于固定的研究方法，描述不同研究情境之下风险产生的原因，例如，电商（Liu et al.，2015）、时尚行业（Choi，2018），这些研究多是基于在险价值、条件在险价值等方法，思路与方法类似。前景理论是很经典的行为因素，但得到的关注比风险态度少得多。前景理论的结论是明确的，学者们可以基于前景理论去修改决策者的效用函数，在不同的情境下尝试在传统问题中加入新的变量，挖掘新的研究结论。

2.4.2.2 公平偏好

由于决策者对物质收益的关注，选取参照点进行比较并因此引发的公平偏好也得到了较多研究（Li and Li，2016；Wang et al.，2016；Liu et al.，2017b；Du and Han，2018；Liu et al.，2018）。在服务供应链中，公平偏好会修正决策者的效用函数，从而影响其决策机制以及供应链协调机制（柳键和舒斯亮，2015；马雪松和陈荣秋，2017），不同的公平测度的方式，本质都在于通过引入公平偏好这种行为因素来修正传统经济学的计算准则（Cui and Wu，2018）。如果选择纵向供应链中的其他成员作为参考点，引发的公平偏好被称为“分配公平”；而选择横向即同级供应链中的其他成员作为参照点则会引发“同行引起的公平关注”。Liu et al.（2015）基于不平等厌恶理论，研究了功能型物流服务提供商多周期调整订单分配工具功能，引入了功能型物流服务提供商的不平等感及其耐心极限，分析了两者关系对物流服务供应链订单分配的影响。Wang et al.（2016）在由一个物流服务集成商和一个功能型物流服务提供商组成的两级物流服务供应链中研究信道协调问题，他们发现物流服务集成商的预留量和渠道利润受物流服务集成商公平性的影响。Du and Han（2018）考虑物流服务供应链中成员公平性关注与定价（由物流服务集成商决定）和服务质量保证（由功能型物流服务提供商决定）的联合决策的组合。研究表明物流服务供应链成员均表现出公平偏好时，物流服务供应链的整体利润情况恶化，此时简单的批发价契约无法实现供应链协调，必须使用一些更加复杂的契约（如成本和收益共享合同、双向收益共享合同）。Liu et al.（2018）建立了由一个集成商和两个先后进入市场的功能型物流服务提供商组成的物流服务供应链，将纵向公平和横向公平引入订单分配过程，通过 Stackelberg 博弈模型的求解研究发现物流服务集成商的最佳效用随着后进入市场的功能型物流服务提供商的同行引起的公平性考虑而增加、随着现有功能型物流服务提供商的分配公平性的考虑而降低。公平偏好也是传统运营管理领域的经典行为，公平偏好由于参照标准选取的不同有不同的表达方式。早期的研究多在分析公平偏好对服务供应链决策的影响，此后的研究开始引入更加复杂的研究情境，例如，考虑多个成员的公平偏好，考虑市场进入顺序对公平类型的影响，等等。但是现有的研究仍然有待深化，服务供应链的特性应与公平偏好相结合，创造更多区别于产品服务供应链的研究情境，例如，服务供应链会受到客户的影响，同时也存在异质性。客户是否会因为服务质量的差异表现出公平偏好？在信息化背景下，是否有新的技术能够降低成员公平偏好的影响？这些研究问题等待着学者们的探索。

2.4.2.3 预测偏差

由于预测结果通常是统计方法与人为判断的结合，需要人为对统计预测结果进行修正，因此不可避免会存在预测偏差（Manary et al.，2009）。Goodwin et al.（2018）提到了七个有关个人参与预测过程的行为，包括强制执行、过滤、对抗、胁迫、二次猜测、旋转、扣缴。考虑到服务的无形性、易逝性，服务供应链中的不确定因素更多，预测偏差行为受到了学者们的关注（Baecke et al.，2017；Meeran et al.，2017）。其中，受关注最多的是过度自信行为，主要是运用于报童模型的修正研究。Bao（2014）研究了电力服务中的高估和超高精度，研究表明当电力服务经理过度自信时会造成服务水平不足，他指出加大对电力短缺的监管处罚、为容量恢复提供补贴，是弥补服务水平不足的有益措施，其中过度自信行为会影响电力服务经理对能力恢复成本函数的判断。Liu et al.（2018）建立了第二阶段的服务能力采购模型，考虑了物流服务供应链中集成商的过度自信行为，发现在需求激增的第二阶段，过度自信行为导致功能型物流服务提供商的服务级别最低。这项研究进一步提出了以功能型物流服务提供商为主导的机制和动态批发价格机制，以减少物流服务集成商过度自信的负面影响。Liu et al.（2018）在港口服务供应链中引入了双重过度自信行为以及船公司的需求更新行为，研究发现船公司的过度自信行为会影响天津港过度自信因子的临界值，而需求更新会进一步放大这种影响。

由于供应链有人的参与，预测偏差是常见的行为，目前服务供应链中的研究量较少，且大多集中于过度自信这种偏差，对于其他因素带来的偏差有待继续研究，Goodwin et al.（2018）的七个行为可以提供一些参考。在服务行业中，对于服务能力、服务需求市场的预估是决策的前提，不同行业中影响预测的因素是不同的。例如，在港口行业，预测结果可能会受到政策影响较大；在物流行业，预测结果可能在很大程度上受到电商行业发展状况的影响。此外，新的研究背景也孕育了潜在的研究议题。这些问题都等待学者们实现实践与学术的结合。

2.4.2.4 互惠与利他行为

与此同时，一些运营管理领域的学者关注到有些决策者具有互惠行为属性。考虑到服务的易逝性，服务供应链中的伙伴关系要比传统供应链更加紧密，成员之间的互惠行为意义重大（Dania et al.，2018），供应链成员的互惠行为将会对其最优决策产生重要影响（张旭梅等，2017）。Chu et al.（2012）发现互惠行为对供应商灵活性具有积极影响。Hwang and Rho（2016）研究了供应链中企业之间互惠共享 RFID 的战略价值，研究表明当组织间存在互惠行为（RFID 的高层与组织间系统共享信息）时，供应链的可见性和敏捷性得到改善，组织间的信任可以通过服务质量和供应链敏捷性来增强。Beitelspacher et al.（2018）研究了逆向物流服务供应链中供应商与零售商之间发生退货时的互惠行为，发现当其中一方产生互惠行为时，另一方也会给予相应的正面回应。

利他行为是一种更为无私的行为，是不计回报地为他人付出。Urda and Loch（2013）的实证研究表明，互惠与利他行为是动物情感进化的结果，人类是“强大的利他主义者”，因此互惠与利他行为会对决策者的效用函数产生重要影响。学者们研究了利他行为对供应链最优决策（定价及服务水平）以及最优效用的影响（王磊和戴更新，2014）。Liu et al.（2020）研究了服务供应链中物流服务集成商和功能型物流服务提供商的利他行为对供应链成员效用及合同效果的影响，建议用事后付款合同和收入分享加特许经营费合同实现服务供应链的协调。

现有研究中讨论互惠与利他行为的相对较少，在模型求解的文章中，互惠与利他行为很容易与收益共享混淆。事实上，互惠与利他行为强调的是一种决策者内生的意愿，而收益共享等方式可以被视为是这两种行为的外在表现形式。采取理论模型去刻画这种内在和外在的差异的确存在一些困难，因此未来的研究中可以考虑用多方法结合的方式，首先从产业实践中观察相关的现象，通过实证、案例研究、田野实验等方法证明产业实践中互惠与利他行为的存在，找到问题点后再辅以理论模型进行验证，得到的结论将更具有实践指导意义。

2.4.2.5 策略行为

在服务运营中，决策者的策略行为也是一个热门研究主题。狭义的策略行为与短视行为相对。不同于制造业供应链中的情况，在服务供应链中引入客户策略影响的建模研究较少，因为客户策略的研究通常有主要销售季节结束时具有剩余库存或服务能力的前提，而服务通常被认为具有易逝性，是无法储存的。王大飞等（2017）在产品服务供应链中考虑了客户的策略行为，分析了产品服务系统价值、成本和服务价值占比对消费者策略行为的影响，并且采用收益共享契约实现了供应链协调。广义的策略行为研究较多，对策略行为的刻画方式更加多样。由于客户在服务供应链中的重要作用（Maull et al.，2012；Sampson and Spring，2012），许多策略行为的研究考虑客户影响（如客户偏好、客户满意度、客户忠诚度等）（Kurata and Nam，2010；Song et al.，2011；Dan et al.，2012；Liu and Xie，2013；Haas et al.，2013；Kurata and Nam，2013；Boon-itt et al.，2017；Zhou et al.，2017；Cai et al.，2017）。但是这些文献大多仍是在传统供应链中引入了服务要素，讨论纯粹的服务供应链研究较为有限（Wang et al.，2015）。Haas et al.（2013）将电子服务供应商的策略行为刻画在复杂的服务价值网络中，电子服务供应商希望最大限度地根据消费者的偏好来配置其服务。López and Zúñiga（2014）在司法服务供应链中研究了服务器的策略能力调整行为，即供应链中的服务器会更改其处理速度，以保持积压案件的可接受性和可靠性。Zhang et al.（2015）和Zhang et al.（2019）在服务供应链中引入了策略供应商的质量偏好因素，这将决定他们的质量工作。Komulainen et al.（2018）研究了客户价值体验如何影响银行业服务网络的重组，表明服务供应链需要根据客户的体验进行重组，单一银行服务提供商无法提供数字服务，因为围绕此类服务的生态系统正在变得越来越复杂。

策略行为的研究在本章选取的64篇文献中数量是最多的，有17篇，且多数都引入了客户角色的影响。原因在于，相比服务的其他特性，如无形性、异质性、同时性，客户参与性较为具象，因此在传统供应链向服务供应链转型的过程中，引入客户是一个拓展方向。现有的研究中关注广义策略行为的较多，且大多停留在客户的固有属性（如客户对不同服务类型的偏好）对其他供应链成员决策的影响。从客户视角去分析决策、效用等问题还有许多可以填补的空间。

2.4.2.6 其他行为因素

除了上述主流的行为因素之外，我们发现还有一些行为因素受到了学者们的关注。首先是服务供应链中的关系管理，越来越多的学者开始从关注个体的决策行为转向更为全面的全局供应链视角，个人关系、群体关系等带来的行为影响受到了关注（Vieira et al.，2011；Gligor and Holcomb，2013；Song et al.，2016；Wang et al.，2018；Rood et al.，2018）。此外，服务供应链中的竞争行为也受到了较多关注。Liu et al.（2018）在服务供应链中引入了服务供应商之间的竞争行为，从而影响订单分配的机制，研究表明服务提供商之间的横向竞争会对集成商的最优定价以及供应商的服务创新水平带来正向的影响。黄甫等（2018）引入了两个存在价格、质量与服务水平的竞争制造商，表明当竞争程度较弱时，零售商倾向于让制造商之间合作，以避免服务水平较差。更多的学者是在双渠道供应链中引入服务竞争，讨论竞争行为的影响（Jin and Ryan，2012；Dan et al.，2018；Nagurney et al.，2015）。Dan et al.（2018）研究了由制造商和零售商组成的双渠道供应链，两者之间存在关于增值服务的竞争行为，他们发现当制造商提高其保修服务水平时，增值服务竞争将被削弱，当保修服务水平足够高时就不存在增值服务竞争。Rezapour and Farahani（2014）在模型市场中注入了竞争元素，讨论了竞争对手之间关于价格和服务水平的竞争。除此之外，还有一些新兴的行为因素得到了部分学者的关注，如决策者的认知，Narayanan and Moritz（2015）提出随着供应链越来越复杂，客户对于服务的期望也越来越高，他们通过实验研究，探索了牛鞭效应前后潜在行为因素。研究发现，决策者的认知概况有助于产生牛鞭效应，减少供应链的具体决策倾向与个人的认知反思水平有关。Pandari and Azar（2017）对伊朗保险业专家开展了深入采访，定义了服务供应链的绩效衡量指标，基于模糊认知图开发了服务供应链绩效评价的模型。这些新兴行为因素的引入给服务供应链管理带来了更多新的研究机会。

基于本章对文献分析与讨论的结果，我们发现行为视角下的服务供应链相关研究有以下三个显著的特点。一是可研究问题更加丰富。服务供应链是以集成商为核心企业、连接两端的服务提供商与终端客户而组成的完整链条，在价格、成本、质量问题基础上引入了服务要素，与多种研究情境组合，并且引入客户对服务供应链的重要影响，可以产生相当丰富的研究课题。二是研究背景广泛，研究方法多样。服务供应链的基本结构在多行业中广泛存在，包括物流行业、医疗行业、咨询行业、旅游业等，学者们能够在许多不同的行业中寻找行为因素的影响，并通过多种方法开展研究，如行为实验、实证研究、多案例分析、Real-case method、系统动力学等方法。三是更加注重研究理论与实践相结合。由于探讨主题本身就源于实践中的人类行为与理论求解的差异性，因此行为视角下的服务供应链研究与传统的供应链管理的研究相比，更加注重问题导向以及实践意义，许多研究中学者们都努力挖掘结论的管理学内涵，对其应用价值进行深入探讨。

同时，行为视角下的服务供应链管理具有三大重要的挑战。一是服务具有许多难以量化表达的特性，难以抽象为理论模型进行求解。许多经典的研究议题如报童模型、牛鞭效应、质量管控等需要通过建模求解，但是在服务供应链的背景下，这些问题难以建模，或是需要进行较大改变才能体现出服务产品与有形产品的差异性，否则与传统供应链管理不存在本质区别。因此，在服务供应链的相关研究中，采用定性的实证研究方法的学者也有很多，其难点在于企业信息与数据的获取，这需要研究者和行业有紧密的合作，且进行合理、可靠的研究设计。二是服务具有非标准性，行业差异显著。不同于以往基于标准化的传统供应链研究，各行业的服务可能会具有不同的特点，例如，咨询服务与物流服务的差异在于物流服务仍然需要基于一些有形的基础设施。物流服务的生产与消费之间由于空间距离的存在，具有一定的时间差，而咨询服务完全体现了服务的无形性与同时性，因而在服务供应链的研究中更加需要与实践背景紧密结合，才能得出有价值的结论。三是需要更加系统、全面、多学科地考虑研究问题及解决思路。服务供应链中的人、环境、风险等因素需要和谐统一，因此需要具有全局视角。由于存在这些挑战，与单独的行为运营视角下的供应链管理相关研究相比，服务供应链的研究数量目前还不是很多，而真正符合“纯服务供应链”的研究更少。

2.5 研究议程

考虑到如今的服务经济已经成为全球经济发展的重要推动力，实践中服务供应链的应用场景越来越丰富，越来越多的学者开始关注行为运营管理，Donohue and Schultz（2018）描述了有关行为操作领域的最新趋势。这项研究回顾了 2012—2017 年发表的论文，并对 1985—2005 年（Bendoly et al.，2006）和 2006—2011 年（Croson et al.，2013）关于 BOM（物料清单）的文献进行了回顾。相比来说，只有一小部分文献专注于行为视角下的服务供应链管理，还有许多亟待填补与丰富的研究方向。学者们可以在研究中融入服务的特点，考虑与传统研究的差异，提供实践中的管理者开发、实施服务过程相关见解，将会产生非常有价值的研究成果。

在未来研究中，从学术研究的角度来看，根据前文对现有研究的系统综述与维度划分，本章认为学者们需要注重服务供应链中关注度较低的那些环节，也就是服务需求管理和服务集成管理，同时将实践中更加多样化的行为因素引入学术研究；从服务供应链的实践角度看，需要深度分析服务供应链的发展背景、发展趋势与各个细分服务行业的独特性，这样才能以指导实践为目标，做出更有价值的研究。从这两个角度出发，在此提出了五个有价值的研究议程，供研究者参考。

第一，从服务供应链成员的角度，研究者需要更多关注面向客户管理的行为研究和面向集成化供应链的行为决策研究。现有研究中，与客户相关的研究主要是考虑了客户的参与对其他供应链成员的影响，而不是从客户视角出发分析客户的行为动机，未来研究的思路可以进行调整，通过学术研究更好地了解客户，从而指导客户管理。此外，集成商并不完全对应制造业供应链中的零售商或制造商，相对于提供商，集成商有更强的控制权，负责将功能型服务进行一体化加工与集成，通常在服务供应链中扮演管理者角色，因此也可能会由于角色的重要性影响行为，可以围绕基于控制权的集成化管理相关的议题开展深入研究。因此，我们相信从这两个角度出发开展研究可以得到很有价值的结论。

第二，从对行为的理解角度，需要拓展对于行为运营的理解。首先，行为经济学家通过大量的行为实验证实了行为因素的多样性，然而许多行为因素尚未被引入服务供应链的研究中，如心理账户、认知层级、后悔行为等，需要更多关注这些较少讨论的行为因素。其次，有许多学者认为对行为运营的理解不应该局限于与认知和心理学相关的行为因素，对行为运营的定义应该适当拓展。*Annals of Operations Research* 在 2016 年出版了主题为“社交网络中的行为运营管理”的特刊，指出大多数发表的论文集中于个人认知水平，并研究个人行为特征的方式。文献中仍缺乏对社会环境中个人决策模式和行为模式的研究，事实上在服务供应链的相关研究中，还有许多行为值得更深入的研究，与传统供应链中的结论可能会存在差异。以传统的竞争行为为例，在服务供应链中，需求对服务的敏感性更强，服务提供的主体更加灵活，产生的服务竞争的形式更加多样（如同级竞争、上下游竞争、供应链之间的竞争），与服务行为交叉后产生的影响更为复杂。最后，多行为影响的复杂服务供应链研究也是一个重要的趋势，通过引入多种行为因素，使研究情境更加贴近于真实的决策场景。这提醒学者们应广泛阅读文献，不要局限于自己的研究领域，有时候交叉学科的文献可以为学者们带来更多新颖的想法，此外也要有意识地将行业中的真实案例与学术理论紧密结合。

第三，从服务行业的发展背景与趋势来看，应关注与新的服务业发展情境结合的行为研究。不论是在发达国家还是发展中国家，服务行业无疑是发展与变化较快的行业，激烈的市场竞争倒逼服务的创新与优化，学者们要密切关注最新的行业发展趋势。例如，新技术时代下的智慧供应链发展。在新技术革命的浪潮下，新兴的技术手段为服务供应链的转型带来了更多的发展机会，包括智慧服务、大数据运营等带来的行为决策转变等。服务供应链的可持续发展也是一个重要的发展趋势。决策者不再仅仅关注绝对的物质收益，环境影响与社会责任也日益成为决策的重要原则，服务供应链的平台化转型也是。随着基础设施的健全、运作流程的数据化以及供需匹配技术的健全，平台经济已经成了服务供应链创新与价值链重组的重要转型方向之一（Zha et al.，2015；石岿然等，2017），基于平台化供应链，传统的供应链结构、上下游关系等因素可能会发生巨大的变化，进而产生更多定制化的服务。目前，有一些学者在可持续情境（Liu et al.，2017；Tseng et al.，2018）、大数据等新兴技术情境（Fernando et al.，2018；Boone et al.，2018）、需求更新背景（Liu et al.，2017）下进行研究，但考虑行为因素的影响还有待深入研究。

第四，从服务的细分行业看，需要结合服务行业的特性，关注细分服务领域下的服务供应链行为运作问题。尤其是对于咨询服务、司法服务、旅游服务等纯粹的服务行业，行业中的研究问题与现有的传统供应链研究可能会存在很大的差异，建议学者们采用多方法研究，例如，实证方法结合模型、算法结合田野实验与多案例分析等，真正深入各种服务行业，从行为运营视角出发，挖掘各个行业中有趣的行为因素，丰富行为视角下的服务供应链研究，为管理者提出有价值的参考建议。

第五，从研究方法上来看，鼓励使用多方法结合，深入挖掘服务供应链中有趣的研究问题。Donohue and Schultz（2018）对238篇行为运营相关文献进行综述，发现目前相关研究中近30%的论文中学者使用至少两种不同的方法来阐明他们的研究问题。其中使用较多的方法是分析模型、实验室实验和实证研究，包括辅助数据、调查和案例研究。在本章选取的64篇行为视角下的服务供应链管理的文献中，学者们采用较多的仍然还是传统的理论模型和实证研究，缺乏采用实验室实验和实证研究。一些学者采用了多方法结合，例如，Song et al.（2011）采用了调查和案例研究方法，López and Zúñiga（2014）采用了系统动力学和案例研究相结合的方法，Liu et al.（2018）使用了Stackelberg博弈模型的同时进行了案例验证。多方法相互验证，能够为研究的主题提供深刻理解，尽管这会提升研究的难度，但可以看出，随着研究数量的逐渐增加以及对行为视角下的服务供应链管理理解的不断深入，这将会成为必然的趋势。

2.6 结论

服务供应链是供应链管理领域中一个新兴的分支，行为视角下的服务供应链研究更为有限，本章选择了2009—2018年的64篇文献进行了系统综述，按照两个维度进行分类：第一个是服务供应链环节的维度，即服务供应管理、服务需求管理、服务集成管理以及全链条协同管理；第二个是行为运营的维度。基于对文献的分析，我们发现不同类别行为受到的关注程度存在差异，策略行为受到的关注最多，预测偏差得到的关注最少，此外现有研究多集中于服务供应管理以及全链条协同管理，服务需求管理的研究非常有限。

根据对文献的整体分析，本章得出了行为视角下的服务供应链管理研究的三个显著特点：供应链网络结构多样；研究背景广泛，研究方法多样；注重研究理论与实践相结合。本章还发现了开展研究的三大挑战，服务特性难以量化、服务具有非标准性、需要更加系统的解决方案，这些挑战也为学者们带来了许多亟待丰富的研究课题。本章提出了行为视角下服务供应链运作的五大研究议程：面向客户管理的行为研究和面向集成化供应链的行为决策研究、拓宽对行为运营范围的理解、与最新的服务行业背景和趋势相结合、聚焦细分服务领域的行为运作研究、使用多方法结合，深入挖掘新的问题。

3 需求更新和理性预期行为下的物流服务供应链二次订购模式选择

3.1 引言

近年来，服务外包越来越普及，许多服务集成商与服务提供商建立了长期的合作关系，为客户提供集成化的服务，并形成了服务供应链。以物流服务外包为例，物流服务集成商（LSI）整合了多个功能型物流服务提供商（FLSP）的服务能力，为客户提供集成化的物流服务，LSI 和 FLSP 组成了物流服务供应链（Liu et al.，2011）。例如，宝供物流作为国内较大的物流服务集成商，整合仓储供应商 500 多家、公路运输供应商 1200 多家、人力装卸搬运作业队 500 多家，这些供应商利用自身的能力，帮助宝供物流完成客户（宝洁、飞利浦等公司）所需要的物流业务。

服务能力采购是 LSI 和 FLSP 最主要的合作内容。然而，LSI 的服务能力采购决策并非一件容易的事情，因为其通常面临来自客户和提供商的双重压力。一方面，客户的需求不仅是随机的，而且是不断更新的（Fisher and Raman，1996）。以中国网购市场促销季出现的物流服务供应不足为例，2011 年 11 月 11 日，淘宝的单日电子商务交易额达到了 33.6 亿元，仅圆通速递公司一家当天总共从商家手里接收货物 267 万件，而这些快递包裹必须在承诺的 3 ~ 5 天送达，激增的需求超过了圆通速递公司的预期，加上先前的物流服务能力准备不足，从而给圆通速递公司造成了巨大压力，物流“爆仓”、延迟配送以及货物破损等问题集中爆发。另一方面，FLSP 在 LSI 采购能力的决策中，也并不是完全被动的，FLSP 在交易开始前就会根据 LSI 的理性预期行为，从自身利润最大化角度出发决定服务能力单位价格（Liu et al.，2013；Liu et al.，

2014)。这种预估行为对服务能力单位价格有重要影响，从而影响 LSI 的能力采购决策（Bendoly et al.，2006）。不重视理性预期行为将会给 LSI 带来不良后果。以天津 SND 物流公司和江新安泰公司的物流合作为例，天津 SND 物流公司是天津地区一家大型物流服务集成商，江新安泰公司是其物流服务提供商之一，主要为天津 SND 物流公司提供天津至太仓的运输业务，该业务每年能够给天津 SND 物流公司带来 3000 万元的营业收入，是公司的主营业务之一。由于缺乏对对方合作投入的理性预期，天津 SND 物流公司并未对江新安泰公司进行密切监控，江新安泰公司也未严格按照天津 SND 物流公司的服务标准为客户提供物流服务。客户时常因不满服务质量而投诉，给天津 SND 物流公司的利润和企业形象造成不良影响，在双方合作半年后，天津 SND 物流公司就将分配给江新安泰公司的业务量降至总运输业务量的 5%，使江新安泰公司成为提供该业务的 6 家提供商中业务量最少的提供商，导致双方合作受到了显著影响。显然，在这种双重压力的实际环境下，物流服务集成商如何进行能力采购决策成为急需解决的重要研究问题，而设计合理的供应链契约成为解决这一问题的重要方法，这也是本书在实践层面的研究动机。

从理论研究层面来看，学者们对二次订购策略和理性预期进行了研究。二次订购策略是应对需求更新的常见策略（Lau and Lau，1998）。在需求到达前较长时间和需求即将到达时两个时间点，采购者分别进行采购，这样可以有效规避风险。因此，使用二次订购策略既能够帮助供应商增加销量，又能帮助零售商获得价格优势，能够取得很好的协调效果，经常应用于短周期的供应链（Chen et al.，2006；Chen and Xu，2001；Choi et al.，2003）或物流服务供应链中（Liu et al.，2014）。常见的二次订购策略有两种，即第二次订购只能增加订购量（Choi et al.，2003）和第二次订购可以增加订购量或减少订购量（Ma et al.，2012；Miltenburg and Pong，2007）。在既有的研究中，几乎没有对这两种模式的使用条件与使用范围的比较研究。理性预期均衡引入供应链管理领域，分别研究了供应链上下游的理性预期均衡（Su and Zhang，2008)、基于理性预期的报童模型（Du，2009)、考虑成员理性预期的供应链定价问题（齐二石等，2010；Wang et al.，2011；Yang et al.，2011），但理性预期对物流服务供应链能力采购决策的影响尚未得到研究。尤其是在复杂环境下，特别是需求更新和考虑提供商理性预期行为的情况下，在物流服务供应链中如何更加有效地使用不同模式，仍然缺乏相应的理论研究。

理性预期的加入会使原有的决策方式发生变化，决策者需要首先考虑供应链成员的理性预期行为，并将理性预期作为约束条件，在此基础上求解供应链成员的最优决策（Liu et al.，2013；Liu et al.，2014）。因此，考虑理性预期后，决策模型的求解过程与求解方法将不同于传统的未考虑理性预期的模型，考虑理性预期问题将成为新的趋势，值得深入研究。因此，本章将努力解决上面提出的实践问题、弥补理论不足，探讨在考虑需求更新和理性预期行为的双重环境下，在 LSI 服务能力采购中应该采取哪种二次订购模式的问题。本章解决了以下三个问题。

（1）在需求更新与理性预期行为的双重环境下，在物流服务供应链服务能力的二次订购模式中，模式 2（第二次订购时允许增加或减少订购量，下同）相对于模式 1（第二次订购时只能增加订购量，下同）是否能够获得较好的协调效果？如果是的话，需要满足哪些的条件？

（2）外界的环境参数如需求看涨概率 ζ、减少订购量的最大比例 α、集成商的理性预期行为（Aradhyula and Holt，1989）是否会对能力采购过程中二次订购模式的选用产生影响？

（3）物流服务集成商与提供商怎样使用本章得出的结论，以期更好地管理需求更新和考虑理性预期行为下的能力采购问题？

3.2 文献综述

本章的研究内容主要涉及三个方面，即需求更新、理性预期与理性预期均衡、二次订购，因此文献回顾部分将围绕这三部分展开，阐述其研究进展和不足之处。

3.2.1 需求更新

许多学者研究了需求更新下的供应链决策问题，研究内容主要包括零售商采取信息更新手段优化订货策略、需求更新下的供应链契约协调两个方面。在订货策略方面的研究中，Gurnani and Tang（1999）研究了不确定需求下，零售商利用观测市场信号进行需求信息更新，优化二次订购决策的问题。此后，不少学者将该问题拓展到更加复杂的情形，探讨零售商允许在外部市场采购商品（Sethi et al.，2005）、服务水平约束（Sethi et al.，2007）等条件下的二次订购问题，并考虑了有能力限制与无能力限制两种情况。在供应链契约设计中，也有不少学者进行了研究，并且指出当市场需求可预测时，供应商和零售商执行适当的契约可使供应链的收益获得帕累托改进（Donohue，2000）。Tsay（1999）、Milner and Rosenblatt（2002）分别研究零售商在市场需求确定前订货，但是待市场需求确定后允许其调整实际订货量的带有数量弹性的订货契约。Chen et al.（2006）研究了考虑信息更新并且需求随机的情况下的定价和库存联合决策问题，并设计了回购契约分担市场风险。从上述两个方面来看，主要以报纸、杂志、影碟、食品、药品和时装等为研究对象，并且只将价格或提前期以及订购批量作为决策变量，对物流服务能力采购策略的研究较少。

3.2.2 理性预期与理性预期均衡

理性预期假设由 Muth（1961）提出，已在经济学领域得到广泛应用。理性预期假设认为经济运行结果与人们的预期不会有系统偏差（齐二石等，2010）。加入理性预期后，优化决策的方法会发生变化，决策者需要将理性预期作为约束条件，并在此基础上寻找供应链成员的最优决策，而不能采用传统的主从决策中常用的逆序求解法（Liu et al.，2013；Liu et al.，2014）。近年来，供应链管理中也开始有理性预期假设，特别是在契约协调中，供应链中供需合作双方的理性预期假设与实际运行结果基本一致，即存在理性预期均衡。已有一些学者将理性预期均衡引入供应链管理领域，研究了供应链上下游的理性预期均衡（Su and Zhang，2008）、理性预期均衡适用于报童模型（Du，2009）、供应链定价问题（齐二石等，2010；Wang et al.，2011；Yang et al.，2011）。但是，既有的供应链能力采购决策研究并未考虑集成商的预估行为因素对供应链能力采购决策的影响。实际上，供应链成员的行为，特别是理性预期行为可以对运营管理产生重要的影响（Bendoly et al.，2006；Croson et al.，2013）。因此，需要结合理性预期均衡理论来探讨集成商理性预期行为对物流服务供应链能力采购决策的影响，以便为物流服务集成商科学地管理供应链提供参考。

3.2.3 二次订购

二次订购在需求更新情况下是十分常见的（Lau and Lau，1998）。在需求到达前较长时间和需求即将到达时两个时间点，LSI 分别进行采购，这样可以有效规避风险。二次订购类似于期权合约，但与期权合约有明显区别。期权合约要求在第一次采购的同时购买一定量的看涨/看跌期权，从而在需求即将到达时依据更新后的需求信息选择执行期权（Wang and Liu，2007），而二次订购模型不需要购买期权就可以在需求即将到达时进行第二次采购（Zhou and Wang，2009）。

关于二次订购的研究，目前主要集中于存在需求更新的产品供应链，主要用于解决制造商和零售商双方关于提前期有不同要求的问题，制造商希望在需求到达前较长时间就获得订单，零售商希望在需求即将到达时下达订单，这样双方存在时间冲突。因此，Donohue（2000），Chen and Xu（2001），Chen et al.（2006），Murry and Silver（1966）针对这一冲突研究双方合作的机制，使得在需求更新情况下达到均衡。随着对二次订购的深入研究，这个问题逐渐成为学者们关注的焦点。一方面，一些常见的因素得到了考虑，如订货成本不确定（Gurnani and Tang，1999）、订货成本影响服务水平（Choi et al.，2003）、订货成本递增（Miltenburg and Pong，2007）等；另一方面，考虑到需求预测的质量对供应链成员决策的影响，单周期和多周期中二次订购问题以及需求预测质量对零售商订货决策（Ma et al.，2012）的问题也得到了研究。近年来，为了使理论研究更加具有实践意义，学者们在二次订购问题的研究中加入行为因素，如风险厌恶（Yan and Wang，2014）、损失厌恶因素（Ma et al.，2012）等对供应链成员决策的影响得到了探索。然而，现有二次订购研究主要集中在制造业供应链（Donohue，2000；Chen and Xu，2001），关于服务供应链二次订购问题的研究较少，关于服务采购问题的研究缺口亟待填补。

从上述文献回顾中可以看出，我们发现，关于需求更新、理性预期和二次订购方面的独立研究相对较多，尽管也有一些研究将二次订购与需求更新结合，但将三者结合的研究则较少，即在考虑理性预期行为基础上对需求更新条件下物流服务供应链二次订购模型的研究。因此，如何结合理性预期行为和需求更新的双重特性，研究物流服务集成商两种不同模式的二次服务能力采购模型孰优孰劣，将是本章的重点。本章将在需求更新的基础上，考虑集成商预估行为并运用理性预期均衡理论，分别建立 Model Ⅰ（即模式 1，第二次订购只能增加订购量）和 Model Ⅱ（即模式 2，第二次订购可以增加或减少订购量），并对两种不同模式的二次订购模型进行比较，探讨在需求更新环境和存在理性预期行为下模式 2 优于模式 1 的条件。

3.3 模型假设及理性预期约束条件

3.3.1 决策过程

如图 3 – 1 所示，需求更新下的物流服务供应链能力采购决策的具体过程如下。

（1）在第一阶段（订单到达前较长时间），集成商根据历史数据预测当期市场需求分布，并与提供商共享。

（2）提供商从利润最大化的角度出发，决定第一阶段物流服务能力定价 ω_1 。

（3）集成商根据过去的需求信息和 ω_1 向提供商采购 Q_1 单位的服务能力。

（4）在第一阶段和第二阶段之间，集成商会观测到新的市场信息 x_e ，将该信息运用到参数更新中得到新的需求分布，并与提供商进行共享。根据新的需求分布，提供商确定第二阶段的物流服务价格 ω_2 和补偿价格 $\omega_1 - \omega_p$（模式 2）。

（5）LSI 确定第二阶段的服务能力采购量 q ，第二阶段后最终的采购能力值为 Q_2 。模式 1 要求 $q = Q_2 - Q_1 \geqslant 0$ ，单位价格是 ω_2 。模式 2 中，若 $Q_2 > Q_1$ ，则 LSI 订购量增加 $Q_2 - Q_1$ ，单位价格为 ω_2 ；若 $Q_2 < Q_1$ ，则 LSI 订购量减少 $Q_1 - Q_2$ ，单位补偿价格为 $\omega_1 - \omega_p$ 。

需要注意的是，图 3 – 1 中同时表述了两种不同模式的二次订购决策过程。模式 1 和模式 2 的区别体现在第二阶段的决策上，FLSP 在前者中只需决定 ω_2 ，在后者中需要同时决定 ω_2 和 ω_p ；LSI 决定第二阶段采购量时，前者要求 $q = Q_2 - Q_1 \geqslant 0$，后者可以继续采购或退购，即 q 可正可负。

双方均以期望利润最大化为目标进行决策。两阶段的采购价 ω_1 、ω_2 和补偿价格 $\omega_1 - \omega_p$ 由 FLSP 决定。若 ω_1 或 ω_2 过高，超过了 LSI 可接受范围，LSI

就不会从 FLSP 处采购物流服务。

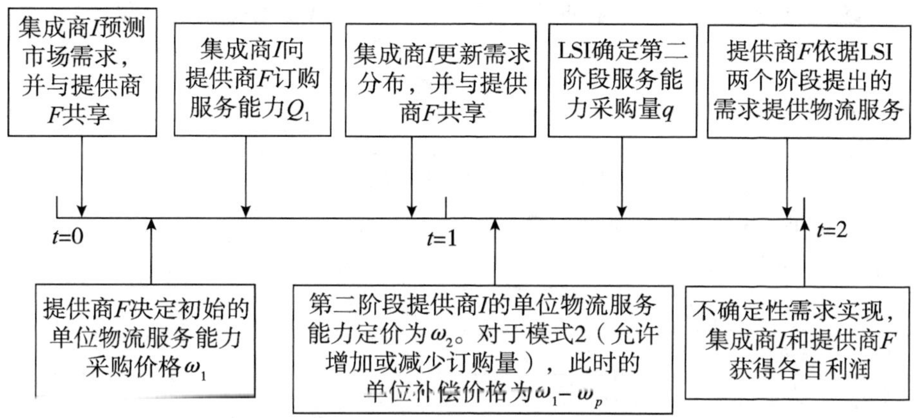

图 3－1　需求更新下的物流服务供应链能力采购决策过程

3.3.2　模型假设及参数

为方便后文的建模，现做出如下假设。

（1）LSI 预测客户需求，并与 FLSP 进行共享，FLSP 允许 LSI 进行两次物流服务能力采购，第一阶段的物流服务能力采购量不存在限制，但第二阶段物流服务能力采购量有上限，上限为 M 。

（2）服务的生产与消费通常是同时进行的（Nie and Kellogg，1999）。第一阶段 LSI 订购物流服务后，FLSP 不会交付给 LSI，而是等到第二次订购完成后，一起交付两个阶段的物流服务。LSI 在第二次订购必须支付的单位购买成本是不确定的，并且可能高于（或低于）第一次订购的单位购买成本。若 LSI 在第二阶段决定减少订购量，要想 FLSP 支付单位补偿价格 $\omega_1-\omega_p<\omega_1$ ，否则 LSI 只要第一阶段采购服务能力后在第二阶段减少订购量就可以获利。此外，提供商提供的物流服务能力在整个交易期结束后如果没有销售给集成商，其剩余价值为零，没有残值。

（3）在服务供应链中，没有库存现象。因此，当 FLSP 提供的能力大于实际的需求时，在模式 2 中，若第二阶段预测需求减少，LSI 可以按照一定百分比 α 将不需要的能力返还 FLSP，由此产生返还收入。否则，多余能力成本由 LSI 承担（Liu et al.，2012）。

（4）LSI 需求更新存在成本，每次更新的成本是 c_I 。

本章涉及参数如表 3－1 所示。其中，模型的决策变量是 Q_1 和 q 。

表 3－1　模型中的参数

参数	说　明
b	LSI 物流能力不足的单位损失（机会成本）
c_F	单位业务量 FLSP 投入的成本
c_I	LSI 信息更新的成本
$f(x)$	x 的密度函数
$F(x)$	x 的分布函数
$f(x \mid x_e)$	给定 x_e 后 x 的条件密度函数
$F(x \mid x_e)$	给定 x_e 后 x 的条件分布函数
M	第二阶段的最大物流服务能力采购量
Q_1	第一阶段 LSI 采购的物流服务能力。Q_1^{j*} 表示第一阶段最优物流能力采购量，j 取 N、R 分别表示模式 1 和模式 2 的情形
Q_2	第二阶段信息更新后，LSI 确定的物流服务能力采购量。当 $Q_2 > Q_1$ 时，LSI 在第二阶段追加采购 $Q_2 - Q_1$ 的服务能力；当 $Q_2 < Q_1$ 时，LSI 在第二阶段减少 $Q_1 - Q_2$ 的服务能力；当 $Q_2 = Q_1$ 时，LSI 不改变采购量。Q_2^{j*} 表示最优物流服务能力采购总量，j 取 N、R 分别表示模式 1 和模式 2 的情形
q	第二阶段新增的物流能力采购量。$Q_2 > Q_1$ 时，$q = q^+ = Q_2 - Q_1$ ，此时 LSI 增加采购物流服务能力 q^+ ；$Q_2 < Q_1$ 时，$q = -q^- = Q_2 - Q_1$ ，此时 LSI 减少采购物流服务能力 q^- 。q^{j*} 表示第二阶段最优物流服务能力采购量，j 取 N、R 分别表示模式 1 和模式 2 的情形
v_i	LSI 获得单位物流服务能力所得到的预期效用。$i = 1$ 表示第一阶段的单位效用，$i = c$ 表示第二阶段 LSI 追加采购时的单位效用，$i = p$ 表示第二阶段 LSI 减少采购物流服务能力时的单位效用。$v_1 > 0$ ，$v_c = k_c v_1$ ，$v_p = k_p v_1$ ，$k_c \in (0, +\infty)$ ，$k_p \in (-1, 0)$ 。k_c 和 k_p 分别是 LSI 对增加和减少采购的单位服务效用的参数，取决于 LSI 的属性，不同的 LSI 会有不同的 k_c 和 k_p
r	LSI 向客户提供物流服务的价格
x	市场需求，是一个随机变量
x_e	在第一阶段和第二阶段之间，LSI 观测到的新的市场信息，该信息被运用到参数更新中，以得到新的需求分布

续 表

参数	说 明
α	第二阶段 LSI 减少订购量的最大百分比
ω_1	初次采购时 FLSP 制订的单位物流服务价格，$c_F < \omega_1 < r$
ω_2	信息更新后 FLSP 制订的单位物流服务价格，ω_2 可能大于或小于 ω_1
$\omega_1 - \omega_p$	信息更新后 FLSP 制订的单位物流服务补偿价格。其中，ω_p 是 LSI 减少订货量时 FLSP 向 LSI 返还的单位价格，$\omega_p < \omega_1$
ζ	第二阶段需求看涨的概率
$E(\Pi_i^j)$	i 的期望利润函数，i 取 I、F 分别表示 LSI、FLSP，j 取 N、$N2$、R、$R2$ 时分别表示模式 1 的全过程期望利润、模式 1 的第二阶段期望利润、模式 2 的全过程期望利润以及模式 2 的第二阶段期望利润

3.3.3 理性预期约束条件

3.3.3.1 集成商

LSI 在第一阶段和第二阶段采购的物流服务能力数量分别为 Q_1 和 q，假设第一阶段的物流服务能力带给 LSI 的单位期望效用是 v_1。

第一阶段 LSI 愿意与 FLSP 合作的条件是 $v_1Q_1 - \omega_1Q_1 \geqslant 0$，即

$$\omega_1 \leqslant v_1 \tag{3-1}$$

模式 2 中，第二阶段在需求看跌的情况下，LSI 从经济的角度出发会退还部分物流服务能力给 FLSP；在需求看涨的情况下，LSI 可能会增加采购量或不采取行动。模式 1 中，第二阶段 LSI 只能增加采购量或不采取行动。由于第二阶段的效用是在第一阶段单位效用 v_1 的基础上的效用增量，因此我们假设第二阶段的期望效用分两种情况，$q < 0$ 时为 $U_p = (v_p + \omega_p)q^- - c_I$，$q > 0$ 时为 $U_c = (v_c - \omega_2)q^+ - c_I$，其中 $v_p = k_pv_1$，$k_p \in (-1,0)$，$v_c = k_cv_1$，$k_c \in (0, +\infty)$。v_p 表示 LSI 每减少采购一单位能力的效用，显然这一效用是小于 0 的，ω_p 是 LSI 减少订货量时，FLSP 向 LSI 返还的单位物流服务价格，也就是 LSI 获得的单位收益，因此 $v_p + \omega_p$ 表示模式 2 中第二阶段减少订购量的情况下 LSI 的单位效用。同理，$v_c - \omega_2$ 表示追加采购情形下 LSI 的单位效用；$k_c > 1$ 表示第二阶段的单位物流服务价格增加，$k_c < 1$ 表示第二阶段的单位物流服务价

格减少，$k_c=1$ 表示第二阶段的单位物流服务价格不变。k_p，k_c 的取值也会影响LSI 的采购决策。

假设需求看涨与看跌的概率分别为 ζ 和 $1-\zeta$，则 LSI 愿意与 FLSP 进行合作的条件是 $\zeta U_c+(1-\zeta)U_p\geqslant 0$，该式就是理性预期约束的表达式，即

$$\zeta[(k_c v_1-\omega_2)q^+-c_I]+(1-\zeta)[(k_p v_1+\omega_p)q^--c_I]\geqslant 0 \tag{3-2}$$

从而，式（3-2）可化为

$$\omega_2\leqslant\frac{\zeta k_c v_1 q^++(1-\zeta)(k_p v_1+\omega_p)q^--c_I}{\zeta q^+} \tag{3-3}$$

$$\omega_p\geqslant\frac{c_I-(1-\zeta)q^-k_p v_1-\zeta q^+(k_c v_1-\omega_2)}{(1-\zeta)q^-} \tag{3-4}$$

3.3.3.2 提供商

对于 FLSP 而言，第二阶段的单位物流服务价格应使自身期望利润不低于0，即必须满足理性预期约束：

$$\zeta(\omega_2-c_F)q^+-(1-\zeta)\omega_p q^-\geqslant 0 \tag{3-5}$$

联立式（3-2）和式（3-5），得

$$v_1\geqslant\frac{c_I+\zeta q^+c_F}{\zeta k_c q^++(1-\zeta)k_p q^-} \tag{3-6}$$

此外，在信息更新的情况下，假设信息是公开的，提供商可以知道市场信息，集成商也可以知道信息，那么，在一对一的情况下，ω_1，ω_2 和 ω_p 由提供商决定。因为期望利润等于收入减去成本，为了获得最大化的利润，通常来说 FLSP 希望单位物流服务能力的价格越高越好，在 LSI 减少订购量时，返单位物流服务补偿价格越低越好。即 FLSP 制订的单位物流服务能力采购价格应满足：

$$\omega_1=\max\{\omega_1\},\omega_2=\max\{\omega_2\},\omega_p=\min\{\omega_p\} \tag{3-7}$$

由式（3-1）得

$$\omega_1=v_1 \tag{3-8}$$

由式（3-3）得

$$\omega_2=\frac{\zeta k_c v_1 q^++(1-\zeta)(k_p v_1+\omega_p)q^--c_I}{\zeta q^+} \tag{3-9}$$

由式（3-4）得

$$\omega_p=\frac{c_I-(1-\zeta)q^-k_p v_1-\zeta q^+(k_c v_1-\omega_2)}{(1-\zeta)q^-} \tag{3-10}$$

3.3.4 需求更新

第一阶段，LSI 面临不确定需求 D_1 ，不确定性需求分布函数、概率密度函数分别为 $F(x)$ ，$f(x)$ 。第二阶段，LSI 通过观察获得信息 x_e ，从而获得更新后的需求，其需求分布函数和概率密度函数分别为 $F(x \mid x_e)$ ，$f(x \mid x_e)$ 。

常见的需求更新方式主要有两种，一种是假设信息更新前和信息更新后的需求为某种分布，如 Gurnani and Tang（1999）假设信息更新前后的需求的联合分布为二元正态分布。另一种是贝叶斯更新（Choi et al.，2003；Miltenburg and Pong，2007；Murry and Silver，1966；Yan et al.，2003），贝叶斯更新是最常见的需求更新方式（Miltenburg and Pong，2007），其需求分布函数和概率密度函数分别为 $F(x \mid x_e) = \dfrac{F(x) - F(Q_1)}{1 - F(Q_1)}$ 和 $f(x \mid x_e) = \dfrac{f(x)}{1 - F(Q_1)}$。

在本章的建模部分，为了表达简便，采用 $F(x \mid x_e)$ ，$f(x \mid x_e)$ 的形式表示更新后的需求分布函数和概率密度函数；在 3.5.4 节两个模型的比较及 3.6 节数值分析部分中，将更新后的需求分布函数和概率密度函数具体化为 $F(x \mid x_e) = \dfrac{F(x) - F(Q_1)}{1 - F(Q_1)}$ 和 $f(x \mid x_e) = \dfrac{f(x)}{1 - F(Q_1)}$ 。

3.4 模型 I ——二次订购模式 1

在这一节中，我们考虑集成商预估行为并运用理性预期均衡理论建立二次订购模式 1 下的能力采购模型（即 Model Ⅰ），然后我们将在 3.5 节中建立二次订购模式 2 下的能力采购模型（即 Model Ⅱ），并对两个模型进行比较，探讨在需求更新环境和存在理性预期行为下模式 2 优于模式 1 的条件。

在模型 I 中，第二阶段 LSI 只能增加采购量而不能减少，因此不存在 $q < 0$ 的情形，即必有 $Q_2 \geqslant Q_1$ 。此时，$\omega_1 = v_1$ ，$\omega_2 = k_c v_1 - \dfrac{c_I}{\zeta q^+}$ 。

3.4.1 集成商的期望利润

LSI 的决策问题，是如何选择 Q_1 和 Q_2，使自身期望利润最大化。

$$\begin{aligned} E(\Pi_I^N) &= r\min(Q_2,x) - \omega_1 Q_1 - \omega_2 q^+ - bE(x - Q_2)^+ - c_I \\ &= -c_I + (k_c - 1)v_1 Q_1 - k_c v_1 Q_2 + \frac{c_I}{\zeta} + r\int_0^{Q_2} xf(x \mid x_e)\mathrm{d}x + \\ &\quad (r+b)Q_2\int_{Q_2}^{+\infty} f(x \mid x_e)\mathrm{d}x - b\int_{Q_2}^{+\infty} xf(x \mid x_e)\mathrm{d}x \end{aligned} \tag{3-11}$$

式（3－11）中第 1 项 $r\min(Q_2,x)$ 表示集成商向客户提供物流服务产生的收入，第 2 项 $\omega_1 Q_1$ 表示 LSI 第一阶段的成本，第 3 项 $\omega_2 q^+$ 表示第二阶段 LSI 增加采购物流服务能力时的成本，第 4 项 $bE(x-Q_2)^+$ 表示 LSI 不能满足客户需要时的机会损失，第 5 项 c_I 表示 LSI 信息更新的成本。

本章采用逆序求解方法求解二次订购情况下的最优期望利润（Chen et al.，2006；Song and Yang，2014）。首先考虑第二阶段的最优期望利润，得到第二阶段的最优采购量；然后考虑全过程的最优期望利润，得到第一阶段的最优采购量。

3.4.1.1 逆序法求解——LSI 第二阶段的期望利润

$$\begin{aligned} E(\Pi_I^{N2}) &= r\min(Q_2,x) - \omega_2 q^+ - bE(x-Q_2)^+ - c_I = -c_I + k_c v_1 Q_1 - k_c v_1 Q_2 + \\ &\quad \frac{c_I}{\zeta} + r\int_0^{Q_2} xf(x \mid x_e)\mathrm{d}x + (r+b)Q_2\int_{Q_2}^{+\infty} f(x \mid x_e)\mathrm{d}x - b\int_{Q_2}^{+\infty} xf(x \mid x_e)\mathrm{d}x \end{aligned} \tag{3-12}$$

定理 1：LSI 的最优采购量满足

$$q^{N*} = \begin{cases} M & ,Q_1 \leqslant F^{-1}(A \mid x_e) - M \\ F^{-1}(A \mid x_e) - Q_1 & ,F^{-1}(A \mid x_e) - M < Q_1 < F^{-1}(A \mid x_e) \\ 0 & ,Q_1 \geqslant F^{-1}(A \mid x_e) \end{cases} \tag{3-13}$$

其中，$A = \dfrac{r + b - k_c v_1}{r + b}$。

证明：由于 $\dfrac{\partial^2 E(\Pi_I^{N2})}{\partial Q_2^2} = -(r+b)f(Q_2 \mid x_e) \leqslant 0$，因此，$\Pi_I^{N2}$ 有极大值

点，且极大值点满足：

$$\frac{\partial E(\Pi_I^{N2})}{\partial Q_2} = -k_c v_1 + rQ_2 f(Q_2 \mid x_e) + (r+b)\int_{Q_2}^{+\infty} f(x \mid x_e)\mathrm{d}x - (r+b)Q_2 f(Q_2 \mid x_e) + bQ_2 f(Q_2 \mid x_e) = 0,$$

即 $Q_2^{N*} = F^{-1}(A \mid x_e), F^{-1}(A \mid x_e) - M < Q_1 < F^{-1}(A \mid x_e)$ (3-14)

考虑到 $0 \leqslant q^+ \leqslant M$，即 $0 \leqslant Q_2 - Q_1 \leqslant M$ 的约束，因此，Q_2^{N*} 的取值有三种情况。

3.4.1.2 逆序法求解——LSI 全过程的期望利润

$k_c > 1$ 时，

$$Q_1^{N*} = \begin{cases} F^{-1}\left(\left.\frac{r+b-k_c v_1}{r+b}\right| x_e\right) - M & , Q_1 \leqslant F^{-1}(A \mid x_e) - M \\ F^{-1}\left(\left.\frac{r+b-k_c v_1}{r+b}\right| x_e\right) & , F^{-1}(A \mid x_e) - M < Q_1 < F^{-1}(A \mid x_e) \\ F^{-1}\left(\left.\frac{r+b-v_1}{r+b}\right| x_e\right) & , Q_1 \geqslant F^{-1}(A \mid x_e) \end{cases} \tag{3-15}$$

$k_c = 1$ 时，

$$Q_1^{N*} = \begin{cases} F^{-1}\left(\left.\frac{r+b-v_1}{r+b}\right| x_e\right) - M & , Q_1 \leqslant F^{-1}(A \mid x_e) - M \\ T_1 & , F^{-1}(A \mid x_e) - M < Q_1 < F^{-1}(A \mid x_e) \\ F^{-1}\left(\left.\frac{r+b-v_1}{r+b}\right| x_e\right) & , Q_1 \geqslant F^{-1}(A \mid x_e) \end{cases} \tag{3-16}$$

$k_c < 1$ 时，

$$Q_1^{N*} = \begin{cases} F^{-1}\left(\left.\frac{r+b-v_1}{r+b}\right| x_e\right) - M & , Q_1 \leqslant F^{-1}(A \mid x_e) - M \\ F^{-1}\left(\left.\frac{r+b-k_c v_1}{r+b}\right| x_e\right) - M & , F^{-1}(A \mid x_e) - M < Q_1 < F^{-1}(A \mid x_e) \\ F^{-1}\left(\left.\frac{r+b-k_c v_1}{r+b}\right| x_e\right) & , Q_1 \geqslant F^{-1}(A \mid x_e) \end{cases} \tag{3-17}$$

其中，$T_1 = \left\{a \middle| a \in \left[F^{-1}\left(\frac{r+b-v_1}{r+b}\middle|x_e\right)-M, F^{-1}\left(\frac{r+b-v_1}{r+b}\middle|x_e\right)\right]\right\}$，这是因为 $k_c = 1$ 时，$\frac{\partial E(\Pi_I^N)}{\partial Q_1} = 0$，因此 Q_1^{N*} 可取 $[F^{-1}(A \mid x_e) - M, F^{-1}(A \mid x_e)]$ 的任意值。

推导过程见附录 3－1。

3.4.2 提供商的期望利润

在理性预期的约束下，FLSP 的期望利润为：

$$\begin{aligned} E(\Pi_F^{N*}) &= (\omega_1 - c_F)Q_1^{N*} + (\omega_2 - c_F)q^{N*} \\ &= (v_1 - c_F)Q_1^{N*} + \left(k_c v_1 - \frac{c_I}{\zeta q^{N*}} - c_F\right)q^{N*} \end{aligned} \tag{3-18}$$

式（3－18）中，第 1 项表示第一阶段 LSI 采购物流服务能力时 FLSP 获得的相应利润，第 2 项表示第二阶段 LSI 增加物流服务能力订购量时 FLSP 的利润。

$k_c > 1$ 时，

$$E(\Pi_F^{N*}) = \begin{cases} (v_1 - c_F)F^{-1}(A \mid x_e) + (k_c - 1)v_1 M - \frac{c_I}{\zeta} & ,Q_1 \leqslant F^{-1}(A \mid x_e) - M \\ (v_1 - c_F)F^{-1}(A \mid x_e) - \frac{c_I}{\zeta} & ,F^{-1}(A \mid x_e) - M < Q_1 < F^{-1}(A \mid x_e) \\ (v_1 - c_F)F^{-1}\left(\frac{r+b-v_1}{r+b}\middle|x_e\right) & ,Q_1 \geqslant F^{-1}(A \mid x_e) \end{cases} \tag{3-19}$$

$k_c = 1$ 时，

$$E(\Pi_F^{N*}) = \begin{cases} (v_1 - c_F)F^{-1}\left(\frac{r+b-v_1}{r+b}\middle|x_e\right) + (k_c - 1)v_1 M - \frac{c_I}{\zeta} & ,Q_1 \leqslant F^{-1}(A \mid x_e) - M \\ (1 - k_c)v_1 T_1 + (k_c v_1 - c_F)F^{-1}(A \mid x_e) - \frac{c_I}{\zeta} & ,F^{-1}(A \mid x_e) - M < Q_1 < F^{-1}(A \mid x_e) \\ (v_1 - c_F)F^{-1}\left(\frac{r+b-v_1}{r+b}\middle|x_e\right) & ,Q_1 \geqslant F^{-1}(A \mid x_e) \end{cases} \tag{3-20}$$

$k_c < 1$ 时，

$$E(\Pi_F^{N*}) = \begin{cases} (v_1 - c_F)F^{-1}\left(\frac{r+b-v_1}{r+b}\middle|x_e\right) + (k_c - 1)v_1 M - \frac{c_I}{\zeta} & ,Q_1 \leqslant F^{-1}(A \mid x_e) - M \\ (v_1 - c_F)F^{-1}(A \mid x_e) + (k_c - 1)v_1 M - \frac{c_I}{\zeta} & ,F^{-1}(A \mid x_e) - M < Q_1 < F^{-1}(A \mid x_e) \\ (v_1 - c_F)F^{-1}(A \mid x_e) & ,Q_1 \geqslant F^{-1}(A \mid x_e) \end{cases} \tag{3-21}$$

其中，$A=\dfrac{r+b-k_c v_1}{r+b}$。

定理2：FLSP的总期望利润随着第二阶段需求上涨概率ζ的增大而增大，且ζ有一个取值区间，即$\zeta\in\left[\dfrac{c_I}{(v_1-c_F)Q_1^{N*}+(k_c v_1-c_F)q^{N*}},1\right]$，只有位于这个区间，FLSP才会参与该供应链。

证明：当第二阶段需求上涨概率等于1时，期望利润最大。考虑到FLSP的参与约束，$\zeta=1$时，一定有$E(\Pi_F^{N*})=(v_1-c_F)Q_1^{N*}+(k_c v_1-c_F)q^{N*}-c_I\geqslant 0$。从而$(v_1-c_F)Q_1^{N*}+(k_c v_1-c_F)q^{N*}\geqslant c_I$。

$\zeta\neq 1$时，要使FLSP参与合作，必须满足$E(\Pi_F^{N*})\geqslant 0$，因此ζ有一个取值区间，即$\dfrac{c_I}{(v_1-c_F)Q_1^{N*}+(k_c v_1-c_F)q^{N*}}\leqslant\zeta\leqslant 1$。这表明，只有当$\zeta\in\left[\dfrac{c_I}{(v_1-c_F)Q_1^{N*}+(k_c v_1-c_F)q^{N*}},1\right]$时，FLSP才会参与该供应链合作。

3.5 模型Ⅱ的构建及其与模型Ⅰ的比较

3.5.1 新增的假设

供应链通常是一个网络的结构。在物流服务供应链中，提供商一般情况下会服务于多个集成商。因此，在第二阶段，如果补偿价格等条件允许的话，提供商可能愿意接受一定的补偿价格并允许集成商在已采购的物流服务能力基础上减少采购量，然后卖给其他的集成商。同时，在允许减少采购量的情况下，提供商会鼓励集成商多进行能力采购，以增加收入。因此，实际中提供商往往承诺第二阶段采购量减少的最大比例。本章中假设，若第二阶段预测需求减少，可按照最大百分比为α的比例减少采购量，那么就有$0<q^-\leqslant\alpha Q_1$。

因此，$0<q^-\leqslant\alpha Q_1$，$0\leqslant q^+\leqslant M$。

3.5.2 集成商的期望利润

LSI的决策问题，是如何选择Q_1，Q_2，使得自身期望利润最大化。

$$E(\Pi_I^R) = r\min(Q_2,x) - \omega_1 Q_1 - \omega_2 q^+ + \omega_p q^- - bE(x-Q_2)^+ - c_I$$
$$= -c_I - \omega_1 Q_1 - \omega_2 q^+ + \omega_p q^- + \int_0^{Q_2} rxf(x\mid x_e)\mathrm{d}x + \int_{Q_2}^{+\infty}[rQ_2 - b(x-Q_2)]f(x\mid x_e)\mathrm{d}x$$
$$= \begin{cases} \frac{1-\zeta}{\zeta}c_I + (k_c-1)v_1Q_1 - k_cv_1Q_2 + \int_0^{Q_2} rxf(x\mid x_e)\mathrm{d}x + \int_{Q_2}^{+\infty}[rQ_2 - b(x-Q_2)]f(x\mid x_e)\mathrm{d}x & ,Q_2 > Q_1 \\ -c_I - v_1Q_1 + \int_0^{Q_2} rxf(x\mid x_e)\mathrm{d}x + \int_{Q_2}^{+\infty}[rQ_2 - b(x-Q_2)]f(x\mid x_e)\mathrm{d}x & ,Q_2 = Q_1 \\ \frac{\zeta}{1-\zeta}c_I - (1+k_p)v_1Q_1 + k_pv_1Q_2 + \int_0^{Q_2} rxf(x\mid x_e)\mathrm{d}x + \int_{Q_2}^{+\infty}[rQ_2 - b(x-Q_2)]f(x\mid x_e)\mathrm{d}x & ,Q_2 < Q_1 \end{cases} \tag{3-22}$$

式（3－22）中第1项 $r\min(Q_2,x)$ 表示 FLSP 向客户提供物流服务产生的收入，第2项 $\omega_1 Q_1$ 表示 LSI 第一阶段的成本，第3项 $\omega_2 q^+$ 和第4项 $\omega_p q^-$ 分别表示第二阶段 LSI 增加和减少采购物流服务能力时的成本，第5项 $bE(x-Q_2)^+$ 表示 LSI 不能满足客户需要时的机会损失，第6项 c_I 表示 LSI 需求更新的成本。

同样，在模型Ⅱ中仍然采用逆序求解法进行求解。

3.5.2.1 逆序法求解——LSI 第二阶段的期望利润

$$E(\Pi_I^{R2}) = r\min(Q_2,x) - \omega_2 q^+ + \omega_p q^- - bE(x-Q_2)^+ - c_I$$
$$= \begin{cases} \frac{1-\zeta}{\zeta}c_I + k_cv_1Q_1 - k_cv_1Q_2 + \int_0^{Q_2} rxf(x\mid x_e)\mathrm{d}x + \int_{Q_2}^{+\infty}[rQ_2 - b(x-Q_2)]f(x\mid x_e)\mathrm{d}x & ,Q_2 > Q_1 \\ -c_I + \int_0^{Q_2} rxf(x\mid x_e)\mathrm{d}x + \int_{Q_2}^{+\infty}[rQ_2 - b(x-Q_2)]f(x\mid x_e)\mathrm{d}x & ,Q_2 = Q_1 \\ \frac{\zeta}{1-\zeta}c_I - k_pv_1Q_1 + k_pv_1Q_2 + \int_0^{Q_2} rxf(x\mid x_e)\mathrm{d}x + \int_{Q_2}^{+\infty}[rQ_2 - b(x-Q_2)]f(x\mid x_e)\mathrm{d}x & ,Q_2 < Q_1 \end{cases} \tag{3-23}$$

定理3：LSI 在第二阶段的最优采购量满足

$$q^{R*} = \begin{cases} q^{N*} & ,Q_1 \leqslant F^{-1}(B\mid x_e) \\ F^{-1}(B\mid x_e) - Q_1 & ,F^{-1}(B\mid x_e) < Q_1 < \frac{1}{1-\alpha}F^{-1}(B\mid x_e) \\ -\alpha Q_1 & ,Q_1 \geqslant \frac{1}{1-\alpha}F^{-1}(B\mid x_e) \end{cases} \tag{3-24}$$

其中，$B = \dfrac{r+b+k_pv_1}{r+b}$。

证明：$q^{R*}<0$ 时，由于 $\dfrac{\partial^2 E(\Pi_I^{R2})}{\partial Q_2^2} = -(r+b)f(Q_2\mid x_e) \leqslant 0$，因此 Π_I^2 有极大值点，且极大值点满足 $\dfrac{\partial E(\Pi_I^{R2})}{\partial Q_2} = k_pv_1 + r + b - (r+b)\int_0^{Q_2} f(x\mid x_e)\mathrm{d}x =$

0，即 $Q_2^{R*} = F^{-1}(B \mid x_e)$ 。

$q^{R*} > 0$ 时，由于 $\frac{\partial^2 E(\Pi_I^{R2})}{\partial Q_2^2} = -(r+b)f(Q_2 \mid x_e) \leqslant 0$ ，因此 Π_I^2 有极大值点，且极大值点满足 $\frac{\partial E(\Pi_I^{R2})}{\partial Q_2} = r + b - k_c v_1 - (r+b)\int_0^{Q_2} f(x \mid x_e)\mathrm{d}x = 0$ ，即 $Q_2^{R*} = F^{-1}(A \mid x_e)$ 。

考虑到 q^{R*} 的取值范围为 $-\alpha Q_1 \leqslant q^{R*} \leqslant M$ ，q^{R*} 分五种情况。

3.5.2.2 逆序法求解——LSI 全过程的期望利润

$$Q_1^{R*} = \begin{cases} Q_1^{N*} & ,Q_1 \leqslant F^{-1}(B \mid x_e) \\ F^{-1}\left(\frac{r+b+k_p v_1}{r+b} \middle| x_e\right) & ,F^{-1}(B \mid x_e) < Q_1 < \frac{1}{1-\alpha}F^{-1}(B \mid x_e) \\ \frac{1}{1-\alpha}F^{-1}\left(\frac{r+b+k_p v_1}{r+b} \middle| x_e\right) & ,Q_1 \geqslant \frac{1}{1-\alpha}F^{-1}(B \mid x_e) \end{cases} \tag{3-25}$$

需要注意的是，式（3－25）无须考虑 k_c 是否大于1。因为式（3－25）中，Q_1 的分段函数是以 $F^{-1}(B \mid x_e)$ 以及 $\frac{1}{1-\alpha}F^{-1}(B \mid x_e)$ 为分段点的，其中 $B = \frac{r+b+k_p v_1}{r+b}$ ，与 k_p 有关、与 k_c 无关。

证明过程见附录3－2。

3.5.3 提供商的期望利润

$$E(\Pi_F^{R*}) = (\omega_1 - c_F)Q_1^{R*} + (\omega_2 - c_F)q^{+R*} - \omega_p q^{-R*} = (v_1 - c_F)Q_1^{R*} + \left(k_c v_1 - \frac{c_I}{\zeta q^{+*}} - c_F\right)q^{+R*} - \left(\frac{c_I}{(1-\zeta)q^{-*}} - k_p v_1\right)q^{-R*}$$

$$= \begin{cases} \Pi_F^{N*} & ,Q_1 \leqslant F^{-1}(B \mid x_e) \\ (v_1 - c_F)F^{-1}(B \mid x_e) & ,F^{-1}(B \mid x_e) < Q_1 < \frac{1}{1-\alpha}F^{-1}(B \mid x_e) \\ \frac{v_1 - \alpha k_p v_1 - c_F}{1-\alpha}F^{-1}(B \mid x_e) - \frac{c_I}{1-\zeta} & ,Q_1 \geqslant \frac{1}{1-\alpha}F^{-1}(B \mid x_e) \end{cases} \tag{3-26}$$

式（3－26）中，第1项表示第一阶段LSI采购物流服务能力时FLSP获得的相应利润，第2项和第3项分别表示第二阶段LSI增加和减少采购物流服务能力时FLSP的利润。其中，q^{+R*} 表示 $q^{R*}(q^{R*}\geqslant 0)$，$q^{-R*}$ 表示 $q^{R*}(q^{R*}<0)$。

定理4：FLSP的总期望利润随着第二阶段需求上涨概率 ζ 的增大而增大。ζ 有一个取值区间，即 $\zeta\in\left[0,1-\frac{c_I}{(v_1-c_F)Q_1^{R*}+k_pv_1q^{-R*}}\right]\cup\left[\frac{c_I}{(v_1-c_F)Q_1^{R*}+(k_cv_1-c_F)q^{+R*}},1\right]$。

证明：$q>0$ 时，$q^{R*}=q^{N*}$，即与Model Ⅰ的情况相同，因此，由3.4.2节可知，只有当 $\zeta\in\left[\frac{c_I}{(v_1-c_F)Q_1^{R*}+(k_cv_1-c_F)q^{+R*}},1\right]$ 时，FLSP才会参与该供应链合作。

$q<0$ 时，当上涨概率等于0时期望利润最大。考虑到FLSP的参与约束，若 $\zeta=0$ 时，一定有 $E(\Pi_F^{R*})=(v_1-c_F)Q_1^{R*}+k_pv_1q^{-R*}-c_I\geqslant 0$，从而 $(v_1-c_F)Q_1^{R*}+k_pv_1q^{-R*}\geqslant c_I$。若 $\zeta\neq 0$ 时，要使FLSP参与合作，必须满足 $E(\Pi_F^{R*})\geqslant 0$，因此 ζ 有一个取值区间，即 $0\leqslant\zeta\leqslant 1-\frac{c_I}{(v_1-c_F)Q_1^{R*}+k_pv_1q^{-R*}}$。这表明，只有当 $\zeta\in\left[0,1-\frac{c_I}{(v_1-c_F)Q_1^{R*}+k_pv_1q^{-R*}}\right]$ 时，FLSP才会参与该供应链合作。

3.5.4 两个模型的比较

下面对Model Ⅰ和Model Ⅱ的期望利润进行比较。

为了比较Model Ⅰ和Model Ⅱ的期望利润，假设需求 X 在 $[\mu-\delta,\mu+\delta]$ 均匀分布（Yan et al.，2003），则 $f(x)=\frac{1}{2\delta}$，$F(x)=\frac{\mu+\delta-x}{2\delta}$。在第一阶段结束时，LSI对需求信息进行贝叶斯更新，更新后的需求 $f(x\mid x_e)=\frac{f(x)}{1-F(Q_1)}=\frac{1}{Q_1-\mu+\delta}$，$F(x\mid x_e)=\frac{F(x)-F(Q_1)}{1-F(Q_1)}=\frac{Q_1-x}{Q_1-\mu+\delta}$。

q 和 Q_1 的取值在Model Ⅰ中均分为三种情况，在Model Ⅱ中均分为五种情况，$Q_1\leqslant F^{-1}(B\mid x_e)$ 时，由式（3－24）和式（3－25）可知，Model Ⅱ等同于

ModelⅠ，即第二阶段是否允许减少订购量对 LSI 和 FLSP 的决策没有影响，因此本节只需讨论 $F^{-1}(B \mid x_e) < Q_1 < \frac{1}{1-\alpha}F^{-1}(B \mid x_e)$ 和 $Q_1 \geqslant \frac{1}{1-\alpha}F^{-1}(B \mid x_e)$ 的情况。

3.5.4.1 对于 LSI，模式 2 优于模式 1 的条件

定理 5：对于 LSI，模式 2 优于模式 1 的条件是：

a. $F^{-1}(B \mid x_e) < Q_1 < \frac{1}{1-\alpha}F^{-1}(B \mid x_e)$ 时，条件是 $\frac{2\zeta-1}{\zeta}c_I - \frac{3}{2}(\mu-\delta)k_c v_1 - (2\delta+1)k_p v_1 > 0$；

b. $Q_1 \geqslant \frac{1}{1-\alpha}F^{-1}(B \mid x_e)$ 时，条件是 $\frac{2\zeta-1}{\zeta(1-\zeta)}c_I - \left(\frac{3}{2}k_c + \frac{1}{2}k_p - 1\right)v_1(\mu-\delta) + D > 0$。

其中，$D = \left(\frac{1}{2}k_p - \frac{3}{2}\alpha k_p - 1\right)\frac{(r+b+k_p v_1)(\mu-\delta)}{(r+b)(1-\alpha)+k_p v_1}v_1 + 2\delta\frac{[r\mu-(r+b)\delta](1-\alpha)+\left[\frac{r\mu}{(r+b)}-\alpha\mu-(1-\alpha)\delta\right]k_p v_1}{\alpha(\mu-\delta)}$。

定理 5 在附录 3－3 中得到证明。

3.5.4.2 对于 FLSP，模式 2 优于模式 1 的条件

定理 6：对于 FLSP 来说，模式 2 在以下条件下优于模式 1。

当 $F^{-1}(B \mid x_e) < Q_1 < \frac{1}{1-\alpha}F^{-1}(B \mid x_e)$ 时，选择模式 2 更好；当 $Q_1 \geqslant \frac{1}{1-\alpha}F^{-1}(B \mid x_e)$ 时，需要满足以下条件才能保证模式 2 优于模式 1：

$$\begin{cases} E-(v_1-c_F)\left(\mu-\delta-\frac{v_1}{r+b-k_c v_1}M\right)>0 & ,k_c \geqslant 1 \\ E-(v_1-c_F)\left(\mu-\delta-\frac{k_c v_1}{r+b-v_1}M\right)>0 & ,k_c < 1 \end{cases}$$

其中，$E = \frac{(r+b+k_p v_1)(\mu-\delta)}{(r+b)(1-\alpha)+k_p v_1}(v_1-\alpha k_p v_1-c_F) - \frac{c_I}{1-\zeta}$。

定理 6 在附录 3－4 中得到证明。

表 3-2 模式 2 优于模式 1 时参数需满足的条件

Case	Q_1	k_c	必须满足的条件
1	$Q_1 \leqslant F^{-1}(B \mid x_e)$	WAC	WAC
2	$F^{-1}(B \mid x_e) < Q_1 < \frac{1}{1-\alpha}F^{-1}(B \mid x_e)$	WAC	$\frac{2\zeta-1}{\zeta}c_I - \frac{3}{2}(\mu-\delta)k_c v_1 - (2\delta+1)k_p v_1 > 0$
3	$Q_1 \geqslant \frac{1}{1-\alpha}F^{-1}(B \mid x_e)$	$k_c > 1$	$\frac{2\zeta-1}{\zeta(1-\zeta)}c_I - \left(\frac{3}{2}k_c + \frac{1}{2}k_p - 1\right)v_1(\mu-\delta) + D > 0$ $E - (v_1 - c_F)\left(\mu - \delta - \frac{v_1}{r+b-k_c v_1}M\right) > 0$
4		$k_c < 1$	$\frac{2\zeta-1}{\zeta(1-\zeta)}c_I - \left(\frac{3}{2}k_c + \frac{1}{2}k_p - 1\right)v_1(\mu-\delta) + D > 0$ $E - (v_1 - c_F)\left(\mu - \delta - \frac{k_c v_1}{r+b-v_1}M\right) > 0$

注：①WAC 意味着此时可以无条件适用。

②$D = \left(\frac{1}{2}k_p - \frac{3}{2}\alpha k_p - 1\right)\frac{(r+b+k_p v_1)(\mu-\delta)}{(r+b)(1-\alpha)+k_p v_1}v_1 + 2\delta\frac{[r\mu-(r+b)\delta](1-\alpha)+\left[\frac{r\mu}{(r+b)}-\alpha\mu-(1-\alpha)\delta\right]k_p v_1}{\alpha(\mu-\delta)}$，$E = \frac{(r+b+k_p v_1)(\mu-\delta)}{(r+b)(1-\alpha)+k_p v_1}(v_1-\alpha k_p v_1 - c_F) - \frac{c_I}{1-\zeta}$。

3.5.4.3 模式 2 优于模式 1 的条件

由上述分析可知，对于 LSI 和 FLSP，二次采购中采用模式 2 是否优于模式 1 与 k_c，k_p，ζ，α，μ，δ 等多个因素相关。双方都倾向于选择模式 2 的条件，具体见表 3 – 2。

定理 7：若 k_c，k_p，ζ，α，μ，δ 等参数的取值满足表 3 – 2 中的 4 种情况，则 LSI 和 FLSP 在二次订购中都倾向于采用模式 2，否则模式 1 更好。

3.6 数值分析

本节将对模型进行算例分析，利用 Mathematica 9.0 软件进行数值计算，验证前文提出的一些定理，并探讨一些重要的外界环境参数如需求更新参数（需求看涨概率 ζ）、二次订购参数（减少订购量的最大比例 α）、理性预期行为参数（集成商的理性预期 v_1）等对二次订购模式的选用影响。数值分析中，假设需求 X 在 $[\mu-\delta,\mu+\delta]$ 均匀分布，$f(x)=\frac{1}{2\delta}$，$F(x)=\frac{\mu+\delta-x}{2\delta}$；在第一阶段结束时，LSI 对需求信息进行贝叶斯更新，更新后的需求 $f(x \mid x_e)=\frac{f(x)}{1-F(Q_1)}=\frac{1}{Q_1-\mu+\delta}$，$F(x \mid x_e)=\frac{F(x)-F(Q_1)}{1-F(Q_1)}=\frac{Q_1-x}{Q_1-\mu+\delta}$。一些参数设置如下：$r=14$；$\omega_1=11$；$v_1=11$；$b=5$；$c_F=9$；$c_I=200$；$\mu=80$；$\delta=60$；$k_c>1$ 时取 1.2，$k_c<1$ 时取 0.9；$k_p=-0.8$；$\zeta=0.6$；$M=20$；$\alpha=0.4$。

3.6.1 ζ 对期望利润的影响

（1）$F^{-1}(B \mid x_e)<Q_1<\frac{1}{1-\alpha}F^{-1}(B \mid x_e)$ 时，LSI 和 FLSP 在两个模型中的期望利润函数如图 3 – 2 和图 3 – 3 所示。

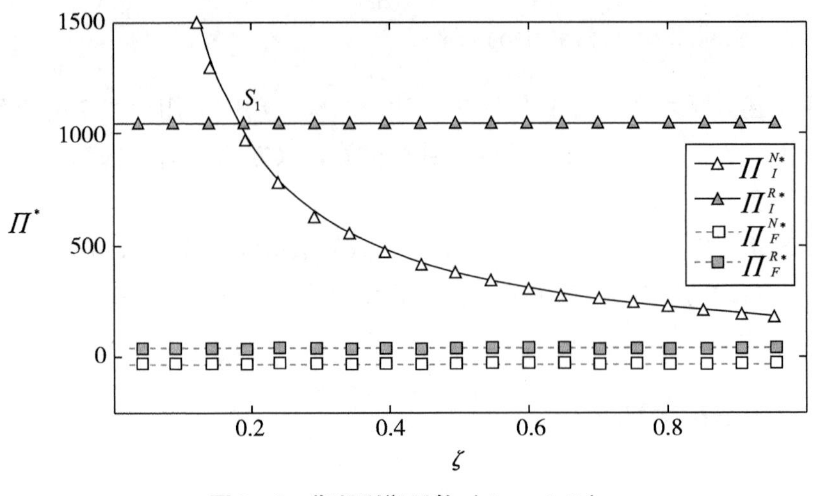

图 3－2　期望利润函数（$k_c = 1.2$）

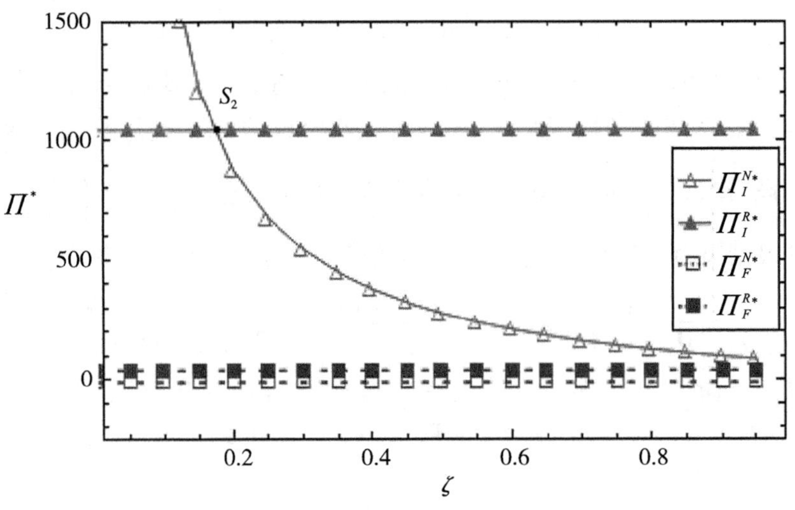

图 3－3　期望利润函数（$k_c = 0.9$）

从图 3－2 可以看出，$k_c = 1.2$ 时，Model Ⅰ 和 Model Ⅱ 中 LSI 期望利润函数相交于 S_1（$\zeta = 0.187$）。在 S_1 左侧，$E(\Delta\Pi_I{}^*) = E(\Pi_I{}^{R*}) - E(\Pi_I{}^{N*}) < 0$，LSI 倾向于模式 1；在 S_1 右侧，$E(\Delta\Pi_I{}^*) > 0$，LSI 倾向于模式 2。这表明随着第二阶段需求看涨概率的增大，LSI 采用模式 2 的意愿增加。而 FLSP 采用模式 2 的期望利润高于采用模式 1 时的期望利润。由定理 7 可知，$F^{-1}(B \mid x_e) < Q_1 < \dfrac{1}{1-\alpha}F^{-1}(B \mid x_e)$，$k_c = 1.2$ 时符合 Case2，模式 2 的适用条件为 $\zeta >$

0.187。图3－3类似于图3－2。由定理7可知，$F^{-1}(B\mid x_e) < Q_1 < \frac{1}{1-\alpha}F^{-1}(B\mid x_e)$，$k_c = 0.9$ 也符合Case2，模式2的适用条件为 $\zeta > 0.171$。

（2）$Q_1 \geqslant \frac{1}{1-\alpha}F^{-1}(B\mid x_e)$ 时，LSI和FLSP在两个模型中的期望利润函数如图3－4和图3－5所示。

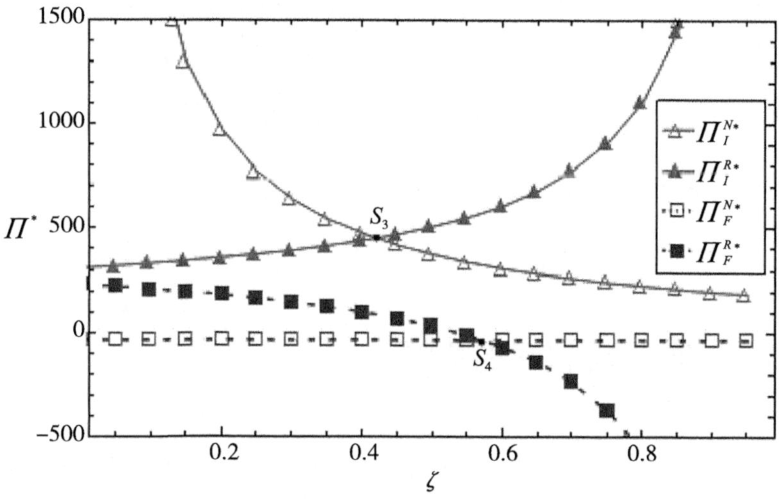

图3－4　期望利润函数（$k_c = 1.2$）

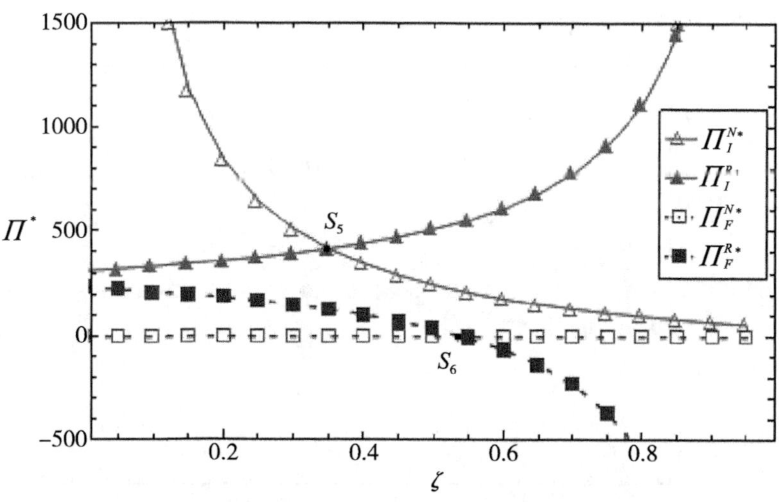

图3－5　期望利润函数（$k_c = 0.9$）

从图3-4可以看出，$k_c = 1.2$时，Model Ⅰ和Model Ⅱ中LSI期望利润函数相交于S_3（$\zeta = 0.419$）。在S_3左侧，$E(\Delta\Pi_I^*) = E(\Pi_I^{R*}) - E(\Pi_I^{N*}) < 0$，LSI倾向于模式1；在$S_3$右侧，$E(\Delta\Pi_I^*) > 0$，LSI倾向于模式2。Model Ⅰ和ModelⅡ中FLSP期望利润函数相交于S_4（$\zeta = 0.574$）。在S_4左侧，$E(\Delta\Pi_F^*) = E(\Pi_F^{R*}) - E(\Pi_F^{N*}) > 0$，FLSP倾向于模式2；在$S_4$右侧，$E(\Delta\Pi_F^*) < 0$，FLSP倾向于模式1。因此，随着第二阶段需求看涨概率的增大，LSI采用模式2的意愿增大，FLSP采用模式2的意愿降低。由定理7可知，$Q_1 \geq \frac{1}{1-\alpha}F^{-1}(B \mid x_e)$，$k_c = 1.2$符合Case3，通过计算可知模式2的适用条件为$0.419 < \zeta < 0.574$。图3-5类似于图3-4，由定理7可知，$Q_1 \geq \frac{1}{1-\alpha}F^{-1}(B \mid x_e)$，$k_c = 0.9$符合Case4，通过计算可知模式2的适用条件为$0.366 < \zeta < 0.548$。

3.6.2 α对期望利润的影响

由表3-2可知，$F^{-1}(B \mid x_e) < Q_1 < \frac{1}{1-\alpha}F^{-1}(B \mid x_e)$时，模式2的使用条件与α无关，因此本节只讨论$Q_1 \geq \frac{1}{1-\alpha}F^{-1}(B \mid x_e)$的情况。LSI和FLSP在两个模型中的期望利润函数如图3-6和图3-7所示。

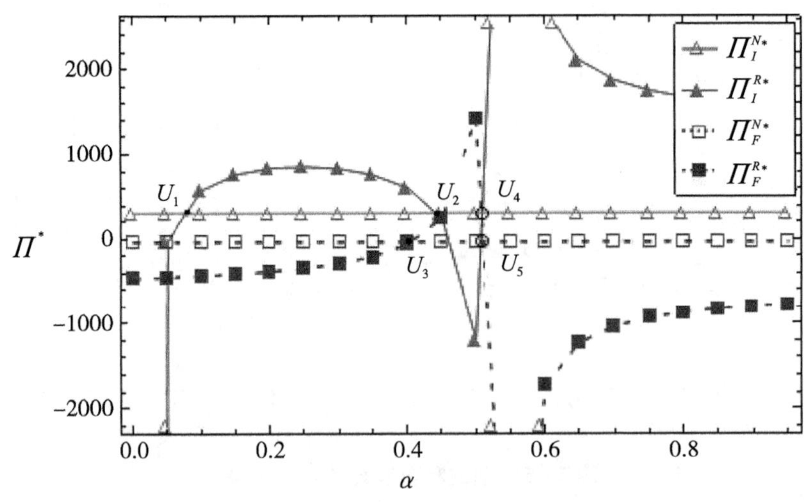

图3-6　期望利润函数（$k_c = 1.2$）

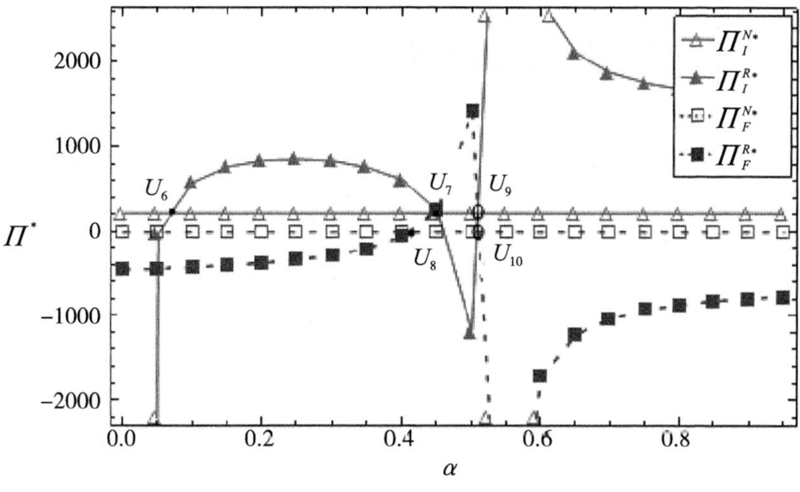

图 3－7　期望利润函数（$k_c = 0.9$）

从图 3－6 可以看出，$k_c = 1.2$ 时，Model Ⅰ 和 Model Ⅱ 中 LSI 期望利润函数相交于 U_1（$\alpha = 0.070$）和 U_2（$\alpha = 0.445$），且有间断点 U_4（$\alpha = 0.537$）。在 U_1 和 U_2 之间以及 U_4 右侧，$E(\Delta\Pi_I{}^*) = E(\Pi_I{}^{R*}) - E(\Pi_I{}^{N*}) > 0$，LSI 倾向于模式 2；在 U_1 左侧以及 U_2 和 U_4 之间，$E(\Delta\Pi_I{}^*) < 0$，LSI 倾向于模式 1。Model Ⅰ 和 Model Ⅱ 中 FLSP 期望利润函数相交于 U_3（$\alpha = 0.408$），且有间断点 U_5（$\alpha = 0.537$）。在 U_3 左侧和 U_5 右侧，$E(\Delta\Pi_F{}^*) = E(\Pi_F{}^{R*}) - E(\Pi_F^{N*}) < 0$，FLSP 倾向于模式 1；在 U_3 和 U_5 之间，$E(\Delta\Pi_F{}^*) > 0$，FLSP 倾向于模式 2。由附录 3－3 式（3－15）和附录 3－4 式（4－5）可知间断点存在的条件，因此 $\alpha = \dfrac{r + b + k_p v_1}{r + b}$ 是间断点，根据前文参数的取值，$\dfrac{r + b + k_p v_1}{r + b} = 0.537$。在间断点左侧，$E(\Delta\Pi_I{}^*)$ 先增大后减少到负，$E(\Delta\Pi_F{}^*)$ 由负逐渐增大为正，经过间断点之后，$E(\Delta\Pi_I{}^*)$ 变为正、$E(\Delta\Pi_F{}^*)$ 变为负。由定理 7 可知，$Q_1 \geqslant \dfrac{1}{1-\alpha}F^{-1}(B \mid x_e)$，$k_c = 1.2$ 符合 Case3，模式 2 优于模式 1 的条件为 $0.408 < \alpha < 0.445$。图 3－7 的解释类似于图 3－6，由定理 7 可知，$Q_1 \geqslant \dfrac{1}{1-\alpha}F^{-1}(B \mid x_e)$，$k_c = 0.9$ 符合 Case4，模式 2 优于模式 1 的条件为 $0.413 < \alpha < 0.453$。

3.6.3 ν_1 对期望利润的影响

（1）$F^{-1}(B \mid x_e) < Q_1 < \frac{1}{1-\alpha}F^{-1}(B \mid x_e)$ 时，LSI 和 FLSP 在两个模型中的期望利润函数如图 3－8 和图 3－9 所示。

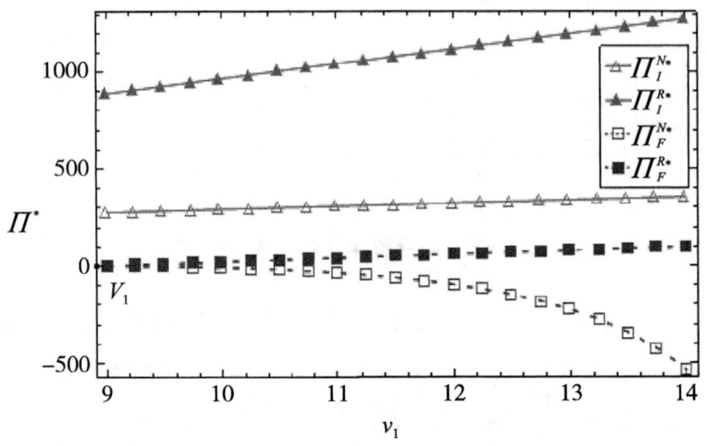

图 3－8 期望利润函数（$k_c = 1.2$）

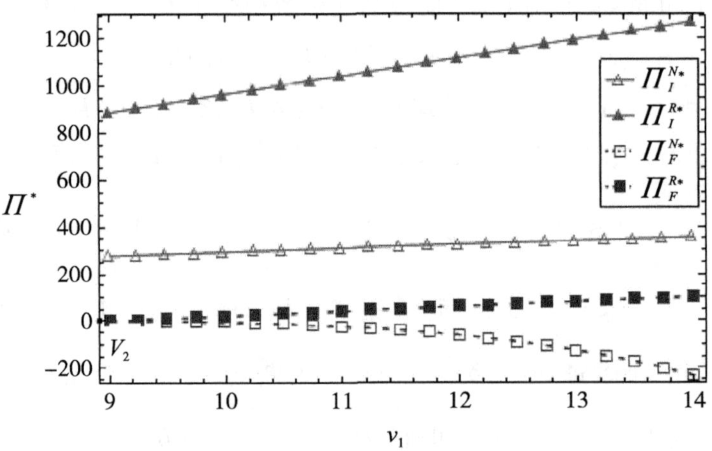

图 3－9 期望利润函数（$k_c = 0.9$）

由图 3－8 和图 3－9 可知，LSI 和 FLSP 采用模式 2 的期望利润高于采用模式 1 的期望利润。由定理 7 可知，$F^{-1}(B \mid x_e) < Q_1 < \frac{1}{1-\alpha}F^{-1}(B \mid x_e)$，$k_c =$

1.2 或 $k_c = 0.9$ 都符合 Case2，对任意 $v_1 \in (c_F, r)$ 模式 2 优于模式 1。

（2）$Q_1 \geqslant \frac{1}{1-\alpha}F^{-1}(B \mid x_e)$ 时，LSI 和 FLSP 在两个模型中的期望利润函数如图 3－10 和图 3－11 所示。

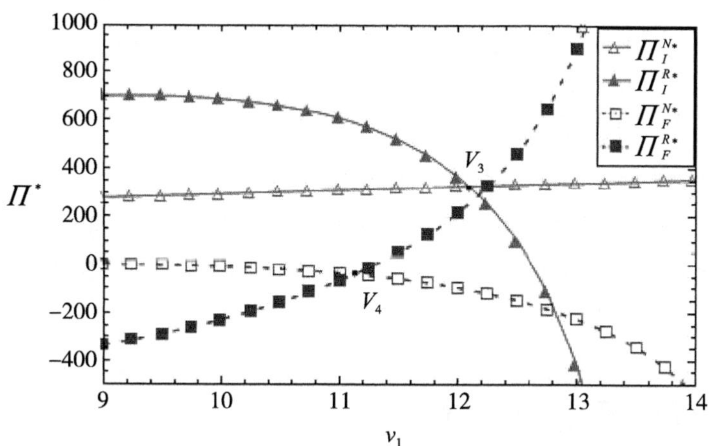

图 3－10　期望利润函数（$k_c = 1.2$）

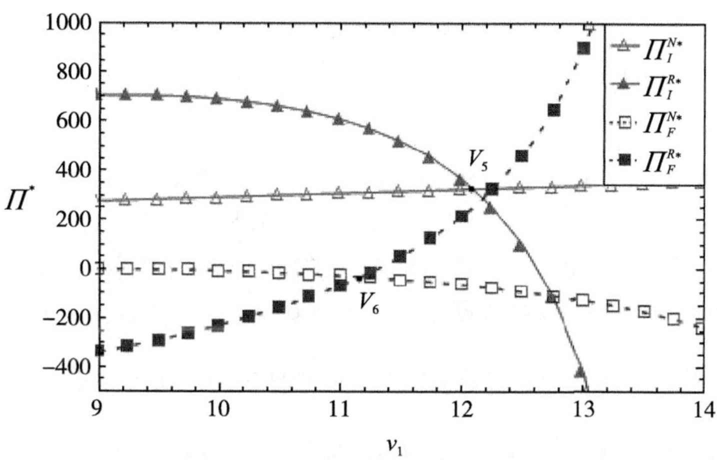

图 3－11　期望利润函数（$k_c = 0.9$）

由图 3－10 可知，$k_c = 1.2$ 时，Model Ⅰ 和 Model Ⅱ 中 LSI 期望利润函数相交于 V_3（$v_1 = 12.095$）。在 V_3 左侧，$E(\Delta\Pi_I{}^*) = E(\Pi_I{}^{R*}) - E(\Pi_I{}^{N*}) > 0$，对于 LSI 模式 2 优于模式 1；在 V_3 右侧，$E(\Delta\Pi_I{}^*) < 0$，模式 1 优于模式 2。Model Ⅰ 和 Model Ⅱ 中 FLSP 期望利润函数相交于 V_4（$v_1 = 11.123$）。在 V_4 左

侧，$E(\Delta \Pi_F^{\ *}) = E(\Pi_F^{\ R*}) - E(\Pi_F^{\ N*}) < 0$，对于 FLSP 来说模式 1 优于模式 2；在 V_4 右侧，$E(\Delta \Pi_F^{\ *}) > 0$，对于 FLSP 来说模式 2 优于模式 1。这表明随着 LSI 单位效用的增大，LSI 采用模式 2 的意愿降低，FLSP 采用模式 2 的意愿增大。由定理 7 可知，$Q_1 \geqslant \frac{1}{1-\alpha}F^{-1}(B \mid x_e)$，$k_c = 1.2$ 符合 Case3，模式 2 优于模式 1 的条件为 $11.123 < v_1 < 12.095$。图 3－11 的解释类似于图 3－10，由定理 7 可知，$Q_1 \geqslant \frac{1}{1-\alpha}F^{-1}(B \mid x_e)$，$k_c = 0.9$ 符合 Case4，通过计算可知模式 2 的使用条件为 $11.245 < v_1 < 12.311$。

从上面的分析可以看出，模式 2 优于模式 1 的条件受到 v_1，ζ，α 等参数的影响。当这些参数的取值满足表 3－2 中的几种情况时，LSI 和 FLSP 才会同时认为模式 2 优于模式 1。

3.6.4 理性预期的影响

一方面，从 3.3.3 节可以发现，与传统的逆序求解法相比，理性预期约束大幅度降低了求解提供商最优批发价格的难度，间接降低了求解集成商最优批发价格的难度。因此，考虑集成商的理性预期行为更加方便企业在实践中进行决策。

另一方面，理性预期行为也将对集成商和提供商的利润造成影响。从图 3－8 到图 3－11 可以发现以下两点。一是在模式 1 的条件下，无论集成商第一阶段的采购量是多少，集成商的利润随理性预期参数小幅度增加，提供商的利润随理性预期参数大幅度减少。二是在模式 2 的条件下，当 $F^{-1}(B \mid x_e) < Q_1 < \frac{1}{1-\alpha}F^{-1}(B \mid x_e)$ 时，集成商的利润随理性预期参数大幅度增加，提供商的利润随理性预期参数小幅度减少；当 $Q_1 \geqslant \frac{1}{1-\alpha}F^{-1}(B \mid x_e)$ 时，集成商的利润随理性预期参数大幅度减少，提供商的利润随理性预期参数大幅度增加。此外，通过图 3－8 和图 3－9 的对比以及图 3－10 和图 3－11 的对比发现，k_c 不会影响供应链成员利润的变化趋势。因此，理性预期不一定对供应链成员有利，甚至可能使其利润降低，从而导致供应链成员之间无法实现合作。有理性预期行为的集成商应谨慎选择策略，提供商也应密切关注集成商的理性预期行为。v_1 对供

应链成员利润的影响如表 3-3 所示。

表 3-3 **ν_1 对供应链成员利润的影响**

		Π_I^{N*}	Π_I^{R*}	Π_F^{N*}	Π_F^{R*}
$F^{-1}(B\mid x_e)<Q_1<\frac{1}{1-\alpha}F^{-1}(B\mid x_e)$	$k_c>1$	↗	↑	↓	↘
	$0<k_c<1$	↗	↑	↓	↘
$Q_1\geqslant\frac{1}{1-\alpha}F^{-1}(B\mid x_e)$	$k_c>1$	↗	↓	↓	↑
	$0<k_c<1$	↗	↓	↓	↑

注：①数值分析部分只考虑 $F^{-1}(B\mid x_e)<Q_1<\frac{1}{1-\alpha}F^{-1}(B\mid x_e)$ 和 $Q_1\geqslant\frac{1}{1-\alpha}F^{-1}(B\mid x_e)$ 两种情况，这是因为只有这两种情况才能保证集成商有两种模式可以选择。当 $Q_1<F^{-1}(B\mid x_e)$ 时，由 3.5.2 节可知 $q^{R*}=q^{N*}$ 且 $Q_1^{R*}=Q_1^{N*}$，即集成商只能采用模式 1，不能在第二阶段减少订购量，也就无法比较模式 1 和模式 2 下集成商和提供商利润的高低。

②"↗"意味着随着自变量的增加，因变量的值将缓慢增加。"↑"意味着随着自变量的增加，因变量的值将急剧增加。"↘"意味着随着自变量的增加，因变量的值将缓慢减少。"↓"意味着随着自变量的增加，因变量的值将急剧减少。

3.7 主要结论和管理学启示

随着行为运作管理在供应链中的应用逐步受到重视，理性预期行为对供应链能力采购决策的影响也越来越得到学者们的关注。本章是在需求更新环境下，基于理性预期行为，通过计算两种不同模式下的二次能力采购决策模型（模式 1——第二次订购时只能增加订购量，模式 2——第二次订购时可以增加或减少订购量）的最优采购量和相应的期望利润函数，比较得出模式 2 优于模式 1 的条件。得出的结论和管理学内涵在 3.7.1 节到 3.7.3 节中阐述。

3.7.1 主要结论

（1）模式 2 并不绝对优于模式 1。二次订购采用模式 2 会促使 LSI 在第一阶段采购较多的服务能力，但并不能使双方的期望利润函数同时增大，而是存在一定的条件。该条件与需求看涨概率、减少订购量的最大比例、理性预期参数等因素相关。

（2）LSI 与 FLSP 均愿意采用模式 2 的条件。

a. $F^{-1}(B \mid x_e) < Q_1 < \frac{1}{1-\alpha}F^{-1}(B \mid x_e)$ 时，条件是 $\frac{2\zeta-1}{\zeta}c_I - \frac{3}{2}(\mu-\delta)k_c v_1 - (2\delta+1)k_p v_1 > 0$；

b. $Q_1 \geqslant \frac{1}{1-\alpha}F^{-1}(B \mid x_e)$ 时，除了要保证 $\frac{2\zeta-1}{\zeta(1-\zeta)}c_I - \left(\frac{3}{2}k_c + \frac{1}{2}k_p - 1\right)v_1(\mu-\delta) + D > 0$ 外，若 $k_c \geqslant 1$，需要满足 $E-(v_1-c_F)\left(\mu-\delta-\frac{v_1}{r+b-k_c v_1}M\right) > 0$；若 $k_c < 1$，需要满足 $E-(v_1-c_F)\left(\mu-\delta-\frac{k_c v_1}{r+b-v_1}M\right) > 0$。

其中，$D = \left(\frac{1}{2}k_p - \frac{3}{2}\alpha k_p - 1\right)\frac{(r+b+k_p v_1)(\mu-\delta)}{(r+b)(1-\alpha)+k_p v_1}v_1 + 2\delta\frac{[r\mu-(r+b)\delta](1-\alpha)+\left[\frac{r\mu}{(r+b)}-\alpha\mu-(1-\alpha)\delta\right]k_p v_1}{\alpha(\mu-\delta)}$，

$E = \frac{(r+b+k_p v_1)(\mu-\delta)}{(r+b)(1-\alpha)+k_p v_1}(v_1-\alpha k_p v_1-c_F) - \frac{c_I}{1-\zeta}$

（3）LSI 与 FLSP 均愿意采用模式 1 的条件。

a. $F^{-1}(B \mid x_e) < Q_1 < \frac{1}{1-\alpha}F^{-1}(B \mid x_e)$ 时，条件是 $\frac{2\zeta-1}{\zeta}c_I - \frac{3}{2}(\mu-\delta)k_c v_1 - (2\delta+1)k_p v_1 < 0$；

b. $Q_1 \geqslant \frac{1}{1-\alpha}F^{-1}(B \mid x_e)$ 时，除了要保证 $\frac{2\zeta-1}{\zeta(1-\zeta)}c_I - \left(\frac{3}{2}k_c + \frac{1}{2}k_p - 1\right)v_1(\mu-\delta) + D < 0$ 外，若 $k_c \geqslant 1$，需要满足 $E-(v_1-c_F)\left(\mu-\delta-\frac{v_1}{r+b-k_c v_1}M\right) < 0$；若 $k_c < 1$，需要满足 $E-(v_1-c_F)\left(\mu-\delta-\frac{k_c v_1}{r+b-v_1}M\right) < 0$。

其他情况下，双方不存在合作。

（4）理性预期行为将对集成商和提供商的利润造成复杂影响，在一定条件下将导致集成商或提供商的利润大幅度下降，甚至可能使利润为零，从而导致供应链成员之间无法实现合作。在不允许回购的条件下，提供商的利润随理性预期参数的增加而大幅度减少；在允许回购的条件下，集成商的利润

随理性预期参数的增加有可能大幅度地增加后减少，其增减的趋势与 Q_1 的取值范围有关。

3.7.2 管理学启示

对于 LSI，第一，需求更新环境下两种不同的二次订购模式的选用与一些参数相关，要关注 α，v_1，ζ 等参数的组合是否满足模式 1 或模式 2 的适用条件。第二，采用模式 2 会促使 LSI 在第一阶段采购较多的物流服务能力，因此，使用模式 2 有助于集成商与提供商建立更加紧密的合作关系，但前提是集成商必须从模式 2 中获得更多的利润。第三，集成商应意识到在不同模式下理性预期行为对其利润的不同影响，避免在模式 2 下其第一阶段采购量过高导致的总利润下降。

对于 FLSP，第一，在参与供应链时应考虑 LSI 的理性预期行为，基于理性预期均衡决定物流服务能力的批发价格和补偿价格。第二，采用模式 2 时，LSI 在第一阶段采购的物流服务能力可能多于采用模式 1，但 LSI 会在第一阶段末期减少物流服务能力订购量。从利润角度考虑，FLSP 需要注意这部分物流服务能力的处理方式，如可以服务于多个 LSI 将多余的物流服务能力销售给其他 LSI，或销售给其他物流服务能力不足的 FLSP。第三，尽管集成商提高理性预期参数肯定可以增加提供商第一阶段的批发价格，但大部分情况下，集成商理性预期参数增加会导致提供商总利润的下降。因此，提供商应采取必要的措施减少集成商的理性预期参数。

3.7.3 对研究者的启示

本章介绍了在需求更新与理性预期约束下，集成商如何进行物流服务能力采购的问题。我们探索了两种不同的二次订购模式（模式 1——第二次订购时只能增加订购量，模式 2——第二次订购时可以增加或减少订购量）对集成商决策的影响。对研究者而言，主要启示在于以下两个方面。第一，本章考虑了集成商的理性预期约束对物流服务能力采购决策的影响，丰富了理性预期方面的研究；第二，本章发现了物流服务集成商使用模式 2 并不一定优于模式 1，只有在一定条件下第二次订购时允许减少订购量才是有利可图的。

3.7.4 研究局限性和未来工作

虽然本章为如何在需求更新下和理性预期约束条件下，集成商的物流服务能力二次订购问题提供了理论依据，但是也存在一些不足。如本章研究的是一对一的供应链系统，但实际上一个 LSI 会有多个 FLSP，一个 FLSP 可能会服务于多个 LSI，且 LSI 之间以及 FLSP 之间存在竞争关系，这些关系可能会对物流服务能力采购决策产生一定的影响。此外，模式 2 与模式 1 孰优孰劣与更新后的需求分布函数 $F(x \mid x_e)$ 有关，后续还可以研究需求分布函数对集成商决策的影响。另外，本章中 FLSP 处于追随者的地位，后续研究可以考虑提供商在供应链中的地位发生新的变化时（如与集成商处于对等地位时），两种不同的二次订购模式的具体适用条件。上述这些问题都值得在今后研究中予以详细探讨。

4 需求更新与互惠行为下的物流服务供应链能力采购

4.1 引言

随着市场竞争的加剧和客户要求的提高，许多供应链成员开始移除竞争壁垒，实施互惠行为，建立更为密切的合作关系，供应链盈利能力提高。互惠行为是指对于他人的友善行为做出回报，这种互惠行为在许多供应链合作中得到应用，如通用航空（GE Aviation）通过互惠的形式与其纽约供应商签订合同，供应商为通用航空提供备用资源，同时通用航空支付给提供商基于批量的额外费用。通过互惠合作，保障了通用航空生产车间的持续运转，及时满足了通用航空客户的需求。沃尔玛（Walmart）也与沃尼尔·朗伯（Warner Lambert）合作来形成在计划、预测和补货方面的互惠。

在物流服务供应链中，物流服务集成商向功能型物流服务提供商采购物流服务能力，互惠合作也同样为物流服务供应链成员带来了好处，许多例子证明了这一点。圆通速递公司是国内领先的物流服务集成商。其中，圆通速递浙江分公司通过多种方式与其提供商进行合作，如为义乌的提供商提供快递价格折扣、开店资金补贴、快递业务培训，义乌的提供商则自建圆通形象店，帮助提高圆通速递公司的品牌影响力。这种互惠行为降低了圆通速递浙江分公司与提供商之间的交易成本，同时为双方带来了更高的利润。

然而，与互惠行为的广泛应用形成对比的是，互惠系数对企业的影响规律并没有得到系统发掘和管理，尽管物流服务供应链成员采用了互惠合作的方式，但并不了解如何设计合理的互惠系数。尤其是一些复杂的环境如需求更新环境下，如果互惠系数处理不当，不仅会导致供应链成员的收益不平等情况加剧，甚至可能导致供应链成员直接退出合作。这种情况已经发生在圆通速递公司的许多分公司身上。例如，在2017年11月11日，天猫的单日电子商务交易额则增长到了1682亿元，是2011年的50倍。这些数据每年还在不断更新。圆通速递公司的加盟快递服务商（也就是圆通速递公司的提供商）要在3～5天送达。为了应对激增的需求，圆通速递公司虽然每年十月都要进行需求预测并及时进行需求更新，但由于没有掌握需求更新下与提供商的互惠合作规律，双方没有采取更为有效的互惠合作行动，提供商在应对需求更新中常常处于被动局面，物流爆仓、延迟配送以及货物破损等问题集中爆发，一些提供商甚至在促销季之后直接结束了与圆通速递公司的合作。例如，在2018年年初，圆通速递公司在全国的多个提供商退出合作，使得派件延误、丢件的问题严重，给圆通速递天津公司和终端客户带来了巨大损失。这些现象背后的真实原因是近年来在日益更新的快递服务市场需求下，圆通速递公司提供商的单位利润不断下降，圆通速递公司没有与部分提供商改进互惠合作方式，从而导致提供商亏损并最终退出了合作，而这种亏损的现象在“双十一”这种需求更新的环境下更为严重。类似的问题在天津SND物流公司、申通快递也同样存在。因此，在市场需求不断更新的情况下，物流服务供应链中的集成商和提供商如何在合作中根据提供商的边际成本、市场需求更新状况、客户的服务水平要求等设置合理的互惠系数是亟待解决的问题。

互惠是行为经济学中社会公平偏好的重要组成部分，它强调双方都为对方提供帮助和支持，实现双方效用的提高。已经有一些学者对互惠行为进行了研究，其中包括一些建模相关的研究（Du et al.，2014）。传统的互惠模型主要是考虑了互惠的决策过程，它不仅考虑了决策者对于结果的不公平厌恶，同时将意向也作为重要的决策标准（Du et al.，2014）。与传统互惠模型不同的是，本章考虑的是双方都具有积极的互惠偏好并在签订合同的时候体现出来，模型并不注重互惠的决策过程，这种基于双方的互惠偏好而签订的合同称其为互惠合同。互惠合同与收益共享合同类似，但与收益共享合同有明显的区别。例如，收益共享往往只是由供应链其中一方鼓励改善或渠道协调，将收益分享给另一方（Sluis and Giovanni，2016），而互惠则强调双方都在给对方提供收益共享。在本章中，我们将研究在面对需求更新环境的物流服务供应链中，互惠契约中的互惠系数满足何种关系时可以实现供应链的协调，并进一步探讨了互惠系数对供应链服务采购决策的影响。

理论上，学者们已经对供应链中的互惠合作和需求更新问题分别进行了独立研究。在供应链互惠合作中，已有的研究主要侧重互惠行为对供应链的绩效影响研究等方面（Simatupang and Sridharan，2005；Zhu et al.，2016；Luo and Zheng，2013），鲜有学者研究考虑互惠行为的服务供应链能力采购问题。在需求更新的研究中，也主要集中在制造业供应链，尤其是生产问题（Donohue，2000；Kogan and Herbon，2008；Zheng et al.，2016）和库存管理问题（Gurnani and Tang，1999；So and Zheng，2003；Özen et al.，2012；Ma et al.，2012），服务供应链的相关研究仍然较为缺乏。第二部分的文献综述表明已有的理论研究存在两个方面的不足，一方面，这些已有的研究并没有考虑到互惠合作与需求更新的联合研究这一特殊情况；另一方面，这些已有的研究仅探索了制造业供应链问题，服务供应链的相关研究仍然比较缺乏。实际上，服务的典型特性如不可储存（Nie and Kellogg，1999），将会使服务供应链能力采购问题与制造业供应链有较大差别。因此，迫切需要我们结合服务的特性，开展针对性研究。

基于上述背景，本章将研究需求更新条件下，基于互惠合同的物流服务集成商两阶段服务能力采购问题。在需求更新的条件下，当且仅当在参数满足一定要求时，本章提出的互惠合同可以协调供应链，互惠合作能够为双方带来双赢。同时，双方的互惠行为能够互相促进，一方提高自己的互惠程度，另一方也愿意提高自己的互惠程度作为回报。互惠行为的程度还随客户要求的服务水平提高，随提供商的边际成本的增加而降低；若签订合同时预期集成商总采购量较低，双方的互惠程度均将随更新后的需求不确定性增加；若预期集成商总采购量较高，双方互惠程度均将随更新后的需求不确定性降低。

本章的行文结构如下。4.2 节对于物流服务供应链能力采购以及互惠合作的相关文献进行了回顾和总结。4.3 节提出了本章的重要假设并给出了决策顺序。4.4 节为模型构建，对分散决策、集中决策和互惠合作三种不同的决策形式分别构建了二次订购模型。4.5 节对模型进行了求解，得到集成商的最优采购策略，包括需求更新时间和采购量。4.6 节是讨论，通过对分散决策、集中决策和互惠合作下决策结果进行对比，探究本章提出的互惠合同能否协调供应链，互惠行为的影响以及集成商和提供商的互惠程度受到哪些因素影响。4.7 节通过对天津 SND 物流公司的调研，对 4.6 节的内容进行了实践检验。4.8 节进行了总结，指出不足并对未来研究提出了展望。

4.2 文献综述

这一部分将对相关文献进行系统回顾，包括需求更新下的供应链采购以及供应链管理中的互惠合作行为，最后还进行了文献总结。

1.2.1 节已介绍了一次订购和二次订购策略。随着需求更新研究的进一步深入，更多复杂因素尤其是一些常见的行为因素如风险因素、损失厌恶因素等也被考虑进来，使研究更符合实际情况。例如，Yan and Wang（2014）也考虑了资本限制，通过风险中性和风险厌恶两种情况下进行对比，表明最优订购策略受到目标安全资本的影响。除了风险厌恶之外，其他行为偏好如损失厌恶也得到研究（Ma et al.，2012）。尽管需求更新问题得到了广泛研究，但我们发现需求更新与互惠合作行为的交叉研究尚未开展。

4.2.1 供应链管理中的互惠行为

随着市场竞争的加剧、客户的复杂化以及客户要求的多样化，为了推动供应链绩效的提高，提供商和买家开始寻求关系的进化（Maloni and Benton，1997），互惠合作行为便是其中一个重要方向。互惠合作在实践中非常常见，但是在供应链管理中研究不多，已有的研究主要从以下两个方面进行了探索。

一方面，许多学者采用定性分析方法研究了互惠行为对于供应链绩效的影响。例如，Simatupang and Sridharan（2005）提出基于互惠方法的综合的供应链合作框架。Luo and Zheng（2013）考虑到企业的社会责任（如工作条件、童工、环境和林业管理），并指出供应链中的买家和卖家的企业社会责任互惠影响渠道强度和渠道销售绩效。Zhu et al.（2016）将视角集中在绿色供应链管理，主要研究了客户管理对环境和经济绩效的影响，通过问卷调查发现企业需要与客户的合作和互惠来获得绿色改革的经济绩效。

另一方面，也有一些学者尝试用定量建模方法研究互惠行为对于供应链决策的影响。例如，Du et al.（2014）通过建立互惠模型研究了互惠行为是如何影响供应链成员决策和供应链协调的，文章考虑了结果和意图两个方面，通过对只有零售商有互惠偏好以及双方都有互惠偏好这两种模式的研究，表明意向在供应链决策中会改变均衡。不同于 Du et al.（2014），本章考虑的是供应链双方的互惠偏好在合同中的体现，引入了互惠合同的概念，对比了分散决策、集中决策以及互惠合同决策三种情况。除此之外，在 Zeng and Xia（2015）中，买家和提供商都有互惠偏好，并通过这种互惠合作方式来保障买家的备用供给。Zeng and Xia（2015）给出了双方互惠合作的具体形式：为了维持备用供给合作关系，买家从备用提供商处持续采购固定的少量产品；与此对应，备用提供商为买家保留生产能力。Xia et al.（2018）则在碳排放和交易的背景下，研究了互惠偏好对于供应链碳排放和定价策略的影响，并发现供应链的效率会随着供应链成员互惠偏好的增加而增加。上述供应链管理中的互惠研究都侧重在制造业供应链，对于服务供应链尤其是在复杂环境如需求更新下的互惠决策问题并没有开展研究。

4.2.2　小结

文献综述表明，学者们对需求更新下的供应链采购问题和供应链中的互惠行为进行了独立研究。但这些已有的理论研究存在两个方面的不足，一方面，这些已有的研究并没有考虑到互惠合作与需求更新的联合研究这一特殊情况。互惠行为参数会对供应链决策产生怎样的影响，需求更新是否会影响供应链互惠合作的条件？这些问题都值得深入研究。另一方面，我们发现，在已有的需求更新问题和互惠合作问题的研究中，大多是围绕制造业供应链，但服务供应链的相关研究仍然比较缺乏。由于服务具有区别于制造产品的典型特性，如不可储存，将会使需求更新下的物流服务供应链两次服务能力订购明显区别于制造业供应链。也就是说，集成商在第一阶段只是进行预采购，并不实际使用物流服务能力，在第二阶段采购后才能使用提供商的服务能力。因此，迫切需要结合需求更新和服务产品的特点，进行针对性研究。

4.3　问题描述与假设

本章研究的是由一个物流服务集成商和一个功能型物流服务提供商组成的两级物流服务供应链，集成商从提供商处采购物流服务能力并整合后销售给最终客户，客户的市场需求是可以更新的。由于服务的无形性和易变性，为了增强集成商对市场需求的预测准确性，使其可以根据更新的市场需求信息调整订货量以最大限度满足市场需求，减少能力供需匹配给供应链造成的损失，假设提供商在销售季之前允许集成商进行第二阶段订购。在销售季前较长时间，集成商根据对销售季物流服务能力的市场需求预测进行第一阶段订购。随着销售季的逐渐临近，集成商可以收到实际的市场信号而不是预测市场信号，并以此进行需求信息更新，然后再决定第二阶段订购的时间。

在服务能力的采购中，集成商和提供商都存在互惠行为，通过将自己收入（包括销售收入和末期服务能力的转卖收入）的一部分分享给对方，达到互惠合作的目的。双方在 $T=0$ 时签订互惠合同，即集成商设定互惠系数 φ，提供商设定互惠系数 η，第一阶段订购服务能力的批发价格为 w_0，然后集成商进行第一阶段订购。第一阶段订购后，集成商收集需求信息，进行需求更新。由于服务能力交付存在提前期，提供商要求集成商必须在 $T=t$（$t \leqslant T_1$）时进行第二阶段订购，T_1 是集成商进行第二阶段订购最晚时间点。由于双方存在互惠行为且市场需求是不确定的，为保证提供商可以为集成商提供充足的服务能力，集成商将物流服务的需求信息与提供商共享（Chen and Wang, 2014）。此外，由于提供商允许集成商进行二次订购，且提供商第一阶段采购时已经给了集成商较低的服务能力售价 w_0，因此，本章的模型只考虑集成商在第二阶段增加订购量和维持原有订购量两种情况。

4.3.1 决策过程

双方的决策过程如图 4-1 所示，具体的决策过程如下。

（1）在 $t=0$ 之前，集成商与提供商签订基于互惠行为的互惠合同，规定本次交易中双方的互惠系数 φ 和 η、订购时间的节点 T_1 和 T_2、第一阶段采购服务能力的批发价格 w_0 等参数。此外，为了保证物流服务达到一定水平，集成商除了直接从提供商处采购服务能力，其自身还要付出一定的成本。这些成本包括组织调度提供商、维护客户关系、路线优化等的费用。假设集成商需要保障的服务水平为 γ，则集成商需要付出的成本为 $\rho\gamma$，其中 ρ 是集成商的保障成本系数。因此，第一阶段订购时集成商为单位物流服务所付出的总成本为 $w_0+\rho\gamma$。

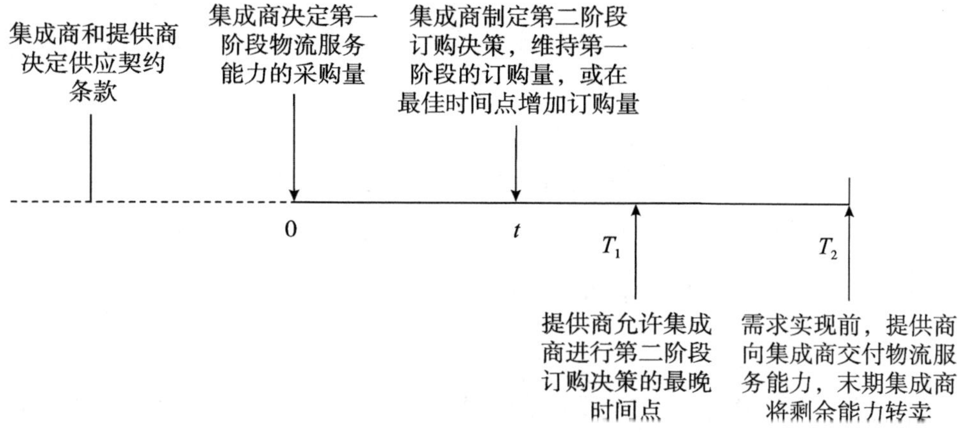

图 4－1 决策过程

（2）当 $t=0$ 时，集成商根据对即将到来的销售季的市场需求进行预测，决定第一阶段物流服务能力的采购量 Q_1 。

（3）当 $t\in(0,T_1]$ 时，集成商收集市场信号并在 t 时刻进行市场需求更新，然后根据更新的需求信息进行第二阶段订购决策，即维持第一阶段的订购量或在最佳时间点增加订购量。

（4）在 T_2 时刻，提供商向集成商交付物流服务能力 Q_2 。与制造类供应链中的产品不同的是，物流服务供应链中集成商订购的物流服务能力是不能够被储存的。因此，在 T_2 时刻到来之前，尽管集成商先后两次向提供商订购物流服务能力，但提供商在 T_2 时刻才向集成商交付物流服务能力 Q_2 。考虑到实际情况，一个提供商往往服务于多个集成商（Liu and Xu，2012）。由于物流服务的不可储存性，交付前提供商不会闲置集成商购买的能力，因此，提供商往往将这部分物流服务能力卖给其他集成商（Liu and Xu，2012），设定集成商在末期以单价 v 将剩余物流服务转卖。

4.3.2 模型假设与参数

为了方便建模，本章提出如下假设。

假设 1：本章中集成商与提供商通过收益共享的方式实现互惠互利，假设所有的收益包括末期剩余能力转卖的收入，都被双方共享（Alaei and Setak，2015）。假设集成商将自身收益按照 φ 和 $1-\varphi$ 的比例分配，自己留下 $1-\varphi$ 的部分，并将 φ 部分共享给提供商，φ 也称为集成商的互惠系数。同时，提供商将自身收益按照 η 和 $1-\eta$ 的比例分配，自己留下其中 $1-\eta$ 的部分，并将 η 部分共享给集成商，η 也称为提供商的互惠系数。

假设 2：市场需求服从正态分布，集成商第一阶段订购时预测需求 $X \sim N(\mu_1, \sigma_0{}^2)$，第二阶段订购时预测需求 $X \sim N(\mu_2, \sigma_t{}^2)$。预测误差随订购时间点 t 变化，当订购时间点越接近需求实现季时，预测误差将越小。我们假设满足 $\sigma_t = \frac{T_2 - t}{T_2}\sigma_0$，其中 σ_0 为 $t=0$ 时需求预测的标准差（Chen and Chuang, 2000）。

假设 3：我们猜测第二阶段订购时提供商所提供的批发价格随集成商订购时间点的增加而线性增加，即 $w_t = w_0 + kt$，$k > 0$（Zheng et al.，2016）。这是由于集成商订购的提前期越长，则提供商的准备时间越充足，单位能力服务价格越低，因此集成商第一阶段订购时提供商的单位能力批发价格为 w_0，但是第二阶段订购时随着提前期的缩短，一方面提供商的成本会有所增加，另一方面集成商的议价能力就越低，所以批发价格会随着第二阶段订购时间点的推后而增加。

假设 4：假设集成商和提供商都满足利润门槛后才作出相应的能力采购决策。即集成商单位物流服务能力的售价 p 高于提供商物流服务能力的批发价格与服务水平保障成本之和（$w_0 + \rho\gamma$），即 $p > w_0 + \rho\gamma$；提供商的边际成本不超过提供商的批发价格，即 $w_0 > c$。类似于 Liu et al.（2015）中的观点，由于提供商已经满足了利润门槛，即 $w_0 - c > 0$，考虑到本章研究的是集成商的能力采购决策，因此，模型中将主要研究集成商的决策函数，其决策变量是第一阶段和两阶段总物流服务能力的采购量（Q_1 和 Q_2）以及第二阶段的订购时间点（t）。

本章的模型参数说明如表 4－1 所示。

表 4－1　　模型参数

参数	说　明
c	提供商的边际成本，$c < w_0$
$f(x)$	需求更新前的市场需求分布，$X \sim N(\mu_1, \sigma_0^2)$
$F(x)$	需求更新前市场需求的累积分布函数，为严格增函数，$0 \leqslant F(x) \leqslant 1$

续　表

参数	说　明
g	物流服务集成商由于不能满足市场需求将承担的缺货损失
$g(x)$	需求更新后的市场需求分布，$X \sim N(\mu_2, \sigma_t^2)$
$G(x)$	需求更新后市场需求的累积分布函数，为严格增函数，$0 \leqslant G(x) \leqslant 1$
k	集成商第一阶段采购后，提供商设定的批发价格增长速度，$k > 0$
p	表示物流服务能力的市场价格，即物流服务集成商向客户提供物流服务的价格
Q_1	第一阶段物流服务集成商的物流服务能力采购量。Q_1^d、Q_1^c、Q_1^r 分别表示非合作的分散条件下、集中决策条件下和互惠条件下第一阶段物流服务集成商的物流服务能力采购量
Q_2	物流服务集成商在两个阶段总的物流服务能力采购量，Q_2^d、Q_2^c、Q_2^r 分别表示非合作的分散条件下、集中决策条件下和互惠条件下物流服务集成商采购的物流服务能力总量
t	集成商第二阶段订购的订购时间点，$0 < t < T_1$
T_1	提供商允许集成商第二阶段订购的最晚时间点
T_2	需求实现的起始点
v	集成商末期剩余能力的转卖收入
w_0	第一阶段采购服务能力的批发价格
w_t	第二阶段增加采购服务能力的批发价格，$w_t = w_0 + kt$
X	物流服务能力的市场需求
γ	客户要求的物流服务水平
η	提供商的互惠系数
μ_i	第 i 阶段订购时市场需求预测的期望，$i = 1,2$
Π_I	物流服务集成商在两阶段的总利润。Π_I^d、Π_I^c、Π_I^r 分别表示非合作的分散条件下、集中决策条件下和互惠条件下物流服务集成商两阶段的总利润。Π_{I_1} 为物流服务集成商在第一阶段的利润
Π_F	物流服务提供商在两阶段的总利润，Π_F^d、Π_F^c、Π_F^r 分别表示非合作的分散条件下、集中决策条件下和互惠条件下物流服务提供商两阶段的总利润。Π_{F_1} 为物流服务提供商在第一阶段的利润
ρ	物流服务水平的保障成本系数
σ_0	第一阶段市场需求的标准差

续 表

参数	说　明
σ_t	t 时刻市场需求的标准差
φ	集成商的互惠系数

4.4 模型构建

这一部分将构建三种不同合作模式下的两阶段物流服务能力订购模型。其中 4.4.1 节将建立物流服务集成商与提供商在非合作条件下的利润函数，即模型 1；4.4.2 节将给出集中决策下的订购模型，即模型 2；在集成商和提供商签订互惠合同的条件下，4.4.3 节将引入互惠参数，建立新的两阶段订购模型，以期获得最佳的互惠策略，即模型 3。通过比较上述 3 个模型，我们将在 4.5 节、4.6 节探索互惠合作的影响因素和实施条件。

下面对几个常用表达式进行说明。

集成商对于物流服务能力的第一阶段期望销售量：$S(Q_1) = Q_1 - \int_0^{Q_1} F(X)\mathrm{d}X$

集成商对于物流服务能力的期望总销售量：$S(Q_2) = Q_2 - \int_0^{Q_2} G(X)\mathrm{d}X$

集成商第一阶段不能满足的市场需求为：$\max(X - Q_1, 0) = \mu - Q_1 + \int_0^{Q_1} F(X)\mathrm{d}X$

集成商第二阶段不能满足的市场需求为：$\max(X - Q_2, 0) = \mu - Q_2 + \int_0^{Q_2} G(X)\mathrm{d}X$

集成商第一阶段末期剩余的物流服务能力：$\max(Q_1 - X, 0) = \int_0^{Q_1} F(X)\mathrm{d}X$

集成商第二阶段末期剩余的物流服务能力：$\max(Q_2 - X, 0) = \int_0^{Q_2} G(X)\mathrm{d}X$

4.4.1 分散决策下的模型（模型 1）

在分散决策的条件下，集成商和提供商各自决策，只关心自身能否获得最大利润。

4.4.1.1 第一阶段订购模型

集成商根据其预测的市场需求信息和第一阶段批发价格 w_0 确定第一阶段的采购量。其第一阶段的利润函数为①：

$$\Pi_{I_1}^{d}(Q_1^d) = pS(Q_1^d) - (w_0 + \rho\gamma)Q_1^d - g\max(X - Q_1^d, 0) + v\max(Q_1^d - X, 0) \tag{4-1}$$

其中，$pS(Q_1^d)$ 为集成商在第一阶段的销售收入，$(w_0 + \rho\gamma)Q_1^d$ 为集成商的采购成本和服务水平保障成本，$g\max(X - Q_1^d, 0)$ 为缺货损失，$v\max(Q_1^d - X, 0)$ 为剩余服务能力转卖而获得的收入。需要说明的是，随着各种新兴技术的兴起和应用，物流服务集成商收集客户需求信息也日益便利，单次需求信息更新成本也在不断降低。例如，圆通速递公司可以免费使用菜鸟网络的需求信息雷达预警系统，需求更新的成本非常低。因此，本章中暂不考虑需求更新的成本。

因此，提供商的利润函数为：

$$\Pi_{F_1}^{d}(Q_1) = (w_0 - c)Q_1^d \tag{4-2}$$

其中，$w_0 Q_1^d$ 为提供商第一阶段的销售收入，cQ_1^d 为提供商第一阶段的成本。

4.4.1.2 第二阶段订购模型

在第二阶段，集成商根据更新后的市场需求，以自身利润最大化为目标，决定确定总的采购量以及作出第二阶段采购决策的最佳时间点 t^d 。其总利润函数为：

$$\begin{aligned}\Pi_{I}^{d}(Q_2^d, t) = {} & pS(Q_2^d) - (w_0 + \rho\gamma)Q_1^d - (w_t^d + \rho\gamma)(Q_2^d - Q_1^d) - \\ & g\max(X - Q_2^d, 0) + v\max(Q_2^d - X, 0)\end{aligned} \tag{4-3}$$

其中，$pS(Q_2^d)$ 为集成商两阶段的销售收入，$(w_0 + \rho\gamma)Q_1^d$ 为集成商第一阶段的采购成本和服务水平保障成本，$(w_t^d + \rho\gamma)(Q_2^d - Q_1^d)$ 为集成商第二阶段的采购成本和服务水平保障成本，$g\max(X - Q_2^d, 0)$ 为集成商的缺货损失，

---

① 本章所用到的符号中，所有的上角标 d 代表分散决策，上角标 c 代表集中决策，上角标 r 代表互惠条件下的决策。

$v\max(Q_2^d - X,0)$ 为剩余服务能力转卖而获得的收入。

提供商总利润函数为：

$$\Pi_F^d(Q_1^d,Q_2^d) = (w_0 - c)Q_1^d + (w_t^d - c)(Q_2^d - Q_1^d) \tag{4-4}$$

其中，$(w_0 - c)Q_1^d$ 为提供商第一阶段的利润，$(w_t^d - c)(Q_2^d - Q_1^d)$ 为提供商第二阶段的利润。

4.4.2 集中决策下的模型（模型2）

模型2的背景是集中决策，因此决策变量是第一阶段采购量 Q_1^c 、总采购量 Q_2^c 以及作出第二阶段采购决策的最佳时间点 t^c ，这些均由集成商决策。在集中决策下，集成商和提供商统一决策，以求整个供应链利润最大化。第一阶段的供应链总利润如下：

$$\Pi_1^c(Q_1^c) = pS(Q_1^c) - (\rho\gamma + c)Q_1^c - g\max(X - Q_1^c,0) + v\max(Q_1^c - X,0) \tag{4-5}$$

其中，$pS(Q_1^c)$ 是第一阶段供应链的总收入，$\rho\gamma Q_1^c$ 为服务水平保障总成本，cQ_1^c 为提供商的边际成本，$g\max(X - Q_1^c,0)$ 为集成商的缺货损失，$v\max(Q_1^c - X,0)$ 为剩余服务能力的转卖收入。

第二阶段的供应链总利润如下：

$$\Pi^c(Q_2^c,t) = pS(Q_2^c) - (\rho\gamma + c)Q_2^c - g\max(X - Q_2^c,0) + v\max(Q_2^c - X,0) \tag{4-6}$$

4.4.3 互惠条件下的模型（模型3）

不同于传统的同时考虑结果和意图的互惠模型，我们研究的是双方的互惠合作在契约中的体现，并以此提出互惠契约的概念。在互惠契约中，虽然集成商和提供商依然存在分散决策，但是双方在决策的过程中不仅考虑到自身的利润，也为对方的收益考虑。集成商通过给予提供商实惠，使提供商的收入得以提高；同时，提供商也给予集成商实惠，为集成商带来更高的利润。本部分将建立双方互惠合作条件下的两阶段决策模型。

4.4.3.1 第一阶段订购模型

由假设1可知，所有的收益，包括末期剩余能力转卖的收入，都被双方共享。因此集成商将其销售收入和剩余能力的转卖收入进行分配，自己留下 $1-\varphi$ 部分，将 φ 部分共享给提供商。提供商向集成商销售服务能力而获得收入，并将收入进行分配，自己留下 $1-\eta$ 部分，并将 η 部分共享给集成商。集成商第一阶段的利润函数为：

$$\Pi_{I_1}^{r}(Q_1^r) = (1-\varphi)[pS(Q_1^r) + v\max(Q_1^r - X, 0)] - (w_0 + \rho\gamma)Q_1^r - g\max(X - Q_1^r, 0) + \eta w_0 Q_1^r \tag{4-7}$$

其中，$(1-\varphi)[pS(Q_1^r) + v\max(Q_1^r - X, 0)]$ 为集成商在第一阶段分得的自身的销售收入和剩余服务能力的转卖收入，$(w_0 + \rho\gamma)Q_1^r$ 为集成商的采购成本和服务水平保障成本，$g\max(X - Q_1^r, 0)$ 为集成商的缺货损失，$\eta w_0 Q_1^r$ 为集成商第一阶段分得的提供商的收益。

提供商第一阶段的利润函数为：

$$\Pi_{F_1}^{r}(Q_1^r) = (1-\eta)w_0 Q_1^r - cQ_1^r + \varphi[pS(Q_1^r) + v\max(Q_1^r - X, 0)] \tag{4-8}$$

其中，$(1-\eta)w_0 Q_1^r$ 为提供商第一阶段分得的自身的销售收入，cQ_1^r 为提供商第一阶段的成本，$\varphi[pS(Q_1^r) + v\max(Q_1^r - X, 0)]$ 为提供商第一阶段分得的集成商的收益。

4.4.3.2 第二阶段订购模型

在第二阶段，集成商根据更新后的市场需求决定确定总采购量以及作出第二阶段采购决策的最佳时间点为 t^r。

第二阶段集成商总利润函数为：

$$\Pi_I^r(Q_2^r, t) = (1-\varphi)[pS(Q_2^r) + v\max(Q_2^r - X, 0)] - (w_0 + \rho\gamma)Q_1^r - (w_t^r + \rho\gamma)(Q_2^r - Q_1^r) - g\max(X - Q_2^r, 0) + \eta[w_0 Q_1^r + w_t^r(Q_2^r - Q_1^r)] \tag{4-9}$$

其中，$(1-\varphi)[pS(Q_2^r) + v\max(Q_2^r - X, 0)]$ 为集成商两个阶段分得的自身收入和剩余服务能力转卖的收入，$(w_0 + \rho\gamma)Q_1^r$ 和 $(w_t^r + \rho\gamma)(Q_2^r - Q_1^r)$ 分别为集成商在第一阶段、第二阶段的采购成本和服务水平保障成本，$g\max(X - Q_2^r,$

0）为集成商的缺货损失，$\eta[w_0Q_1^r + w_t^r(Q_2^r - Q_1^r)]$ 为集成商两阶段分得的提供商的收入。

提供商总利润函数为：

$$\Pi_F^r(Q_1^r, Q_2^r) = (1-\eta)[w_0Q_1^r + w_t^r(Q_2^r - Q_1^r)] - cQ_2^r + \varphi[pS(Q_2^r) + v\max(Q_2^r - X, 0)] \quad (4-10)$$

其中，$(1-\eta)[w_0Q_1^r + w_t^r(Q_2^r - Q_1^r)]$ 为提供商第二阶段分得的自身的销售收入，cQ_2^r 为提供商总成本，$\varphi[pS(Q_2^r) + v\max(Q_2^r - X, 0)]$ 为提供商第一阶段从集成商处分得的收益。

4.5 模型求解

在本节中，以模型 1 为例进行了模型求解，并进一步给出了分散决策、集中决策以及互惠合作的条件下，集成商选择在第二阶段增加订购量或者维持原有订购量时的最优订购量以及最优订购时间。需要注意的是，集成商利用两次订购间隔期间实际收集的而不是预测的需求更新信息进行需求更新，然后再决定第二阶段订购的时刻。因此，本节的求解过程需要遵循实际决策的过程。

4.5.1 模型 1 第一阶段求解

集成商第一阶段的期望利润如下：

$$E[\Pi_{I_1}^d(Q_1^d)] = -(p+g-v)\int_0^{Q_1^d}F(X)\mathrm{d}X + (p+g-w_0-\rho\gamma)Q_1^d - g\mu_1 \quad (4-11)$$

对式（4－11）求一阶导数可得：

$$\frac{\partial E[\Pi_{I_1}^d(Q_1^d)]}{\partial Q_1^d} = -(p+g-v)F(Q_1^d) + (p+g-w_0-\rho\gamma)$$

由于 $\frac{\partial^2 E[\Pi_{I_1}^d(Q_1^d)]}{\partial Q_1^{2d}} = -(p+g-v)f(Q_1^d) < 0$，所以集成商第一阶段的期望利润 $E[\Pi_{I_1}^d(Q_1^d)]$ 是第一阶段订购量 Q_1^d 的凸函数。令 $\frac{\partial E[\Pi_{I_1}^d(Q_1^d)]}{\partial Q_1^d} =$

0，得到此时集成商第一阶段最优采购量：

$$Q_1^{d*} = F^{-1}\left(\frac{p+g-w_0-\rho\gamma}{p+g-v}\right)$$

由于 $0 \leqslant F(Q_1^{d*}) \leqslant 1$，所以要求满足 $0 \leqslant \frac{p+g-w_0-\rho\gamma}{p+g-v} \leqslant 1$。由假设4可知该条件成立，故 Q_1^{d*} 有解。

4.5.2 模型1第二阶段求解

如果集成商决策在第二阶段增加订购量，那么 $Q_1^{d*} < Q_2^d$。

集成商总利润的期望如下：

$$E[\Pi_I^d(t^d, Q_2^d)] = (p+g-w_t^d-\rho\gamma)Q_2^d - (p+g-v)\int_0^{Q_2^d} G(X)\mathrm{d}X - g\mu_2 + (w_t^d - w_0)Q_1^{d*} \quad (4-12)$$

对式（4－12）求关于 Q_2^d 的一阶导数可得：

$$\frac{\partial E[\Pi_I^d(t^d, Q_2^d)]}{\partial Q_2^d} = (p+g-w_t^d-\rho\gamma) - (p+g-v)G(Q_2^d)$$

又因为二阶导数 $\frac{\partial^2 E[\Pi_I^d(t^d, Q_2^d)]}{\partial Q_2^{2d}} = -(p+g-v)g(Q_2^d) < 0$，所以集成商总订购量 Q_2^d 有极大值。令 $\frac{\partial E[\Pi_I^d(t^d, Q_2^d)]}{\partial Q_2^d} = 0$，可得：

$$Q_2^{d*} = G^{-1}\left(\frac{p+g-w_t^d-\rho\gamma}{p+g-v}\right)$$

由于 $0 \leqslant G(Q_2^{d*}) \leqslant 1$，所以 $0 \leqslant \frac{p+g-w_t^d-\rho\gamma}{p+g-v} \leqslant 1$，可得：$p > w_t^d + \rho\gamma \geqslant v$。

引理1：当 $\mu_2 > M_1^d$ 且 $M_1^d = \mu_1 + \sigma_0\left[\Phi^{-1}\left(\frac{p+g-w_0-\rho\gamma}{p+g-v}\right) - \Phi^{-1}\left(\frac{p+g-w_t^d-\rho\gamma}{p+g-v}\right)\frac{T_2-t^d}{T_2}\right]$ 时，集成商在第二阶段决定增加物流服务能力的订购量。

引理1证明，详见附录4－1。

下面在满足引理1的条件下，求解集成商第二阶段采购决策的最佳时间

点 t^d。已知 $Q_2^{d*}=\mu_2+\Phi^{-1}\left(\frac{p+g-w_t^d-\rho\gamma}{p+g-v}\right)\sigma_t^d$

记 $z^d(t^d)=\Phi^{-1}\left(\frac{p+g-w_t^d-\rho\gamma}{p+g-v}\right)$，则 $Q_2^{d*}=\mu_2+z^d(t^d)\sigma_t^d$。

因此，在满足引理 1 的条件下，对式（4-12）求关于 t^d 的二阶导数可得：$\frac{\partial^2 E(\Pi_I^d)}{\partial t^{2d}}=(1-\eta)k\frac{\sigma_0}{T_2}z'(t^d)\left[\frac{2z(t^d)}{z'(t^d)}-(T_2-t)\right]$，若存在最优的增订时间点 t^d 使得集成商在 t^d 时采购可以获得最大利润，那么需要满足参数 $w_0>M_3^d$，$k<M_2^d$，其中：

$$M_2^d=\min\left\{\frac{p+g-w_0-\rho\gamma-(p+g-v)\Phi(-1)}{T_1},\right.$$

$$\left.-\frac{2(p+g-v)}{T_2}\Phi^{-1}\left(\frac{p+g-w_0-\rho\gamma}{p+g-v}\right)\phi\left[\Phi^{-1}\left(\frac{p+g-w_0-\rho\gamma}{p+g-v}\right)\right]\right\}$$

$$M_3^d=\frac{p+g+v}{2}-\rho\gamma$$

则第二阶段增订后的期望总利润 $E[\Pi_I^d(t^d,Q_2^d)]$ 是增订时间点 t^d 的凸函数，且若方程 $\frac{(p+g-v)\sigma_0}{T_2}\phi[z^d(t^{d*})]-kz^d(t^{d*})\frac{T_2-t^{d*}}{T_2}\sigma_0-\mu_2 k+kQ_1^{d*}=0$ 存在零点 $t^{d*}\in(0,T_1]$，那么 t^{d*} 为第二阶段的最优增订时间点。此时，$w_t^{d*}=w_0+kt^{d*}$。

如果集成商决策在第二阶段维持原订购量，那么 $Q_1^{d*}=Q_2^{d*}$。在这种情况下，第二阶段集成商维持原订购量获得的期望利润，在最接近销售季时集成商持有 Q_1^{d*} 的物流服务能力，即在 T_1 时的期望利润，此时市场需求的期望为 μ_2，方差为 $\sigma_{T_1}^2$。集成商的期望利润为：

$$E[\Pi_I^d(T_1,Q_1^{d*})]=(p+g-w_0-\rho\gamma)Q_1^{d*}-(p+g-v)\int_0^{Q_1^{d*}}G(X)\mathrm{d}X-g\mu_2$$

相应地，提供商的利润为：$\Pi_F^d(Q_1^{d*})=(w_0-c)Q_1^{d*}$

其中，$G(X)\sim N(\mu_2,\sigma_{T_1}^2)$。

4.5.3 模型 1 ~ 模型 3 结果汇总

使用求解模型 1 的方法对模型 2 和模型 3 进行求解，并将模型 1 ~ 模型 3 的结果汇总（见表 4-2）。

表 4－2 模型 1～3 决策结果

模型	增订	第一阶段采购量	总采购量	增订时间点 t 满足条件
模型1	是	$Q_1^{d*}=F^{-1}\left(\frac{p+g-w_0-\rho\gamma}{p+g-v}\right)$	$Q_2^{d*}=G^{-1}\left(\frac{p+g-w_t^d-\rho\gamma}{p+g-v}\right)$	$\frac{(p+g-v)\sigma_0}{T_2}\phi[z^d(t^{d*})]-kz^d(t^{d*})\frac{T_2-t^{d*}}{T_2}\sigma_0-\mu_2 k+kQ_1^{d*}=0$
	否	$Q_1^{d*}=F^{-1}\left(\frac{p+g-w_0-\rho\gamma}{p+g-v}\right)$	$Q_2^{d*}=F^{-1}\left(\frac{p+g-w_0-\rho\gamma}{p+g-v}\right)$	—
模型2	是	$Q_1^{c*}=F^{-1}\left(\frac{p+g-\rho\gamma-c}{p+g-v}\right)$	$Q_2^{c*}=G^{-1}\left(\frac{p+g-\rho\gamma-c}{p+g-v}\right)$	$t^{c*}=T_1$
	否	$Q_1^{c*}=F^{-1}\left(\frac{p+g-\rho\gamma-c}{p+g-v}\right)$	$Q_2^{c*}=F^{-1}\left(\frac{p+g-\rho\gamma-c}{p+g-v}\right)$	—
模型3	是	$Q_1^{r*}=F^{-1}\left(\frac{(1-\varphi)p+g-(1-\eta)w_0-\rho\gamma}{(1-\varphi)(p-v)+g}\right)$	$Q_2^{r*}=G^{-1}\left(\frac{(1-\varphi)p+g-(1-\eta)w_t^{r*}-\rho\gamma}{(1-\varphi)(p-v)+g}\right)$	$\frac{(\varphi p+g-\varphi v)\sigma_0}{T_2}\phi[z^r(t^{r*})]-kz^r(t^{r*})\frac{T_2-t^{r*}}{T_2}\sigma_0-\mu_2(1-\eta)k+(1-\eta)kQ_1^{r*}=0$
	否	$Q_1^{r*}=F^{-1}\left(\frac{(1-\varphi)p+g-(1-\eta)w_0-\rho\gamma}{(1-\varphi)(p-v)+g}\right)$	$Q_1^{r*}=F^{-1}\left(\frac{(1-\varphi)p+g-(1-\eta)w_0-\rho\gamma}{(1-\varphi)(p-v)+g}\right)$	—

注：由于在三个模型中，集成商增订时间点不同，因此需求更新后的需求分布的参数会有所不同。$\phi(\cdot)$ 为标准正态分布。

4.6 讨论

这一部分将在前文基础上，通过比较集成商和提供商在3个模型下的具体策略，探索互惠合同可以协调供应链的条件以及互惠参数对双方决策产生的影响。

4.6.1 互惠合同可以协调供应链的条件

互惠合同可以协调供应链需要满足以下两点要求：①互惠条件下集成商的总采购量与集中决策条件下供应链的总采购量相同；②与模型1中的分散决策相比，互惠条件下，集成商和提供商期望利润更高（Alaei and Setak，2015）。

命题1：当集成商和提供商采用(w_0,φ,η)的互惠合同时，若满足第一阶段批发价格$w_0=\hat{w}_0=\dfrac{(1-\varphi)p+g-\rho\gamma-[(1-\varphi)(p-v)+g]G(Q_2^{c*})}{1-\eta}-kt^{r*}$，两个互惠系数$\varphi$和$\eta$满足$E(\Pi_I^{d*})-N\leqslant A(1-\varphi)-B(1-\eta)\leqslant -E(\Pi_F^{d*})+A-cQ_2^{c*}$，那么该互惠合同可以协调供应链。其中：

$$A=pQ_2^{c*}-(p-v)\int_0^{Q_2^{c*}}G(X)\mathrm{d}X,$$

$$B=\hat{w}_t^{r*}Q_2^{c*}+kt^{r*}Q_1^{r*},\ N=g\left[Q_2^{c*}-\int_0^{Q_2^{c*}}G(X)\mathrm{d}X-\mu_2\right]-\rho\gamma Q_2^{c*}$$

命题1证明详见附录4-2。

命题1表明，互惠合同可以协调供应链，并给出了合同的参数范围。若互惠系数φ和η的取值可以达到其可行域的下限，即$A(1-\varphi)-B(1-\eta)=E(\Pi_I^{d*})-N$，那么$\Delta\Pi_I=E(\Pi_I^{r*})-E(\Pi_I^{d*})=0$，即供应链通过互惠行为得到的额外利润全部被提供商获得；同理，若互惠系数φ和η的取值可以达到其可行域的上限，即$A(1-\varphi)-B(1-\eta)=-E(\Pi_F^{d*})+A-cQ_2^{c*}$，那么供应链通过互惠行为得到的额外利润全部被集成商获得。

4.6.2 互惠行为对供应链成员决策的影响

接下来研究集成商和提供商的互惠行为对集成商最优决策和互惠合同中的批发价格参数的影响。

命题2：在互惠合同可以协调供应链的条件下，当参数同时满足 $k < M_2^r$ 且 $T_2(1-\eta)k^2t^{r*} > \phi^2(0)$ 时，$\frac{\partial w_0}{\partial \varphi} = \frac{1}{(1-\eta)}[p-(p-v)G(Q_1^{c*})] - k\frac{\partial t^{r*}}{\partial \varphi} < 0$，即第一阶段的批发价格 w_0 随集成商互惠系数 φ 的增加而减少。其中，$\phi(\cdot)$ 是市场需求的标准正态分布，M_2^r 是保证存在最优更新时间的条件。

$$M_2^r = \min\left\{\begin{array}{l}\frac{(1-\varphi)p+g-(1-\eta)w_0-\rho\gamma-[(1-\varphi)(p-v)+g]\Phi(-1)}{T_1},\\ -\frac{2[(1-\varphi)(p-v)+g]}{(1-\eta)T_2}\Phi^{-1}\left(\frac{(1-\varphi)p+g-(1-\eta)w_0-\rho\gamma}{(1-\varphi)(p-v)+g}\right)\phi\left[\Phi^{-1}\left(\frac{(1-\varphi)p+g-(1-\eta)w_0-\rho\gamma}{(1-\varphi)(p-v)+g}\right)\right]\end{array}\right\}$$

命题2证明详见附录4－3。

命题2表明，在互惠合同可以协调供应链的情况下，若满足适当条件，那么第一阶段的批发价格会随着集成商互惠系数的增加而减少。因此，在初期双方签订互惠合同时，集成商可以增加互惠系数，使提供商同意以更低的价格将物流服务能力销售给集成商。也就是说，集成商的互惠行为可以为自身带来好处。

命题3：若 $k < M_2^r$，第二阶段的批发价格随提供商互惠系数的增加而减少，且集成商第一阶段最优采购量随提供商的互惠系数的增加而增加；若同时满足 $\mu_2 - Q_1^{r*} - (1-\eta)\frac{\partial Q_1^{r*}}{\partial \eta} > 0$，那么集成商最优总采购量随提供商的互惠系数的增加而增加。

命题3证明详见附录4－4。

命题3表明，提供商可以通过增加互惠系数从集成商处获得更多的货源，而集成商可以通过增加互惠系数以更低的价格在第二阶段采购物流服务能力。因此，双方都可以因自身的互惠行为获利，互惠行为能够为供应链成员带来双赢。

4.6.3 供应链互惠行为的影响因素

命题4：集成商的互惠系数 φ 和提供商的互惠系数 η 随提供商的边际成本

c 的增加而减少，随客户要求的服务水平 γ 的提高而增加；同时，双方的互惠行为也是互相促进的。

命题4 证明详见附录4-5。

命题4 表明，集成商和提供商的互惠程度受到服务水平和提供商边际成本的影响。如果客户的服务水平要求提高，那么集成商和提供商的互惠程度都会提高。从集成商的角度讲，当客户要求的服务水平 γ 提高，如降低物流过程中的货损率、缩短运输时间等，集成商需要提供商配合紧密、提供更好的物流服务，对于由此可能造成提供商的成本增加，集成商愿意提高互惠水平。从提供商的角度讲，提供商也希望集成商能够充分整合其服务能力，为客户提供优质的集成化服务，因此，双方的互惠程度也会加深。

此外，命题4 也表明，对于提供同样物流服务的提供商，边际成本越高说明提供商的盈利能力越差。由于集成商通常有大量的提供商，因此，集成商更愿意与盈利能力好的提供商加强合作以降低风险，削弱对盈利能力差的提供商的互惠行为。

命题5：当集成商总订购量高于第二阶段的市场需求期望时，集成商的互惠系数 φ 和提供商的互惠系数 η 随着更新后的需求参数 σ_t 的增加而减少；反之，当集成商总订购量低于第二阶段的市场需求期望时，集成商和提供商的互惠系数随 σ_t 的增加而增加。

命题5 证明详见附录4-6。

由于互惠合同是在 $T=0$ 时刻签订的。因此，命题5 表明，签订互惠合同时，双方对于集成商总采购量的预判 Q_2^r 和更新后的需求不确定程度 σ_t 也会影响集成商和提供商的互惠系数。若集成商总采购量较低（$Q_2^r < \mu_2$），那么更新后的需求不确定性越高，双方制订的互惠系数也会越大。这是因为此时双方更需要通过加深互惠合作来抵抗较高的市场需求不确定性。反之，若集成商总采购量较高（$Q_2^r > \mu_2$），那么更新后的需求不确定性越高，双方制订的互惠系数也会越小。这是因为集成商订购了较多的服务能力且末期剩余的可能性要高，而集成商的剩余能力转卖收入也是需要与提供商共享的。因此，需求不确定性越高，集成商越期望通过降低互惠程度的方式来保障自身收益，也就是说当集成商预计总采购量较高时，集成商通过减少互惠系数来抵抗高需求不确定性。

4.7　案例分析

三角论证法是使用一种以上的方法来调查问题，以便增加结果的真实性。为了从实践的角度进一步探究集成商和提供商的互惠行为，本章利用了三角论证法，通过对天津 SND 物流公司进行调研并分析案例，以进一步论证本章的观点。

4.7.1　天津 SND 物流公司简介

天津 SND 物流公司是一家专业的第三方物流企业，其业务以国内公路运输为主，同时提供仓储和物流咨询服务。目前，天津 SND 物流公司拥有车辆 30 余辆，整合常用社会车辆 2000 余辆，因此能够调度的车辆总数非常多，运输服务能力在天津市名列前茅。公司现有员工 500 多人，分公司覆盖中国主要城市，是天津市物流企业十强。天津 SND 物流公司目前有 210 多家提供商，通过整合这些提供商，成功地与 20 多家跨国企业建立了广泛的商业关系，并根据客户需求提供个性化的服务。

4.7.2　天津 SND 物流公司需求更新情况

天津 SND 物流公司的客户以制造类企业为主。以宝洁为例，消费者往往在节假日和促销期间大量购买宝洁的产品，进而引起宝洁对物流服务能力的需求激增。为了更好地为宝洁提供整合的服务能力，天津 SND 物流公司通常从销售旺季（如 5 月）的一个月前进行需求预测，并在这一个月不断收集市场需求信息并进行需求更新。

4.7.3　天津 SND 物流公司和提供商的互惠合作形式

物流服务行业竞争的加剧、市场信息不确定性的干扰、客户对高水平物流服务的需求给天津 SND 物流公司与其提供商带来了更大的经营压力，因此，天津 SND 物流公司与其提供商开展了互惠合作，超过 80% 的提供商已经与天津 SND 物流公司合作 5 年以上。

天津 SND 物流公司与提供商的互惠主要体现在更优惠的价格、更短的续费周期以及给供应商更佳的运作环境。一方面，长期合作的提供商向天津 SND 物流公司争取一条利润率高的运输路线上的货源时，会主动降低服务能力的批发价格，且双方的互惠程度越高，批发价格越低。但对于临时性的提供商，因为天津 SND 物流公司与其互惠程度较低，往往会开出高价。另一方面，天津 SND 物流公司也会把利润空间高的订单给互惠程度高的提供商。互惠合作给天津 SND 物流公司带来了稳定的物流服务能力储备，也给提供商带来了稳定的货源，这些提供商与天津 SND 物流公司保持长期合作，合作 5 年以上的提供商占 80% 以上，合作 10 年以上的提供商达 30%。天津 SND 物流公司在与这些提供商的合作过程中发现，在物流服务市场景气、客户需求大的情况下，双方互惠可以提高利润；在物流服务市场不景气（如 2008—2009 年）、客户需求小的情况下，双方互惠可以节约成本。

4.7.4 互惠行为的影响及其敏感性

当天津 SND 物流公司给予更大的优惠时，提供商利润空间增大并愿意加深互惠合作，因此天津 SND 物流公司可以获得更低的批发价格。例如，天津 SND 物流公司天津至太仓的运输业务年营业额共 3000 万元，共有 6 家提供商提供运输服务，其中最大的一家提供商是普瑞特斯公司，约占总业务的 25%，该公司是天津 SND 物流公司的长期合作供应商，已合作超过十年，对这条路线非常熟悉，而且与其他提供商相比，普瑞特斯公司允许天津 SND 物流公司的结款时间延期 15 天，甚至可以欠款半年，大大减少了天津 SND 物流公司的资金结算压力。因此，作为回报，天津 SND 物流公司会给普瑞特斯公司更多的业务量，每年的业务份额都呈现增加趋势，与普瑞特斯公司达成的服务能力单位购买价格也逐年下降。与之相反，最小的一家提供商是江新安泰公司，约占总业务的 5%，合作时间仅 2 年，该公司所提供的物流服务资源比较有限，给天津 SND 物流公司的结算周期也没有优惠，因此，天津 SND 物流公司每年给江新安泰公司的业务量呈现逐年下降趋势。而这种互惠是相互促进的，一方互惠程度的提高能够使另一方也提高互惠程度。天津 SND 物流公司与普瑞特斯公司和江新安泰公司的合作经历足以证明这一点。这种现象验证了 4.6

节的命题2、命题3，即增加互惠系数有助于增加集成商的采购量并降低服务能力的批发价格。

激烈的市场竞争和复杂的运作环境使天津SND物流公司与其提供商之间的互惠行为受到影响。其中主要的三个影响因素包括客户要求的物流服务水平、提供商的边际成本和市场需求不确定程度。

第一，客户要求的服务水平提高，如更短的运输时间、更低的货损率等对提供商和天津SND物流公司提出了更高的要求，天津SND物流公司需要提供商紧密配合、提供更好的物流服务，提供商也希望天津SND物流公司能够充分整合服务能力，为客户提供优质的集成化服务，以此获得更多的业务量。若此时天津SND物流公司采取强硬的态度，无疑会增加提供商的压力，降低提供商的合作意愿。因此，需要天津SND物流公司与提供商加大互惠合作程度，满足客户的需求。

第二，互惠程度直接受提供商边际成本的影响。当提供商边际成本低、利润空间大时，提供商增加互惠的余地就大；反之若提供商的利润空间较少时，则提供商很难再提供更大的互惠程度。天津SND物流公司表示，提供更大的互惠是希望提供商也有更大的让步，达到互利的目的，因此对于没有能力给予天津SND物流公司更大互惠的提供商，天津SND物流公司也不会再提供互惠。特殊的是，若提供商难以为继，天津SND物流公司为保证服务能力供应继续，会不得已给予优惠，但这种单方面的优惠不会长久持续下去。

第三，天津SND物流公司会根据客户服务水平、提供商成本等因素的不同，设置不同的互惠程度。例如，天津SND物流公司与普瑞特斯公司由于多年的合作，普瑞特斯公司对太仓客户的业务服务要求非常熟悉，甚至能够主动提供许多免费的增值服务，不仅单位成本低而且服务水平也很高，深得天津SND物流公司的认可，服务满意度几乎为100%。相反，江新安泰公司与天津SND物流公司合作时间不长，对太仓客户的业务服务质量不如普瑞特斯公司高，甚至有客户投诉江新安泰公司的物流服务质量。因此，天津SND物流公司根据客户服务水平、提供商成本等因素，设计了不同的互惠合作方式。给普瑞特斯公司增加市场份额，而且降低了对该公司的服务质量监控强度。相反，给江新安泰公司降低了市场份额，对公司的服务质量提出了更高的要求，也加强了对其服务质量监控。

第四，在需求激增的特殊时期，天津SND物流公司会在不拖欠提供商运费的基础上，进一步给予互惠提供商更短的续费周期，天津 SND 物流公司将月结算改为周结算，从而保障提供商资金量充裕，减少运营压力。同时，天津 SND 物流公司会给予互惠提供商一定的货损免赔额度，以保障互惠提供商有宽松的运作环境，共同抵抗市场需求的不确定性。

因此，天津 SND 物流公司的案例表明，4.6 节的命题 4、命题 5 在实践中是成立的，即集成商和提供商的互惠系数随提供商的边际成本的增加而减少、随客户要求的服务水平的提高而增加、随着更新后的需求的不确定程度增加而增加。

4.8 结论

4.8.1 主要结论

本章研究了需求更新下考虑互惠合作行为的物流服务集成商两阶段订购策略问题。与现有研究相比，本章以物流服务供应链为研究对象，重点讨论了互惠合同在供应链中的应用条件，互惠行为对供应链成员决策的影响，并进行了互惠系数的敏感性分析。然后，通过分析一家典型的中国物流企业的案例，验证了模型讨论结果。本章得到的主要结论有以下几个方面。

第一，本章提出的互惠合同能够协调供应链，但是要满足一定条件。本章给出了第一阶段提供商的服务能力批发价格，该批发价格随集成商互惠系数的增加而减少。

第二，在互惠合同下，集成商第一阶段的服务能力采购量和总服务能力采购量随提供商互惠共享系数的增加而增加。

第三，需求更新会影响互惠合同。签订合同时，若双方预判集成商总采购量较低，那么更新后的需求不确定性越高，双方确定的互惠系数也会越高；若双方预判集成商总采购量较高，那么更新后的需求不确定越高，双方确定的互惠系数也会越低。

4.8.2 管理学内涵

本章探索了需求更新背景下，物流服务集成商和提供商实施互惠合作的问题，并利用案例分析进行了辅助论证，得到了主要结论，对于物流服务供应链成员的管理者进行服务能力采购决策具有借鉴意义。

第一，集成商可以通过与提供商建立互惠的合作关系，以更低的批发价格采购物流服务能力。在合作初期集成商应该就互惠系数问题与提供商进行妥善协调，因为这会影响互惠行为带来的供应链额外收益在集成商和提供商之间的分配问题。第二，集成商在进行需求更新以便提高需求预测准确度的同时，要注意需求更新对互惠行为的影响。若预计总采购量较高，那么更新后的需求标准差越大，集成商越应该采取更低程度的互惠行为；若预计总采购量较低，那么更新后的需求标准差越大，集成商越应该采取更高程度的互惠行为。第三，确定互惠系数时，集成商考虑客户对服务水平的要求，当客户对服务水平要求较高时，集成商更应该加强互惠合作，促进提供商加强配合力度。第四，集成商也要考虑提供商的边际成本，若提供商边际成本较低，可以给予更高程度的互惠。对于边际成本较高的提供商，要酌情降低互惠程度。因为边际成本高的提供商盈利能力较差，可能因为资金链断裂难以为继，因此集成商应降低互惠程度以规避提供商无法继续经营而带来的风险。

对于提供商而言，首先，要积极与集成商互惠合作，通过降低批发价格等方式从集成商处获得更多的货源，在行业竞争中取得优势。其次，应关注集成商需求更新对集成商互惠系数带来的影响，并根据集成商的互惠系数恰当地调整自身的互惠程度。再次，确定互惠系数的时要考虑客户的服务水平要求，当客户服务水平要求高时，要提高互惠程度，满足客户需求。最后，要对自身的边际成本有客观的考量，在目前经营状况有提供互惠余地的情况下才能与集成商进行互惠合作。

5 需求更新与顺从行为下的物流服务供应链服务能力采购

5.1 引言

近年来，电子商务在全世界得到了快速发展，其增速非常迅速。以阿里巴巴集团为例，其零售商务平台交易额的迅速增长带来大规模的物流需求，这使电子商务企业难以依靠自有的力量完成物流服务，因此，物流服务外包成为较好的选择。为了给这些客户提供物流服务，集成商整合了许多提供商的服务能力，形成了物流服务供应链（LSSC），为客户提供集成化的服务（Liu et al.，2013）。例如，宝供物流（Liu et al.，2011）、圆通速递公司（Liu et al.，2015）、美国罗宾逊全球物流有限公司（Green et al.，2008）等整合了多家提供商，向这些提供商采购运输能力、仓储能力等，为客户提供系统化的物流服务。因此，能力的采购决策成为物流服务供应链合作中的重要内容。

从实践层面来看，集成商的物流服务能力采购并不是一件容易的事情，尤其是在其面临外部需求不断更新的情况下。市场需求的不确定性增加了集成商和提供商决策的难度，为了尽量减少因服务能力不足或者过剩造成的损失，历史销售数据和销售信息常常被用于参考，以便进行需求更新。

随着市场竞争的增加，作为一种吸引客户的手段，集成商经常会向客户作出服务质量承诺，例如，京东的次日达服务。但在实际执行中，提供商的不顺从行为常常导致提供商的服务质量承诺发生变动，而且使集成商的决策变得更加困难，给集成商带来利益的损失。从实践层面来看，提供商的不顺从行为主要包括两个方面。一方面，是提供商不遵守与集成商达成的合作协议或规则。例如，圆通速递公司在促销活动之前，都要根据历史销售数据进行需求更新，并与其提供商分享，以便更好地满足市场需求。然而，圆通速递公司的提供商在实际运作中的不顺从行为，如不遵守圆通速递公司的送达服务规范和服务完成时间要求，直接导致圆通速递公司无法完成对客户的质量承诺，物流“爆仓”、延迟配送以及货物破损等问题集中爆发，极大损害了圆通速递公司的企业形象。目前市场上其他的服务供应链中也存在类似情况。例如，网约车O2O平台滴滴通过集成私家车主的闲置运力为乘客提供打车服务，由于私家车主不遵守与滴滴签订的安全协议中所作的承诺，多次出现故意伤人、敲诈勒索的事件，滴滴的安全性受到消费者质疑，直接导致了滴滴顺风车业务的停运整顿（CNN，2018）。Airbnb（爱彼迎）也因屡次被曝光房主（即房屋的供应商）对游客（即客户）生命、财产带来的威胁而受到部分地区的抵制（Daily Mail，2018）。另一方面，提供商的不顺从行为表现在提供商出于自身利益的最大化，不与集成商按照最优方案合作，甚至中断与集成商的合作。在2015年“双十一”期间，圆通速递天津公司的三家提供商宣布退出了合作，给圆通速递天津公司和终端客户带来了巨大损失。同年，圆通速递上海延吉分公司、圆通速递南京大厂区分公司等也都有不少提供商宣布退出合作。在港口服务供应链中，很多码头出于自身利益的最大化，其不顺从行为也会导致港口承诺其客户的服务水平或者服务能力降低。以港口的信息化水平为例，不同的港口运营商采用不同的IT系统协调公司内部和不同公司之间（例如，港口局和托运人）的操作。Wang et al.（2016）发现，当港口运营商与港务局不合作时，单个港口运营商的最佳IT能力低于集成异构系统中的IT能力。

以上现象均说明提供商的不顺从行为会直接影响集成商的服务水平，同时对集成商的利益造成很大的影响，必须深刻理解相关因素对集成商决策结果的影响规律，以期为集成商的决策提供更好的指导。因此，在外部需求不确定及内部提供商不顺从行为的双重因素下，探究集成商的服务能力采购决策及这些内外部因素对决策结果的影响规律是本章的目的。

理论研究方面，需求更新（Zhou and Wang，2012；Sethi et al.，2007）、服务质量承诺（Yan，2003；Hays and Hill，2001；Jin，2016；Liu and Xie，2013；Liu et al.，2015）和顺从行为（Brief et al.，2000；Thomson and Solms，2005；Chong and Syarifuddin，2010）都得到了深入研究。除了这些独立研究之外，也有学者进行了交叉研究。例如，Liu et al.（2015）探索了需求更新

与服务质量承诺的交叉研究，研究了需求更新条件下，需求不确定性揭示程度以及服务质量承诺变化成本对物流服务供应链最优决策的影响，但 Liu et al.（2015）并没有考虑提供商顺从行为及其带来的影响。此外，Liu et al.（2015）研究的是功能型物流服务提供商作出服务质量承诺，而在现实中，更多的情况是物流服务集成商对客户作出服务质量承诺并将该承诺转告给提供商，由提供商实现服务质量承诺。总体来看，从 5.2 节可知，在需求更新环境下，学者并未深入研究顺从行为在服务供应链中对集成商的能力采购决策以及提供商的服务质量承诺行为的影响，迫切需要开展相应的研究。

为了弥补已有研究的不足，本章研究了由一个集成商和一个提供商组成的物流服务供应链，其中集成商向提供商采购功能型物流服务能力，提供商是实际物流服务能力的提供者。为更好地参与市场竞争，集成商向客户作出服务质量承诺。同时，提供商出于对合作收益、投入成本等多方面考虑产生顺从行为，但顺从行为程度（即顺从因子）的大小可能导致客户感受到的实际服务质量与集成商的服务质量承诺存在差距。因此，本章将探索需求更新和提供商顺从行为对集成商的服务质量承诺和服务能力采购决策问题的影响，拟研究的具体问题如下。

①提供商的顺从行为对集成商的采购决策和自身利润有何影响？

②提供商的顺从行为与集成商的服务质量承诺是否互相影响？

③需求更新对 LSSC 中成员的决策有什么影响？

5.2 文献综述

本章研究的是基于提供商顺从行为的物流服务供应链质量承诺契约设计，因此在文献综述中，我们将重点阐释三个方面的研究进展，分别是需求更新下的供应链二次订购、供应链中的服务质量承诺以及管理学研究中的顺从行为。最后，对相关文献的研究进展进行总结。

5.2.1 需求更新下的供应链二次订购

市场中的不稳定因素带来需求的波动，不仅使需求预测的难度加大，也会导致供需不平衡现象加剧。随着技术的进步和企业间合作的加深，需求更新在实践中得到广泛应用，即决策者通过不断收集市场信息来更新需求预测，并利用更新后的市场需求作出更好的决策。学者们也针对需求更新下的决策问题进行了深入研究。已有研究中，学者们普遍使用贝叶斯更新（Berk et al.，2007；Song et al.，2014）、条件概率（Zhang et al.，2013）以及 AR（1）过程（So and Zheng，2003）等方法进行需求更新。其中贝叶斯更新是通过比较前面阶段的采购量与实际销售量的差距，对后面阶段的需求预测进行分析，通常用于二次订购的情况，与本章研究的情境相符。因此，本章将采用贝叶斯更新的方式。

为了更好地配合下游供应链企业的需求更新，上游提供商通常允许二次订购。二次订购条件下，学者们主要研究了供应链契约设计问题和供应链采购问题。Gurnani and Tang（1999）研究了零售商在单个销售季节之前订购季节性产品，通过需求更新改进预测，并提供嵌套的报童模型来确定最佳订购量。随后，不少学者将该问题拓展到更加复杂的情形，如在考虑了零售商允许在外部市场采购商品的情况，研究现货市场中的单期和多期数量灵活性合同，讨论预测质量和灵活性水平对最优决策的影响（Sethi et al.，2004）。在此基础上，模型中进一步加入了买家的服务水平承诺（Sethi et al.，2007）。由于实践中供应链成员的决策往往受到各种条件限制，因此能力限制（Miltenburg and Pong，2007）与资金约束（Wu et al.，2013）等约束条件也被引入供应链二次订购模型。随着需求更新研究的进一步深入，更多复杂因素也被考虑进来。学者们也研究了一些常见的行为因素，如风险厌恶（Yan and Wang，2014）、损失厌恶因素（Ma et al.，2012）对供应链成员决策的影响，使研究更符合实际情况。但既有的文献研究中，需求更新与提供商顺从行为的交叉研究很少。

5.2.2　供应链中的服务质量承诺

在市场竞争变得越来越激烈的今天，企业为了保持在市场中的地位，需要承诺其活动具有高效率高标准，这不仅能为企业带来利润，也能帮助提升与服务水平有关的企业形象（Carvalho and Barbosa-Póvoa，2013）。合理的服务质量承诺能够为服务的提供者带来许多好处，如关注客户期望、提供服务失败的可靠数据、找出服务过程中的弱点、重新获得失去的客户等（Berman and Mathur，2014）。Berman and Mathur（2014）还强调服务质量承诺体系对于尚未建立声誉的新服务提供者、可以从信誉中获利的服务提供者以及有高水平感知风险的服务提供者来说是一种非常有效地与客户进行治疗沟通的方式。因此，许多学者都对服务质量承诺进行了研究，其中包括时间承诺（Ray and Jewkes，2004）、价格承诺（Carvell and Quan，2008）、退货承诺（Suwelack et al.，2011）、公平队列调度的服务承诺问题（Rizzo and Valente，2015），涉及网络服务（Yan，2003）、酒店服务、旅游服务等行业。Hays and Hill（2006）提出服务保障强度的概念。服务保障强度是指公司针对客户关心的维度所设立的清晰的服务质量标准以及服务不能达标时对客户给予快速赔偿的正式政策。为了定量地研究服务质量承诺，学者们还提出了一些模型，如 Baker and Collier（2005）、Chiang et al.（2013）提出了服务质量承诺的经济支出模型，并评估其中的最优服务水平和最优经济支出。

然而，许多学者认为需求更新可能通过改变服务质量承诺的方式影响服务质量。如 Liu et al.（2015）研究了在需求更新条件下，需求不确定性揭示以及服务质量承诺改变成本对于物流服务供应链中物流服务集成商和功能型物流服务提供商的最优决策的影响，但没有考虑到顺从行为对供应链成员决策以及利润的影响。

5.2.3 管理学研究中的顺从行为

顺从是指人们执行社会地位更高的人的要求或命令，随着管理学研究的深入，个人的顺从行为在企业管理如劳动用工（Brief et al.，2000）、信息安全（Thomson and Solms，2005）、项目评估等方面中的作用得到了探索。信息作为企业的重要资产，其安全问题一直受到广泛关注，因此关于信息安全的顺从行为也得到了研究。员工需要保证信息安全顺从，即员工的行为需要与高级管理者的要求相一致（Thomson and Solms，2005）。项目评估中经常掺杂管理者主观因素，因此顺从行为也会对项目评估产生影响，实验研究表明了来自权威的顺从压力使管理者倾向于增加对失败项目的投入。

在已有的顺从行为的研究中，主要通过实验和定性研究的方法探索顺从行为对管理决策的影响（Brief et al.，2000），缺乏从定量视角分析顺从行为对管理决策的影响。而且，这些研究更倾向于从心理学视角来分析顺从行为在管理中的价值，从供应链管理的视角研究顺从行为的影响几乎没有。

5.2.4 文献综述总结

从5.2.1节到5.2.3节可以看出，目前关于供应链二次订购以及服务质量承诺两个方面的研究已经比较丰富。然而，现有的供应链二次订购文献通常是关于典型的提前期较长而销售季较短的制造行业（Yang et al.，2011；So and Zheng，2003；Özen et al.，2012），物流服务供应链的相关研究尚有不足（Liu et al.，2015）。需要注意到服务的特性，如不可储存性、无形性和易变性（Nie and Kellogg，1999），服务供应链的采购问题与制造业供应链的采购问题存在较大差异。尽管学者们肯定了服务质量承诺对于企业以及客户的好处，并且已经注意到市场需求更新对于服务质量承诺造成的影响，但是供应链成员的顺从行为将直接影响客户得到的实际服务质量以及集成商的服务质量承诺决策，进而影响整个供应链的利润。因此，研究顺从行为对集成商的服务质量承诺和服务能力采购决策十分重要。目前顺从行为的研究在管理学领域有所涉猎（Thomson and Solms，2005），但在管理学领域的研究主要针对企业内部个人的顺从行为而没有关注组织的顺从行为。此外，现有的研究主要采用实验和定性研究的方法，缺乏定量研究。

因此，本章将研究需求更新条件下物流服务供应链二次订购问题，定量地研究顺从行为对集成商的服务质量承诺和服务能力采购决策的影响。

5.3 问题描述

本章的研究对象是由一个集成商 I（领导者）和一个提供商 F（追随者）组成的物流服务供应链，集成商从提供商处采购功能性物流服务，经过整合后，将整合的物流服务能力销售给市场上的客户。市场需求不断更新，且市场为买方市场，我们假设这两期市场为 j，$j = 1,2$，集成商通过需求更新提高需求预测的准确性以完善服务能力的供需匹配。

物流服务质量，即客户实际能够得到的物流服务的质量，是集成商市场竞争的关键，受到许多因素的影响，如集成商的服务质量承诺、集成商和提供商合作的紧密程度、采购提前期、合同违约条款的严格程度、提供商提供服务的能力等。一方面，集成商通过给客户提供服务质量承诺来增加市场需求。γ_j 为第 j 阶段集成商 I 提供给客户的服务质量承诺。由于市场中多家集成商参与竞争并提供同质量的物流服务，I 对客户的服务质量承诺不应低于市场的平均服务质量Υ（服务质量承诺下限），即 $\gamma_j \in [\Upsilon,1]$，将该服务质量承诺告知提供商并由其执行。在物流服务运作中，服务质量的维度包括交货时间、货损率等，这些数据都可以被直接测量，如 Chiang et al.（2013）和 Liu et al.（2015）均采用定量的方法对服务质量进行了研究。作为物流服务的实际提供者，提供商可以通过改变运输方式、选择运输路线、改善货物包装等方式，对服务质量进行有效控制。另一方面，集成商和提供商合作的紧密程度、采购提前期、合同违约条款的严格程度、提供商提供服务的能力都会对提供商的顺从行为产生影响。在社会心理学领域，目前仍缺乏关于服从较为统一明确的定义（Pozzi et al.，2014）。Milgram（1965）的定义源于日常使用“顺服”一词，即如果 Y 遵循 X 的命令，我们将说他服从了 X。Blass（2001）指出服从是在社会等级中执行较高地位的人的请求或命令的行为。也有学者将服从定义为：在总结、判断和演绎对象后，保持与对象相同的行为和态度以寻求奖励或避免惩罚（Song et al.，2012）。综合以上定义，本章给出服务供应链中顺从的定义，即弱势供应链成员在行动上与强势供应链成员的要求保持一致，以寻求奖励或避免惩罚。本章中提供商的顺从行为，即提供商按照集成商对客户的服务质量承诺为客户提供物流服务的行为。因此，提供商的顺从程度可以通过物流服务的实际质量来衡量。

提供商是物流服务的直接提供者，其对集成商的顺从程度直接影响客户得到的实际服务质量。本章中顺从是指提供商完成集成商的服务质量承诺，顺从因子 φ_j 用来刻画提供商的顺从程度。由于服务质量是可以被测量和控制的，因此，顺从程度也是可以被测量和控制的。若提供商的服务质量（如交货时间、货损率等）达到承诺的水平称为完全顺从，此时 $\varphi_j = 1$。尽管 I 与 F 达成合作时会要求 F 提供的物流服务质量达到 γ_j，然而 γ_j 越大意味着 F 需要支付的物流服务质量保障成本就越高，但为了降低成本，F 可能会采取不顺从 I 的行为，即提供商的服务质量达不到承诺的水平。此时 $\underline{\varphi} \leq \varphi_j < 1$，$\underline{\varphi}$ 为 F 顺从因子的下限。F 实际的服务质量水平为 $\varphi_j\gamma_j$，$\varphi_j < 1$ 时，客户获得的实际

服务质量低于集成商承诺，集成商会对提供商进行相应惩罚。提供商还需要支付的单位质保成本为 $\rho\varphi_j\gamma_j$ ，其中 ρ 为质保成本系数。

若客户对实际服务质量不满意，客户会对 I 收取惩罚成本 $K_c(\varphi_j)$ 以弥补较差的实际服务质量带来的损失。其中 $K_c(\varphi_j) = k_c(1-\varphi_j)S(Q_j)$ ，表示客户对购买的物流服务中不能达到服务质量承诺部分的惩罚，其中 k_c 为客户对 I 的惩罚成本系数，Q_j 为集成商第 j 期的采购量。

$$S(Q_j) = \int_0^{Q_j} xf(x)\,\mathrm{d}x + \int_{Q_j}^{+\infty} f(x)\,\mathrm{d}x = Q_j - \int_0^{Q_j} F(x)\,\mathrm{d}x$$

上式表示第 j 阶段集成商的销售量，是报童模型中常见的表达方式。此外，由于 F 不完全顺从时客户满意度会下降，由此带来的市场需求减少将影响到 I 的未来的收益。对此，I 会要求 F 支付惩罚成本 $K_i(\varphi_j)$ 以惩罚 F 的不顺从并弥补自身由于需求减少产生的损失。其中 $K_i(\varphi_j) = k_i(1-\varphi_j)Q_j$ ，表示 I 对买入的功能性物流服务中不顺从的部分的惩罚，其中 k_i 为 I 对 F 的惩罚成本系数。5. 3. 1 节将详细描述市场需求函数以及集成商需求更新的方式。

5. 3. 1　需求函数与需求更新

经济学的需求函数 $D = a - bP$ 仅定义了需求与价格之间的关系。考虑到市场需求随客户满意度的提高而增加，在此引入客户满意度 s_j ；此外，考虑到市场需求不确定性给供应链成员决策带来的不可忽视的影响，还引入随机变量。因此，借鉴 Xiao et al. （2009），Liu et al. （2014），Zhang et al. （2015）构建需求函数的方式，本章中客户对物流服务的总需求函数为：

$$D_j = M - \alpha p + \beta s_j + \varepsilon$$

第一阶段的市场需求 D_1 和第二阶段的市场需求 D_2 是相互独立的，分别只受到等式右边的四项因素的影响。对于客户满意度 s_j ，类似于 Popescu and Wu（2007）中客户参考价形成机制，我们认为客户满意度受到当期服务质量承诺和上一期实际服务质量的影响。在第一阶段（需求更新前），客户满意度 s_1 取决于 I 承诺的服务质保水平 γ_1 以及客户对于实际服务质量的参考值 $\gamma_0\varphi_0$ 。因此 $s_1 = \gamma_1(1-\lambda) + \gamma_0\varphi_0\lambda$ ，其中 λ 为记忆参数，描述客户满意度在多大程度上依赖于前期的实际服务质量。在第一阶段需求实现后，客户观察到第一阶段实际的服务质量 $\varphi_1\gamma_1$ ，并将其作为参考，在第二阶段（需求更新后）影响客户满意度。同时，第二阶段的客户满意度也受到 I 承诺的服务质保水平 γ_2 的影响。因此 $s_2 = \gamma_2(1 - \lambda) + \varphi_1\gamma_1\lambda$ 。

总需求函数中，M 为潜在的市场需求，是外生参数，不受集成商或提供商决策结果的影响；p 为服务能力的市场价格，为外生变量；α 表示需求对市场价格的敏感度；β 表示需求对客户满意度的敏感度。假设以上参数都不随时间变化。ε 为市场需求的不确定性，$\varepsilon \sim N(0,\sigma^2)$ ，其第一阶段的概率密度函数和概率分布函数分别为 $f(x)$ 和 $F(x)$ 。

市场需求的不确定性 ε 增加了集成商决策的难度。集成商无法准确知道市场需求，但可以对市场需求作出预测。当集成商进行多期采购时，可以利用上一期的销售情况对本期的市场需求预测进行更新，以便获得更加准确的预测信息，这就是贝叶斯更新。本章考虑的两期供应链决策过程中，集成商分别完成预测/更新市场需求—物流服务能力采购—物流服务能力销售的过程。实践中，许多集成商会采用此运作方式。例如，天津 SND 物流公司每个月都会对其客户宝洁的物流服务需求进行预测和更新，向其提供商采购服务能力，并为宝洁提供整合的物流服务。因此，LSI 在两个销售季之间有两次采购机会（Liu et. al. , 2015）。

第一阶段结束后，集成商根据第一阶段的销量进行贝叶斯更新。当集成商在第一阶段结束后获得了额外信息时，认为市场需求的不确定性被完全揭示，并据此决定第二阶段的采购量。这里的额外信息是指当 $Q_1 > S(Q_1)$ 时，集成商可以观察到第一阶段准确的市场需求（Sarvary and Padmanabhan, 2001；Liu et al. , 2015）。需要注意的是，尽管额外信息很重要，但是集成商并不会下较大的采购量 Q_1 以获得确切的需求信息。这是因为采购过量的服务能力在给集成商带来额外信息的同时，也会给集成商带来巨大的经济损失。为了避免不必要的损失，集成商不会下采购量 Q_1 。反之，若 $Q_1 = S(Q_1)$ ，说明第一阶段的采购量小于市场需求，集成商未能观察到第一阶段准确的市场需求，即认为市场需求的不确定性没有得到完全揭示。此时，集成商获得的与需求更新有关的信息只有第一阶段市场需求大于采购量。因此，集成商将利用这一信息对第二阶段的需求预测进行更新。$g(x)$ 为第二阶段 ε 的概率密度函数，$g(x) = \dfrac{f(x)}{1 - F(z_1^*)}$ ，在 Sarvary and Padmanabhan（2001）和 Liu et al.（2015）等的研究中均采用了这一表达式描述贝叶斯更新后的市场需求分布。进一步推算可以得到第二阶段 ε 的概率分布函数 $G(x) = \int_{z_1^*}^{\varepsilon} g(x)\mathrm{d}x = \frac{F(x) - F(z_1^*)}{1 - F(z_1^*)}$。

需要注意的是，市场需求始终是外生且不确定的，集成商通过需求更新来提高自己预测的准确性。因此，本章认为市场需求完全揭示或不完全揭示是集成商的主观认知，而不是市场需求的客观表现。

5.3.2 决策过程

决策过程如下。

（1）在 $t = 0$ 时刻，集成商 I 预测市场需求并共享给提供商 F 。这样做的目的是保证提供商可以提供充足的物流服务能力应对需求更新的环境。需要注意的是，提供商并不能由于信息共享就可以主导供应链。这是因为在服务供应链中，集成商最接近客户，能够掌握客户需求信息，因此，集成商处于服务供应链中的主导地位。提供商作为上游参与者，很难直接与下游的客户进行交易，必须依赖集成商。

（2）I 首先决定第一阶段服务质量承诺 γ_1 和采购量 Q_1 ，然后 F 决定第一阶段顺从因子 φ_1 。这种决策顺序，在实际的物流服务运作中是普遍存在的。例如，在客户固特异轮胎的物流服务需求实现前，一般来说，天津 SND 物流公司会与其功能型物流服务提供商中外运提前达成合作安排。固特异轮胎的需求一般在每个月第一天正式实现，为了满足需求，天津 SND 物流公司会提前半个月与中外运达成合作协议，这种协议更像是一种菜单式的协议。即天津 SND 物流公司先决定给固特异轮胎的服务质量承诺 γ_1 和采购量 Q_1 ，相应地，中外运根据天津 SND 物流公司的决策来决定自己的顺从因子 φ_1 。由于客户实际需求尚未产生，且需求可能会有多种情况，因此，天津 SND 物流公司也会向中外运公布其可能作出的多种 γ_1 和 Q_1 的决策，则中外运也相应有多个顺从因子 φ_1 ，两者的决策形成了一种对应的菜单式关系。这里有两点需要注意，一是因为在客户需求实现前，实际的客户需求并没有产生，所以，天津 SND 物流公司的决策与提供商的决策都不是实际的决策值，而只是可能的决策意向。当需求实现后，此时，γ_1 、Q_1 和 φ_1 的实际值才能得以实现。二是天津 SND 物流公司知道在其给出菜单式的协议后，其提供商将会决定自己的顺从因子 φ_1，因此，在给出菜单式的决策结果时，已经考虑了提供商的顺从因子。不同的提供商顺从因子，将对应天津 SND 物流公司不同的 γ_1 和 Q_1，因此，尽管并未确切知道提供商的顺从因子，但天津 SND 物流公司的决策结果包括了提供商顺从因子这一参数。

(3) 第一阶段的末期市场需求实现，客户根据实际服务质量对 I 进行惩罚，I 观察到 F 的顺从因子并对 F 进行惩罚，双方得到第一阶段利润。

(4) 在 $t=1$ 时刻，第二阶段开始后，I 根据第一阶段的实际销售情况进行贝叶斯更新，并将更新后的需求分布共享给 F。

(5) I 首先决定第二阶段服务质量承诺 γ_2 和采购量 Q_2，然后 F 决定第二阶段顺从因子 φ_2。

(6) 在 $t=2$ 时刻，第二阶段末期市场需求实现，客户根据实际服务质量对 I 进行惩罚，I 观察到 F 的顺从因子并对 F 进行惩罚，双方得到第二阶段利润。

需要注意的是，在实践中，服务供应链市场竞争激烈，集成商和提供商定价能力较差，服务能力的销售价格往往由市场决定。另外，本章研究的重点是集成商的服务质量承诺和采购决策，以及提供商的顺从行为，而不是供应链成员的定价决策，有些学者将服务能力的销售价格设为外生变量（Liu et. al.，2016）。因此，本章中市场价格和批发价格是给定的价格。

5.4 节、5.5 节将研究顺从行为与服务能力采购量的关系，提出了命题 1 和命题 6；研究了顺从行为对服务质量承诺的影响，提出了命题 2、命题 3 和命题 7；还探索了需求更新环境对服务质量承诺、顺从行为和服务能力采购的影响，分别提出了命题 4、引理 1 和命题 5。图 5－1 为研究框架。

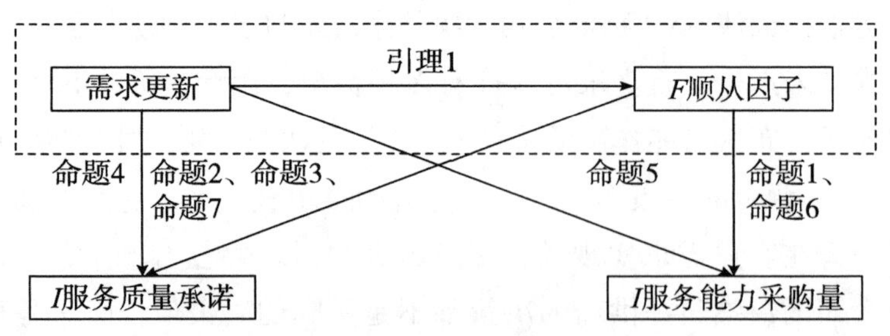

图 5－1　研究框架

5.3.3　符号

本章的模型参数和说明（见表5－1）。

表5－1　　模型参数和说明

参数	说　明
p	一体化服务能力的市场单价
w	服务能力的批发价格
g	I 的服务能力单位缺货成本
v	I 剩余服务能力的单位转卖收入
c	F 的单位运作成本
γ_j	I 第 j 阶段提供给客户的服务质量承诺，$j=1,2$
$\underline{\gamma}$	I 提供给客户的服务质量承诺下限
φ_j	F 在第 j 阶段的顺从因子
$\underline{\varphi}$	F 顺从因子的下限
ρ	F 的质保成本系数
k_c	客户对 I 的惩罚成本系数
k_i	I 对 F 的惩罚成本系数
s_j	第 j 阶段客户满意度
D_j	第 j 阶段市场需求
M	潜在的市场需求
α	需求对市场价格的敏感度
β	需求对客户满意度的敏感度
ε	市场需求不确定的部分
$f(x)$	第一阶段 ε 的概率密度函数
$F(x)$	第一阶段 ε 的概率分布函数
$g(x)$	第二阶段 ε 的概率密度函数
$G(x)$	第二阶段 ε 的概率分布函数
Q_1	I 第一阶段采购量
z_1	I 第一阶段的采购决策变量
$\tilde{Q}_2$	市场需求不确定性完全揭示条件下，I 第二阶段采购量

续 表

参数	说 明
$\hat{Q}_2$	市场需求不确定性不完全揭示条件下，I 第二阶段采购量
$\tilde{z}_2$	市场需求不确定性完全揭示条件下，I 第二阶段采购决策变量
$\hat{z}_2$	市场需求不确定性不完全揭示条件下，I 第二阶段采购决策变量
η	I 服务质量承诺变更成本系数
λ	客户的记忆参数
Ω	I 服务质量承诺变更成本
Π_{I_j}	I 第 j 阶段的利润
Π_{F_j}	F 第 j 阶段的利润

5.4　第一阶段模型构建与求解

本节将建立集成商和提供商第一阶段的利润函数并解得双方的最优决策。在第一阶段，集成商首先决定服务质量承诺 γ_1 和采购量 Q_1 ，根据集成商对服务质量的要求以及采购量，提供商再决定顺从因子 φ_1 。实践中，集成商往往提前向提供商采购服务能力，因此，提供商有充足时间作出顺从决策，且其顺从因了决策与集成商的决策结果息息相关，但集成商无法提前准确判断提供商的顺从程度。因此，本章将首先求解集成商的最优决策，并在此基础上求解提供商的最优决策，这样的求解过程更符合实践。此外本章将探索集成商最优质量承诺的条件，提供商得到最优顺从因子的条件以及提供商顺从因子对集成商采购决策的影响。

为了方便模型求解，令 $l(s_j) = M - \alpha p + \beta s_j$ ，那么 $D_j = l(s_j) + \varepsilon$ ，令 I 的采购决策变量 $z_j = Q_i - l(s_j)$ ，当 $z_j > \varepsilon$ 时，说明末期 I 的服务能力有剩余；当 $z_j < \varepsilon$ 时，说明 I 的服务能力不足。

假设提供商 F 在满足利润门槛后才会参与合作。因此，服务能力批发价格 w 大于 F 的单位运作成本 c 、单位质保成本 $\rho\varphi_j\gamma_j$ 及单位惩罚成本 k_i 之和，即 $w - c - \rho\varphi_j\gamma_j - k_i(1 - \varphi_j) > 0$ ，求得 $\varphi_j < \dfrac{w - c - k_i}{\rho\gamma_j - k_i}$ 。

因此，关于服从因子存在两种情况。场景 1：FLSP 的单位运营成本过高，必须不完全服从（$\varphi_j < 1$）；或者 FLSP 由于某些原因不希望完全服从（$\varphi_j < 1$），即使它可以完全服从也是如此。场景 2：FLSP 完全服从（$\varphi_j = 1$），并且不会受到 LSI 的惩罚。

5.4.1 集成商决策

基于前文的假设以及利润期望值的表达形式（Zha et al.，2015；Ru et al.，2018），第一阶段 I 的利润函数的期望值为：

$$\begin{aligned}\Pi_{I_1}(\gamma_1,z_1) = E\{[p - k_c(1-\varphi_1)^+]S(Q_1) - g(D_1 - Q_1)^+ \\ + v(Q_1 - D_1)^+ - wQ_1 + k_i(1-\varphi_1)^+ Q_1\}\end{aligned} \quad (5-1)$$

其中，$E(\cdot)$ 是期望运算符，I 第一阶段的期望销售量为 $S(Q_1) = E(Q_1 \wedge D_1) = Q_1 - \int_0^{Q_1} F(X)\mathrm{d}X$，$pS(Q_1)$ 为 I 第一阶段的期望销售收入，$g(D_1 - Q_1)^+$ 为缺货损失，$v(Q_1 - D_1)^+$ 为末期剩余能力的转卖收入，wQ_1 为集成商的采购成本，$k_c(1-\varphi_1)^+ S(Q_1)$ 为 I 因为实际服务质量低于承诺的服务质量而支付给客户的惩罚成本，$k_i(1-\varphi_1)^+ Q_1$ 为 I 惩罚提供商而获得的收入。

为了方便求解，将 $z_1 = Q_1 - l(s_1)$ 代入式（5-1），由于 ε 可正可负，因此 z_1 的最优值也需要按照 $z_1 \geqslant 0$ 和 $z_1 < 0$ 两种情况分别进行计算。

（1）当 $z_1 \geqslant 0$ 时，

$$\begin{aligned}E[\Pi_{I_1}(\gamma_1,z_1)] = [p - k_c(1-\varphi_1)]\left[z_1 + l(s_1) - \int_0^{z_1} F(x)\mathrm{d}x\right] - \\ g\left[\mu_1 - z_1 + \int_0^{z_1} F(x)\mathrm{d}x\right] + v\int_0^{z_1} F(x)\mathrm{d}x + [k_i(1-\varphi_1) - w][z_1 + l(s_1)]\end{aligned} \quad (5-2)$$

首先，对 $\Pi_{I_1}(\gamma_1,z_1)$ 计算其海塞（Hessian）矩阵，可得，

$$\boldsymbol{H}_{\Pi_{I_1}(\gamma_1,z_1)} = \begin{bmatrix} \dfrac{\partial \Pi_{I_1}^2(\gamma_1,z_1)}{\partial z_1^2} & \dfrac{\partial^2 \Pi_{I_1}(\gamma_1,z_1)}{\partial z_1 \partial \gamma_1} \\ \dfrac{\partial^2 \Pi_{I_1}(\gamma_1,z_1)}{\partial \gamma_1 \partial z_1} & \dfrac{\partial^2 \Pi_{I_1}(\gamma_1,z_1)}{\partial \gamma_1^2} \end{bmatrix}$$

$$= \begin{bmatrix} -[p - k_c(1-\varphi_1) + g - v]f(z_1) & 0 \\ 0 & 0 \end{bmatrix}$$

计算 $\boldsymbol{H}_{\Pi_{I_1}}(\gamma_1, z_1)$ 顺序主子式，我们发现其值呈正负交替变化，一阶小于0，二阶大于等于0，故该海塞矩阵负半定。所以，$\Pi_{I_1}(\gamma_1, z_1)$ 是关于 γ_1 的联合凹函数。

对式（5-2）求 z_1 的一阶导数可得：

$$\frac{\partial \Pi_{I_1}(\gamma_1, z_1)}{\partial z_1} = [p + g - k_c(1 - \varphi_1) + k_i(1 - \varphi_1) - w] - [p - k_c(1 - \varphi_1) + g - v]F(z_1)$$

求二阶导数可得：

$$\frac{\partial^2 \Pi_{I_1}(\gamma_1, z_1)}{\partial z_1^2} = -[p - k_c(1 - \varphi_1) + g - v]f(z_1)$$

当 $p - k_c(1 - \varphi_1) + g - v > 0$ 时，$\frac{\partial \Pi_{I_1}}{\partial z_1} < 0$，存在最优的 z_1^* 使 I 第一阶段的利润有最优值。令 $\frac{\partial \Pi_{I_1}}{\partial z_1} = 0$，得集成商第一阶段最优采购决策变量 z_1^*：

$$z_1^* = F^{-1}\left(\frac{p + g - k_c(1 - \varphi_1) + k_i(1 - \varphi_1) - w}{p + g - k_c(1 - \varphi_1) - v}\right) \tag{5-3}$$

因为 $F(z_1^*)$ 满足 $0 \leqslant F(z_1^*) \leqslant 1$，可得 $p + g - k_c(1 - \varphi_1) + k_i(1 - \varphi_1) - w \geqslant 0$，$w - k_i(1 - \varphi_1) \geqslant v$。

对式（5-3）求 φ_1 的一阶导数可得：

$$\frac{\partial z_1^*}{\partial \varphi_1} = \frac{1}{f(z_1^*)} \cdot \frac{k_c(w - v) - k_i(p + g - v)}{[p - k_c(1 - \varphi_1) + g - v]^2}$$

由于 $f(z_1^*) > 0$，若满足 $k_c(w - v) - k_i(p + g - v) > 0$，则 $\frac{\partial z_1^*}{\partial \varphi_1} > 0$。

命题1：当 I 存在最优采购决策变量 z_1^* 时，若满足 $k_c(w - v) - k_i(p + g - v) > 0$，那么最优采购决策变量 z_1^* 随 F 第一阶段的顺从因子 φ_1 递增。

命题1表明在适当条件下，F 越顺从，I 的采购决策变量越大。因此，对集成商第一阶段最优采购量，有 $\frac{\partial Q_1^*}{\partial \varphi_1} = \frac{\partial[z_1^* + l(s_1)]}{\partial \varphi_1} = \frac{\partial z_1^*}{\partial \varphi_1} > 0$，即 I 第一阶段的采购量 Q_1 随 F 第一阶段的顺从因子 φ_1 递增。需要注意的是，为了实现命题1，惩罚系数满足 $k_c(w - v) - k_i(p + g - v) > 0$。由于 $w < p + g$，可知 $\frac{k_c}{k_i} >$

$\frac{p+g-v}{w-v}>1$，因此惩罚系数至少需要满足 $k_c > k_i$，即 I 无法将客户的惩罚全部转移给 F。需要注意的是，当惩罚系数满足 $k_c(w-v)-k_i(p+g-v)\leqslant 0$ 时，$\frac{\partial Q_1^*}{\partial \varphi_1}=\frac{\partial[z_1^*+l(s_1)]}{\partial \varphi_1}=\frac{\partial z_1^*}{\partial \varphi_1}\leqslant 0$，即当提供商的顺从程度提高并支付更高的质保成本后，集成商的采购量反而变小，这会严重影响提供商的利润，不利于双方的长期、稳定合作。因此，本章不再考虑 $k_c(w-v)-k_i(p+g-v)\leqslant 0$ 的情况，接下来的研究是基于 $k_c(w-v)-k_i(p+g-v)>0$。

（2）当 $z_1<0$ 时，

$$\Pi_{I_1}(\gamma_1,z_1)=[p-k_c(1-\varphi_1)]\left[z_1+l(s_1)-\int_{z_1}^{0}F(x)\mathrm{d}x\right]-$$

$$g\left[u_1-z_1+\int_{z_1}^{0}F(x)\mathrm{d}x\right]+v\int_{z_1}^{0}F(x)\mathrm{d}x+[k_i(1-\varphi_1)-w][z_1+l(s_1)]$$

对上式求 z_1 的一阶导数可得：

$$\frac{\partial \Pi_{I_1}(\gamma_1,z_1)}{\partial z_1}[p+g-k_c(1-\varphi_1)+$$

$$k_i(1-\varphi_1)-w]+[p-k_c(1-\varphi_1)+g-v]F(z_1)$$

求二阶导数可得：

$$\frac{\partial^2 \Pi_{I_1}(\gamma_1,z_1)}{\partial z_1^2}=[p-k_c(1-\varphi_1)+g-v]f(z_1)$$

当 $p-k_c(1-\varphi_1)+g-v>0$ 时，$\frac{\partial^2 \Pi_{I_1}}{\partial z_1^2}>0$，因此 $\Pi_{I_1}(\gamma_1,z_1)$ 是 z_1 的凸函数，需要考虑 z_1 的取值范围。由于采购量应有 $Q_1\geqslant 0$，因此 $-l(s_1)\leqslant z_1<0$。因此当 $\Pi_{I_1}(\gamma_1,z_1=0)<\Pi_{I_1}[\gamma_1,z_1=-l(s_1)]$ 时，$z_1^*=-l(s_1)$；当 $\Pi_{I_1}(\gamma_1,z_1=0)\geqslant \Pi_{I_1}[\gamma_1,z_1=-l(s_1)]$ 时，$z_1^*=0$。

下面的命题 2 给出了 I 的最优服务质量承诺 γ_1^*。

命题 2：在参数满足 $\underline{\varphi}<1+\frac{p-w}{k_i-k_c}$ 的条件下，当 $k_i<k_c$ 时，若 $1+\frac{p-w}{k_i-k_c}<\varphi_1<1$，那么 $\gamma_1^*=1$，若 $\underline{\varphi}<\varphi_1<1+\frac{p-w}{k_i-k_c}$，那么 $\gamma_1^*=\underline{\gamma}$。

命题 2 的证明过程详见附录 5-1。

从命题 2 可以发现，当 I 对 F 的惩罚成本系数小于客户对 I 的惩罚成本系数时，若 F 的顺从因子较高 $\left(1+\frac{p-w}{k_i-k_c}<\varphi_1<1\right)$，则 I 的利润随其服务质量承诺递增，$\gamma_1^*=1$；若 F 的顺从因子较低 $\left(\underline{\varphi}<\varphi_1<1+\frac{p-w}{k_i-k_c}\right)$，则 I 的利润随其服务质量承诺递减，$\gamma_1^*=\underline{\gamma}$。这是因为尽管服务质量承诺越高，客户满意度越高，市场需求越大，I 的销量也就越大。但是，I 由于 F 的不顺从而支付的单位惩罚成本高于其向 F 征收的惩罚，即 F 的不顺从给 I 的利润带来了负面影响。因此，若 F 不顺从程度高，I 的销量越大，$\gamma_1^*=\underline{\gamma}$。

此外，命题 2 也表明，F 的不顺从行为不一定给 I 的服务质量承诺带来负面影响，但若其不顺从程度较高，I 应注意。

5.4.2 提供商决策

第一阶段 F 的利润函数为：

$$\Pi_{F_1}(\varphi_1)=(w-c-\rho\varphi_1\gamma_1^*)Q_1^*-k_i(1-\varphi_1)Q_1^* \tag{5-4}$$

其中，wQ_1^* 为提供商第一阶段的销售收入，cQ_1^* 为提供商第一阶段的运作成本，$\rho\varphi_1\gamma_1^*Q_1^*$ 为第一阶段的质保成本，$k_i(1-\varphi_1)Q_1^*$ 为提供商第一阶段的惩罚成本。

对式（5-4）求 φ_1 的一阶导数可得：

$$\frac{\partial\Pi_{F_1}(\varphi_1)}{\partial\varphi_1}=\frac{\partial z_1^*}{\partial\varphi_1}[w-c-\rho\varphi_1\gamma_1^*-k_i(1-\varphi_1)]+[z_1^*+l(s_1)](-\rho\gamma_1^*+k_i)$$

在满足命题 1 的条件下，若 $-\rho\gamma_1^*+k_i>0$，即 F 单位质保成本低于 F 的惩罚系数，那么 $\frac{\partial\Pi_{F_1}(\varphi_1)}{\partial\varphi_1}>0$，$F$ 的利润随其顺从因子 φ_1 递增，因此提供商第一阶段最优顺从因子为 $\varphi_1^*=1$。

若 $-\rho\gamma_1^*+k_i<0$，对式（5-4）求 φ_1 的二阶导数可得：

$$\frac{\partial^2\Pi_{F_1}(\varphi_1)}{\partial\varphi_1^2}=\frac{\partial^2 z_1^*}{\partial\varphi_1^2}[w-c-\rho\varphi_1\gamma_1^*-k_i(1-\varphi_1)]+2(-\rho\gamma_1^*+k_i)\frac{\partial z_1^*}{\partial\varphi_1}。$$

其中 $\frac{\partial^2 z_1^*}{\partial\varphi_1^2}=\frac{1}{f(z_1^*)}\cdot\frac{2k_c[k_c(w-v)-k_i(p+g-v)]}{[p-k_c(1-\varphi_1)+g-v]^3}-\frac{1}{f^2(z_1^*)}\frac{\partial z_1^*}{\partial\varphi_1}$

$$\frac{k_c(w-v)-k_i(p+g-v)}{[p-k_c(1-\varphi_1)+g-v]^2}=\frac{1}{f(z_1^*)}\cdot\frac{k_c(w-v)-k_i(p+g-v)}{[p-k_c(1-\varphi_1)+g-v]^3}$$

$$\left[-2k_c - \frac{1}{f^2(z_1^*)}\frac{k_c(w-v)-k_i(p+g-v)}{p-k_c(1-\varphi_1)+g-v}\right]<0$$。

又因为 $w-c-\rho\varphi_1\gamma_1^*-k_i(1-\varphi_1)>0$ 且满足命题 1 的条件下 $\frac{\partial z_1^*}{\partial\varphi_1}>0$，那么 $\frac{\partial^2\Pi_{F_1}(\varphi_1)}{\partial\varphi_1^2}<0$。此时，令 $\frac{\partial\Pi_{F_1}(\varphi_1)}{\partial\varphi_1}=0$，可得：$\varphi_1^*=\frac{w-c-k_i}{\rho\gamma_1^*-k_i}-\frac{z_1^*+l(s_1)}{\partial z_1^*/\partial\varphi_1^*}$。考虑到顺从因子 $\varphi\in[\underline{\varphi},1]$，当 $\frac{w-c-k_i}{\rho\gamma_1^*-k_i}-\frac{z_1^*+l(s_1)}{\partial z_1^*/\partial\varphi_1^*}<\underline{\varphi}$ 时，$\varphi_1^*=\underline{\varphi}$。当 $\frac{w-c-k_i}{\rho\gamma_1^*-k_i}-\frac{z_1^*+l(s_1)}{\partial z_1^*/\partial\varphi_1^*}>1$ 时，$\varphi_1^*=1$。综上可得提供商第一阶段最优顺从因子如下。

$$\varphi_1^*=\begin{cases}\underline{\varphi} & ,\frac{w-c-k_i}{\rho\gamma_1^*-k_i}-\frac{z_1^*+l(s_1)}{\partial z_1^*/\partial\varphi_1^*}<\underline{\varphi}\\ \frac{w-c-k_i}{\rho\gamma_1^*-k_i}-\frac{z_1^*+l(s_1)}{\partial z_1^*/\partial\varphi_1^*} & ,\underline{\varphi}<\frac{w-c-k_i}{\rho\gamma_1^*-k_i}-\frac{z_1^*+l(s_1)}{\partial z_1^*/\partial\varphi_1^*}<1\\ 1 & ,\frac{w-c-k_i}{\rho\gamma_1^*-k_i}-\frac{z_1^*+l(s_1)}{\partial z_1^*/\partial\varphi_1^*}>1\end{cases}$$

5.5 第二阶段模型构建与求解

第二阶段，集成商首先对市场需求预测进行贝叶斯更新，并决定第二阶段服务质量承诺 γ_2 和采购量 Q_2，根据集成商对服务质量的要求以及采购量，提供商再决定第二阶段顺从因子 φ_2。此外，需要注意客户对于集成商的服务质量承诺的变化是十分敏感的，若第二阶段的服务质量承诺低于第一阶段的服务质量承诺，将不仅会影响市场需求，也会影响集成商的声誉。根据 Liu et al.（2015）的研究，本部分量化集成商的声誉损失并使声誉损失为质量承诺变化的线性函数。令 $\Delta\gamma=\gamma_2-\gamma_1$，服务质量承诺变更成本 $\Omega=\eta\Delta\gamma$，其中 η 为服务质量承诺变更成本系数。当 $\Delta\gamma>0$ 时，集成商从更高的服务质量承诺中获利；当 $\Delta\gamma<0$ 时，集成商需要支付服务质量承诺变更成本。

由于本章研究的需求更新是实际观测的需求信息更新而不是预测的需求

信息，因此5.4节按照决策的顺序进行求解，即先求解 I 和 F 在第一阶段的最优决策，再求解 I 和 F 在第二阶段的最优决策。本章应用的求解方式与传统的嵌套模型有所不同，这是因为在实践中，集成商决策者无法在第一阶段未掌握实际观测信号的情况下就预测出第二阶段需求更新的结果，因此，也就无法利用动态规划法中的逆序求解算法求得第二阶段和第一阶段的最优解。

5.5节将在市场需求不确定性完全揭示和不完全揭示两种情况下，建立集成商和提供商第二阶段的利润函数并得到双方的最优决策，具体如5.5.1节和5.5.2节所示。本部分还将探索需求更新对双方决策的影响，需求更新条件下服务质量承诺对双方决策的影响以及顺从行为对集成商采购量的影响。

5.5.1 市场需求不确定性完全揭示

若第一阶段 $Q_1^* > S(Q_1^*)$，即集成商第一阶段采购量大于销售量，集成商能够观察到第一阶段准确的市场需求，则认为市场需求的不确定性被完全揭示（Sarvary and Padmanabhan，2001；Liu et al.，2015），ε_1 成为已知参数。集成商第二阶段的采购决策变量能够满足 ε_1 即可，因此当市场需求不确定性完全揭示时，集成商第二阶段最优采购决策变量为 $\tilde{z}_2^* = \varepsilon_1$。此时，集成商第二阶段的最优采购量为 $\tilde{Q}_2^* = \varepsilon_1 + l(s_2) = Q_1^* - l(s_1) + l(s_2)$。

5.5.1.1 集成商决策

市场需求完全揭示的条件下，I 在第二阶段的利润期望值为：

$$\tilde{\Pi}_{I_2}(\gamma_2, z_2) = E\{F(z_1^*)[pS(\tilde{Q}_2^*) - g(D_2 - \tilde{Q}_2^*)^+ + v(\tilde{Q}_2^* - D_2)^+ - w\tilde{Q}_2^* - k_c(1-\varphi_2)^+ S(\tilde{Q}_2^*) + k_i(1-\varphi_2)^+ \tilde{Q}_2^*] + \eta(\gamma_2 - \gamma_1^*)\} \quad (5-5)$$

其中，$E(\cdot)$ 是期望运算符，$F(z_1^*)$ 表示市场需求不确定性完全揭示的概率，在此情况下集成商未进行贝叶斯更新，集成商 I 在第二阶段的期望销售量为 $S(\tilde{Q}_2^*) = E(\tilde{Q}_2 \wedge D_2) = \tilde{Q}_2^* - \int_0^{\tilde{Q}_2^*} F(x)\mathrm{d}x$，$pS(\tilde{Q}_2^*)$ 为 I 在第二阶段的销售收入，$g(D_2 - \tilde{Q}_2^*)^+$ 为缺货损失，$v(\tilde{Q}_2^* - D_2)^+$ 为末期剩余能力的转卖收入，$w\tilde{Q}_2^*$ 为集成商的采购成本，$k_c(1-\varphi_2)^+ S(\tilde{Q}_2^*)$ 为 I 因为实际服务质量低于承

诺的服务质量而支付给客户的惩罚成本，$k_i(1-\varphi_2)^+\tilde{Q}_2^*$ 为 I 惩罚提供商而获得的收入，$\eta(\gamma_2-\gamma_1^*)$ 为 I 的声誉损失。

对式（5-5）求 γ_2 的一阶导数可得：

$$\frac{\partial\tilde{\Pi}_{I_2}(\gamma_2,z_2)}{\partial\gamma_2}=F(z_1^*)\beta\cdot(1-\lambda)[p-w+(k_i-k_c)(1-\varphi_2)]+\eta$$

命题3：市场需求不确定性完全揭示时，集成商第二阶段的最优服务质量 $\tilde{\gamma}_2^*$ 承诺如下：在满足 $\underline{\varphi}<1-\frac{p-w}{k_c-k_i}-\frac{\eta}{\beta(1-\lambda)\cdot F(z_1^*)(k_c-k_i)}$ 的条件下，当 $k_c>k_i$，若 $1>\varphi_2>1-\frac{p-w}{k_c-k_i}-\frac{\eta}{\beta(1-\lambda)\cdot F(z_1^*)(k_c-k_i)}$，那么 $\tilde{\gamma}_2^*=1$；若 $\underline{\varphi}<\varphi_2<1-\frac{p-w}{k_c-k_i}-\frac{\eta}{\beta(1-\lambda)\cdot F(z_1^*)(k_c-k_i)}$，那么 $\tilde{\gamma}_2^*=\underline{\gamma}$。

命题3的证明详见附录5-2。

从命题3可以发现，当 I 对 F 的惩罚成本系数小于客户对 I 的惩罚成本系数时，若 F 的顺从因子较高 $\left(1>\varphi_2>1-\frac{p-w}{k_c-k_i}-\frac{\eta}{\beta(1-\lambda)\cdot F(z_1^*)(k_c-k_i)}\right)$，则 I 的利润随其服务质量承诺递增，$\tilde{\gamma}_2^*=1$；若 F 的顺从因子较低 $\left(\underline{\varphi}-\varphi_2<1-\frac{p-w}{k_c-k_i}-\frac{\eta}{\beta(1-\lambda)\cdot F(z_1^*)(k_c-k_i)}\right)$，则 I 的利润随其服务质量承诺递减，$\tilde{\gamma}_2^*=\underline{\gamma}$。这与命题2类似。

对比 I 在两次采购中的服务质量承诺决策条件，若 I 的服务质量承诺达到上限，那么由命题2可知 F 在第一阶段的顺从因子应满足 $\varphi_1>1-\frac{p-w}{k_c-k_i}$，第二阶段的顺从因子应满足 $\varphi_2>1-\frac{p-w}{k_c-k_i}-\frac{\eta}{\beta(1-\lambda)\cdot F(z_1^*)(k_c-k_i)}$。又由命题1可知 $k_c(w-v)-k_i(p+g-v)>0$，因此 $\frac{\eta}{\beta(1-\lambda)\cdot F(z_1^*)(k_c-k_i)}>0$，那么得到下面的命题4。

命题4：当第二阶段市场需求不确定性完全揭示的条件下，I 在第二阶段的服务质量承诺达到上限的条件比第一阶段更宽松，即更容易达到 $\tilde{\gamma}_2^*=1$。

命题4的存在原因可能是市场需求不确定性完全揭示的条件下，双方的运营压力减少，能够为客户提供更好的服务；此外，集成商为了避免在第二阶段支付声誉损失而尽量提高服务质量承诺，从而更容易达到服务质量承诺上限。

5.5.1.2 提供商决策

提供商第二阶段的利润函数为：

$$\tilde{\Pi}_{F_2}(\varphi_2) = F(z_1^*)[(w - c - \rho\varphi_2\tilde{\gamma}_2^*)\tilde{Q}_2^* - k_i(1 - \varphi_2)\tilde{Q}_2^*] \quad (5-6)$$

其中，$F(z_1^*)$ 表示市场需求不确定性完全揭示的概率，在此情况下，$w\tilde{Q}_2^*$ 为提供商第二阶段的销售收入，$c\tilde{Q}_2^*$ 为提供商第二阶段的运作成本，$\rho\varphi_2\tilde{\gamma}_2^*\tilde{Q}_2^*$ 为第二阶段的质量保障成本，$k_i(1 - \varphi_2)\tilde{Q}_2^*$ 为提供商第二阶段的惩罚成本。

对式（5－6）求关于 φ_2 的一阶导数可得：

$$\frac{\partial\tilde{\Pi}_{F_2}(\varphi_2)}{\partial\varphi_2} = F(z_1^*)\tilde{Q}_2^*(k_i - \rho\tilde{\gamma}_2^*)$$

市场需求不确定性完全揭示的条件下，提供商第二阶段的最优顺从因子 $\tilde{\varphi}_2^*$ 存在以下两种情况。

若满足 $k_i - \rho\tilde{\gamma}_2^* > 0$，$\frac{\partial\tilde{\Pi}_{F_2}(\varphi_2)}{\partial\varphi_2} > 0$，$F$ 的第二阶段利润 $\tilde{\Pi}_{F_2}$ 随其顺从因子 φ_2 递增，因此 $\tilde{\varphi}_2^* = 1$。

若 $k_i - \rho\tilde{\gamma}_2^* < 0$，$\frac{\partial\tilde{\Pi}_{F_2}(\varphi_2)}{\partial\varphi_2} < 0$，$F$ 的第二阶段利润 $\tilde{\Pi}_{F_2}$ 随其顺从因子 φ_2 递减，因此 $\tilde{\varphi}_2^* = \underline{\varphi}$。

5.5.2 市场需求不确定性不完全揭示

当市场需求不确定性不完全揭示时，集成商获得的与需求更新有关的信息只有第一阶段市场需求大于采购量。因此，集成商将利用这一信息对第二阶段的需求预测进行更新。$g(x)$ 为第二阶段 ε 的概率密度函数，其表达式为 $g(x) = \frac{f(x)}{1 - F(z_1^*)}$，Sarvary and Padmanabhan（2001）、Liu et al.（2015）等均采用了这一表达式描述贝叶斯更新后的市场需求分布，是一种比较常用的更新方式。

进一步可以得到第二阶段 ε 的概率分布函数 $G(x)=\int_{z_1^*}^{\varepsilon} g(x)\mathrm{d}x \dfrac{F(x)-F(z_1^*)}{1-F(z_1^*)}$。

5.5.2.1　集成商决策

若第一阶段 $Q_1^*=S(Q_1^*)$，说明 I 的服务能力不足以满足全部市场需求，那么集成商无法观察到第一阶段准确的市场需求，并认为市场需求的不确定性没有被完全揭示（Sarvary and Padmanabhan，2001；Liu et al.，2015）。I 的第二阶段利润函数的期望值为：

$$\hat{\Pi}_{I_2}(\gamma_2,z_2)=E\{\{[p-k_c(1-\varphi_2)^+]S(\hat{Q}_2)-g(D_2-\hat{Q}_2)^++v(\hat{Q}_2-D_2)^+-w\hat{Q}_2+k_i(1-\varphi_2)^+\hat{Q}_2\}\cdot[1-F(z_1^*)]+\eta(\gamma_2-\gamma_1^*)\} \tag{5-7}$$

其中，$E(\cdot)$ 是期望运算符，$[1-F(z_1^*)]$ 表示市场需求不确定性不完全揭示的概率，在此情况下，I 第二阶段的期望销售量为 $S(\hat{Q}_2)=E(\hat{Q}_2,D_2)=\hat{Q}_2-\int_0^{\hat{Q}_2}G(x)\mathrm{d}x$，$pS(\hat{Q}_2)$ 为 I 第二阶段的销售收入，$g(D_2-\hat{Q}_2)^+$ 为缺货损失，$v(\hat{Q}_2-D_2)^+$ 为末期剩余能力的转卖收入，$w\hat{Q}_2$ 为集成商的采购成本，$k_c(1-\varphi_2)^+S(\hat{Q}_2)$ 为 I 因为实际服务质量低于承诺的服务质量而支付给客户的惩罚成本，$k_i(1-\varphi_2)^+\hat{Q}_2$ 为 I 惩罚提供商而获得的收入，$\eta(\gamma_2-\gamma_1^*)$ 为 I 的声誉损失。

通过式（5-7）可以求得市场需求不确定性不完全揭示条件下 I 第二阶段的采购决策变量 $\hat{z}_2^*$，并进一步得到命题5。

命题5：当市场需求不确定性不完全揭示且提供商不完全顺从时，对于任意的顺从因子，集成商在这两阶段的采购决策量应满足 $\hat{z}_2^*\geqslant z_1^*$。

命题5的证明详见附录5-3。

当市场需求不确定性不完全揭示时，第一阶段 I 的采购决策变量不足以应对市场中的不确定需求。因此，为了减少缺货损失，I 第二阶段的采购决策变量应当增加。

为了分析提供商顺从因子对集成商采购决策变量的影响，对 $\partial\hat{z}_2^*$ 求 φ_2 的一阶导数，进一步可得命题6。

命题6：当第二阶段市场需求不确定性没有完全揭示且 I 存在最优采购决策变量 $\hat{z}_2^*$ 时，若满足 $k_c(w-v)-k_i(p+g-v)>0$，那么最优采购决策变量 $\hat{z}_2^*$ 以及最优采购量 $\hat{Q}_2^*$ 都随 F 第二阶段的顺从因子 φ_2 递增。

命题1和命题6表明，在市场需求不确定性存在的条件下，若惩罚系数k_i和k_c满足$k_c(w-v)-k_i(p+g-v)>0$，那么I的采购决策变量以及采购量都随当期F的顺从因子增加而增加。F可以通过提高顺从因子来获得更大的订单量，因此，I在合同中设定的惩罚系数k_i不应过高，以便促使F为了获得更大的订单而提高顺从因子。

下面求解I的最优服务质量承诺。

对I第二阶段利润函数求γ_2的一阶导数可得：

$$\frac{\partial \hat{\Pi}_{I_2}(\gamma_2,z_2)}{\partial \gamma_2}=[1-F(z_1^*)]\beta(1-\lambda)[p-w+(k_i-k_c)(1-\varphi_2)]+\eta。$$

命题7：市场需求不确定性不完全揭示的条件下，集成商第二阶段最优服务质量承诺$\hat{\gamma}_2^*$如下：在满足$\underline{\varphi}<1-\frac{p-w}{(k_c-k_i)}-\frac{\eta}{[1-F(z_1^*)]\beta(1-\lambda)(k_c-k_i)}$的条件下，当$k_c>k_i$，若$1-\frac{p-w}{(k_c-k_i)}-\frac{\eta}{[1-F(z_1^*)]\beta(1-\lambda)(k_c-k_i)}<\varphi_2<1$，那么$\hat{\gamma}_2^*=1$；若$\underline{\varphi}<\varphi_2<1-\frac{p-w}{(k_c-k_i)}-\frac{\eta}{[1-F(z_1^*)]\beta(1-\lambda)(k_c-k_i)}$，那么$\hat{\gamma}_2^*=\underline{\gamma}$。

命题7的证明过程与命题3类似。

通过命题2、命题3、命题7不难发现，无论I是否进行市场需求更新，无论市场需求不确定性是否完全揭示，当$k_c>k_i$时，若F的顺从因子较大，则I的最优服务质量承诺为其上限1；若F的顺从因子较小，则I的最优服务质量承诺为其下限$\underline{\gamma}$。因此，提高F的顺从因子是提高I服务质量承诺的方法。

5.5.2.2 提供商决策

需求不确定性不完全揭示时，提供商第二阶段的利润函数为：

$$\hat{\Pi}_{F_2}(\varphi_2)=[1-F(z_1^*)]\cdot[(w-c-\rho\varphi_2\gamma_2^*)\hat{Q}_2^*-k_i(1-\varphi_2)\hat{Q}_2^*] \tag{5-8}$$

其中，$[1-F(z_1^*)]$表示市场需求不确定性不完全揭示的概率，$w\hat{Q}_2^*$为提供商第二阶段的销售收入，$c\hat{Q}_2^*$为提供商第二阶段的运作成本，$\rho\varphi_2\gamma_2^*\hat{Q}_2^*$为第二阶段的质量保障成本，$k_i(1-\varphi_2)\hat{Q}_2^*$为提供商第二阶段的惩罚成本。

由此可得，市场需求不确定性不完全揭示的条件下，提供商的最优顺从因子 $\hat{\varphi}_2^*$ 存在以下两种情况。

若 $-\rho\gamma_2^* + k_i > 0$，那么 $\hat{\varphi}_2^* = 1$；

若 $-\rho\gamma_2^* + k_i < 0$，那么 $\hat{\varphi}_2^* = \begin{cases} \underline{\varphi} & ,\dfrac{w-c-k_i}{\rho\gamma_2^*-k_i} - \dfrac{z_2^*+l(s_2)}{\partial z_2^*/\partial\hat{\varphi}_2^*} < \underline{\varphi} \\ \dfrac{w-c-k_i}{\rho\gamma_2^*-k_i} - \dfrac{z_2^*+l(s_2)}{\partial z_2^*/\partial\hat{\varphi}_2^*} & ,\underline{\varphi} < \dfrac{w-c-k_i}{\rho\gamma_2^*-k_i} - \dfrac{z_2^*+l(s_2)}{\partial z_2^*/\partial\hat{\varphi}_2^*} < 1 \\ 1 & ,\dfrac{w-c-k_i}{\rho\gamma_2^*-k_i} - \dfrac{z_2^*+l(s_2)}{\partial z_2^*/\partial\hat{\varphi}_2^*} > 1 \end{cases}$

证明过程见附录5 4。

引理1：通过比较 φ_1^*、$\tilde{\varphi}_2^*$ 和 $\hat{\varphi}_2^*$ 发现，当 I 对 F 的惩罚系数大于 F 完全顺从时的单位质保成本时（$k_i > \rho\gamma^*$），无论市场需求不确定性是否完全揭示，F 的最优顺从因子都可以达到上限1。

引理1说明，当 I 对 F 的惩罚系数足够大时，F 将会为了避免惩罚而尽可能顺从 I。因此，I 可以通过适当增加惩罚系数促使 F 变得更加顺从。

为了进一步分析顺从行为的影响，在此考察 F 第一阶段的顺从因子 φ_1^* 对其第二阶段利润的影响。发现市场需求不确定性完全揭示时，F 的第二阶段利润随第一阶段的顺从因子 φ_1^* 递增；市场需求不确定性不完全揭示时，F 第一阶段的顺从因子 φ_1^* 对其第二阶段利润的影响不确定。证明过程见附录5－5。

需求更新前后集成商和提供商的最优决策如表5－2所示。

5.6 结论与展望

5.6.1 主要结论

本章研究了贝叶斯更新条件下，考虑集成商服务质量承诺和提供商顺从行为的物流服务供应链二次订购问题。现有的研究顺从行为文献（Brief et al.，2000；Thomson and Solms，2005；Chong and Syarifuddin，2010）主要关注了个人的顺从行为在某个企业的管理中的作用。因此，本章将企业的顺从行为引入了物流服务供应链，并研究了提供商顺从行为对集成商服务能力采购

表 5－2　　需求更新前后集成商和提供商的最优决策

决策变量	第一阶段	第二阶段	
		市场需求不确定性完全揭示	市场需求不确定性不完全揭示
z	$z_1^* = F^{-1}\left(\frac{p+g-k_c(1-\varphi_1)+k_i(1-\varphi_1)-w}{p+g-k_c(1-\varphi_1)-v}\right)$	$\tilde{z}_2^* = \varepsilon_1$	$\hat{z}_2^* = G^{-1}\left(\frac{p+g-k_c(1-\varphi_2)+k_i(1-\varphi_2)-w}{p+g-k_c(1-\varphi_2)-v}\right)$
γ	$\gamma_1^* = \underline{\chi}$ 或 $\gamma_1^* = 1$	$\tilde{\gamma}_2^* = \underline{\chi}$ 或 $\tilde{\gamma}_2^* = 1$	$\hat{\gamma}_2^* = \underline{\chi}$ 或 $\hat{\gamma}_2^* = 1$
φ	$\varphi_1^* = \min\left(\frac{w-c-k_i}{\rho\gamma_1^*-k_i} - \frac{z_1^*+l(s_1)}{\partial z_1^*/\partial\varphi_1}, 1\right)$	$\tilde{\varphi}_2^* = \underline{\varphi}$ 或 $\tilde{\varphi}_2^* = 1$	$\hat{\varphi}_2^* = \min\left(\frac{w-c-k_i}{\rho\gamma_2^*-k_i} - \frac{z_2^*+l(s_2)}{\partial z_2^*/\partial\varphi_2}, 1\right)$

和服务质量承诺的影响。也有文献如 Liu et al.（2015）研究了需求更新和服务质量承诺改变对于集成商和提供商的最优决策的影响。在此基础上，本章增加了提供商顺从行为这一维度，同时考虑了提供商的顺从行为对服务质量承诺的影响以及需求更新对提供商顺从行为的影响，并得到以下结论。

第一，提供商的顺从因子影响集成商的最优采购决策。惩罚系数满足一定条件下，集成商在第一阶段和第二阶段的最优采购决策变量 z_1^* 和 $\hat{z}_2^*$ 以及最优采购量 Q_1^* 和 $\hat{Q}_2^*$ 随提供商当期的顺从因子增加，集成商无法将客户的惩罚全部转移给提供商。

第二，提供商的顺从因子将对其下一阶段利润造成影响。若第二阶段市场需求不确定性完全揭示，那么提供商第二阶段利润随第一阶段的顺从因子递增；若第二阶段市场需求不确定性不完全揭示，这种影响将变得复杂且不确定。

第三，提供商的顺从因子受集成商惩罚系数的影响。无论第二阶段需求不确定性是否完全揭示，当集成商对提供商的惩罚系数大于提供商完全顺从时的单位质保成本时，提供商在这两阶段中的最优顺从因子均达到上限 1。

第四，需求更新影响集成商的决策。当市场需求不确定性不完全揭示且提供商不完全顺从时，对于任意的顺从因子，集成商在第二阶段的最优采购决策量大于第一阶段的最优采购决策量。在第二阶段市场需求不确定性完全揭示的条件下，需求更新放宽 LSI 服务质量承诺达到上限的条件，即 LSI 在第二阶段的服务质量承诺达到上限的条件比第一阶段的条件更宽松。

第五，集成商的服务质量承诺和提供商顺从因子共同影响集成商的利润。提供商的顺从因子较大，则集成商的利润随其服务质量承诺增加，集成商的最优服务质量承诺为其上限；若提供商的顺从因子较小，则集成商的利润随其服务质量承诺减少，集成商的最优服务质量承诺为其下限。

5.6.2 管理学内涵

本章综合考虑了物流服务企业在实践中通常采用的需求更新和服务质量承诺，并创新性地加入了提供商顺从行为，使得研究背景更加符合实际要求，也为物流服务企业提供了更具指导意义的建议。

对于集成商而言，惩罚是一种迫使提供商顺从的有效手段。集成商适当提高对提供商的惩罚系数，可以促使提供商更加顺从，从而增加采购量。但是，本章也发现，集成商在制订惩罚系数时，不要试图把客户对集成商的惩罚全部转移给提供商，否则将降低提供商的顺从程度，这提醒集成商在制订惩罚策略的时候必须遵循这一规律。另外，集成商的服务质量承诺与提供商的顺从行为息息相关。提供商较高程度的顺从能够保证集成商提供高水平的服务质量保证，间接提升集成商在市场中的竞争力，有利于集成商的长期发展。提供商的顺从程度较高时，集成商的利润随其服务质量承诺增加，在服务质量承诺达到上限时，集成商利润最大。因此，提供商顺从程度较高时，集成商更有动力提升服务质量承诺，同时获得更大的利润，达到双赢局面。相反，提供商的顺从程度较低，集成商利润随其服务质量承诺减少。综上所述，在合作中，集成商应恰当地使用惩罚手段以提高提供商的顺从程度，进而增加自己的服务质量承诺水平，同时提升自身利润，使供应链达成双赢局面。

对于提供商而言，在决定顺从程度时，需要考虑两个方面的因素。一方面，要权衡自己的单位质保成本和集成商对不顺从行为的单位惩罚。当惩罚较高时，提供商不顺从集成商的成本更大。因此，提供商应该在第一阶段和第二阶段顺从集成商以便提高自身的利润。这说明提供商的顺从行为可以为自身带来好处。另一方面，提供商的顺从行为会对其下一阶段的利润产生影响。因此，在决策顺从因子时，提供商应从长远发展的角度考虑，不能局限于当期的收益。从供应商的角度，提供商和集成商不是竞争关系而是合作关系，提供商顺从能够促进集成商提高给客户的服务质量承诺水平，有效提高客户满意度，形成良性循环，为抢占市场、扩大需求提供帮助。因此，提供商应该在合理的成本下，尽量顺从集成商。

本章发现，需求更新对提升集成商的决策十分重要，一方面，在不能全面了解市场信息的情况下，需求更新是一种行之有效的提升采购量的办法。此时，集成商应尽量利用前期的采购信息，同时收集更多的市场信息，对市场需求作出准确判断，从而作出更合理的采购决策。另一方面，如果能够准确地了解到市场需求，则集成商进行需求更新，可以全面了解市场需求，从而更容易为客户提供达到质量承诺水平的服务。

5.6.3 研究局限与展望

本章打破了现有的需求更新下二次订购策略的建模和求解方式，研究了物流服务集成商服务质量承诺和提供商顺从行为的二次订购模型。未来可在本章的基础上进一步考虑相关行为因素，探索集成商和提供商如何合作可以使客户得到的实际服务质量高于集成商的承诺，以及集成商和提供商是否有这样做的动机。也可以在本章的二次订购模型的基础上扩展到 n 个阶段的模型，这样更加符合实践中集成商和提供商的决策。此外，由于市场中存在大量的集成商和提供商，还可以考虑一个集成商与多个提供商或多个集成商与一个提供商组成的供应链中服务质量承诺、顺从行为等行为因素对决策的影响。由于同一级供应链中有多个成员，这些成员之间可能存在博弈，因此研究也将变得更加复杂。

6 需求更新与不公平厌恶行为下的物流服务供应链订单分配模型

6.1 引言

近年来，随着我国电商快递业的发展，物流服务外包越来越普遍，物流服务集成商（LSI）整合多个功能型物流服务提供商（FLSP）的服务能力，为客户提供集成化的物流服务，LSI 和 FLSP 组成了物流服务供应链（Liu et al.，2015）。LSI 在得到客户需求后，根据客户需求将物流服务订单分配给多个 FLSP，由 FLSP 提供相应的物流能力完成物流服务。例如，圆通速递天津公司作为圆通的华北分公司，在天津地区整合了 42 家 FLSP，这些 FLSP 提供仓储、运输、人力装卸等服务，帮助圆通速递天津公司完成客户的物流服务需求（Liu et al.，2015）。

LSI 的订单合理分配是供应链管理中重要的决策之一，物流服务集成商如何进行订单的合理分配是保证物流服务供应链长期稳定运作的关键。从实践层面来看，物流服务集成商进行订单分配面临两个方面的困难，一方面，由于提供商公平偏好行为的存在（Camerer，2003；Charness and Rabin，2002；Andreoni and Miller，2002），多个提供商的订单分配结果差异直接影响了提供商的效用和决策行为，还会对集成商的决策和利润造成影响。当观察到自己的同辈竞争者得到的利润超过自身利润时，提供商就会产生一种处于劣势的不公平感知，由此许多提供商之间产生横向不公平偏好。例如，在 2015 年“双十一”期间，圆通速递天津公司的三家提供商因为订单分配存在问题，宣布直接退出合作，给圆通速递天津公司和终端客户带来了巨大损失（Liu et al.，2015）。许多物流服务集成商都将订单分配的横向公平问题列为管理重点，鼓励提供商们互相比较，展开激烈竞争以提供高水平的服务（Liu et al.，2017）。另一方面，需求更新所带来的需求不确定性会给供应链带来一定的风险，导致提供商满意度降低、客户需求不能高效满足等诸多问题（Liu et al.，2017）。通过文献梳理和实践研究，我们发现期权契约是解决需求更新问题的良好方式，并且在制造业供应链中已有广泛的研究（Huang，2009；Zhao et al.，2013；Nomikos et al.，2013），但在物流服务供应链领域中还缺乏相应的研究。实践中已经有企业采取与其提供商签订期权契约的方式应对物流服务需求的变化。长久物流与其提供商签订期权契约以应对需求的不断更新。长久物流在全国合作的 FLSP 有 200 多个，这些 FLSP 可调度的运输车辆有 20000 多辆，然而，受多种因素的综合影响，中国汽车物流需求量自 2013 年以来就存在较大的波动，一些 FLSP 考虑到需求波动风险的存在，不愿意加大对运输车辆的投资，长久物流于 2014 年 1 月成立了德融国际租赁公司，专门向这些 FLSP 提供期权契约，在实际物流服务需求发生前，向 FLSP 预订一部分运力，以确保需求更新后能够满足实际的需求。这种期权契约的引入获得了提供商的认可，截至 2015 年 10 月，已有 100 多家 FLSP 达成了合作协议。

如上所述，供应链内部成员之间签订期权协议是一种常见的方式。另外，期权衍生品契约也广泛应用于削弱农产品、大宗货物的需求不确定性。在目前农产品供应链的研究中，期权衍生品契约和保险等金融工具普遍应用于解决天气导致的价格波动及需求违约问题（Nedaiasl et al.，2019）。物流服务也具有易逝性、需求不断更新的特点。因此，本章借鉴农产品供应链中期权衍生品契约的思想，探讨期权担保的契约形式能否解决物流服务供应链中需求不断更新导致的订单分配问题。

供应链订单分配问题的研究十分广泛，研究内容包括订单分配的数学模型（Ghodsypour and O'Brien，2001；Wadhwa et al.，2007；Özgen et al.，2008；Demirtas and Üstun，2008）、订单分配的算法研究（Ting et al.，2007；Ghezavati et al.，2009；Wu et al.，2012）以及订单分配的协调机制研究（Klastorin et al.，2002；Perea et al.，2009；Huang et al.，2015）等。但在物流服务供应链中，既有的订单分配研究很少考虑需求更新的环境和订单分配中的提供商行为，虽然 Liu et al.（2017）考虑了这两方面因素，发现需求更新和提供商的行为会影响订单分配的结果，但并没有提出合理的解决机制，因此本章将 Liu et al.（2017）作为无期权契约的情况，以探讨期权契约对提供商不公平厌恶行为的影响。

本章6.2节分别对需求更新、任务分配和期权在供应链中的应用三方面的研究进行文献综述；6.3节进行模型描述与假设；6.4节建立需求更新环境下考虑提供商不公平厌恶行为的物流服务供应链协调模型，并给出模型的求解方法；6.5节进行数值仿真与分析，我们将分析不公平厌恶行为以及期权契约对订单分配结果的影响。

6.2 文献综述

本章研究需求更新环境下考虑提供商不公平厌恶行为的期权契约对物流服务供应链的协调，因此，在文献综述中，我们将重点阐释三个方面的研究进展，分别是需求更新、不公平厌恶行为以及期权契约在供应链中的应用。

6.2.1 需求更新下的供应链决策

市场中的不稳定性因素带来需求的波动，不仅使需求预测的难度加大，还会导致供需不平衡现象加剧。近年来，需求更新作为提高供应链绩效的重要手段逐渐引起业界关注，随着技术的进步和企业间合作的加深，需求更新在实践中得到广泛应用，决策者利用更新后的市场需求作出更优决策。

在制造业供应链中，以需求更新为背景，很多学者研究了供应链的定价和库存管理问题（Sethi et al.，2007；Chen et al.，2006），供应链契约设计问题（Donohue，2000），以及十分广泛的供应链订货策略问题（Milner et al.，2002；Gurnani and Tang，1999；Zheng et al.，2016）。近年来，需求更新也逐渐应用于物流服务供应链的服务能力采购问题。例如，Liu et al.（2015）考虑了由一个物流服务集成商和一个功能型物流服务提供商组成的物流服务供应链，探索了在需求更新和理性预期条件下，回购契约在物流服务供应链能力采购中的使用条件。同时，Liu et al.（2015）还将单周期环境扩展到更复杂的环境，研究了物流服务供应链中，需求更新下的两阶段批量订购策略问题。此外，物流服务供应链中的订单分配问题也得到深入研究。Liu et al.（2017）探索了考虑提供商不公平厌恶行为后需求更新对订单分配的影响，该文献与本书内容最为相关，但该文献并没有引入任何契约，也没有探索契约在需求更新下的影响，本章的研究将填补这一空白。

6.2.2 不公平厌恶行为

在物流服务供应链的订单分配中，由于集成商集合多个提供商，提供商之间将存在公平偏好行为。公平偏好是行为运营研究中的重要话题，并且在供应链领域得到了广泛研究，现有的关于公平偏好的研究主要包括供应链的渠道分配公平（Cui et al.，2007；Ho et al.，2014）和服务供应链订单分配公平（Liu et al.，2017；Chen，2012）。关于公平偏好的研究主要包括两个方面，一方面，决策者具有分配公平偏好，其自身效用会受到纵向渠道中其他成员收益的影响（Ho and Su，2009）；另一方面，随着竞争者之间的服务竞争愈加激烈，同行之间也会由于利润差距而产生对比，从而产生同行公平偏好（Chen，2012；Gu and Ye，2014）。目前仅有少数学者同时研究了这两种公平偏好对契约设计（Ho and Su，2009；Ho et al.，2014）和讨价还价能力的影响（Nie and Du，2017；陈章跃等，2016），但均没有考虑订单分配的研究环境。

6.2.3 期权契约在供应链中的应用

期权契约最早体现在服装行业供应链中（Eppen and Iyer，1997），近年来在供应链各领域中期权契约的研究非常广泛。已有的应用期权契约文献主要分为两类，一类是供应链定价问题的研究，另一类是期权对供应链协调的研究。在供应链定价问题的研究中，期权契约得到了广泛应用，例如，Wu et al.（2002）考虑由卖家和多个买家组成的供应链，探究了在 Stackelberg 博弈下，卖方作为领导者的最优期权契约策略。Spinler et al.（2003）将 Wu et al.（2002）的模式扩展到了采购者的需求取决于世界状况（如宏观经济状况）的特殊情况，同时表明 Wu et al.（2002）的研究结论也适用于此种情景。Wu and Kleindorfer（2005）通过引入卖家竞争来扩展 Wu et al.（2002）的模型，更多的研究可以在 Burnetas and Ritchken（2005），Zhao et al.（2010）等文献中体现。

在供应链协调问题中，大量文献探究了期权契约对供应链协调的影响（Xu and Nozick，2009；Wang and Chen，2013；Arani and Rabbani，2016；

Chen and Hao，2014）。在订单分配方面，Zhao et al.（2013）引入双向期权契约应对风险对冲机制与需求随机波动，提出初始订单和订单运行数量的封闭式解决方案。Liu et al.（2016）考虑单一快递服务提供商和单一在线零售商组成的配送服务供应链，考虑了预定期权契约，发现期权契约可以有效地解决供需匹配问题，实现零售商和提供商的风险共享，为响应客户需求提供了灵活性。

另外，期权衍生品广泛应用于农产品供应链中，很多学者利用期权衍生品转移不可控的天气风险。Gao et al.（2011）研究了面对天气敏感型需求的季节性产品（包括农产品）零售商，运用天气看涨期权来对冲季节性产品的库存风险，以确定最优的订货与定价决策。Chen and Yano（2010）讨论了在天气敏感型需求下，用看涨期权契约对冲季节性产品的需求风险，以改进供应链上各成员的绩效。

以上文献中，预定期权主要在制造业供应链中得到广泛研究，探讨期权对供应链协调和应对供应链风险的作用，而期权衍生品主要用来解决天气风险对季节性产品，尤其是农产品的影响问题，在物流服务供应链方面的应用研究则较为少见，还没有学者同时研究两种期权契约。在本章的服务供应链情境中，将同时引入两种期权契约，并比较探讨两种期权契约的适用条件。

6.2.4 文献小结

从以上文献综述中可以看出，既有的文献对需求更新下的订单分配、不公平厌恶和期权契约三个方面因素进行了独立研究，也有部分文献对其中的两个方面进行了交叉研究，但是缺乏对三个方面因素的联合研究。总的来看，与本书相关的文献有 Liu et al.（2016），Liu et al.（2017），Chen and Yano（2010），其与本书的区别对比见表 6-1。

表 6-1 相关文献与本书的区别

研究内容	Liu et al.（2016）	Liu et al.（2017）	Chen and Yano（2010）	本书
供应链结构	单一快递服务提供商和单一在线零售商组成的配送服务供应链	单一 LSI 和多个 FLSP 组成的物流服务供应链	单一制造商和单一零售商组成的农产品供应链	单一 LSI 和多个 FLSP 组成的物流服务供应链

续 表

研究内容	Liu et al. (2016)	Liu et al. (2017)	Chen and Yano (2010)	本书
是否考虑需求更新环境	否	是	否	是
期权类型	预定期权	无	期权衍生品	预定期权和期权衍生品
是否考虑公平行为	否	是	否	是
研究问题	供应链协调和绩效管理	订单分配中的行为因素管理	供应链绩效和风险管理	期权与行为对订单分配绩效的影响

6.3 模型假设及参数

6.3.1 问题描述与模型假设

本章考虑了由一个物流服务集成商和 $N(N\geqslant 1)$ 个功能型物流服务提供商组成的两级物流服务供应链。物流服务集成商根据客户的订单需求，将客户订单外包给这 N 个功能型物流服务提供商。在需求更新前（即第一阶段），集成商预测市场需求 $D\sim N(\mu,\sigma^2)$，并决定期权契约的形式。本章考虑两种期权契约的形式，第一种是向提供商预定期权（简称 option 1），第二种是向外部金融机构购买期权担保（简称 option 2）。同时，集成商与提供商共享预测的需求信息（Liu et al.，2017），进行初始订单预分配，由于距离真正的需求实现时间较长，此次分配结果并非最后进行订单配送的结果。订单分配的结果公开，即提供商相互之间了解订单分配的数量，因此提供商比较分配的结果会产生不公平感受。在需求真正来临之前，客户需求是不断发生变化的，集成商在距离需求实现前的 t 时刻（即需求更新的提前期），重新更新需求信息（即第二阶段），得到此时的市场需求均值的估计为 ζ，并与提供商共享。集成商根据更新后的需求 Q 重新进行任务分配，并执行第一阶段购买的期权契约。同时，提供商不仅会对第二次订单分配的结果产生不公平厌恶效用，提供商还会比较两次分配结果，产生对集成商的满意度效用。在需求实现后，集成商和提供商获得各自的效用，本章假设集成商为风险中性，因此集成商的效用即为集成商的利润。

根据以上描述，本章提出以下模型假设。

假设1：更新后的需求 Q 的参数与更新提前期 t 有关。借鉴 Cheng et al.（2012）的方法，假设更新后的需求分布为（$Q \mid \zeta$）~ $N[\mu(\zeta), v^2]$。其中，ζ 为 LSI 在距离真正需求实现 t 时间内的需求估计值，更新后需求的期望值为 $\mu(\zeta) = \dfrac{\sigma^2\mu + \tau^2(t)k_t}{\sigma^2 + \tau^2(t)}$，方差为 $v^2 = \sigma^2 + \dfrac{1}{\varphi(t)} = \sigma^2 + \dfrac{\sigma^2\tau^2(t)}{\sigma^2 + \tau^2(t)} = \sigma^2 + \dfrac{\sigma^2(\gamma k^{bt})^2}{\sigma^2 + (\gamma k^{bt})^2}$，$\varphi(t) = \dfrac{1}{\sigma^2} + \dfrac{1}{\tau^2(t)}$。其中 $\tau(t)$ 表示预测误差，与需求更新时间 t 之间的关系为：$\tau(t) = \gamma e^{bt}$，$\gamma > 0$。因此需求更新后的需求分布均值 $\mu(\zeta)$ 与集成商估计的均值 ζ 和 t 有关，$\mu(\zeta)$ 随更新提前期 t 不断变化。实际中主要有两种情况，一种情况是集成商对现货期需求的估计均值大于需求更新前的均值（即 $\zeta > \mu$），另一种情况是集成商对现货期需求的估计均值小于需求更新前的均值（即 $\zeta < \mu$）。

假设2：若集成商想选择提供商预定期权，在需求更新前的第一阶段，集成商以 e_i 的期权预定价格向提供商 i 预定 $x_{i,1}$ 的订单量（即提供商 i 预分配得到的订单量），在需求更新后，集成商进行真正的订单分配，提供商 i 的分配量变为 $x_{i,2}$，集成商以 E_i 的执行价格对 $\min(x_{i,1}, x_{i,2})$ 的订单量执行期权契约。若 $x_{i,2} > x_{i,1}$，则多余的订单量 $x_{i,2} - x_{i,1}$ 以市场价格 p_i 进行配送，为了保障期权契约的合理性，假设 $E_i < p_i$。

假设3：在期权担保契约的情境下，外部金融机构与集成商共同了解整个市场需求的情况，集成商为了获得相应的担保，也会将需求信息共享给外部金融机构。例如，许多从事运输保险业务的保险公司经常会与运输公司合作，了解不同路线上的运输风险和运输需求情况后决定赔偿标准，昆明繁邦物流为了降低货运风险，同中国人民保险、太平洋保险签订了保险合同条款，规定了相应的货差赔偿标准，保险公司按照保险合同中的货差标准对运输公司进行赔付。因此，假设集成商将第一阶段和第二阶段更新后的需求 Q 共享给为其提供担保的外部金融机构。在需求更新前，集成商将预测的需求 D 共享

给外部金融机构，并以 r 的价格决定向其购买 D 需求量的担保，外部金融机构决定其赔偿标准 η，只有当集成商进行需求更新后，两次需求的误差大于 ηD 时，外部金融机构才对集成商进行赔偿。随后集成商进行需求更新，并将更新的需求 Q 再次共享给外部金融机构，如果两次需求的误差 $\varepsilon = | D - Q | > \eta D$，外部金融机构以赔偿价格 R 向集成商补偿 $\min(q,\varepsilon)$ 的需求量。

6.3.2 模型参数

本章中模型涉及的参数和意义见表 6－2。

表 6－2　　符号说明

符号	意　义
$c_{i,opp}$	提供商 i 在 t 时间内的机会成本
c_I	集成商的信息更新成本
c_i	提供商 i 提供单位物流服务能力的成本
$d_{i,0}$	提供商 i 的初始效用
$d_{i,1}$	在第二阶段，预定期权中提供商 i 的满意度效用
$d_{i,2}$	在第二阶段，期权担保中提供商 i 的满意度效用
D	在第一阶段的分配中的需求量，服从 $N(\mu,\sigma^2)$ 的正态分布
e_i	预定期权中，提供商 i 的单位物流期权购买价格
E_i	预定期权中，提供商 i 的单位物流期权执行价格
n	参加任务分配的提供商数量
p_i	集成商向提供商 i 购买单位物流服务能力的市场价格
q	集成商向外购买期权担保时，期权购买数量
Q	第二阶段更新后的需求量，服从 $N[\mu(k_t),v^2]$ 的正态分布
r	集成商向外购买期权担保时，单位物流服务能力的期权购买价格
R	集成商向外购买期权担保时，单位物流服务能力获得期权赔偿的价格
v_{i1}	第二阶段，预定期权中，提供商 i 的利润效用
v_{i2}	第二阶段，期权担保中，提供商 i 的利润效用
w_{i1}	提供商 i 满意度效用的权重
w_{i2}	提供商 i 不公平厌恶效用的权重
$x_{i,1}$	预定期权中，在第一阶段的预分配中，提供商 i 提供的物流服务能力
$x_{i,2}$	预定期权中，在第二阶段的分配中，提供商 i 提供的物流服务能力

续 表

符号	意 义
$y_{i,1}$	向外购买期权担保中，在第一阶段的预分配中，提供商 i 提供的物流服务能力
$y_{i,2}$	向外购买期权担保中，在第二阶段的分配中，提供商 i 提供的物流服务能力
Z_1	集成商的总利润
Z_2	提供商的总效用
α_i	提供商 i 优势不公平系数
β_i	提供商 i 劣势不公平系数
λ	物流服务供应链单位物流服务能力的收入
ζ	依据提前期内收集到的需求样本信息估算的需求均值
θ_i^-	提供商 i 可提供的最低物流服务能力
θ_i^+	提供商 i 可提供的最高物流服务能力
η	向外购买期权担保的情况下，集成商获得赔偿的比例阈值
TP	供应链的整体绩效
ΔLSI	集成商的利润变化比例
$\Delta FLSP$	提供商总效用的变化比例
ΔTP	供应链总绩效的变化比例

6.4 模型建立

这部分将建立考虑不公平厌恶行为和期权契约的物流服务供应链任务分配决策模型，本章主要考虑两种不同的期权契约形式，6.4.1 节为向提供商预定期权的模型，6.4.2 节为集成商向外购买期权担保的模型。每个部分的模型分为两个阶段，包括第一阶段的预分配模型和第二阶段的实际分配模型。每个阶段均是多目标规划模型。

6.4.1 向提供商预定期权的模型

在向提供商预定期权的形式中，第一阶段集成商根据预测的需求 D 进行订单分配，即以 e_i 的价格向提供商预定其 $x_{i,1}$ 的物流服务能力。订单分配的结果是公开的，不同提供商之间存在不公平厌恶行为，第一阶段我们以集成商预定期权成本最小化和提供商的不公平厌恶效用最大化为目标进行决策。第二阶段集成商根据更新后的市场需求重新进行订单分配，每个提供商的实际订单分配量变为 $x_{i,2}$ ，提供商以 E_i 的期权执行价格完成 $\min(x_{i,1},x_{i,2})$ 的物流需求，若 $x_{i,2} > x_{i,1}$ ，超出的物流需求 $x_{i,2} - x_{i,1}$ 集成商将按照当时的市场价格 P_i 采购物流服务能力，以完成服务需求。

对于提供商而言，第一阶段中，提供商的效用要考虑到不同的提供商面对订单分配结果存在不公平厌恶行为带来的影响；第二阶段中，提供商的效用函数中，还要额外考虑对比前后两个阶段的订单分配结果，及其满意度发生变化所带来的效用。

本章的订单分配模型中，以集成商效用和提供商总效用最大化为目标，两阶段的目标函数模型如下。

6.4.1.1 第一阶段的预分配模型

（1）目标函数1：最小化集成商的期权购买成本。

$$\min z_1(x_{i,1}) = \sum_{i=1}^{n} e_i x_{i,1} \tag{6-1}$$

（2）目标函数2：最大化提供商的效用。

$$\max z_2(x_{i,1}) = \sum_{i=1}^{n} \left[e_i x_{i,1} - \sum_{j\neq i,j=1}^{n} \alpha_i (x_{i,1} - x_{j,1})^+ - \sum_{j\neq i,j=1}^{n} \beta_i (x_{j,1} - x_{i,1})^+ - c_{i,\mathrm{opp}} x_{i,1} \right] \tag{6-2}$$

式（6－2）中，$e_i x_{i,1}$ 为集成商向提供商预定期权所获得的收入。$\sum_{j\neq i,j=1}^{n} \alpha_i (x_{i,1} - x_{j,1})^+$ 为优势不公平效用，$\sum_{j\neq i,j=1}^{n} \beta_i (x_{j,1} - x_{i,1})^+$ 为劣势不公平效用。由于在需求真正来临前的时间 t 内，提供商需要保留自身的物流服务能力，因此会产生机会成本。$c_{i,\mathrm{opp}} x_{i,1}$ 是提供商 i 的机会成本。

（3）约束条件。

在约束条件中，首先是提供商的参与约束，即提供商 i 提供服务的预期效用为正，如式（6－3）中第一项。其次是提供商提供的物流服务能力必须满足集成商预测的客户需求约束，由于客户需求具有不确定性，且预测需求 D 是服从 $N(\mu,\sigma^2)$ 的随机变量，因此建立的规划模型中应有随机变量的机会约束，本章用 $prob(\sum_{i=1}^{n} x_i \geq D) = \chi$ 表示提供商提供的总物流服务能力满足客户需求的机会约束，χ 表示满足的概率。例如，$\chi = 95\%$ 表示提供商提供的总物流服务能力至少能够满足 95% 的需求水平。根据 Liu et al.（2011），我们将不确定约束转换为确定约束，可以得到能力提供应该满足 $\sum_{i=1}^{n} x_{i,1} = \mu + \Phi^{-1}(\chi)\sigma$，如式（6－3）中第二项。式（6－3）中第三项为期权执行价格小于市场价格，保证期权合同的合理性。式（6－3）中第四项为提供商自身物流服务能力约束，即提供商的订单量大于提供商的最低物流服务能力、小于最高物流服务能力，其中 $[\theta_i^-, \theta_i^+]$ 为第 i 个提供商可提供的物流服务能力范围。具体的约束条件如式（6－3）所示。

$$\begin{cases} e_i x_{i,1} - \sum_{j \neq i, j=1}^{n} \alpha_i (x_{i,1} - x_{j,1})^+ - \sum_{j \neq i, j=1}^{n} \beta_i (x_{j,1} - x_{i,1})^+ - c_{i,\text{opp}} x_{i,1} > 0 \\ \sum_{i=1}^{n} x_{i,1} = \mu + \Phi^{-1}(\chi)\sigma \\ E_i < p_i \\ \theta_i^- \leqslant x_{i,1} \leqslant \theta_i^+ \\ x_{i,1} \geqslant 0, i = 1,2,3,\cdots,n \end{cases} \tag{6-3}$$

6.4.1.2 第二阶段的分配模型

在第二阶段中，集成商在 t 时刻进行了需求更新，此时的订单分配模型如下所示。

（1）目标函数1：最大化集成商效用。

$$\max z_1(x_{i,2}) = \sum_{i=1}^{n} [(\lambda - E_i)\min(x_{i,1}, x_{i,2}) + (\lambda - p_i)(x_{i,2} - x_{i,1})^+] - c_I \tag{6-4}$$

式（6－4）中 E_i 为期权执行价格，p_i 为市场价格。

$\sum_{i=1}^{n} [(\lambda - E_i)\min(x_{i,1}, x_{i,2}) + (\lambda - p_i)(x_{i,2} - x_{i,1})^+]$ 为集成商分配订单后的利润，当 $x_{i,1} > x_{i,2}$ 时，提供商 i 预分配得到的订单数量大于真正分配得到的订单数量，集成商从提供商获得的收入为 $(\lambda - E_i)x_{i,2}$；当 $x_{i,1} < x_{i,2}$ 时，提供商 i 预分配得到的订单数量小于真正分配得到的订单数量，集成商从提供商获得的收入为 $(\lambda - E_i)x_{i,1} + (\lambda - p_i)(x_{i,2} - x_{i,1})$。

（2）目标函数2：最大化提供商的效用。

$$\max z_2(x_{i,2}) = \sum_{i=1}^{n}[w_{i,1}d_{i,1} + w_{i,2}v_{i1}] \tag{6-5}$$

式（6-5）中提供商的总效用分为两部分，第一部分 $d_{i,1}$ 是同一个提供商面对两次订单分配结果不一致时产生的满意度效用。借鉴 Liu et al.（2011）的表达方式，此满意度效用可以由式（6-6）进行量化表达。

$$d_{i,1} = \begin{cases} \min\left[d_{i,0} + \dfrac{x_{i,2} - x_{i,1}}{\theta_i^+ - \theta_i^-}, 1\right], x_{i,2} \geqslant x_{i,1} \\ \max\left[d_{i,0} + \dfrac{x_{i,2} - x_{i,1}}{\theta_i^+ - \theta_i^-}, 0\right], x_{i,2} < x_{i,1} \end{cases} \tag{6-6}$$

式（6-6）中，$d_{i,1}$ 表示提供商 i 的满意度效用，$d_{i,1} \in [0,1]$，$d_{i,0}$ 为提供商 i 的初始基准满意度。$[\theta_i^-, \theta_i^+]$ 为第 i 个提供商可提供的物流服务能力范围。当 $x_{i,2} \geqslant x_{i,1}$ 时，提供商的满意度增加，但要保证其小于1；当 $x_{i,2} \leqslant x_{i,1}$ 时，提供商的满意度减少，但要保证其满意度大于0。其中，θ_i^+，θ_i^-，$d_{i,0}$ 三个参数可以由集成商在提供商参与订单分配时通过调查获得。

第二部分 v_{i1} 是考虑不同提供商不公平厌恶行为后的利润效用，由于提供商的满意度效用的量纲为［0，1］，因此将提供商不公平厌恶行为后的利润效用归一化，具体见式（6-7）。

$$v_{i1} = \frac{E_i\min(x_{i,1}, x_{i,2}) + p_i(x_{i,2} - x_{i,1})^+ - \sum_{j \neq i, j=1}^{n}\alpha_i(x_{i,1} - x_{j,1})^+ - \sum_{j \neq i, j=1}^{n}\beta_i(x_{j,1} - x_{i,1})^+ - c_i x_{i,2}}{\lambda x_{i,2}} \tag{6-7}$$

式（6-7）中，$E_i\min(x_{i,1}, x_{i,2}) + p_i(x_{i,2} - x_{i,1})^+$ 为提供商 i 的收益，$\sum_{j \neq i, j=1}^{n}\alpha_i(x_{i,1} - x_{j,1})^+ + \sum_{j \neq i, j=1}^{n}\beta_i(x_{j,1} - x_{i,1})^+$ 为提供商 i 的不公平厌恶效用，$c_i x_{i,2}$ 为提供商 i 的成本。因此，$E_i\min(x_{i,1}, x_{i,2}) + p_i(x_{i,2} - x_{i,1})^+ - \sum_{j \neq i, j=1}^{n}\alpha_i(x_{i,1} - x_{j,1})^+ - \sum_{j \neq i, j=1}^{n}\beta_i(x_{j,1} - x_{i,1})^+ - c_i x_{i,2}$ 代表考虑提供商 i 的不公平厌恶行为后的效用，为了统一量纲将其归一化处理，其与总收入 $\lambda x_{i,2}$ 的比值作为归一化后的提供商 i 的不公平厌恶效用。

上述两部分效用共同构成了提供商的总效用，设两者的权重分别为 w_{i1} 和 w_{i2}，且 $w_{i1} + w_{i2} = 1$，则提供商 i 的总效用表示为 $w_{i1}d_{i1} + w_{i2}v_{i1}$。

（3）约束条件。

在第二阶段，类似于6.4.1.1节中的式（6-3），目标函数的约束条件如式（6-8）所示。

$$\begin{cases} E_i\min(x_{i,1},x_{i,2})+p_i(x_{i,2}-x_{i,1})^+-\sum\limits_{j\neq i,j=1}^{n}\alpha_i(x_{i,1}-x_{j,1})^+-\sum\limits_{j\neq i,j=1}^{n}\beta_i(x_{j,1}-x_{i,1})^+-c_ix_{i,2}>0 \\ \sum\limits_{i=1}^{n}x_{i,2}=\mu(k_1)+\Phi^{-1}(\chi)\sigma \\ \theta_i^-\leqslant x_{i,2}\leqslant\theta_i^+ \\ x_{i,2}\geqslant 0,i=1,2,\cdots,n \end{cases} \tag{6-8}$$

6.4.2 集成商向外购买期权担保的模型

本节主要研究集成商向外部金融机构购买期权担保的订单分配模型。类似于6.4.1节，首先考虑需求更新前的预分配模型，集成商根据预测的需求 D ，以价格 γ 向外部购买数量为 q 的期权，同时向提供商 i 分配 $y_{i,1}$ 的订单量，由于分配结果是公开的，提供商之间存在不公平厌恶行为。此阶段以集成商效用最大化和考虑不公平厌恶行为后的提供商利润效用最大化为目标。在需求更新后，市场需求变为 Q ，需求更新前后的需求变化（也可以称为集成商的预测误差）为 $\varepsilon=|Q-D|$ ，若 ε 大于外部金融机构的赔偿标准 ηD ，外部金融机构对集成商进行赔偿，每单位的赔偿价格为 R ，赔偿数量为 $\min(q,\varepsilon)$ 。同时，集成商根据更新后的市场需求 Q 重新进行订单分配，每个提供商的订单分配量变为 $y_{i,2}$ 。

对于提供商而言，第一阶段中，提供商的效用要考虑到不同的提供商面对订单分配结果存在不公平厌恶行为带来的影响；第二阶段中，提供商的效用函数中，还要额外考虑对比前后两阶段的订单分配结果，及其满意度发生变化所带来的效用。

本章的订单分配模型中，以集成商效用和提供商总效用最大化为目标，两阶段的目标函数模型如下。

6.4.2.1 第一阶段的分配模型

（1）目标函数1：集成商效用最大化。

$$\max z_1(y_{i,1})=\sum_{i=1}^{n}(\lambda-p_i)y_{i,1}-rq \tag{6-9}$$

（2）目标函数 2：提供商的效用最大化。

$$\max z_2(y_{i,1}) = \sum_{i=1}^{n}[p_i y_{i,1} - \sum_{j\neq i,j=1}^{n}\alpha_i(y_{i,1}-y_{j,1})^+ - \sum_{j\neq i,j=1}^{n}\beta_i(y_{j,1}-y_{i,1})^+ - c_i y_{i,1}] \quad (6-10)$$

（3）约束条件。

$$\begin{cases} p_i y_{i,1} - \sum\limits_{j\neq i,j=1}^{n}\alpha_i(y_{i,1}-y_{j,1})^+ - \sum\limits_{j\neq i,j=1}^{n}\beta_i(y_{j,1}-y_{i,1})^+ - c_i y_{i,1} > 0 \\ \sum\limits_{i=1}^{n} y_{i,1} = \mu + \Phi^{-1}(\chi)\sigma \\ \theta_i^- \leqslant y_{i,1} \leqslant \theta_i^+ \\ y_{i,1} \geqslant 0, i = 1,2,\cdots,n \end{cases} \quad (6-11)$$

6.4.2.2 第二阶段的分配模型

在第二阶段中，集成商在 t 时刻进行了需求更新，此时的订单分配模型如下所示。

（1）目标函数 1：集成商的效用最大化。

$$\max z_1(y_{i,2}) = \begin{cases} \sum\limits_{i=1}^{n}(\lambda - p_i)y_{i,2} + R\min(q,\varepsilon) - rq - C_I, \varepsilon > \eta D \\ \sum\limits_{i=1}^{n}(\lambda - p_i)y_{i,2} - rq, \varepsilon \leqslant \eta D \end{cases} \quad (6-12)$$

（2）目标函数 2：提供商的效用最大化。

类似于 6.4.1.2 节，提供商 i 的总效用函数如下所示。

$$\max z_2(y_{i,2}) = \sum_{i=1}^{n}(w_{i1}d_{i2} + w_{i2}v_{i2}) \quad (6-13)$$

其中，提供商的满意度效用：

$$d_{i2} = \begin{cases} \min\left[d_{i0} + \dfrac{y_{i,2}-y_{i,1}}{\theta_i^+ - \theta_i^-}, 1\right], y_{i,2} \geqslant y_{i,1} \\ \max\left[d_{i0} + \dfrac{y_{i,2}-y_{i,1}}{\theta_i^+ - \theta_i^-}, 0\right], y_{i,2} < y_{i,1} \end{cases} \quad (6-14)$$

考虑不公平厌恶后的提供商 i 的利润效用：

$$v_{i2} = \frac{[p_i y_{i,2} - \sum\limits_{j\neq i,j=1}^{n}\alpha_i(y_{i,2}-y_{j,2})^+ - \sum\limits_{j\neq i,j=1}^{n}\beta_i(y_{j,2}-y_{i,2})^+ - c_i y_{i,2}]}{p_i y_{i,2}} \quad (6-15)$$

（3）约束条件。

类似于6.4.2.1节中式（6－11），该目标函数需要满足的约束条件如式（6－16）。

$$
\begin{cases}
[p_i y_{i,2} - \sum_{j \neq i, j=1}^{n} \alpha_i (y_{i,2} - y_{j,2})^+ - \sum_{j \neq i, j=1}^{n} \beta_i (y_{j,2} - y_{i,2})^+ - c_i y_{i,2}] \geqslant 0 \\
\sum_{i=1}^{n} y_{i,2} = \mu(k_1) + \Phi^{-1}(\chi)\sigma \\
\theta_i^- \leqslant y_{i,2} \leqslant \theta_i^+ \\
y_{i,2} \geqslant 0, i = 1,2,3,\cdots,n
\end{cases}
\tag{6-16}
$$

6.4.3 模型求解算法

以前的两阶段订货模型研究大多为动态归纳法，采用逆序求解来获得最优值（Zheng et al.，2015）。由于集成商在第一阶段和第二阶段的任务分配是按照时间来进行决策的，即第一次任务分配后，客户需求实现；第二阶段客户需求在第一阶段需求的基础上发生变化，集成商在此基础上进行需求更新，然后进行第二次任务分配。提供商对比第一阶段的分配结果和第二阶段的分配结果，其满意度效用发生变化，进而影响提供商的整体效用。因此，本章不采用动态规划方法进行求解，而是采取类似于Eppen and Iyer（1997）和Liu et al.（2017）的顺序求解法，即先求第一个模型的解，然后将分配结果代入第二个模型中进行求解。由于这两个模型均是多目标规划模型，多目标规划问题的总体求解思路是将多目标问题转化为单目标问题，在求解上述的两个模型时，可以采用评价函数法进行求解，具体步骤如下。

步骤1：求解理想点。在不考虑提供商目标函数 Z_2 的情况下，求解 Z_1 的最优值 Z_1^*，同时在不考虑目标函数 Z_1 的情况下，求解 Z_2 的最优值 Z_2^*。因此，得到最优解组合为 $Z^* = (Z_1^*, Z_2^*)$。

步骤2：目标函数归一化。由于 Z_1 和 Z_2 不是同一量纲的两个函数，Z_2 的值在［0，1］，但是 Z_1 的值不在［0，1］。所以，Z_1 的值应该转换到［0，1］范围内。因此，我们对 Z_1 和 Z_2 进行归一化处理。

$Z'_1 = Z_1/Z_1^*; Z'_2 = Z_2/Z_2^*$，此时 Z'_1 和 Z'_2 属于［0，1］。

步骤3：构造评价函数。

$$\phi(Z) = \sqrt{\delta(Z_1/Z_1^*)^2 + (1-\delta)(Z_2/Z_2^*)^2} \tag{6-17}$$

式（6－17）中，δ 和 $1-\delta$ 分别为归一化后 Z_1 和 Z_2 的权重。

步骤4：极小化 $\phi(Z)$ 。

$$\min \phi(Z) = \sqrt{\delta(Z_1/Z_1^*)^2 + (1-\delta)(Z_2/Z_2^*)^2} \tag{6-18}$$

由于 $\phi(Z)$ 综合了集成商的利润目标和提供商的效用目标，因此，我们将 $\phi(Z)$ 看作供应链的整体绩效，记作 TP 。

6.5 数值分析

本节用MATLAB进行数值分析，对模型求解并验证模型的有效性，主要探索了期权契约对供应链成员以及供应链整体绩效的影响，同时探究了期权契约是否能削弱不公平厌恶差异程度对供应链的影响，得出相应结论，从而为供应链的优化提出有效建议。在6.5.1节给出数值分析的基本参数设置，6.5.2节讨论了不公平厌恶差异程度对订单分配的影响，6.5.3节探讨了期权契约对行为因素的影响，探讨期权契约是否可以削弱不公平厌恶差异对订单分配结果的影响，6.5.4节进行了总结和讨论，进一步得出结论。

6.5.1 基本参数设置

为了比较不考虑期权合约因素的Liu et al.（2017）的研究结果，我们将使用与Liu et al.（2017）完全相同的数据设置进行数值分析。我们假设有 A_1 ，A_2 和 A_3 三个FLSP和一个LSI，由 B 提供单一的物流运输服务，B 将物流服务任务分配给 A_1 ，A_2 和 A_3 。假设 B 预测市场初期的需求 $D \sim N(100,4)$ ，$\alpha = 95\%$ ，这一数据可以通过市场观测得到；物流服务供应链单位物流服务能力的收入 $\lambda = 60$ ，集成商需求更新的成本 $C_1 = 500$ ，权重 $\delta = 0.3$ 和 w_{i1} ，w_{i2} 通过专家打分和层次分析法获得。A_1 ，A_2 和 A_3 的物流服务能力相关参数见表6－3。

表 6-3　　数值分析参数取值

FLSP	p_i	c_i	e_i	h_i	$[\theta_i^-, \theta_i^+]$	w_{i1}	w_{i2}	r_i	d_i^0
A_1	24	8	10	16	[15, 40]	0.6	0.4	0.5	0.3
A_2	15	5	6	10	[20, 35]	0.6	0.4	0.4	0.35
A_3	26	9	11	17	[25, 45]	0.7	0.3	0.6	0.35

如假设 1 中所述，集成商对更新后需求均值的估计有两种情况，分别是 $\zeta > \mu$ 与 $\zeta < \mu$。在本节，假设需求均值增加时，$\zeta = 120$；需求均值减少时，$\zeta = 80$。

需要注意的是，本章的需求更新前的需求分布 D 是一个信号，集成商会在提前期内进行需求信息的更新，并根据更新后的信息和更新后的需求分布对需求分布的均值 ζ 进行估计，因此 ζ 不仅取决于 μ，还基于收集到的需求信息，由于现实中需求会突然增加或减少，因此 ζ 可能大于 μ 也可能小于 μ。

6.5.2　不公平厌恶差异程度对订单分配的影响

本节假设三种不公平厌恶程度如下。

scenario 1：$\alpha_1 = \alpha_2 = \alpha_3 = 0.3, \beta_1 = \beta_2 = \beta_3 = 0.2$，即三个提供商的不公平厌恶差异程度相同。

scenario 2：$\alpha_1 = 0.28, \beta_1 = 0.18; \alpha_2 = 0.3, \beta_2 = 0.2; \alpha_3 = 0.32, \beta_3 = 0.22$，即三个提供商的不公平厌恶差异程度较小。

scenario 3：$\alpha_1 = 0.2, \beta_1 = 0.1; \alpha_2 = 0.3, \beta_2 = 0.2; \alpha_3 = 0.4, \beta_3 = 0.3$，即三个提供商的不公平厌恶差异程度较大。

6.5.2.1 节主要是集成商向提供商预定期权的形式，6.5.2.2 节是集成商向外购买期权担保的形式，具体分析如下。

6.5.2.1　集成商向提供商预定期权

从图 6-1 可知，当 $\zeta < \mu$ 时，三种情况下，集成商效用均随更新提前期 t 的增加先减少后趋于稳定，并且随着不公平厌恶差异程度的增加，集成商效用增加。从图 6-2 可知，当 $\zeta > \mu$ 时，集成商效用随更新提前期 t 的增加先增加后趋于稳定，且随着不公平厌恶差异程度的增加，集成商效用也随之增加。可以看出集成商的效用与更新后的需求均值估计成正比，这是因为在 LSSC 中，集成商更靠近市场，受市场需求的影响更直接。不公平厌恶差异程度的增加导致集成商效用降低，这主要是因为不公平厌恶差异程度增加，会使得FLSP竞争更加剧烈，导致集成商受益。

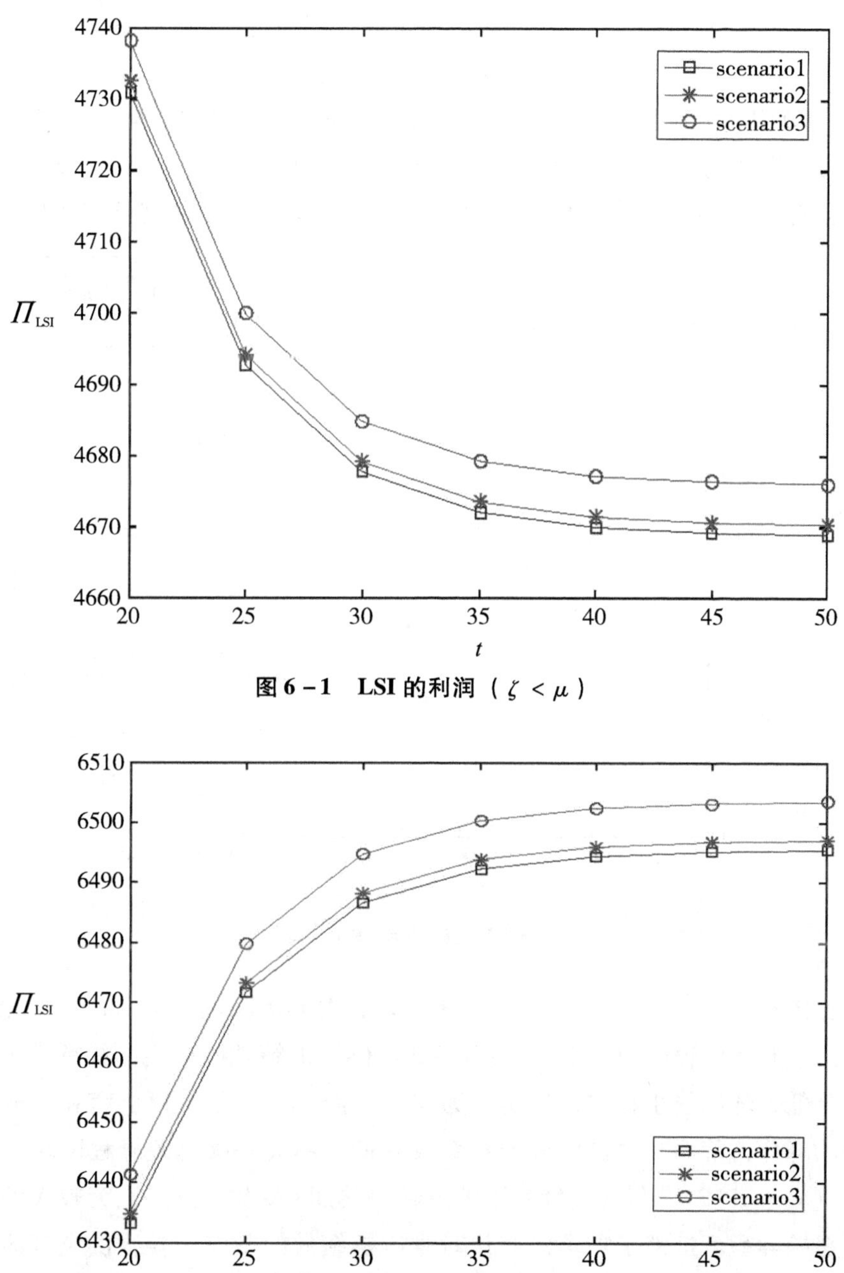

图 6－1　LSI 的利润（$\zeta < \mu$）

图 6－2　LSI 的利润（$\zeta > \mu$）

从图6-3可知，当$\zeta < \mu$时，三种情况下，提供商的效用均随提前期t的增加先减少后趋于稳定，并且不公平厌恶差异程度的增加，提供商效用随之降低。从图6-4可知，当$\zeta > \mu$时，提供商效用随提前期t的增加先增加后趋于稳定，并且不公平厌恶差异程度的增加，提供商效用随之降低。可以看出，FLSP的效用随更新后的市场需求均值估计成正比，这是因为当需求减少（增加）时，提供商的利润效用降低（增加），满意度效用也降低（增加）。不公平厌恶差异程度越大，提供商之间的不公平厌恶行为对效用降低越明显。

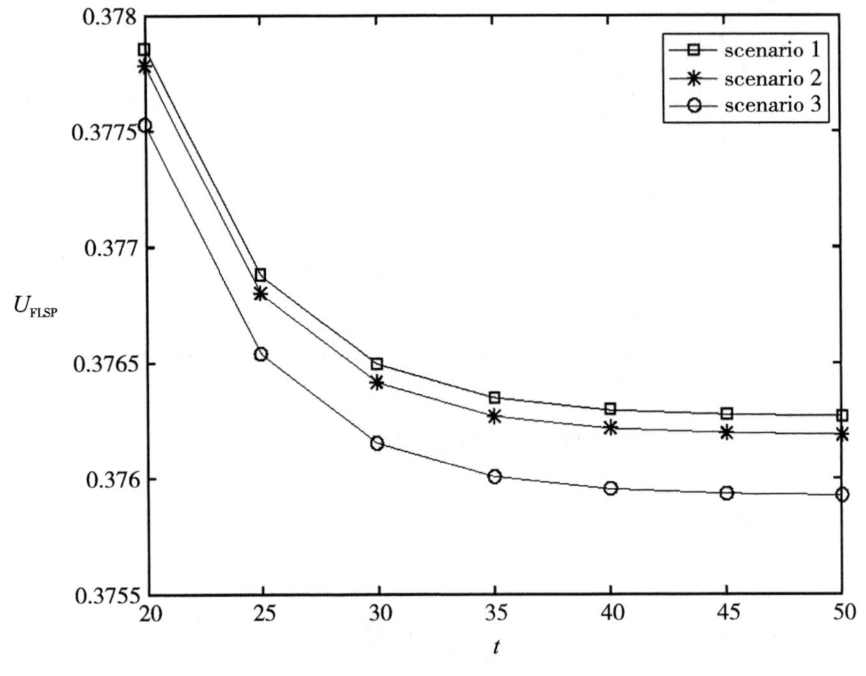

图6-3　FLSP的效用（$\zeta < \mu$）

由图6-5可知，$\zeta < \mu$时，不公平厌恶无差异情况下（scenario 1）和不公平厌恶差异程度较小情况下（scenario 2）供应链绩效随着更新提前期t的增加先降低，随后趋于稳定，这是因为当需求降低的时候，提供商和集成商的效用均降低，从而导致供应链的总绩效降低。不公平厌恶差异程度较大的情况下（scenario 3），供应链绩效不随更新提前期t变化，这是因为较大的不公平厌恶差异程度抵消了需求的变化对供应链绩效的影响，导致供应链的总绩效不随更新提前期变化。而且，随着不公平厌恶差异程度的增加，供应链绩效提高。这说明集成商效用对供应链绩效的影响更明显，并且在预定期权契

约中，不公平厌恶行为对供应链整体来说是有利的。

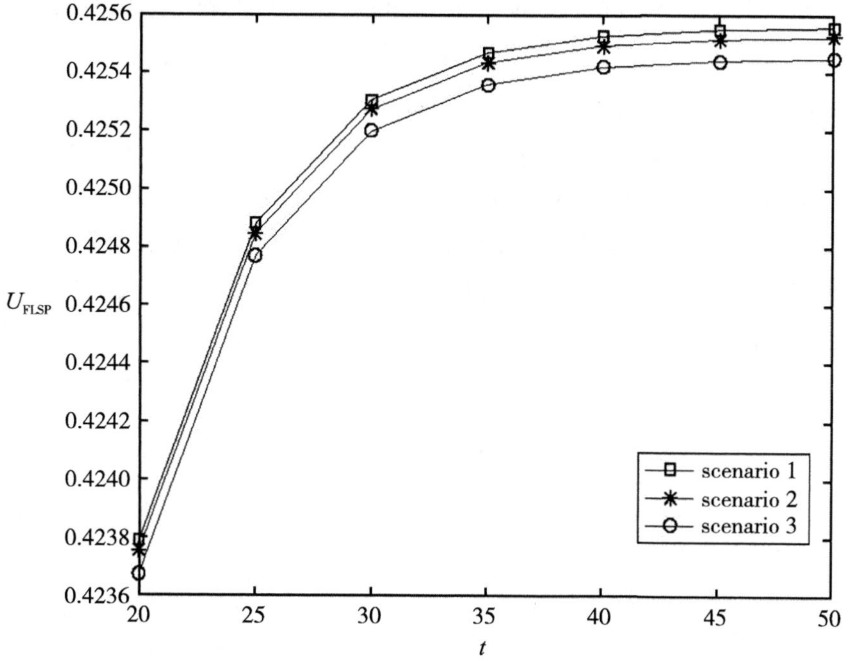

图 6－4 FLSP 的效用（$\zeta>\mu$）

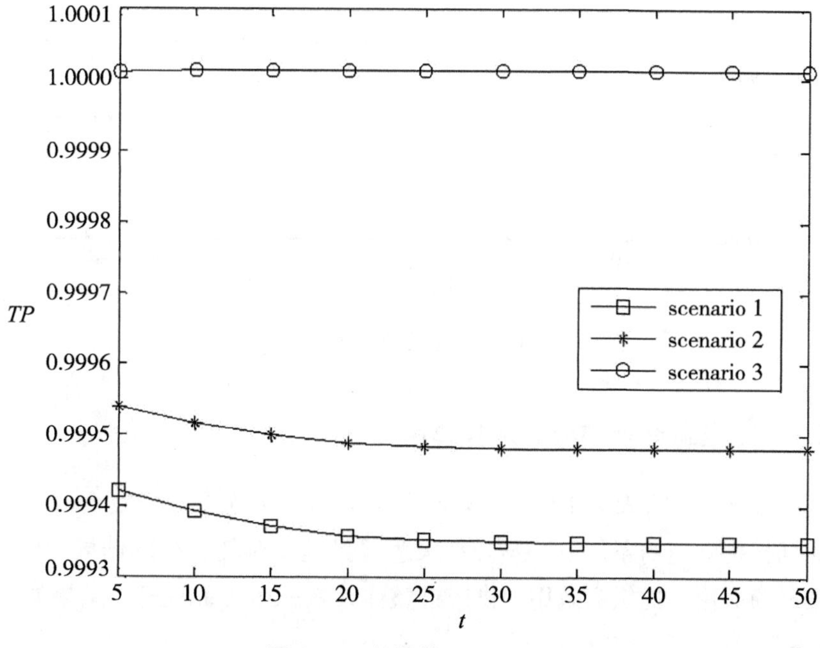

图 6－5 总绩效（$\zeta<\mu$）

由图 6－6 可知，$\zeta>\mu$ 时，不公平厌恶无差异情况下（scenario 1）和不公平厌恶差异程度较小情况下（scenario 2）供应链绩效随着更新提前期 t 的增加先提高，随后趋于稳定，这是因为当需求提高的时候，提供商和集成商的效用均提高，从而导致供应链的总绩效增加。不公平厌恶差异程度较大的情况下（scenario 3），供应链绩效不随更新提前期 t 变化。这是因为较大的不公平厌恶差异程度抵消了需求的变化对供应链绩效的影响，导致供应链的总绩效不随更新提前期变化。而且，随着不公平厌恶差异程度的增加，供应链绩效提高。这说明集成商效用对供应链绩效的影响更明显，并且在预定期权契约中，不公平厌恶行为对供应链整体是有利的。

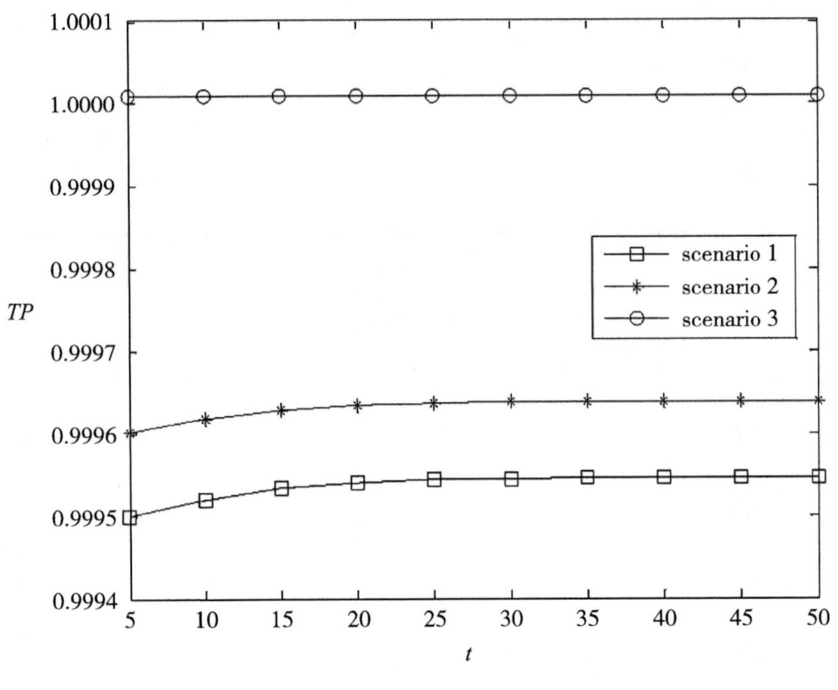

图 6－6　总绩效（$\zeta>\mu$）

6.5.2.2　集成商向外部购买期权担保

我们令 $r=10$，$R=100$，$\eta=0.1$，$q=15$，其余参数如表 6－2 所示。本节研究期权担保契约条件下，不公平厌恶差异程度对任务分配结果的影响，分别从集成商效用、提供商效用和供应链整体绩效三个方面展开，结果如图 6－7 和图 6－8 所示。

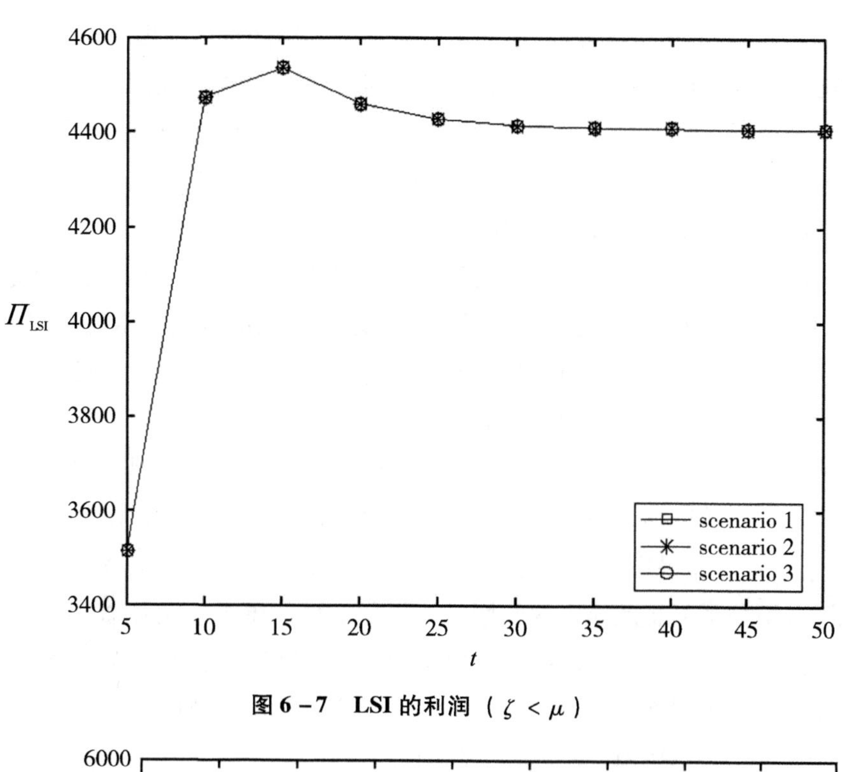

图 6－7　LSI 的利润（$\zeta<\mu$）

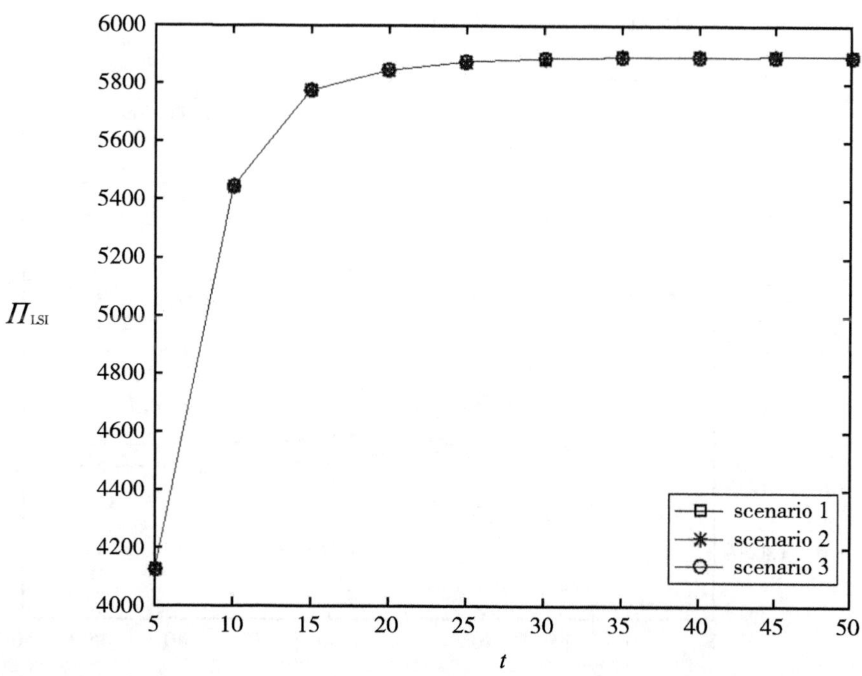

图 6－8　LSI 的利润（$\zeta>\mu$）

从图 6－7 可知，$\zeta < \mu$ 的情况下，集成商效用随着更新提前期 t 的增加先突增随后减少，最后逐渐趋于稳定，并且不公平厌恶差异程度的变化对集成商效用没有明显影响。从图 6－8 可知，$\zeta > \mu$ 的情况下，集成商效用随着更新提前期 t 的增加先突增随后缓慢增加，最后逐渐趋于稳定，并且不公平厌恶差异程度的变化对集成商效用没有明显影响。

与前文类似，集成商的效用与更新后的需求均值估计成正比，这是因为在 LSSC 中，集成商更靠近市场，受市场需求的影响更直接。不公平厌恶差异程度的变化对集成商效用没有明显影响，说明购买担保的期权契约可以削弱不公厌恶行为对集成商效用的影响。

从图 6－9 可知，$\zeta < \mu$ 时，提供商效用随更新提前期 t 的增加先降低后趋于稳定，并且随着不公平厌恶差异程度的增加，提供商效用降低。由图 6－10 可知，$\zeta > \mu$ 时，提供商效用随着更新提前期 t 的增加先增加后逐渐趋于稳定，并且随着不公平厌恶差异程度的增加，提供商效用降低。可以看出，FLSP 的效用随更新后的市场需求均值估计成正比，这是因为当需求减少（增加）时，提供商的利润效用降低（增加），满意度效用也降低（增加）。不公平厌恶差异程度越大，对提供商效用的降低越明显。

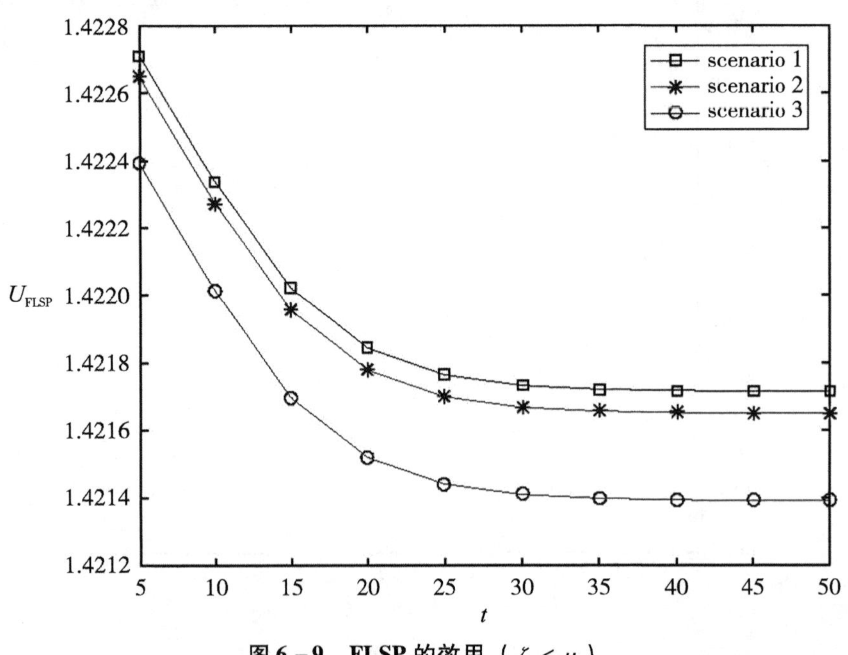

图 6－9　FLSP 的效用（$\zeta < \mu$）

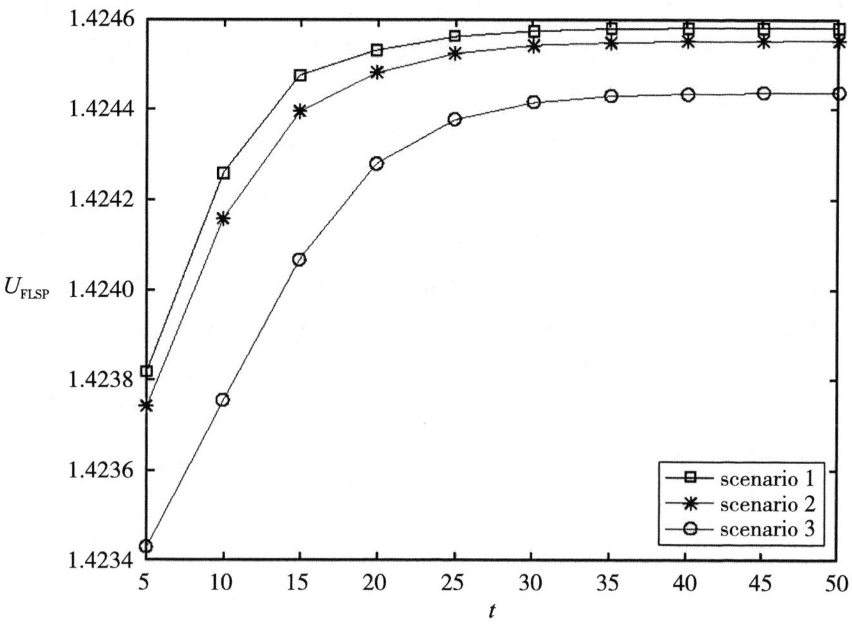

图 6－10　FLSP 的效用（$\zeta > \mu$）

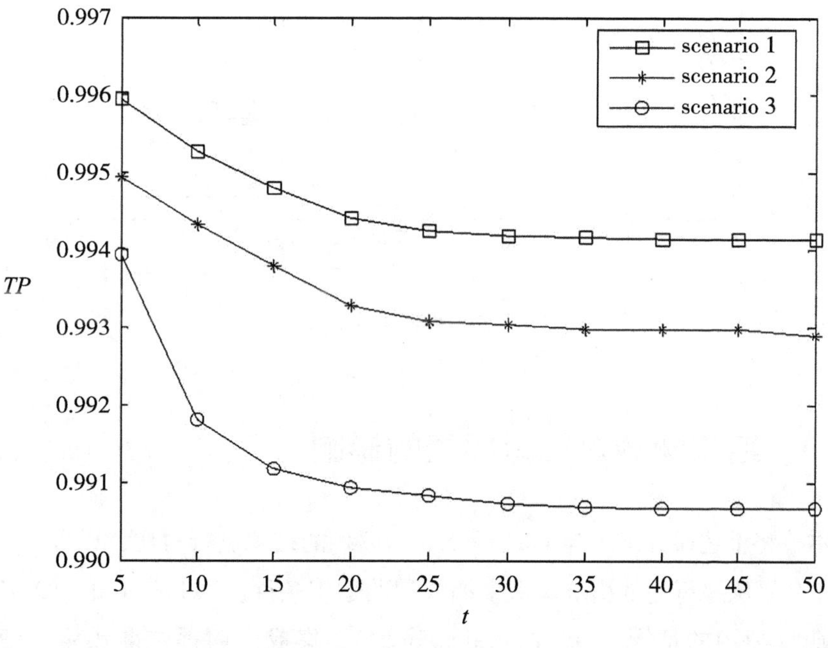

图 6－11　总绩效（$\zeta < \mu$）

从图6-11可知，$\zeta < \mu$ 时，供应链绩效随更新提前期 t 的增加先降低后趋于稳定，并且随着不公平厌恶差异程度的增加，供应链绩效随之降低。从图6-12可知，$\zeta > \mu$ 时，供应链绩效随更新提前期 t 的增加先增加后趋于稳定，并且随着不公平厌恶差异程度的增加，供应链绩效随之降低。这是因为需求降低时，集成商和提供商的效用均降低，导致供应链总绩效降低，反之亦如此。不公平厌恶差异程度增加，导致集成商效用增加、提供商效用降低，但供应链总绩效降低，说明提供商对供应链总绩效的影响更大，在购买担保的期权契约中，不公平厌恶行为对供应链总绩效是不利的。

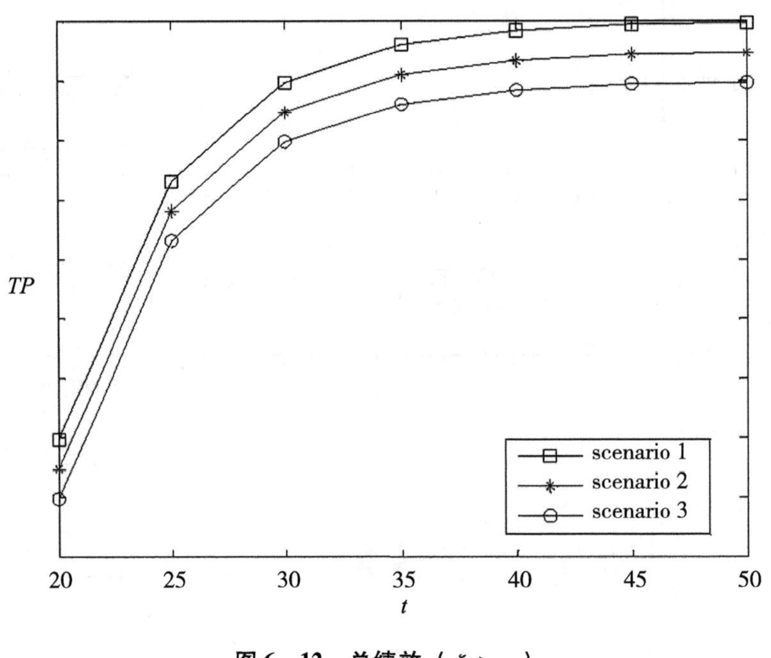

图6-12　总绩效（$\zeta > \mu$）

6.5.3　期权契约对行为因素的影响

本节将上述研究结果与Liu et al.（2017）的结果进行对比，以分析期权契约对不公平厌恶行为的影响，探索期权契约适用条件。以Liu et al.（2017）代表无期权契约的情况（用non-option表示），集成商向提供商预定期权设为option 1，集成商向外购买期权担保的情形设为option 2，主要从三个方面分析了

订单分配结果的变化，分别是集成商效用的变化、提供商效用的变化、供应链总绩效变化。我们以 scenario 1 与 scenario 2 的结果变化百分比作为不公平厌恶差异程度较小对订单分配结果的影响，此时集成商效用的变化设为 $\Delta\Pi_{LSI}^{1-2}=\frac{|\Pi_{scenario\ 1}-\Pi_{scenario\ 2}|}{\Pi_{scenario\ 1}}$，提供商效用的变化设为 $\Delta U_{FLSP}^{1-2}=\frac{|U_{scenario\ 1}-U_{scenario\ 2}|}{U_{scenario\ 1}}$，供应链总绩效的变化设为 $\Delta TP^{1-2}=\frac{|TP_{scenario\ 1}-TP_{scenario\ 2}|}{TP_{scenario\ 1}}$，另外，我们以 scenario 1 与 scenario 3 的结果变化百分比表示不公平厌恶差异程度大对订单分配结果的影响，类似地，我们以 $\Delta\Pi_{LSI}^{1-3}$，ΔU_{FLSP}^{1-3}，ΔTP^{1-3} 分别表示不公平厌恶差异程度较大情形下订单分配结果的变化。

6.5.3.1 需求缩小情况下期权对行为因素的影响

本节主要分析了需求缩小（$\zeta=80<\mu$）的情况下，期权契约是如何影响提供商不公平厌恶行为对订单分配结果的。在需求减少情况下，订单分配结果的变化如图 6－13 和图 6－14 所示。

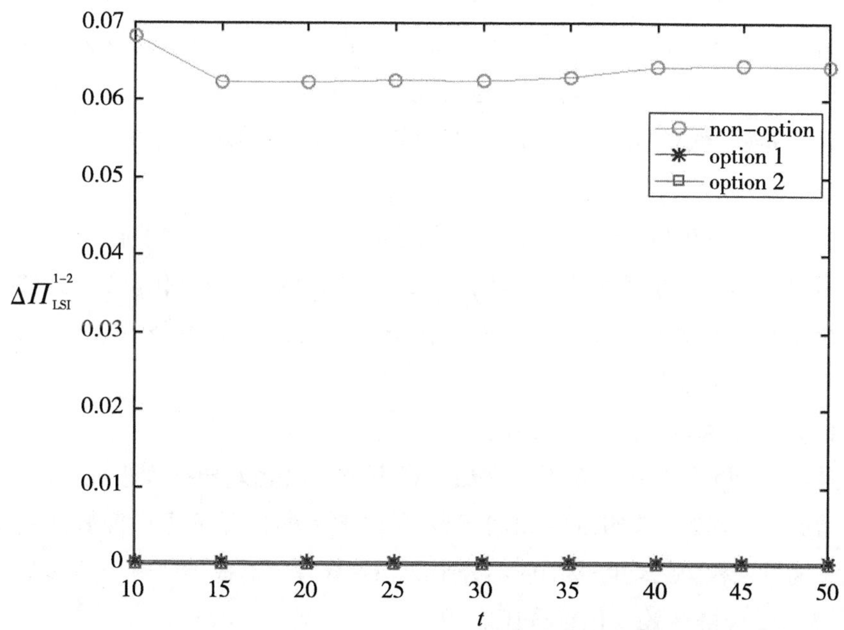

图 6－13　当不公平厌恶差异程度小时的 $\Delta\Pi_{LSI}^{1-2}$

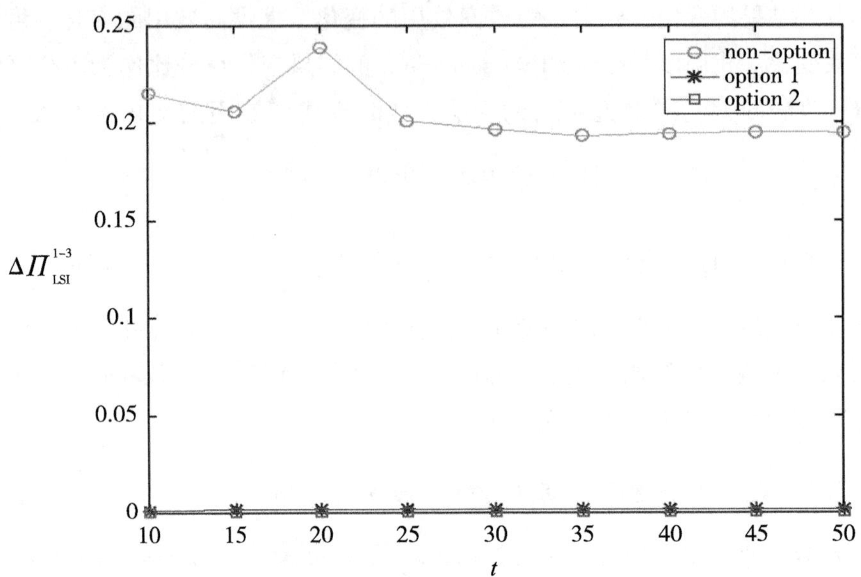

图 6 - 14　当不公平厌恶差异程度大时的 $\Delta\Pi_{LSI}^{1-3}$

（1）集成商效用变化百分比。

由图 6 - 13 可以看出，不公平厌恶差异程度小时，两种期权契约情况下，集成商效用的变化小于无期权契约情况下集成商效用的变化。这说明在不公平厌恶差异程度小的情况下，两种期权契约均可以削弱不公平厌恶差异程度对集成商效用的影响。

由图 6 - 14 可以看出，不公平厌恶差异程度大时，两种期权契约情况下，集成商效用的变化小于无期权契约情况下集成商效用的变化。这说明在不公平厌恶差异程度大的情况下，两种期权契约均可以削弱不公平厌恶差异程度对集成商效用的影响。

（2）提供商效用变化百分比。

从图 6 - 15 和图 6 - 16 可以看出，在不公平厌恶差异程度小或大时，两种期权情况下，提供商效用的变化小于无期权契约的情况下提供商效用的变化。因此，两种期权契约均可以削弱不公平厌恶差异程度对提供商效用的影响。

（3）供应链绩效变化百分比。

由图 6 - 17 和图 6 - 18 可知，不公平厌恶差异程度小或大时，两种期权契约情况下，供应链绩效的变化均小于无期权契约情况下供应链绩效的变化，说明两种期权契约均能有效地削弱不公平厌恶差异程度对供应链绩效的影响。并且，集成商向提供商预定期权的情况下，供应链绩效的变化比例小于集成商向外购买期权担保情况下供应链绩效的变化比例。这说明在需求减少的情况下，集成商预定期权优于集成商向外购买期权担保。

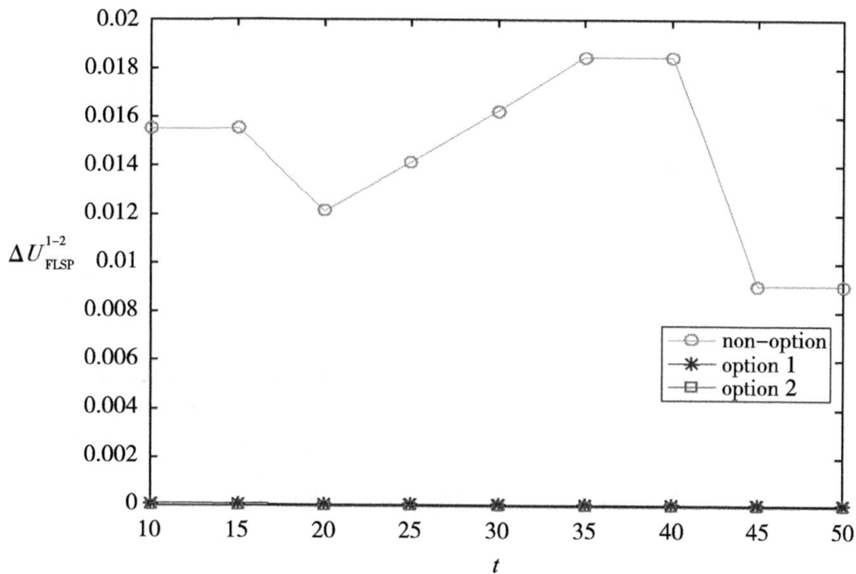

图 6-15　当不公平厌恶差异程度小时的 ΔU_{FLSP}^{1-2}

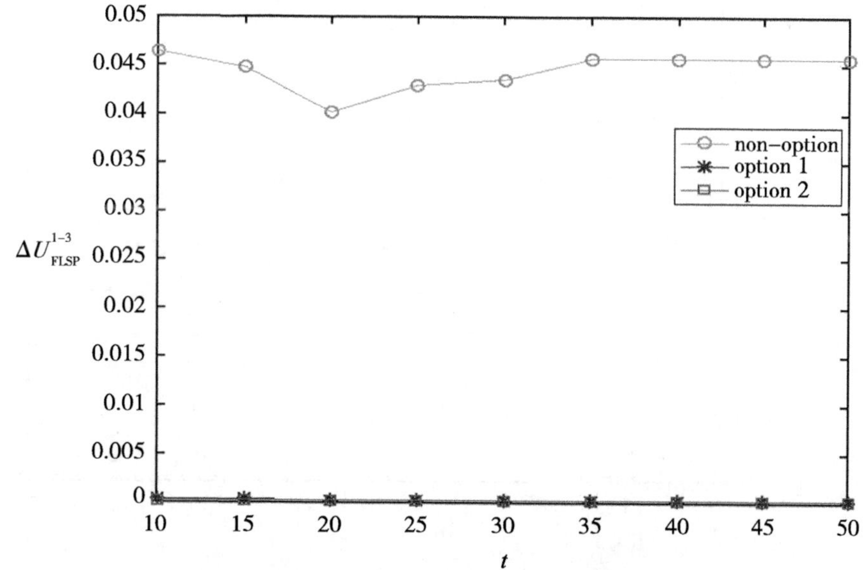

图 6-16　当不公平厌恶差异程度大时的 ΔU_{FLSP}^{1-3}

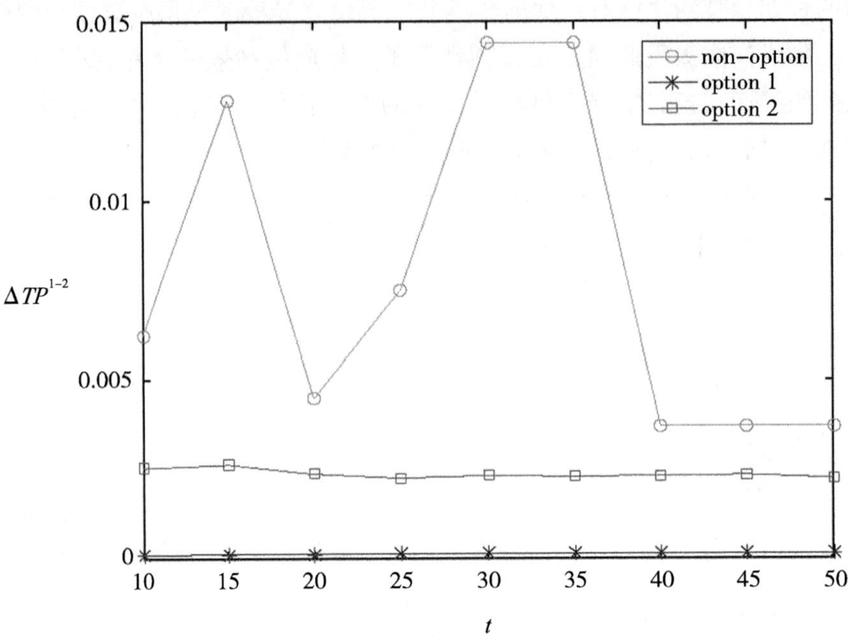

图 6-17　当不公平厌恶差异程度小时的 ΔTP^{1-2}

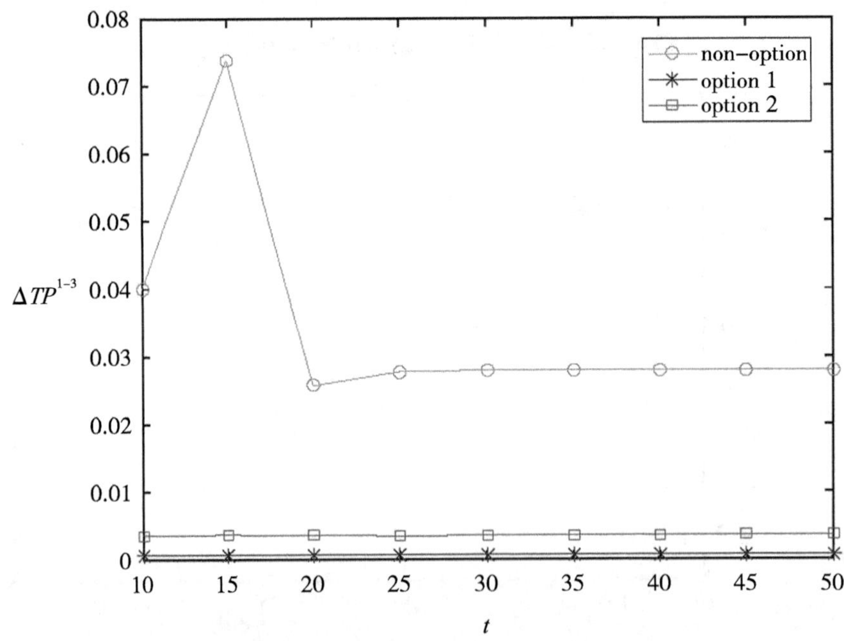

图 6-18　当不公平厌恶差异程度大时的 ΔTP^{1-3}

6.5.3.2 需求增加情况下期权对行为因素的影响

（1）集成商效用变化百分比。

由图 6-19 和图 6-20 可知，不论不公平厌恶差异程度小还是大，集成商向提供商预定期权的情况下，集成商效用变化均大于无期权情况下集成商效用，也大于集成商向外购买期权担保情况下的集成商效用。这说明，与向提供商预定期权相比，集成商向外购买期权担保能有效地削弱不公平厌恶差异程度对集成商效用的影响。

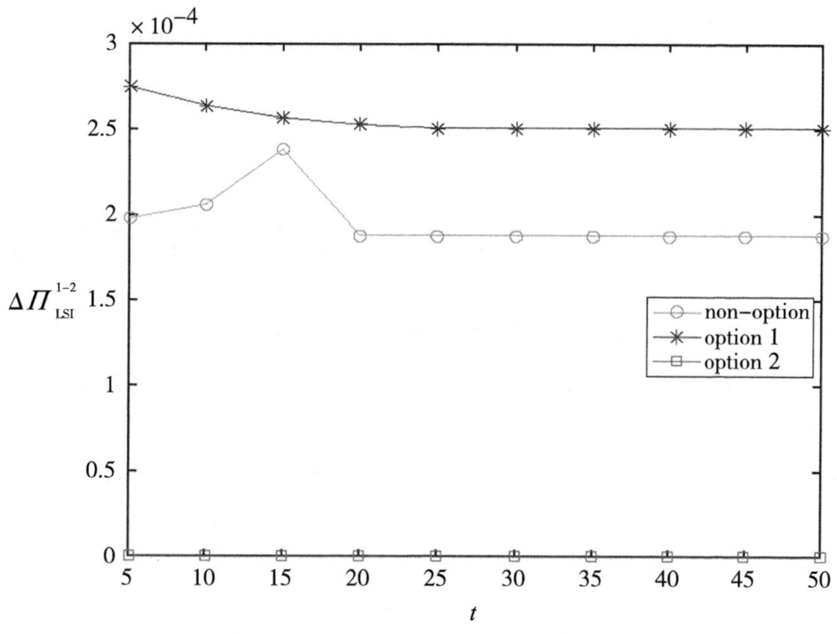

图 6-19 当不公平厌恶差异程度小时的 $\Delta\Pi_{LSI}^{1-2}$

（2）提供商效用的变化百分比。

由图 6-21 和图 6-22 可知，无期权契约情况下，提供商的效用变化大于有期权契约情况下的提供商效用变化，说明两种期权契约均可以削弱不公平厌恶行为对提供商效用的影响，且两种期权方式的削弱效果差别不大。

（3）供应链绩效变化的百分比。

由图 6-23 可知，不公平厌恶差异程度小时，无期权契约情况下，总体上供应链绩效变化大于集成商向提供商预定期权情况下的供应链绩效变化，说明集成商向提供商预定期权可以削弱不公平厌恶行为对供应链绩效的影响。

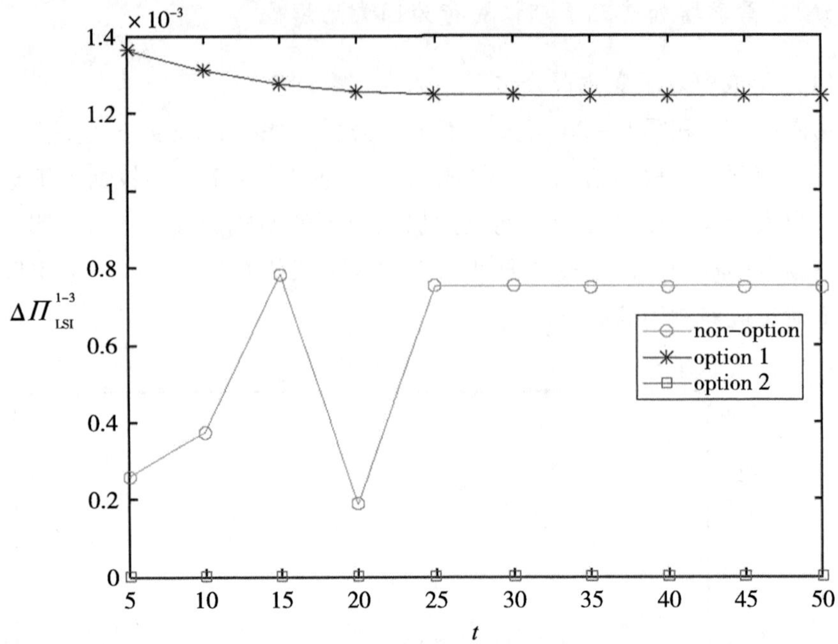

图 6－20　当不公平厌恶差异程度大时的 $\Delta\Pi_{LSI}^{1-3}$

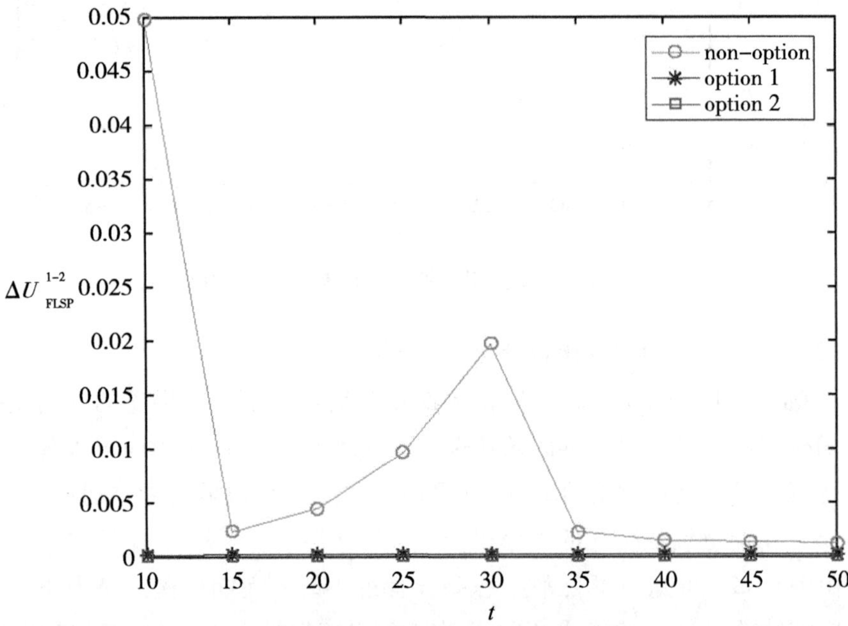

图 6－21　当不公平厌恶差异程度小时的 ΔU_{FLSP}^{1-2}

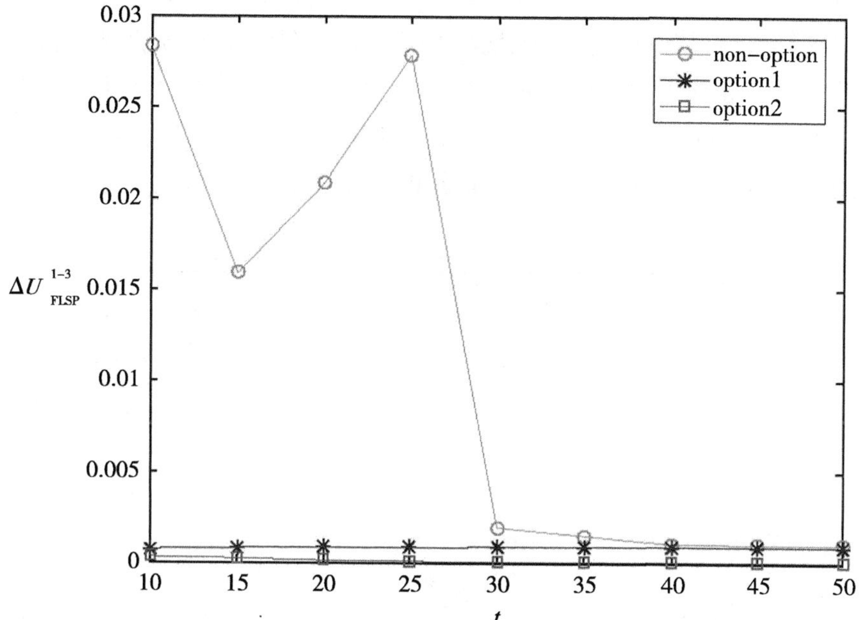

图 6－22　当不公平厌恶差异程度大时的 ΔU_{FLSP}^{1-3}

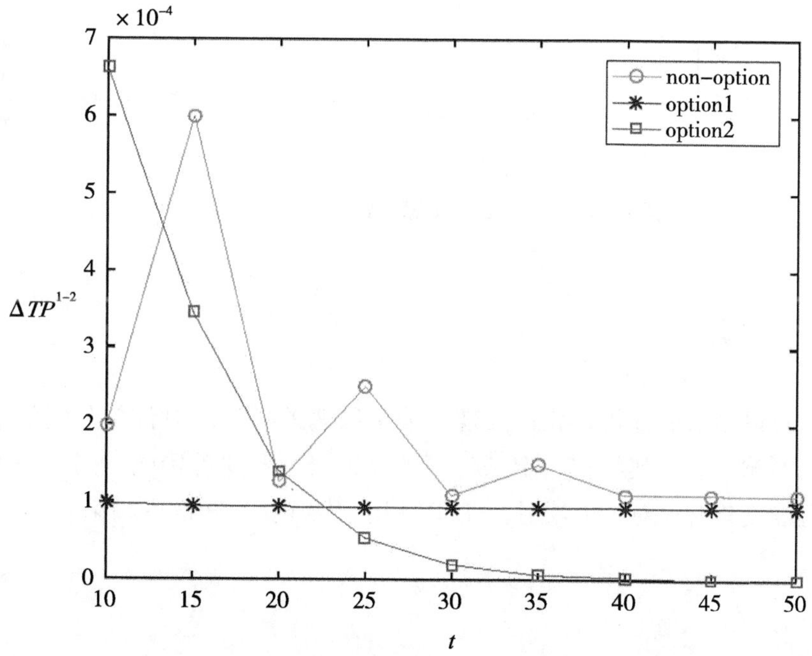

图 6－23　当不公平厌恶差异程度小时的 ΔTP^{1-2}

由图 6－24 可知，不公平厌恶差异程度大时，集成商向提供商预定期权情况下的供应链绩效变化大于无期权契约情况下供应链绩效的变化和集成商向外购买期权担保情况下供应链绩效的变化。这说明集成商向外购买期权担保可以削弱不公平厌恶差异程度对供应链绩效的影响，而集成商向提供商预定期权则不能显著削弱不公平厌恶差异程度对供应链绩效的影响。

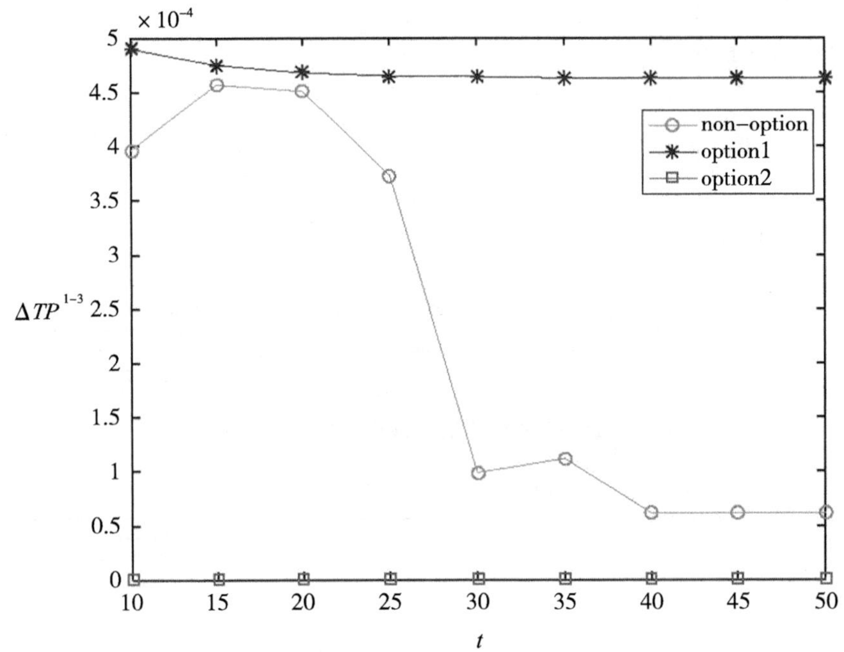

图 6－24　当不公平厌恶差异程度大时的 ΔTP^{1-3}

6.5.4　讨论

通过以上数值分析，我们发现不公平厌恶差异程度对订单分配的结果有一定的影响，期权契约在一定条件下可以适当削弱这种影响。当不公平厌恶差异程度变化时，对 LSI 效用、FLSP 效用和供应链绩效的影响见表 6－4。

表 6 – 4　　　　参数影响定律摘要

因变量		自变量			
		需求更新时间 t		公平的差异和 FLSPs 中的优先选择	
		$\zeta < \mu$	$\zeta > \mu$	$\zeta < \mu$	$\zeta > \mu$
Model 1	LSI 效用	↘→	↗→	↗	↗
预定选项	FLSP 效用	↗→	↘→	↘	↘
	供应链绩效	→	→	↗	↗
Model 2	LSI 效用	→↘↑	↑↘→	→	→
期权衍生品	FLSP 效用	↘→	↗→	↘	↘
	供应链绩效	↘→	↗→	↘	↘

注："↗" 表示随着自变量的增加，因变量的值将增加，"↘" 表示随着自变量的增加，因变量的值将减少，"→" 表示随着自变量的增加，因变量的值不变，"↑" 表示随着自变量的增加，因变量的值会突然增加。

由表 6 – 4 可以得出，在最优更新时刻订单分配结果达到极值并且趋于稳定，在 t 时刻之后更新，集成商效用、提供商效用和供应链绩效不会发生变化。集成商向提供商预定期权契约的情况下，随着不公平厌恶差异程度的增加，集成商利润增加，提供商效用降低，供应链绩效增加。集成商向外购买期权担保的情况下，不公平厌恶差异程度主要影响提供商的效用和供应链绩效，随着不公平厌恶差异程度的增加，提供商效用降低，供应链绩效也降低。并且，对比 non-option 的情况，两种期权契约均可以增加供应链绩效。

结合 6.5.3 节的分析以及附录 6 – 1 和附录 6 – 2 中的具体数据，可以得出两种期权契约削弱不公平厌恶差异程度对订单分配结果影响的适用条件，见表 6 – 5。

表 6 – 5　　期权契约削弱不公平厌恶差异程度对订单分配结果影响的适用条件

	$\zeta < \mu$						$\zeta > \mu$					
	不公平厌恶差异程度小			不公平厌恶差异程度大			不公平厌恶差异程度小			不公平厌恶差异程度大		
	$\Delta\Pi_{LSI}^{1-2}$	ΔU_{FLSP}^{1-2}	ΔTP^{1-2}	$\Delta\Pi_{LSI}^{1-3}$	ΔU_{FLSP}^{1-3}	ΔTP^{1-3}	$\Delta\Pi_{LSI}^{1-2}$	ΔU_{FLSP}^{1-2}	ΔTP^{1-2}	$\Delta\Pi_{LSI}^{1-3}$	ΔU_{FLSP}^{1-3}	ΔTP^{1-3}
option 1	Y	Y	Y*	Y	Y	Y*	N	Y	Y	N	Y	N
option 2	Y*	Y*	Y	Y*	Y*	Y	Y	Y*	N	Y	Y*	Y

注：Y 表示期权契约对不公平厌恶差异程度的影响有削弱作用，Y* 表示该期权契约对不公平厌恶差异程度的影响有更优的削弱作用；N 表示期权契约对不公平厌恶差异程度的影响没有削弱作用。

由表6-5可得，在需求减少情况下，无论不公平厌恶差异程度小还是大，两种期权契约均能削弱不公平厌恶差异程度对集成商效用、提供商效用和供应链绩效的影响，且集成商向提供商预定期权优于向外购买期权担保。

在需求增加的情况下，不公平厌恶差异程度小时，集成商向提供商预定期权可以削弱不公平厌恶差异程度对提供商效用以及供应链绩效的影响，不能削弱不公平厌恶差异程度对集成商效用的影响；集成商向外购买期权担保只能削弱不公平厌恶差异程度对集成商效用、提供商效用的影响，不能削弱对供应链绩效的影响。当不公平厌恶差异程度大时，集成商向提供商预定期权只能削弱不公平厌恶差异程度对提供商效用的影响，而集成商向外购买期权担保可以削弱不公平厌恶差异程度对三者的影响。综合来看，期权担保的适用范围更广，且整体表现优于预定期权。

6.6 主要结论和管理学内涵

6.6.1 主要结论

本章建立了需求更新环境下考虑期权契约和提供商不公平厌恶行为的物流服务供应链订单分配模型，主要研究了两种期权契约情况下，不公平厌恶差异程度对订单分配的影响并与无期权契约的情况（Liu et al.，2017）进行对比，探究期权契约能否削弱不公平厌恶差异程度的影响。我们得到了以下结论。

首先，经过研究发现集成商向提供商预定期权和集成商向外购买期权担保均可以增加供应链绩效。

其次，集成商向提供商预定期权契约的情况下，随着不公平厌恶差异程度的增加，集成商效用增加，提供商效用降低，供应链绩效增加。集成商向外购买期权担保的情况下，不公平厌恶差异程度主要影响提供商的效用和供应链绩效，随着不公平厌恶差异程度的增加，提供商效用和供应链绩效均减少。

最后，两种期权契约在一定条件下均可以削弱不公平厌恶差异程度对订单分配的影响，在需求减少情况下，预定期权更优；在需求增加情况下，集成商向外购买期权担保更优。

6.6.2 管理学意义

本章的研究对 LSI 和 FLSP 都有一定的管理学意义。

对于 LSI 来说，第一是由于存在最优更新时刻，在最优更新时刻后，集成商效用、提供商效用和供应链绩效不再发生变化，因此集成商应在最优更新时刻进行更新。第二是集成商向提供商预定期权的情况下，由于不公平厌恶差异程度的增加，集成商效用和供应链绩效随之增加，若集成商想提升供应链绩效和自身的效用，可以适当增加提供商之间的不公平厌恶差异程度。第三是集成商向外购买期权担保的情况下，由于不公平厌恶差异程度的增加，提供商效用和供应链绩效随之降低，集成商应适当降低提供商之间的不公平厌恶差异程度。第四是集成商在决定具体的期权契约方式前，应对未来需求变化的趋势进行整合趋势判断。当需求减少时，两种期权集成商均可以选择，但应尽量选择预定期权形式；当需求增加时，集成商应选择向外购买期权担保的形式。因此，对于前文提到的长久物流，我们建议其在需求增加的情况下，可以优先选择向外购买期权担保的形式，将有可能获得比当前向提供商预定期权的形式更优的供应链绩效。

对于 FLSP 来说，第一是集成商在向自身预定期权和集成商向外购买期权担保两种情况下，不公平厌恶差异程度的增加均会降低自身效用，因此，提供商与集成商之间的不公平厌恶差异程度过大，对自身不利，提供商应尽量加强合作，防止不公平厌恶差异程度过大。在实际的物流服务供应链协调过程中，FLSP 可以建立提供商联盟，尽量降低自身对不公平的敏感程度。第二是集成商向提供商预定期权还可以削弱不公平厌恶差异程度对提供商效用的影响，因此，对提供商来说，选择预定期权对自身更有利，这会影响集成商的利益，因此提供商可与集成商建立一定的契约协调关系（如收益补偿或价格折扣），以获得更高的效用。

6.6.3 未来研究方向

本章利用多目标规划模型，研究了在需求更新环境中考虑提供商不公平厌恶行为和两种期权契约的物流服务供应链任务分配问题。本章对于模型的求解只是运用算例分析，不能完全代表现实中情况，具有一定的局限性。算例的分析只是基于一组数据，后续可以开展更多的算例分析，以获得更丰富的结论。

7 需求更新和双重过度自信行为的物流服务供应链决策

——以港口为例

7.1 引言

港口是全球物流的重要节点（Bichou and Gray，2004），以港口为中心的服务供应链管理成为供应链管理的一个新的研究领域（Carlo et al.，2014；Liu et al.，2016）。在港口—船公司—客户的服务供应链中，港口负责为船公司提供各项服务，如引航、靠泊、装卸船、集疏港等基础服务。由于港口服务的可代替性低以及港口服务在整个物流运输过程中的重要性，港口服务对船公司十分重要，因此港口是港口服务供应链的主导者；船公司负责承运客户的货物，集成港口的各种服务，作为被服务方需要付给港口服务费用，是港口服务供应链中的顺从者（王大飞等，2017）。

过度自信是自我认知程度高于实际情况的一种认知偏差，是行为经济学和运营管理中常见的一种非理性决策行为，Moore and Healy（2008）通过总结350篇有关过度自信行为研究的文献，发现过度自信行为广泛存在于企业决策中，港口行业也不例外。Moore and Healy（2008）将过度自信行为划分为三种类型，分别是过度估计、过高定位和过度精确。其中，过度估计指的是对自身能力的认知程度偏离于实际情况，是最为常见的过度自信行为。根据我们的调研，天津港就出现了对自身港口服务水平过度估计的情况。天津港作为中国华北地区最大的国际港口，也是中国较早的集装箱港口，有着优越的地理位置，其腹地资源广阔，包括山西、陕西及河北大部分地区。因此，天津港客户资源丰富，国内外大部分船公司均与天津港有业务往来，需要天津港为其提供港口服务。天津港的业务量大，需要服务的船舶数量多，加之在港口服务中存在很多意外事件和不可抗力因素等，天津港没有能力全面考虑所有因素，导致其对服务水平的认知程度经常偏离（高于或低于）实际情况，最终不能按计划完成港口服务和船舶作业，对天津港和中国远洋船公司的正常经营造成了影响。

船公司中也存在对自身能力过度估计的情况。船公司面临不同的市场信息，对自身承运量进行决策时，会伴随着对自身承运能力过度估计的行为（Wang et al.，2015；Lu et al.，2015）。根据对中国远洋船公司的调研反馈，对自身承运能力的过度估计主要有两种情况，第一种是面临有利市场信息时，对自身承运能力的过高估计；第二种是面临不利市场信息时，对自身承运能力的过低估计。2017 年 4 月，天津港实施禁止汽运煤集疏港的政策，该政策实施后，当月天津港煤炭吞吐量为 282.88 万吨/月，较之前的平均 365.32 万吨/月下跌了 22.6%。2018 年政府部门继续出台限制非环保的大宗货物运输政策，国内的船公司面对这样不利的市场信息情况，主动减少了其大宗货物的承运量，但都出现了对自身承运量的估计低于真实市场需求变化的情况。相反，若船公司认为市场出现有利的信息，如航运市场行情较好、开拓了新市场等，船公司容易对承运能力过高估计，主动增加其货物承运量。

除过度自信行为外，供应链外部的需求更新也是影响供应链成员决策的重要因素。供应链外部需求不断变化导致船公司难以准确判断承运量，船舶运输能力不足或者过剩的情况十分常见。对此，中国远洋船公司从历史销售数据和市场信息两方面入手进行需求更新，进一步准确预测市场需求，减少因自身运力不足或过剩所造成的不必要损失。综上所述，供应链内部的行为因素和外部环境的需求因素增加了服务供应链决策的难度，本章将对这两方面因素对供应链决策结果的影响规律进行深入研究。

从学术角度来看，尽管很多学者已经研究了过度自信行为对采购决策、供应链成员利润等方面的影响，但多数学者仅考虑了供应链中一方成员的过度自信行为，如零售商过度自信（Wang et al.，2015；Zhang et al.，2015）、新闻供应商过度自信（Ren et al.，2017；Li et al.，2017），所以综合供应链中双方过度自信的研究还十分缺乏。另外，需求更新对供应链影响的研究已经十分普遍，但引入供应链内部成员的过度自信行为，同时探索供应链内外部因素对供应链成员决策的影响规律是当前学术研究中的空白。过度自信和需求更新两个因素之间是否互相影响，也是值得深入研究的重要学术性问题。

因此，本章主要在港口服务供应链的情境下，考虑市场的需求不确定性，探讨需求更新前后，船公司和天津港的过度自信对供应链成员决策和利润的影响。本章具体研究的问题如下。

①船公司和天津港的双重过度自信对船公司的承运量决策及利润有何影响，对天津港的港口服务水平及利润有什么影响？

②船公司过度自信行为和天津港过度自信行为之间有什么关系？

③需求更新如何影响供应链成员的决策和利润？需求更新与过度自信行为对供应链决策和利润的影响有什么关系，是相互矛盾还是相互补充？

本章将运用 Real case-based method 对上述的问题进行研究。Real case-based method 是指基于具体的实际案例和产业实践的问题为背景，对行业问题进行深入的案例研究和建模分析，目的是为供应链管理提供建议，并进一步提高运营管理和供应链的效率。本章首先在完全理性的情况下，建立了需求更新前的供应链决策模型，并将其作为基准，以衡量双重过度自信行为的影响。然后，将模型拓展到需求更新后的决策模型。此外，本章依据港口服务供应链中企业实际的数据，进行数值模拟。得到的结论总结如下。

针对第一个问题，经过研究发现船公司存在过度自信行为时，其最佳承运量会与理性情况下偏离，导致船公司的利润低于理性情况下的最大利润，并且其过度自信程度（对自身承运能力过高或过低估计）越严重，最佳承运量偏离越严重，利润降低越多。对于天津港利润而言，TPO 和 SCO 对其利润有正向影响。对港口服务水平而言，SCO 对港口服务水平有正向影响，TPO 对港口服务水平有负向影响，这导致天津港的过度自信因子存在一个临界值。当天津港过度自信因子等于临界值时，港口服务水平等于理性情况下的最佳港口服务水平；当天津港的过度自信因子小于临界值时，港口服务水平大于理性情况下的最佳港口服务水平；反之亦然。

针对第二个问题，经过研究发现了 SCO 影响天津港过度自信因子的临界值。船公司对自身承运量过低估计会导致天津港过度自信因子的临界值降低；相反，船公司对自身承运量过高估计会导致天津港过度自信因子的临界值升高。

针对第三个问题，经过研究发现了需求更新可以增加船公司的最佳承运量和利润，也会使天津港的最佳服务水平上升、利润增加。另外，需求更新和过度自信行为互相影响，例如，需求更新放大了船公司过度自信行为对自身利润的负向影响程度，而船公司过度自信行为抑制需求更新对自身利润的正向影响。

本章结构如下：7.2 节为文献综述，回顾了需求更新和供应链成员过度自信行为方面的研究进展；7.3 节是模型描述，主要对本章的研究问题进行详细叙述，提出相关假设和数学模型；7.4 节构建了在需求更新前后，理性情况和考虑双方过度自信行为的供应链决策模型；7.5 节对研究结果进行了分析讨论，得出结论；7.6 节是数值分析，根据实际调研的天津港和中国远洋船公司的真实案例的数据，进行了数值模拟，验证了本章的结论；7.7 节是结论与展望。

7.2　文献综述

本章主要分析了双重过度自信行为和需求更新两方面因素对港口服务供应链决策和效用的影响。因此在本节中，我们从需求更新和过度自信行为两方面对以往文献进行综述。

7.2.1　需求更新

在市场快速变化的情况下，需求不确定导致的供应链决策问题成为近年来学者研究的热点问题，需求更新作为一种应对需求不确定的方式得到了广泛研究。贝叶斯更新是一种预测需求的有效方法（Lee et al.，2012；Berk et al.，2007；Song et al.，2014），条件分布法（Zhang et al.，2013）和 AR（1）过程（So and Zheng.，2003）也是需求更新的常用方法。

在供应链研究领域，一方面，根据需求信息来源，需求更新的文献主要分为两种，即利用观测市场信号进行需求信息更新（Gurnani and Tang，1999；Zhang et al.，2013）和基于实际观测的需求进行信息更新（Eppen and Iyer，1997；Tsay，1999；Milner and Rosenblatt，2002）。另一方面，根据需求更新相关的研究内容，研究内容主要包括零售商采取信息更新手段优化订货策略（So and Zheng，2003；Sethi et al.，2007；Berk et al.，2007；Wu et al.，2013）、需求更新下的供应链契约协调（Chen et al.，2006；Chen et al.，

2010；Özen et al.，2012；Zhang et al.，2013）。

近年来，随着服务供应链的兴起，一些学者逐步将需求更新引入服务供应链领域。例如，一些学者开始研究物流服务供应链下的需求更新的采购问题（Liu et al.，2017）、订单分配问题（Liu et al.，2017）以及两阶段定价（Liu et al.，2015）问题。

随着近年来行为研究越来越普遍，很多学者在考虑需求更新的同时，也将决策者的行为因素引入供应链研究中。例如，Liu et al.（2018）构建了需求更新下考虑提供商公平偏好的两阶段订单分配模型，发现第二阶段需求放大会导致供应链总绩效增加；第二阶段需求减少时，提供商的不公平厌恶程度差异越大，集成商利润越大，提供商的总效用越低。Yan and Wang（2014）考虑了资本限制风险厌恶行为，通过风险中性和风险厌恶两种情况下对比，表明最优订购策略受到目标安全资本的影响。此外，一些学者研究了需求更新背景下的损失厌恶因素（Ma et al.，2012）对供应链成员决策的影响。

7.2.2 过度自信行为

过度自信是较为常见的认知偏见，从心理学领域（Grubb，2009）到运营管理领域都广泛存在（Ren and Croson，2013）。在运营管理的研究领域中，很多实验研究都表明过度自信行为导致的认知偏差对决策者有重大影响（Ren et al.，2017；Schweitzer and Cachon，2000；Bostian et al.，2008；Bolton and Katok，2008；Katok and Wu，2009；Ho et al.，2010），过度自信行为在运营管理领域涉及典型的报童模型（Li et al.，2017）、绿色供应链（Lu et al.，2015）、农产品供应链（Nie and Yu，2013）、制造业供应链（Wang et al.，2015；Zhang et al.，2015）。

Moore and Healy（2008）将过度自信分为3种形式：过度估计、过高定位和过度精确。Croson et al.（2013）用过度精确来描述过度自信倾向，即过度自信决策者认为需求随机波动的方差比实际值小，然后设计了基于残值和批发价格调整的激励契约以促使过度自信的报童模型按照最优订货量进行订货，从而实现供应链协调，并通过两个行为实验证明了该理论的正确性。Schweitzer et al.（2000）研究了过度自信情况下的报童决策偏差问题，发现决策者所作出的订货决策明显偏离理论最优值而向需求均值靠近。Johnson et al.

(2011) 提出了过度自信的演化模型，发现过度自信是一种演化稳定的状态，并解释了过度自信十分普遍的原因。

虽然很多研究发现过度自信会导致管理者作出非最优的决策（Malmendier and Tate，2005；Johnson and Tierney，2011），但也有不少研究表明过度自信对供应链有利（包晓英等，2011；浦徐进和诸葛瑞杰，2014），包晓英等(2011) 指出过度自信对设计逆向供应链的激励和提高激励效率有价值。另外，可以通过契约的方式协调供应链，削弱过度自信行为对供应链的不利影响。Wang (2014) 指出，尽管过度自信时零售商的利润小于理性时零售商的利润，但在高利润行业可以通过回购合同协调供应链。

一些学者研究决策者过度自信行为和其他行为的共同影响，发现在一定条件下，决策者多种行为的互相作用，可以抵消某一种行为单方面对供应链的不利影响。例如，浦徐进和诸葛瑞杰 (2014) 表明在一定条件下，供应商的过度自信可能增加制造商的努力程度。Li et al. (2017) 在竞争的报童模型中加入了过度自信的影响，发现过度自信行为和库存竞争都会导致决策者的利润降低，但当产品的利润率较高时，过度自信可以抵消竞争行为的影响。

7.2.3 文献小结

从既有文献来看，综合考虑供应链外部需求更新与内部成员行为因素的研究正在兴起，一些学者已经将需求更新和其他行为进行了联合研究，如公平（Liu et al.，2017）、损失厌恶（Ma et al.，2012）等，但是将需求更新与过度自信的联合研究还没有出现。然而，过度自信是常见的影响企业决策行为的因素，虽然在供应链管理领域中被广泛探讨，但是在需求更新的情况下少有研究。综合两方面因素的学术研究不仅是当前研究中的一个缺口，也是实践生产的必然要求。因此，本章以港口服务供应链为背景，运用 Real-case method 分析了双重过度自信和需求更新对供应链成员的利润和决策的影响，对需求更新和过度自信行为的联合研究进行了拓展，对港口服务供应链实践运作有重大意义。

7.3 模型描述

7.3.1 问题描述

本章以港口—船公司—客户的服务供应链为背景，应用 Real-case method，基于天津港和中国远洋船公司的实际案例进行以下假设和建模研究。中国远洋船公司是一家大型船公司，作为港口服务供应链的集成商，面向下游的客户提供货物运输服务。其单位货物向客户收取运费为 p ，船公司单位货物的承运成本为 $\gamma w(\gamma > 1)$ 。在 γw 中，包括港口的服务费用 w（港使费、装卸费等），这部分费用直接交付给天津港；还包括其他费用 $(\gamma - 1)w$ ，如海上运输成本（燃油费、工资等），这部分费用由船公司自己承担。天津港作为港口服务供应链的提供商，为中国远洋船公司提供港口服务，单位货物服务成本为 c ，并向船公司收取港口服务费用，单位货物收费为 w 。

天津港的港口服务能力为 T ，提供的港口服务水平为 β 。由于船公司与天津港之间信息不对称，天津港港口服务水平是私有信息，但船公司可以根据以往的港口服务水平，认为天津港本期的港口服务水平 $\hat{\beta}_j \in (\underline{\beta},\bar{\beta})$ 为一个随机变量，其一般概率分布函数为 $H(\beta_j)$,$[H(\underline{\beta}) = a,H(\bar{\beta}) = b]$ ，概率密度函数为 $h(\hat{\beta}_j)$ 。同时 $\underline{\beta}$ 是天津港港口服务水平的下限，$\beta \geqslant \underline{\beta}$ 保证有船公司选择天津港进行货物出口。在实践中，航运市场竞争十分激烈，作为天津港竞争对手的青岛港近年来发展迅速，导致天津港的竞争优势受到很大挑战，一部分船公司选择青岛港进行货物出口，天津港的市场份额与其提供的港口服务水平息息相关。假设市场中的潜在市场客户需求 $D \sim N(\mu,\sigma^2)$ ，其概率分布函数 $F(x)$ 为凹函数，概率密度函数为 $f(x)[f'(x) > 0]$ 。借鉴 Zha et al.(2015) 中服务努力水平对不确定需求的影响，本章设天津港港口服务水平对市场需求的影响为 $\hat{\beta}_j D$ 。

市场需求的不确定性会增加船公司决策的难度，虽然无法准确知道市场需求，但可以对市场需求作出预测。当船公司多次承运货物时，可以利用上一期的货物运输情况对本期的市场需求预测进行更新，以便获得更加准确的预测信息，本章中考虑两期情况，船公司根据第一阶段的承运量，更新本期市场需求分布，假设本章中需求更新后的概率分布函数和概率密度函数分别为 $G(x) = \dfrac{F(x) - F(Q_1)}{1 - F(Q_1)}$ 和 $g(x) = \dfrac{f(x)}{1 - F(Q_1)}$，$Q_1$ 是船公司第一阶段的承运量。在 Sarvary and Padmanabhan（2001）和 Liu et al.（2015）等文献中均采用这一表达方式，描述贝叶斯更新后的市场需求分布，是一种比较常用的更新方式。

关于船公司对自身承运量过度自信，借鉴石岿然等（2014）关于零售商对自身采购能力过度自信的表达，本章假设船公司的过度自信因子为 k（$k>0$），市场出现不利信息时，船公司对其承运能力过低估计，此时 $0<k<1$；相反，市场出现有利信息时，船公司对其承运能力过高估计，此时 $k>1$。$k=1$ 时为理性情况。

天津港对自身港口服务水平也存在过度自信行为，根据 Chen and Wang（2017）关于零售代理商对其服务努力水平过度估计的表达，假设天津港的过度自信因子为 $l(l > 0)$，天津港可能对自身的港口服务水平过高或过低估计，因此 l 可能大于 1 也可能小于 1，当 $l = 1$ 时为理性情况。

7.3.2 模型参数

相关的模型参数见表 7－1。

表 7－1　模型参数

符号	含　义
β_j	天津港第 j 阶段的港口服务水平
Q_j	船公司第 j 阶段的承运量
D	市场需求
$f(x)$	第一阶段市场需求 D 的概率密度函数
$F(x)$	第一阶段市场需求 D 的概率分布函数
$g(x)$	第二阶段市场需求 D 的概率密度函数
$G(x)$	第二阶段市场需求 D 的概率分布函数
p	单位货物的承运价格
w	天津港向船公司提供单位货物港口服务的价格

续 表

符号	含 义
γw	船公司承运货物的单位成本
τ	客户对天津港的港口服务水平预测的准确程度
g	船公司运力过剩时，单位舱位的缺货成本
h	船公司运力不足时，单位舱位的机会成本
c	天津港提供单位港口服务的运作成本
T	天津港总的港口服务能力
v	天津港剩余港口服务能力的单位收入
s	天津港港口服务能力不足时，单位货物的机会损失
k	船公司的过度自信因子
l	天津港的过度自信因子
Π_{S_j}	船公司第 j 阶段的利润
Π_{P_j}	天津港第 j 阶段的利润
$\Pi_{S_j}^{k}$	船公司存在过度自信行为时，第 j 阶段的利润
$\Pi_{P_j}^{l}$	天津港存在过度自信行为时，第 j 阶段的利润

注：天津港决策变量是 β_j ，船公司的决策变量是 Q_j 。

7.4 模型建立及求解

首先在 7.4.1 节建立了双方完全理性情况下的决策模型，随后引入了过度自信因子，建立了考虑双重过度自信的决策模型。随后，在 7.4.2 节我们将 7.4.1 节的两个模型拓展到需求更新后的决策模型。本章以需求更新前后双方完全理性的情况作为基准，分析过度自信行为和需求更新对供应链决策和利润的影响。需要说明的是，一方完全理性而另一方具有过度自信行为的情况是双方均过度自信的特殊情境，此时船公司的过度自信因子 $k=1$ 或天津港的过度自信因子 $l=1$ 。另外，已经有大量学者对单方过度自信行为进行了充分研究（Ren et al.，2017；Nie and Yu，2013；Li et al.，2017）。因此，本章模型不针对这两种特殊情境进行专门建模，而是考虑双方都存在过度自信行为开展相应建模，得到更为普遍意义的结论，以便更好地指导企业管理者进行理性决策。

如前文所述，在港口—船公司—客户的服务供应链中，港口是供应链的主导者，船公司是顺从者。因此，在模型求解过程中采用逆序求解法，船公司先对最优承运量进行决策，然后将最优承运量代入天津港的决策函数中，求得天津港的最优港口服务水平。

7.4.1　需求更新前过度自信的影响

7.4.1.1　双方无过度自信行为

（1）船公司决策。

双方无过度自信行为时，船公司利润的期望值如下：

$$\begin{aligned}\Pi_{S_1} &= E[pS(Q_1) - \gamma w Q_1 - gL(Q_1) - hI(Q_1)] \\ &= (p+h-\gamma w)Q_1 - (p+h+g)\hat{\beta}_1\int_0^{\frac{Q_1}{\hat{\beta}_1}} F(x)\mathrm{d}x - h\hat{\beta}_1\mu \qquad (7-1)\end{aligned}$$

其中，$\hat{\beta}_1 \in (\underline{\beta},\bar{\beta})$，且 $\hat{\beta}_1$ 的概率分布函数和概率密度函数分别为 $H(\beta_1)$ 和 $h(\beta_1)$。

$S(Q_1) = E(Q_1 \wedge \hat{\beta}_1 D) = Q_1 - \hat{\beta}_1\int_0^{\frac{Q_1}{\hat{\beta}_1}} F(x)\mathrm{d}x$ 为船公司承运量期望值，$pS(Q_1)$ 为船公司的运费收入，$L(Q_1) = E(Q_1 - X)^+ = \hat{\beta}_1\int_0^{\frac{Q_1}{\hat{\beta}_1}} F(x)\mathrm{d}x$ 为船公司运力过剩的期望值，$gL(Q_1)$ 是船公司运力过剩产生的成本，$I(Q_1) = E(X - Q_1)^+ = \hat{\beta}_1\mu - Q_1 + \hat{\beta}_1\int_0^{\frac{Q_1}{\hat{\beta}_1}} F(x)\mathrm{d}x$ 为船公司运力不足的期望值，$hI(Q_1)$ 是船公司运力不足产生的成本，$\gamma w Q_1$ 为船公司的承运成本。

在港口—船公司—客户的服务供应链中，港口是主导者，船公司是顺从者，因此先对式（7－1）求一阶导数得：

$$\frac{\partial \Pi_{S_1}}{\partial Q_1} = p + h - \gamma w - (p+h+g)F\left(\frac{Q_1}{\hat{\beta}_1}\right)$$

二阶导数为 $\frac{\partial^2 \Pi_{S_1}}{\partial Q_1^2} = -\left(\frac{p+h+g}{\beta}\right) f\left(\frac{Q_1}{\hat{\beta}_1}\right) < 0$，说明 Π_{S_1} 是承运量 Q_1 的凹函数，因此存在最优承运量 $Q_1^* = \hat{\beta}_1 F^{-1}\left(\frac{p+h-\gamma w}{p+h+g}\right) = (b-a)F^{-1}\left(\frac{p+h-\gamma w}{p+h+g}\right)$，使船公司利润实现最大化。

(2) 天津港决策。

双方无过度自信行为时，天津港的利润函数如下：

$$\Pi_{P_1} = (w-c)\min(Q_1,T) + v(T-Q_1)^+ - s(Q_1-T)^+ - \frac{1}{2}e\beta_1^2 \qquad (7-2)$$

其中，$w\min(Q_1,T)$ 为港口提供港口服务的收入；$c\min(Q_1,T)$ 是港口提供港口服务的服务成本；$v(T-Q_1)^+$ 是港口剩余港口服务能力的收入；当港口服务能力不足时，不能满足服务需求的客户会选择其他港口进行服务，则天津港的机会损失为 $s(Q_1-T)^+$；$\frac{1}{2}e\beta_1^2$ 是港口提供 β_1 服务水平需要付出的成本。

这时有两种情况需要考虑，分别是天津港港口服务能力足够（$T \geq Q_1$）与天津港港口服务能力不足（$T < Q_1$），具体如下所示。

①天津港港口服务能力足够（$T \geq Q_1$）。

此时天津港的利润函数为：

$$\Pi_{P_1} = (w-c)Q_1 + v(T-Q_1) - \frac{1}{2}e\beta_1^2 \qquad (7-3)$$

将最优承运量 $Q_1^* = \int_{\underline{\beta}}^{\bar{\beta}} F^{-1}\left(\frac{p+h-\gamma w}{p+h+g}\right)h(\beta_1)\mathrm{d}\beta_1$ 代入式（7－3）可得：

$$\Pi_{P_1} = (w-v-c)\int_{\underline{\beta}}^{\bar{\beta}} F^{-1}\left(\frac{p+h-\gamma w}{p+h+g}\right)h(\beta_1)\mathrm{d}\beta_1 + vT - \frac{1}{2}e\beta_1^2 \qquad (7-4)$$

对式（7－4）求一阶导数可得：

$$\frac{\partial \Pi_{P_1}}{\partial \beta_1} = (w-v-c)F^{-1}\left(\frac{p+h-\gamma w}{p+h+g}\right)[h(\bar{\beta}) - h(\underline{\beta})] - e\beta_1$$

对式（7－4）求二阶导数可得 $\frac{\partial^2 \Pi_{P_1}}{\partial \beta_1^2} = -e < 0$，因此 Π_{P_1} 是服务水平 β_1 的凹函数。令 $\frac{\partial^2 \Pi_{P_1}}{\partial \beta_1^2} = 0$，可以得到港口提供的最优港口服务水平：

$$\beta_1^* = \frac{(w-v-c)F^{-1}\left(\frac{p+h-\gamma w}{p+h+g}\right)[h(\bar{\beta}) - h(\underline{\beta})]}{e}$$

②天津港港口服务能力不足（$T < Q_1$）。

此时天津港的利润函数为：

$$\Pi_{P_1} = (w-c)T - s(Q_1-T) - \frac{1}{2}e\beta_1^2 \qquad (7-5)$$

将 Q_1^* 代入式（7－5）并求一阶导数可得：$\frac{\partial \Pi_{P_1}}{\partial \beta_1} = -s \cdot F^{-1}\left(\frac{p+h-\gamma w}{p+h+g}\right)$ $[h(\bar{\beta})-h(\underline{\beta})]-e\beta_1<0$，则 Π_{P_1} 是 β_1 的单调递减函数，由于 $\beta_1 \geqslant \underline{\beta}$，因此当 $\beta_1^* = \underline{\beta}$ 时，天津港利润达到最大值。这是因为在天津港的港口服务能力不足时，天津港的人员设备饱和运转，导致港口服务水平降低，只能提供最基本的港口服务水平。

7.4.1.2 双方存在过度自信行为

（1）船公司的决策。

由于市场需求不确定，以及有限理性的船公司对市场认知的不完整，往往会导致过度自信行为，船公司对其预期承运量 $S(Q_1)$ 产生过度自信，船公司的过度自信因子为 k，在船公司过度自信的情况下，船公司利润函数的期望值为：

$$\begin{aligned}\Pi_{S_1}^k &= E[pkS(Q_{k1})-\gamma wQ_{k1}-gL(Q_{k1})-hI(Q_{k1})]\\&=[(p+h+g)k-\gamma w-g]Q_{k1}-k(p+h+g)\hat{\beta}_1\int_0^{\frac{Q_{k1}}{\hat{\beta}_1}}F(x)\mathrm{d}x-h\beta_1^c\mu\end{aligned} \tag{7-6}$$

其中，$kS(Q_{k1}) = k[Q_{k1}-\hat{\beta}_1\int_0^{\frac{Q_{k1}}{\hat{\beta}_1}}F(x)\mathrm{d}x]$，$L(Q_{k1}) = Q_{k1}-kQ_{k1}+k\hat{\beta}_1\int_0^{\frac{Q_{k1}}{\hat{\beta}_1}}F(x)\mathrm{d}x$，$I(Q_{k1}) = \hat{\beta}_1\mu-kQ_{k1}+k\hat{\beta}_1\int_0^{\frac{Q_{k1}}{\hat{\beta}_1}}F(x)\mathrm{d}x$，求解过程与7.4.1.1节中的类似，求得船公司最优的承运量为：$Q_{k1}^* = (b-a)F^{-1}\left[\frac{(p+h+g)k-\gamma w-g}{k(p+h+g)}\right]$。

由于 $F(x)\in[0,1]$，即 $0 \leqslant \frac{(p+h+g)k-\gamma w-g}{k(p+h+g)} \leqslant 1$，可得 $k \geqslant \frac{\gamma w+g}{p+h+g}$，由已知条件可得 $0<\frac{\gamma w+g}{p+h+g}<1$。

（2）天津港的决策。

由于一些不可抗力因素（天气等）以及天津港的编排和调度失误等原因，天津港提供港口服务时，也会对其港口服务水平过度自信，参考 Chen et al.（2017）关于零售商对其销售努力水平的过度自信的表达，设天津港的过度自信因子为 l，天津港过度自信情况下的港口服务水平为 $l\beta_1$，此时利润函数为式（7－7）。

$$\Pi_{P_1}^{l}=(w-c)\min(Q_{k1},T)+v(T-Q_{k1})^{+}-s(Q_{k1}-T)^{+}-\frac{1}{2}e(l\beta_1)^2 \tag{7-7}$$

为了方便区分，用β_{l1}^*代表天津港过度自信情况下提供的最佳港口服务水平，天津港港口服务能力有剩余（$T\geqslant Q_{k1}$）时，其提供的最佳港口服务水平为：

$$\beta_{l1}^*=\frac{(w-v-c)F^{-1}\left[\frac{(p+h+g)k-\gamma w-g}{k(p+h+g)}\right][h(\bar{\beta})-h(\underline{\beta})]}{le}$$

在天津港港口服务能力不足（$T<Q_{k1}$）的情况下，当港口服务水平$\beta_{l1}^*=\underline{\beta}$时，天津港利润最大。

7.4.2 需求更新后过度自信的影响

在第二阶段，船公司根据第一阶段的承运量，更新本期市场需求分布，根据 Sarvary and Padmanabhan（2001）和 Liu et al.（2015）中贝叶斯更新的表示方法，假设需求更新后的概率分布函数和概率密度函数分别为$G(x)=\frac{F(x)-F(Q_1)}{1-F(Q_1)}$和$g(x)=\frac{f(x)}{1-F(Q_1)}$，$Q_1$是船公司第一阶段的承运量。

7.4.2.1 双方无过度自信行为

（1）船公司决策。

第二阶段需求更新后，双方无过度自信行为时，船公司利润的期望值为：

$$\begin{aligned}\Pi_{S_2}&=E[pS(Q_2)-\gamma wQ_2-gL(Q_2)-hI(Q_2)]\\&=(p+h-\gamma w)Q_2-(p+h+g)\hat{\beta}_2\int_0^{\frac{Q_2}{\hat{\beta}_2}}G(x)\mathrm{d}x-h\hat{\beta}_2\mu\end{aligned} \tag{7-8}$$

（2）天津港决策。

第二阶段需求更新后，双方无过度自信行为时，天津港的利润函数为：

$$\Pi_{P_2}=(w-c)\min(Q_2,T)+v(T-Q_2)^{+}-s(Q_2-T)^{+}-\frac{1}{2}e\beta_2^2 \tag{7-9}$$

与 7.4.1.1 节的求解过程类似，为了方便区分，用β_2^*代表需求更新后，天津港过度自信情况下，天津港提供的最佳港口服务水平。

7.4.2.2 双方存在过度自信行为

（1）船公司决策。

需求更新后，在船公司过度自信的情况下，船公司利润函数的期望值为：

$$\Pi_{S_2}^{k} = E[pkS(Q_{k2}) - \gamma wQ_{k2} - gL(Q_{k2}) - hI(Q_{k2})]$$

$$= [(p+h+g)k - \gamma w - g]Q_{k2} - k(p+h+g)\hat{\beta}_2\int_0^{\frac{Q_{k2}}{\hat{\beta}_2}} G(x)\mathrm{d}x - h\hat{\beta}_2\mu \tag{7-10}$$

（2）天津港决策。

需求更新后，天津港过度自信情况下，其利润函数为：

$$\Pi_{P_2}^{l} = (w-c)\min(Q_{k2},T) + v(T-Q_{k2})^{+} - s(Q_{k2}-T)^{+} - \frac{1}{2}e(l\beta_2)^2 \tag{7-11}$$

与7.4.1.2节的求解过程类似，为了方便区分，用β_{l2}^{*}代表需求更新后，天津港过度自信情况下，天津港提供的最佳港口服务水平。

综上所述，需求更新前后，双方存在过度自信行为时，供应链成员决策的最优决策变量如表7－2所示。

7.5 模型分析及讨论

本章将在模型求解的基础上，对模型的求解结果进行分析和讨论，得到主要命题和引理，本章研究框架如图7－1所示。

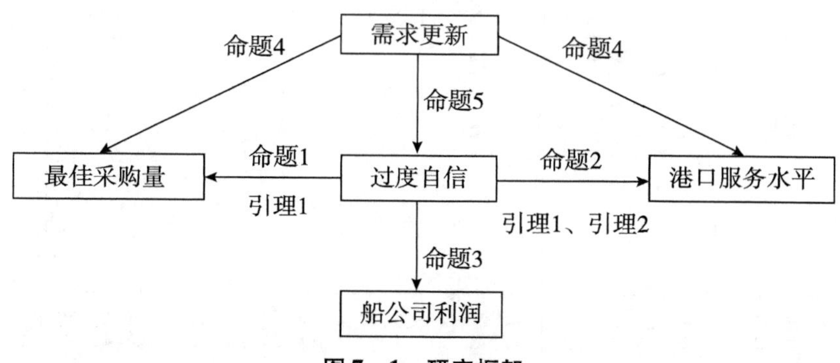

图7－1 研究框架

表 7－2　船公司与天津港的最优决策变量

时间	过度自信行为	船公司最佳承运量	天津港的港口服务水平	
			港口服务能力足够	港口服务能力不足
第一阶段（需求更新前）	双方无过度自信行为	$Q_1^* = (b-a)F^{-1}\left(\frac{p+h-\gamma w}{p+h+g}\right)$	$\beta_1^* = \frac{(w-v-c)F^{-1}\left(\frac{p+h-\gamma w}{p+h+g}\right)[h(\bar{\beta})-h(\underline{\beta})]}{e}$	$\beta_1^* = \underline{\beta}$
	双方存在过度自信行为	$Q_{k1}^* = (b-a)F^{-1}\left[\frac{(p+h+g)k-\gamma w-g}{k(p+h+g)}\right]$	$\beta_{l1}^* = \frac{(w-v-c)F^{-1}\left[\frac{(p+h+g)k-\gamma w-g}{k(p+h+g)}\right][h(\bar{\beta})-h(\underline{\beta})]}{le}$	$\beta_{l1}^* = \underline{\beta}$
第二阶段（需求更新后）	双方无过度自信行为	$Q_2^* = (b-c)F^{-1}\left[\frac{(p+h-\gamma w)}{(p+h+g)}+I\frac{(g+\gamma w)}{(p+h+g)}\right]$	$\beta_2^* = \frac{(w-v-c)F^{-1}\left[\frac{(p+h-\gamma w)}{(p+h+g)}+I\frac{(g+\gamma w)}{(p+h+g)}\right][h(\bar{\beta})-h(\underline{\beta})]}{e}$	$\beta_2^* = \underline{\beta}$
	双方存在过度自信行为	$Q_{k2}^* = (b-c)F^{-1}\left[\frac{k(p+h+g)-(\gamma w+g)}{k(p+h+g)}+\frac{I_k(\gamma w+g)}{k(p+h+g)}\right]$	$\beta_{l2}^* = \frac{(w-v-c)F^{-1}\left[\frac{k(p+h+g)-(\gamma w+g)}{k(p+h+g)}+\frac{I_k(\gamma w+g)}{k(p+h+g)}\right][h(\bar{\beta})-h(\underline{\beta})]}{le}$	$\beta_{l2}^* = \underline{\beta}$

7.5.1 双方过度自信行为对决策变量及利润的影响

本节主要分析过度自信行为对天津港和船公司的决策变量及利润的影响。

（1）过度自信因子对决策变量的影响。

通过分析过度自信因子对供应链双方决策变量的影响，得到引理1。

引理1：当双方存在过度自信行为时，船公司的最佳承运量 Q_{kj}^* 随其过度自信因子 k 递增，天津港提供的最佳港口服务水平 β_{lj}^* 随船公司的过度自信因子 k 递增、随自身的过度自信因子 l 递减。由于天津港实际的港口服务水平 $\underline{\beta}\leqslant\beta_{lj}^*\leqslant 1$，因此天津港的过度自信因子范围为 $l_{\min}\leqslant l\leqslant l_{\max}$。

$$l_{\min}=\frac{(w-v-c)F^{-1}\left[\dfrac{k(p+h+g)-(\gamma w+g)}{k(p+h+g)}+\dfrac{I_k(\gamma w+g)}{k(p+h+g)}\right][h(\bar{\beta})-h(\underline{\beta})]}{\underline{\beta}e}$$

$$l_{\max}=\frac{(w-v-c)F^{-1}\left[\dfrac{k(p+h+g)-(\gamma w+g)}{k(p+h+g)}\right][h(\bar{\beta})-h(\underline{\beta})]}{e\underline{\beta}}$$

引理1的证明过程见附录7。

由引理1可得，船公司的过度自信因子 k 对港口服务水平 β_{l1}^* 有正向影响，k 越大，港口服务水平 β_{l1}^* 越高。天津港自身的过度自信因子 l 对港口服务水平有负向影响，l 越大，港口服务水平 β_{l1}^* 越低。

（2）过度自信行为对船公司的最优承运量的影响。

命题1：$k>1$ 时，$Q_{kj}^*>Q_j^*$；$\dfrac{\gamma w+g}{p+g+h}<k<1$ 时，$Q_{kj}^*<Q_j^*$。且 $\Delta Q=|Q_{kj}^*-Q_j^*|$ 随过度自信因子偏离理性水平的程度 $\Delta k(\Delta k=|k-1|)$ 单调递增。

命题1的证明过程见附录7。

命题1表明，当市场出现有利信息时，此时船公司对自身承运量过高估计（$k>1$），在过度自信信念的驱使下，船公司会承运比理性情况下更多的货物。当市场出现不利信息时，船公司对自身承运量过低估计 $\left(\dfrac{\gamma w+g}{p+g+h}<k<1\right)$，船公司会承运比理性情况下更少的货物，这与实际情况相符。并且船公司的过度自信程度（$\Delta k=|k-1|$）越大，即 k 越远离理性水平（$k=1$），船公司过度自信情况下的最佳承运量就越偏离理性情况下的最佳承运量。

（3）过度自信行为对天津港的港口服务水平的影响。

命题2：与理性情况下相比，船公司和天津港双方同时存在过度自信行为时，天津港的港口服务水平的变化与天津港的过度自信因子 l 有关，且 l 存在临界值 A_j，当 $l = A_j$ 时，$\beta_{lj}^* = \beta_j^*$；当 $l_{\min} \leq l < A_j$ 时，$\beta_{lj}^* > \beta_j^*$；当 $A_j < l \leq l_{\max}$ 时，$\beta_{lj}^* < \beta_j^*$。

命题2证明过程见附录7。

由命题2可得，临界值 A_j 代表双方存在过度自信行为时，天津港的港口服务水平等于理性情况下港口服务水平的条件。当天津港的过度自信因子等于 A_j 时，天津港的港口服务水平等于理性情况下的港口服务水平；当天津港的过度自信因子小于 A_j 时，天津港提供的港口服务水平大于理性情况下的港口服务水平。因此相比于 β_j^*，若天津港过度自信因子的范围为 $l \in [l_{\min}, A_j]$，港口服务水平增加；反之若 $l \in [A_j, l_{\max}]$，港口服务水平降低。

根据命题1和引理1，可以发现，当天津港的过度自信因子较低时，其过度自信信念对港口服务水平的负向影响小于船公司过度自信行为对港口服务水平的正向影响，因此最终港口服务水平增加；当天津港的过度自信因子较高时，自身过度自信行为对港口服务水平的负向影响大于船公司过度自信行为带来的正向影响，因此最终港口服务水平降低。

根据命题2，我们可以推出引理2，如下所示。

引理2：当 $k = 1$ 时，$A_j = 1$，当 $\frac{\gamma w + g}{p + h + g} < k < 1$ 时，$A_j < 1$，当 $k > 1$ 时，$A_j > 1$，且临界值 A_j 随船公司的过度自信因子 k 单调递增。

引理2证明过程见附录7。

引理2说明，船公司的过度自信行为影响天津港过度自信因子的临界值 A_j，当船公司不存在过度自信行为时，$l = A_j = 1$。当市场出现不利情况，船公司对自身承运量过低估计（$k < 1$），此时 $A_j < 1$，天津港在较低过度自信因子下，提供理性情况下的最佳港口服务水平。相反，若市场出现有利情况，船公司对其自身承运量过高估计（$k > 1$），此时 $A_j > 1$，天津港在较高过度自信因子下，提供理性情况下的最佳港口服务水平。此外临界值 A_j 随船公司过度自信因子 k 单调递增，说明船公司过度自信因子越高，$[l_{\min}, A_j]$ 范围越大，这是因为船公司过度自信因子越高，对天津港港口服务水平的正向影响范围越大，可以抵消更高的天津港过度自信因子对港口服务水平的负向影响。

（4）过度自信行为对船公司利润的影响。

通过比较理性情况与过度自信情况下船公司的利润变化，得到命题3。

命题3：双方存在过度自信行为时，船公司的利润减少 $\Pi_{S_j}^k \leqslant \Pi_{S_j}$，且 $\Delta\Pi_{S_j}$ 与船公司过度自信程度 $\Delta k(\Delta k = | k - 1 |)$ 成正比。当且仅当船公司的过度自信因子 $k = 1$ 时，$\Pi_{S_j}^k = \Pi_{S_j}$。

命题3证明过程见附录7。

命题3表明，船公司的过度自信行为会导致其利润降低，因为无论是船公司认为市场有利（$k > 1$），还是认为市场不利（$k < 1$），其过度自信行为都会使订购量偏离其理性情况下（$k = 1$）的最佳订购量，导致利润减少。

7.5.2 需求更新对供应链决策以及过度自信行为的影响

本节主要分析需求更新对决策变量及过度自信行为的影响，得到命题4和命题5。

（1）需求更新对决策变量的影响。

命题4：需求更新后，无论是否存在双重过度自信行为，与需求更新前相比，船公司的最佳承运量均增加，即 $Q_2^* > Q_1^*$，$Q_{k2}^* > Q_{k1}^*$。天津港最佳港口服务水平也增加，即 $\beta_2^* > \beta_1^*$，$\beta_{l2}^* > \beta_{l1}^*$。

命题4证明过程见附录7。

命题4表明，需求更新使船公司的最佳承运量增加。这是因为需求更新后，船公司在第一阶段采购的基础上，对需求信息进一步采集和掌握，使本期对市场需求的预测更准确，减少了需求的不确定性带来的负面影响，因此无论是理性还是过度自信的情况下最佳承运量均增加。

需求更新后，天津港的港口服务水平增加。这是因为需求更新导致船公司的最佳承运量增加，则天津港会增加其相应的港口服务水平，提供更好的服务以增加竞争力。但是需要服务的货物量超过港口的服务能力会导致天津港超负荷运行，这时天津港只能提供最基本的港口服务能力。

（2）需求更新对过度自信行为的影响。

命题5：需求更新后，天津港过度自信因子 l 的临界值 A_j 改变。如果 $\frac{\gamma w + g}{p + g + h} < k < 1$，$A_2 < A_1$；如果 $k > 1$，$A_2 > A_1$。

命题5证明过程见附录7。

命题5说明，需求更新后，若市场出现不利信息，当船公司的过度自信因子为 $\frac{\gamma w + g}{p + g + h} < k < 1$ 时，天津港过度自信因子的临界值低于需求更新前的临界值；当船公司的过度自信因子 $k > 1$ 时，天津港过度自信因子的临界值高于需求更新前的临界值。

需求更新对双方过度自信行为的影响具体如图7－2所示。

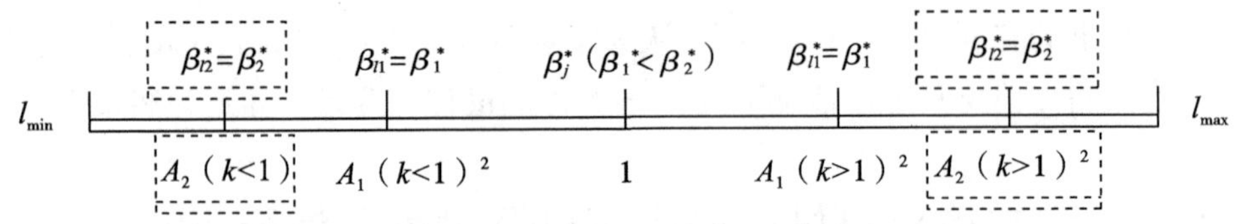

图7－2 需求更新对双方过度自信行为的影响

图7－2表示，在理性情况下（即 $l = 1$ ），天津港的最佳服务水平为 β_j^* ；天津港存在过度自信行为情况下，其最佳的港口服务水平为 β_{lj}^* ，根据命题2可得，当 $l = A_j$ 时，$\beta_{lj}^* = \beta_j^*$ ；结合命题2和引理2，我们发现船公司对自身承运量过低估计（即 $k < 1$ ）时，$A_j < 1$ ，这意味着 $\beta_{lj}^* > \beta_j^*$ 时对应的天津港过度自信因子的范围由 $[l_{min},1]$ 缩小到 $[l_{min},A_j]$ 。若船公司对自身承运量过高估计（即 $k > 1$ ），此时 $A_j > 1$ ，这意味着 $\beta_{lj}^* > \beta_j^*$ 对应的天津港过度自信因子的范围由 $[l_{min},1]$ 扩大到 $[l_{min},A_j]$ 。

结合命题5分析可得，需求更新会扩大船公司的过度自信行为对天津港过度自信因子临界值的影响程度。当船公司过度自信因子 $k < 1$ 时，$A_1 < 1$ ，需求更新使临界值进一步缩小，即 $A_2 < A_1$ ，这表示 $\beta_{lj}^* > \beta_j^*$ 所对应的天津港过度自信因子的范围从 $[l_{min},A_1]$ 缩小到 $[l_{min},A_2]$ 。相反，船公司过度自信因子 $k > 1$ 时，$A_1 > 1$ ，需求更新使临界值进一步增加，即 $A_2 > A_1$ ，这意味着 $\beta_{lj}^* > \beta_j^*$ 所对应的天津港过度自信因子的范围从 $[l_{min},A_1]$ 扩大到 $[l_{min},A_2]$ 。综上所述，需求更新放大了船公司对天津港过度自信因子的临界值的影响程度。

图7－3综合了需求更新和过度自信行为对供应链决策的影响。

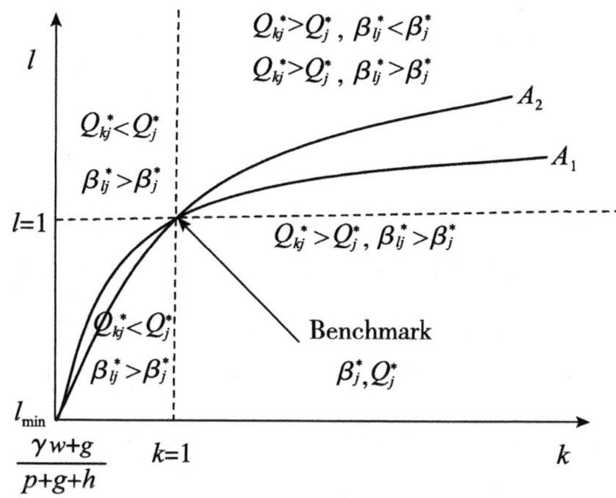

图 7－3　需求更新和过度自信行为对供应链决策的影响

7.6　数值分析

7.6.1　真实案例介绍及基础数据

在本部分，我们对天津港和中国远洋船公司进行了深入调研，选取了 2017 年 4 月 1 日至 2018 年 4 月 10 日天津—南沙航线的航运数据。天津—南沙航线的集装箱运量大概为 100000 TEU/月，每月的市场波动不大，波动值在 ±1000 TEU/月。因此我们假设市场需求满足 $(\mu-\delta,\mu+\delta)$ 的均匀分布，得出本节的市场需求的概率分布函数和概率密度函数分别为 $F(x)=\frac{x-(\mu-\delta)}{2\delta}=\frac{x-9000}{2000}$，$f(x)=\frac{1}{2000}$。

具体的集装箱运价数据如表 7－3 所示。

表 7－3　集装箱运价

时间	4.1—4.30	5.1—5.31	6.1—7.15	7.16—8.15	8.16—8.31	9.1—9.15
运价	3674	3674	3774	2724	1924	1924
时间	9.16—10.10	10.11—10.20	10.21—11.7	11.8—11.15	11.16—12.7	12.8—1.4
运价	2824	2824	3874	4374	3674	3674

续 表

时间	1.5—1.25	1.26—3.2	3.3—3.23	3.24—4.10	—	—
运价	3274	2874	2874	3244	—	—

注：1 USD = 6.3 CNY，表中数据单位为 CNY/TEU。

由上述数据计算可得一年内天津—南沙航线的运价均值为 3200.25 CNY/TEU，根据调查，公司该航线的业务利润率为 6%，因此我们取天津—南沙航线的总成本为 3000 CNY/TEU。据调研，港口服务的成本占总成本的 1/3 左右，因此本章中 $\gamma = 3$。空箱管理成本为 40 CNY/TEU，如果港口的堆存能力过剩，则可能损失的机会成本大概为 2000 CNY/TEU。

我们选取天津港的堆存服务为例，堆存服务收费大概为 1000 CNY/TEU，堆存成本为 455 CNY/TEU，天津港的堆存场地的总堆存能力为 370000 TEU，一般情况下不会出现堆存能力不足，在堆存能力有闲置情况下，天津港一般会将多余的堆存能力出租给船公司或其他物流公司用于空箱堆存、管理、周转以及集装箱维修等服务，获得的平均收益约为 540 CNY/TEU。

根据对天津港多家船公司的客户满意度调研，客户反映，当其对天津港的满意度低于 6 分（10 分制）时，会选择其他港口进行服务。因此令 $\underline{\beta} = 0.6$。

综上所述，数值模拟相关数据如表 7-4 所示。

表 7-4　数值模拟相关数据

μ	100000 TEU	v	540 CNY
δ	1000 TEU	c	455 CNY
p	3200 CNY	e	6000
h	2000 CNY	γ	3
g	40 CNY	T	370000 TEU
w	1000 CNY	$\underline{\beta}$	0.6

根据表 7-4 的数据，计算可得船公司过度自信因子的范围为 $k \geqslant \frac{\gamma g + w}{p + g + h}$，天津港过度自信因子的范围为 $l \in [0.84, 1.39]$。

7.6.2　船公司过度自信因子 k 对最佳承运量的影响

根据表 7-4 的基础参数进行数值模拟，得到船公司过度自信因子 k 对最佳承运量的影响，具体如图 7－4 和图 7－5 所示。

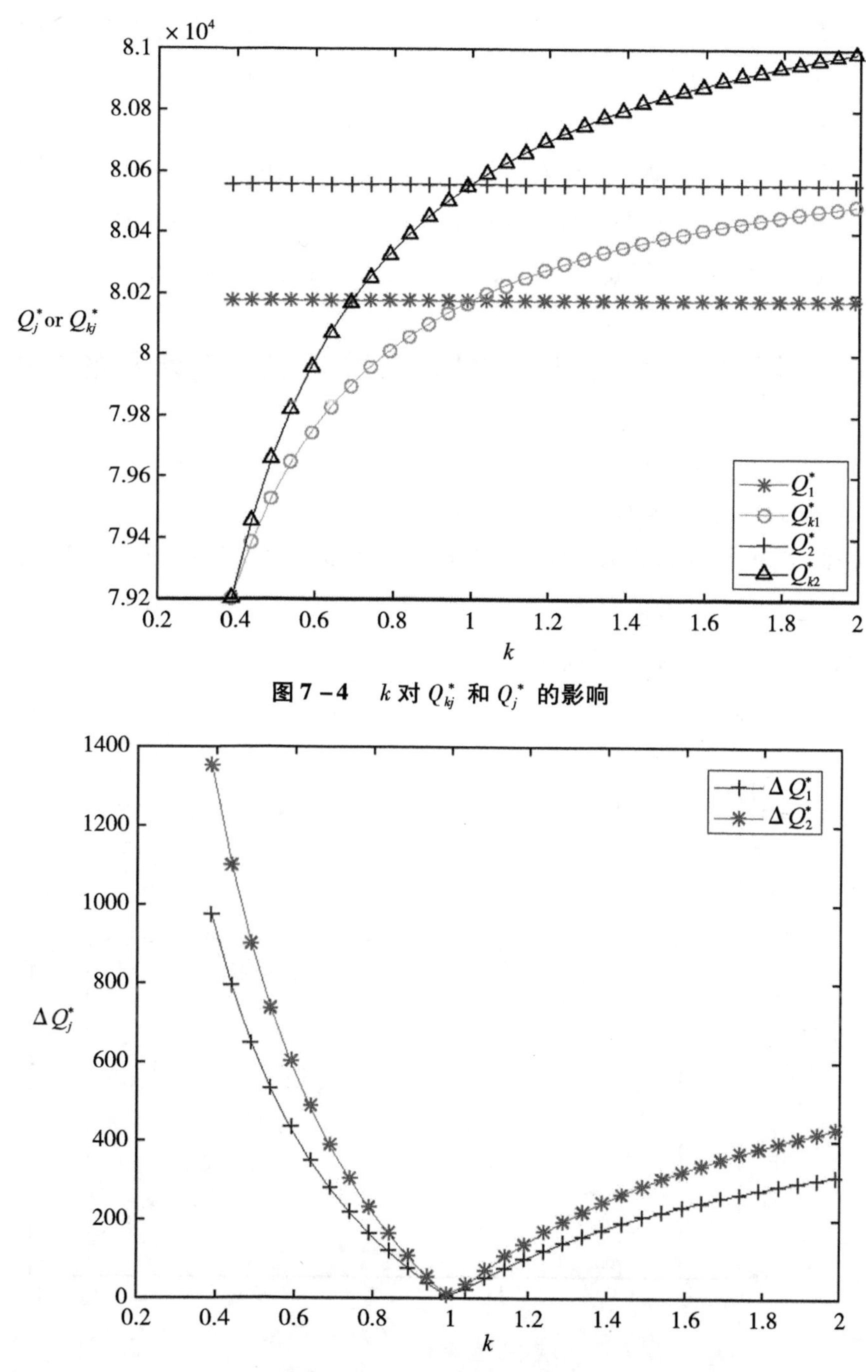

图 7－4　k 对 Q_{kj}^* 和 Q_j^* 的影响

图 7－5　k 对 ΔQ_j^* 的影响

由图 7－4 可知，当船公司过度自信时，其最佳承运量随其过度自信因子单调递增，当 $0.39 \leqslant k \leqslant 1$ 时，$Q_{kj}^{*} \leqslant Q_{j}^{*}$；$k \geqslant 1$ 时，$Q_{kj}^{*} \geqslant Q_{j}^{*}$。$Q_{2}^{*} > Q_{1}^{*}$ 并且 $Q_{k2}^{*} > Q_{k1}^{*}$，这说明需求更新后，无论船公司是否存在过度自信行为，其最佳承运量大于需求更新前的最佳承运量，这验证了命题 4。

由图 7－5 可知，$\Delta Q_{j}^{*} = | Q_{kj}^{*} - Q_{j}^{*} |$ 随过度自信因子偏离理性水平的程度 Δk（$\Delta k = | k - 1 |$）单调递增，这验证了命题 1。并且我们意外发现 $\Delta Q_{2}^{*} \geqslant \Delta Q_{1}^{*}$，这说明需求更新放大了船公司过度自信对最佳承运量的影响。

7.6.3 双方过度自信因子对天津港港口服务水平的影响

根据表 7－4 的基础数据，数值分析得到双方过度自信因子对天津港港口服务水平的影响，具体如图 7－6 和图 7－7 所示。

由图 7－6 可得，当 $l_{\min} \leqslant l < A_{j}$ 时，$\beta_{lj}^{*} > \beta_{j}^{*}$；当 $A_{j} < l \leqslant l_{\max}$ 时，$\beta_{lj}^{*} < \beta_{j}^{*}$，这与命题 2 一致。且当双方均存在过度自信行为时，天津港的港口服务水平 β_{lj}^{*} 随其过度自信因子递减。

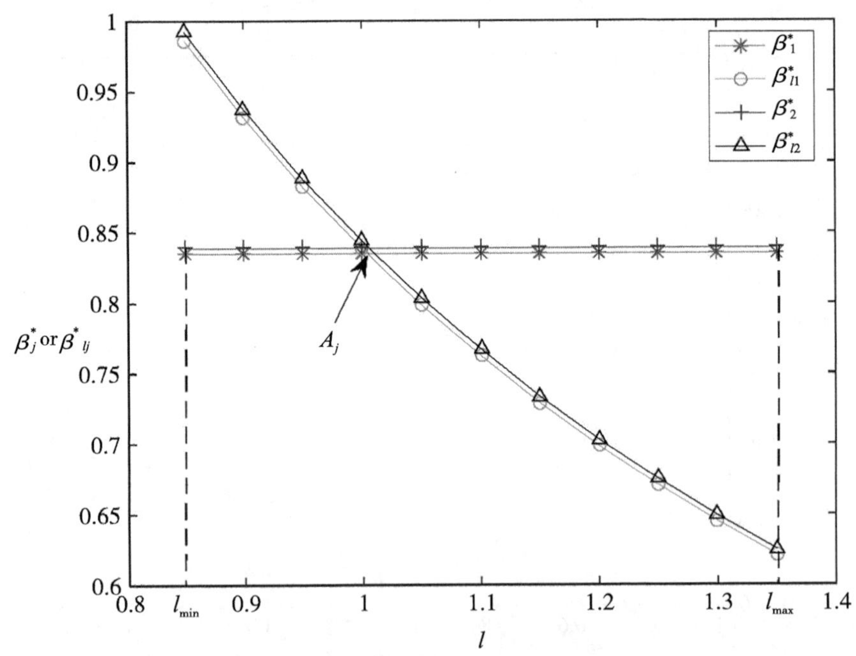

图 7－6　l 对 β_{j}^{*} 和 β_{lj}^{*} 的影响

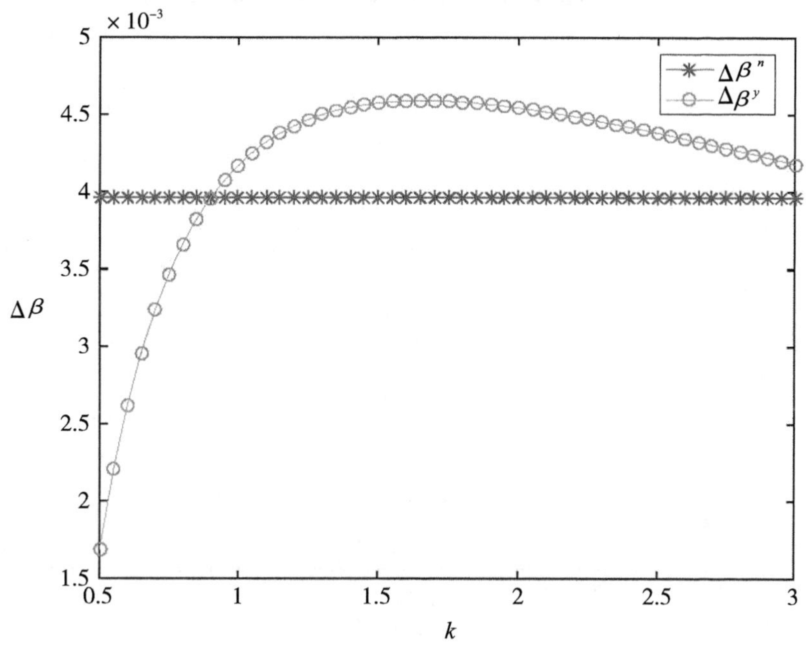

图 7-7 k 和需求更新对 $\Delta\beta$ 的影响

图 7-7 中，$\Delta\beta^n = \beta_2^* - \beta_1^*$，$\Delta\beta^n$ 表示双方不存在过度自信行为时，需求更新前后，天津港港口服务水平的变化，$\Delta\beta^y = \beta_{l2}^* - \beta_{l1}^*$，$\Delta\beta^y$ 表示双方均存在过度自信行为时，需求更新前后天津港港口服务水平的变化。由图 7-7 可得，$\Delta\beta^n > 0$，$\Delta\beta^y > 0$，说明需求更新使天津港港口的服务水平增加，这验证了命题 4。由图 7-7 可以看出，当双方均存在过度自信行为时，$\Delta\beta^y$ 随船公司过度自信因子 k 先增加随后减少。

令 $\Delta\beta_j^* = |\beta_j^* - \beta_{lj}^*|$，可以看出，当 $l = A_j$ 时，$\Delta\beta_j^* = 0$，即 $\beta_{lj}^* = \beta_j^*$。为了进一步探索 $\Delta\beta_j^*$ 随着不同情况下的 k 的变化，我们将之划分为 3 种情况。其中，图 7-8（a）中，用 $k = 0.5$ 代表 $k < 1$ 的情况，图 7-8（b）为 $k = 1$ 的情况，图 7-8（c）中，用 $k = 1.5$ 代表 $k > 1$ 的情况。由图 7-8（a）可得，当 $k < 1$ 时，$A_2 < A_1 < 1$；由图 7-8（b）可得，当 $k = 1$ 时，$A_2 = A_1 = 1$；由图 7-8（c）可得，当 $k > 1$ 时，$1 < A_1 < A_2$。

0.012
0.01
0.008
0.006
0.004
0.002
0
$\Delta\beta_1^*$
$\Delta\beta_2^*$
$\Delta\beta_j^*$
A_2
A_1
0.98
0.985
0.99
0.995
1
1.005
l（k=0.5）

（a）

$\times 10^{-3}$
4.5
4
3.5
3
2.5
2
1.5
1
0.5
0
$\Delta\beta_1^*$
$\Delta\beta_2^*$
$\Delta\beta_j^*$
A_1=A_2
0.995
0.996
0.997
0.998
0.999
1
1.001
1.002
1.003
1.004
1.005
l（k=1）

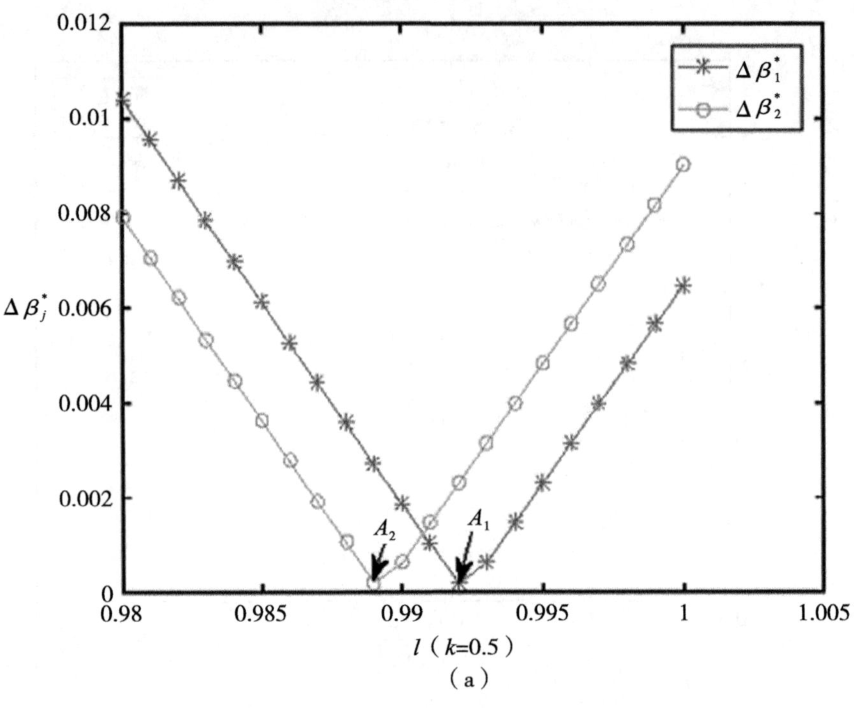

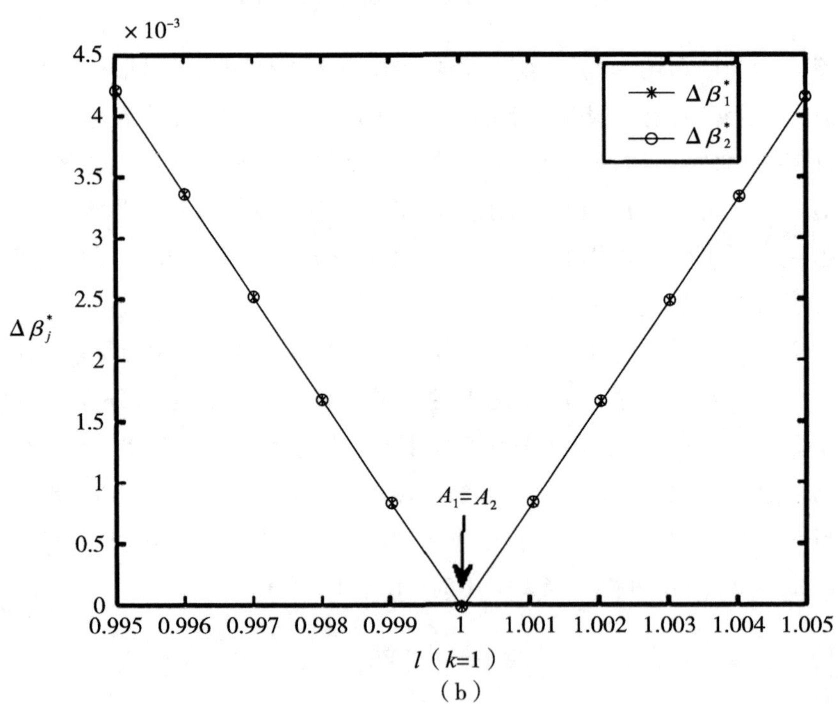

（b）

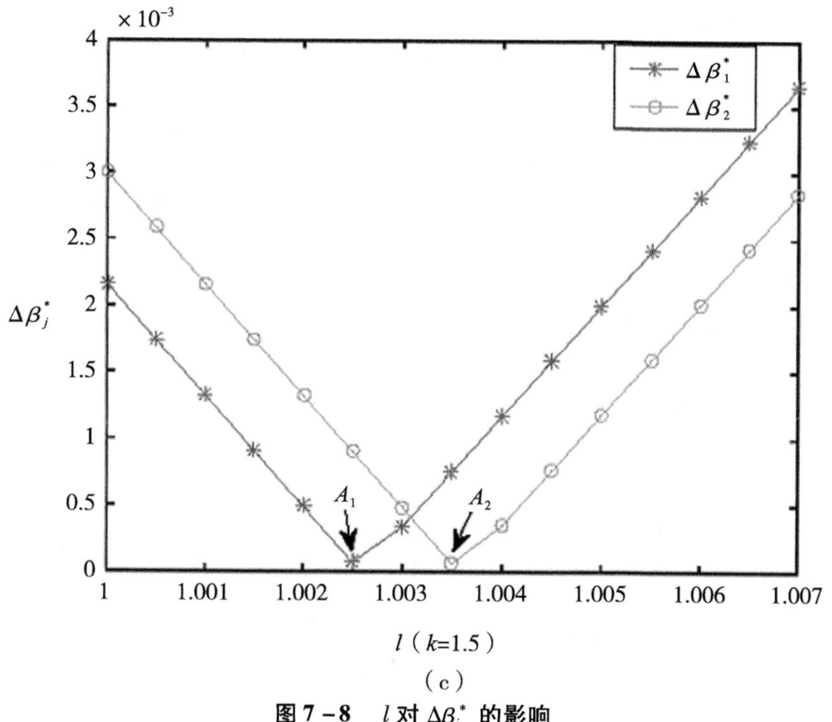

(c)

图 7-8 l 对 $\Delta\beta_j^*$ 的影响

7.6.4 双方过度自信对船公司利润的影响

根据表 7-4 的基础数据，通过数值模拟得出双方过度自信对船公司利润的影响，具体见图 7-9 至图 7-12。

由图 7-9 和图 7-10 可得，$\Pi_{S_j}^k \leqslant \Pi_{S_j}$，当且仅当 $k=1$ 时，$\Pi_{S_j}^k=\Pi_{S_j}$，并且当 $k<1$ 时，$\Pi_{S_j}^k$ 随船公司过度自信因子 k 递增；$k>1$ 时，$\Pi_{S_j}^k$ 随船公司过度自信因子 k 递减，这是因为过度自信因子越接近理性情况（即 $k=1$），$\Pi_{S_j}^k$ 越接近理性情况下的最大利润，这验证了命题 3。

图 7-11 中，$\Delta\Pi_{S_j}=\Pi_{S_j}<\Pi_{S_j}^k$，可以发现 $\Delta\Pi_{S_j}$ 随船公司过度自信程度 $\Delta k(\Delta k=|k-1|)$ 单调递增，这验证了命题3，即船公司的过度自信因子偏离理性情况（即 $k=1$）越远，其具有过度自信行为时的最大利润越偏离理性情况下的最大利润。同时我们还意外发现 $\Delta\Pi_{S_2}>\Delta\Pi_{S_1}$，这说明需求更新放大了船公司过度自信行为对自身利润的负面影响。

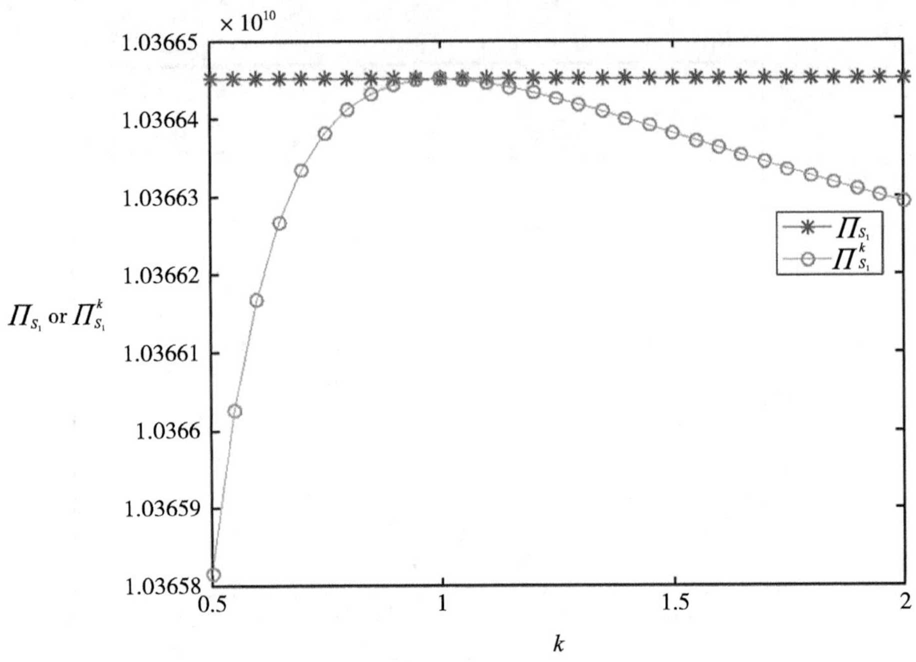

图 7－9　k 对需求更新前公司实际利润的影响

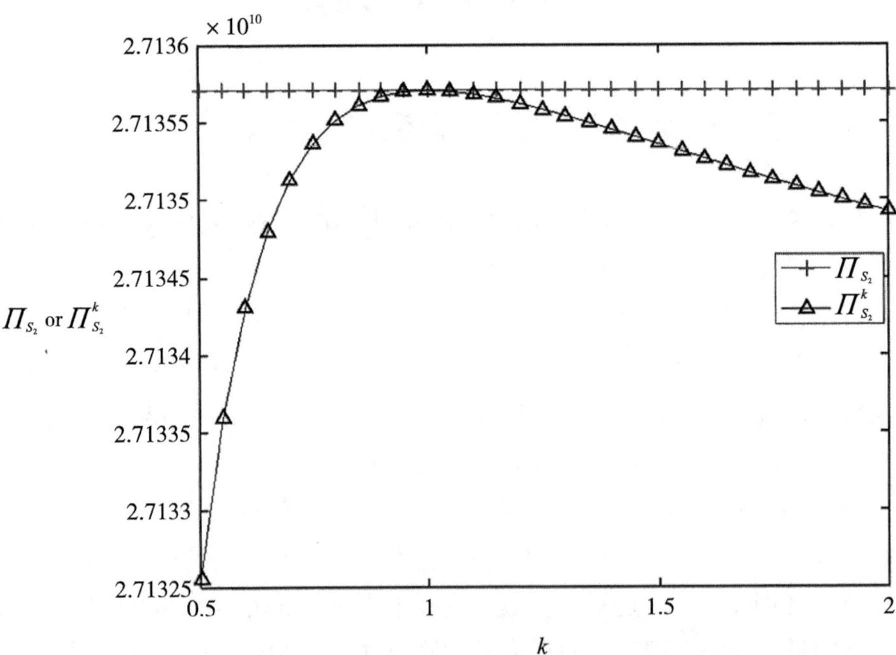

图 7－10　k 对需求更新后公司实际利润的影响

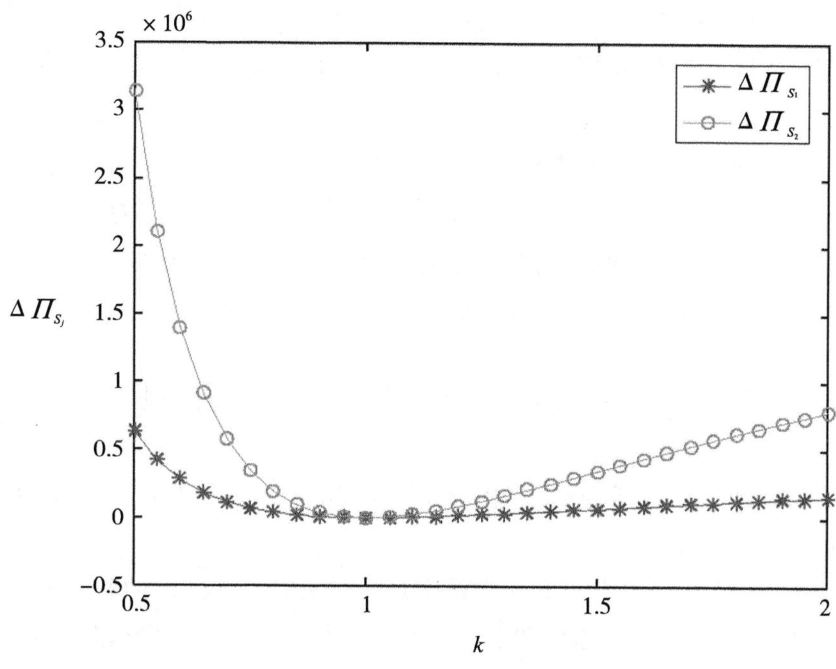

图 7－11　k 对 $\Delta\Pi_{S_j}$ 的影响

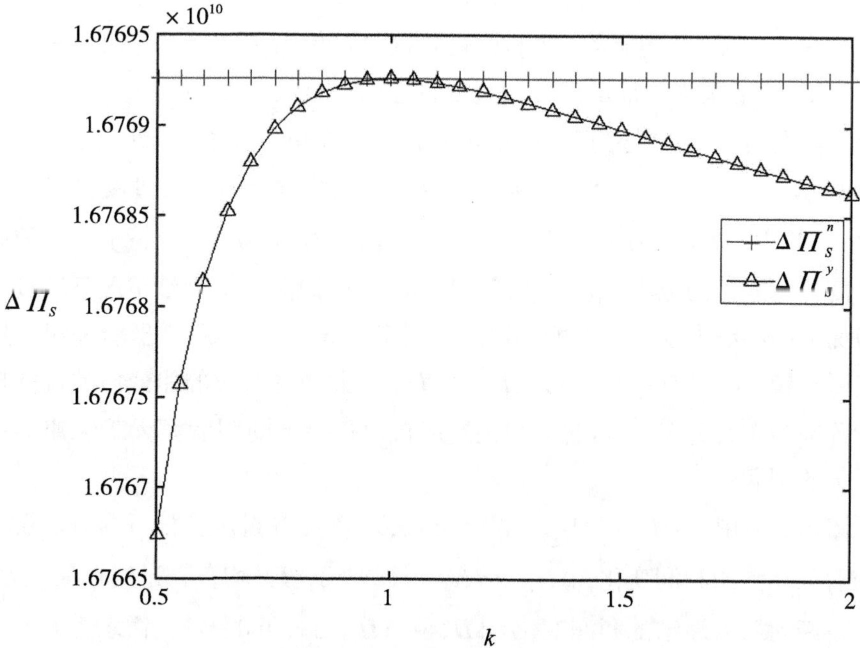

图 7－12　k 对 $\Delta\Pi_S$ 的影响

图 7-12 中，$\Delta\Pi_S^n = \Pi_{S_2} - \Pi_{S_1}$，$\Delta\Pi_S^n$ 表示双方不存在过度自信行为时，需求更新前后船公司的利润变化，$\Delta\Pi_S^y = \Pi_{S_2}^k - \Pi_{S_1}^k$，$\Delta\Pi_S^y$ 表示双方均存在过度自信行为时，需求更新前后，船公司的利润变化。由图 7-12 可得 $\Delta\Pi_S^n$，$\Delta\Pi_S^y > 0$，说明需求更新使得船公司的利润增加。但是 $\Delta\Pi_S^n \geqslant \Delta\Pi_S^y$，当且仅当 $k = 1$ 时，$\Delta\Pi_S^n = \Delta\Pi_S^y$。说明与无过度自信行为情况下（$\Delta\Pi_S^n$）相比，船公司的过度自信行为抑制了需求更新对船公司利润的正面影响，并且此抑制作用随船公司的过度自信程度 $\Delta k(\Delta k = | k - 1 |)$ 递增。

7.6.5 双方过度自信行为对天津港利润的影响

根据表 7-4 的基础数据，数值模拟得出双方过度自信行为对天津港利润的影响，具体见图 7-13 和图 7-14。

由图 7-13 可得，当双方存在过度自信行为时，天津港的利润随天津港的过度自信因子 l 递增，也随船公司过度自信因子 k 递增。天津港的利润与理性情况下天津港的最大利润 Π_{P_j} 相比会出现三种情况，分别是 $\Pi_{P_j}^l < \Pi_{P_j}$；$\Pi_{P_j}^l$ 和 Π_{P_j} 的大小关系不能确定；$\Pi_{P_j}^l > \Pi_{P_j}$。

如图 7-13（a）所示，在船公司的过度自信因子较低时（如 $k = 0.5$），$\Pi_{P_j}^l < \Pi_{P_j}$，此情形对应的船公司过度自信因子范围 $k \in [0.39, 0.76]$，这时天津港存在过度自信行为下的利润恒小于理性情况下的利润。如图 7-13（b）所示（如 $k = 1$），当 $\Pi_{P_j}^l = \Pi_{P_j}$ 时，设定此时天津港的过度自信因子为 $l = B_j$，当 $l < B_j$ 时，$\Pi_{P_j}^l < \Pi_{P_j}$；当 $B_j < l$ 时，$\Pi_{P_j}^l > \Pi_{P_j}$，此情境对应的船公司过度自信因子的范围为 $k \in [0.76, 1.38]$，这时天津港理性情况下和过度自信情况下的利润大小关系不能确定。如图 7-13（c）所示，当船公司的过度自信因子较高时（如 $k = 1.5$），$\Pi_{P_j}^l > \Pi_{P_j}$，此情境对应的船公司的过度自信因子范围为 $k > 1.38$。这时天津港过度自信行为下的利润恒大于天津港理性情况下的利润。

图 7-14 中，$\Delta\Pi_P^n = \Pi_{P_2} - \Pi_{P_1}$ 表示双方不存在过度自信行为时，需求更新前后天津港的利润变化，$\Delta\Pi_P^y = \Pi_{P_2}^l - \Pi_{P_1}^l$ 表示双方均存在过度自信行为时，需求更新前后天津港的利润变化。$\Delta\Pi_P^n$ 和 $\Delta\Pi_P^l$ 均大于 0，说明需求更新使天津港的利润增加。当船公司的过度自信因子 $k < 1$ 时，$\Delta\Pi_P^y < \Delta\Pi_P^n$，说明相比

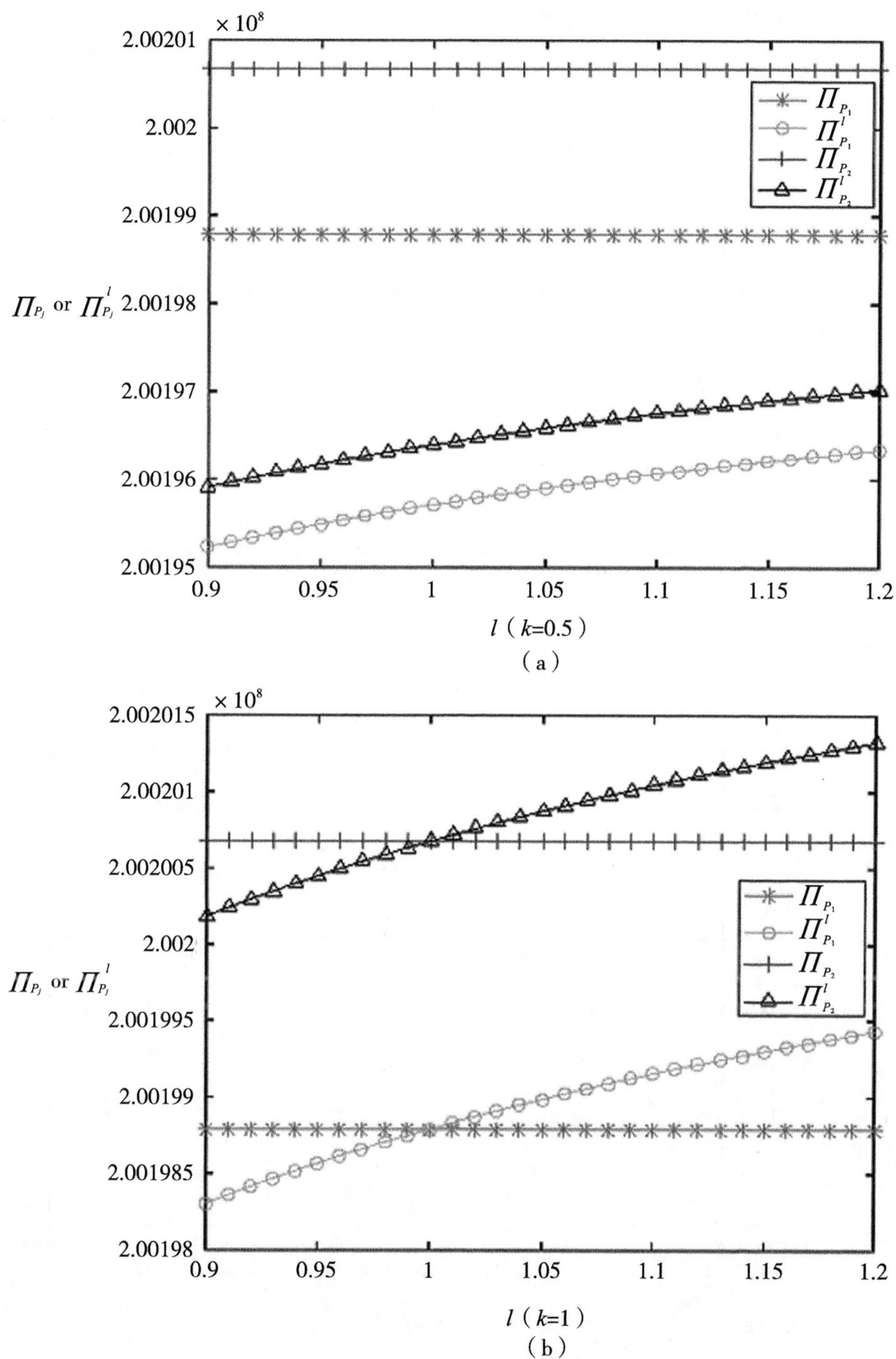
$\times 10^8$
2.00201
2.002
2.00199
2.00198
2.00197
2.00196
2.00195
Π_{P_1}
$\Pi^l_{P_1}$
Π_{P_2}
$\Pi^l_{P_2}$
Π_{P_j} or $\Pi^l_{P_j}$
0.9 0.95 1 1.05 1.1 1.15 1.2
l（k=0.5）
（a）
$\times 10^8$
2.002015
2.00201
2.002005
2.002
2.001995
2.00199
2.001985
2.00198
Π_{P_1}
$\Pi^l_{P_1}$
Π_{P_2}
$\Pi^l_{P_2}$
Π_{P_j} or $\Pi^l_{P_j}$
0.9 0.95 1 1.05 1.1 1.15 1.2
l（k=1）
（b）

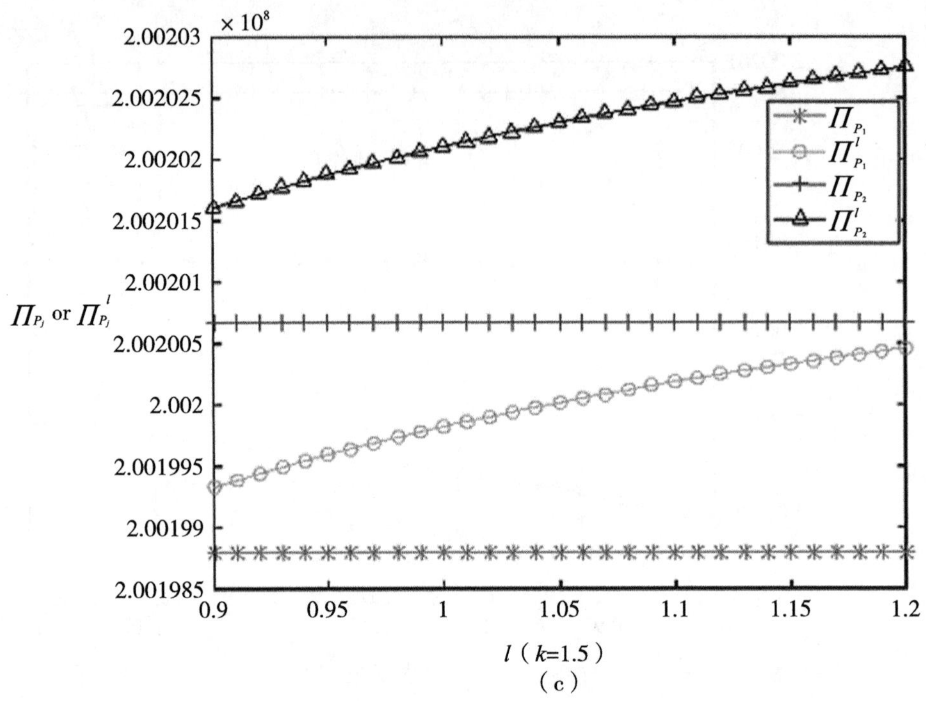

（c）

图 7－13　l 对 Π_{Pj} 和 Π_{Pj}^{l} 的影响

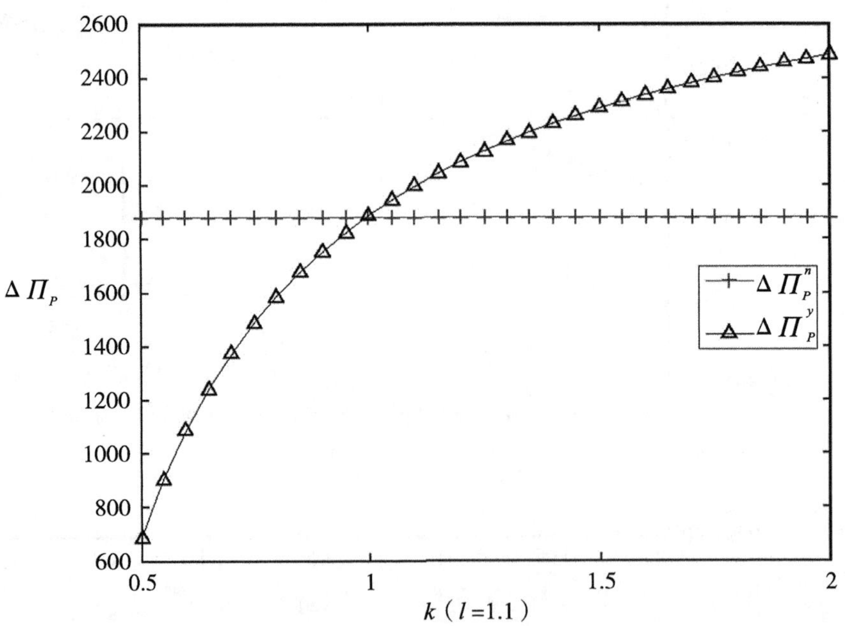

图 7－14　k 对 $\Delta\Pi_p$ 的影响

于无过度自信行为情况下，船公司过度自信行为抑制需求更新对天津港利润的正向影响，且这种抑制作用随船公司的过度自信程度 $\Delta k(\Delta k = |k-1|)$ 递增。即 k 越小，$\Delta \Pi_P^y$ 比 $\Delta \Pi_P^n$ 越小。当船公司的过度自信因子 $k \geq 1$ 时，$\Delta \Pi_P^y \geq \Delta \Pi_P^n$，说明相比于无过度自信行为情况下，船公司过度自信行为增大需求更新对天津港利润的正面影响，且这种增大作用随船公司的过度自信程度 $\Delta k(\Delta k = |k-1|)$ 递增，即 k 越大，$\Delta \Pi_P^y$ 比 $\Delta \Pi_P^n$ 越大。

7.6.6 总结

综上所述，通过数值模拟，一方面，我们论证了上文得到的定理；另一方面，我们发现需求更新对供应链成员利润和过度自信行为的影响。第一，需求更新对船公司和天津港的利润均有正向影响。第二，船公司的过度自信行为与需求更新会互相影响，船公司过度自信行为会抑制需求更新对自身利润的正向影响，需求更新放大船公司过度自信行为对自身承运量和利润的负面影响程度。而对于天津港而言，当船公司面对市场的不利信息时（$k < 1$），其过度自信行为会抑制需求更新对天津港利润的正向影响；反之当市场需求出现有利情形时（$k > 1$），船公司过度自信行为会促进需求更新对天津港利润的正向影响。

7.7 结论与展望

7.7.1 主要结论

本章以港口服务供应链为背景，利用 Real-case method 研究了船公司和天津港的双重过度自信行为对双方决策以及利润的影响，经过分析得到的结论如下。

第一，船公司过度自信行为使其承运量小于理性情况下的最佳承运量，导致船公司的利润降低。并且船公司的过度自信程度越高，船公司决策的最佳承运量越偏离理性情况下的最佳承运量，并且利润越低。

第二，双方过度自信行为对天津港利润均有正向影响，但对港口服务水平的影响是相反的，这导致天津港的过度自信因子存在一个临界值。当天津港的过度自信因子低于临界值时，船公司过度自信行为对港口服务水平的正向影响程度大于天津港过度自信行为的负向影响程度，最终天津港提供的港口服务水平提高，但导致天津港的成本增加，利润随之降低。

第三，需求更新影响供应链成员的决策和利润，需求更新使船公司的最佳承运量和天津港港口的服务水平增加，同时增加了双方的利润。

第四，船公司过度自信行为影响了天津港的过度自信因子，船公司对自身承运量的过低估计会导致天津港过度自信因子的临界值减少，反之相反。

除此之外，本章发现需求更新和过度自信行为对供应链的影响存在一定的关系。

（1）需求更新会放大船公司过度自信行为对天津港过度自信因子的临界值的影响程度。当船公司对自身承运量过低估计时，天津港过度自信因子的临界值小于理性情况下的临界值，而需求更新会使天津港过度自信因子临界值进一步降低。反之，当船公司对自身承运量过高估计时，天津港过度自信因子的临界值大于理性情况下的临界值，需求更新会使天津港过度自信因子临界值进一步增加。

（2）船公司过度自信行为与需求更新对船公司利润的影响相反，船公司过度自信行为使船公司利润降低，需求更新使船公司利润增加。此外，船公司过度自信行为与需求更新互相影响，这体现在需求更新会放大船公司过度自信行为对自身承运量和利润的负向影响程度，船公司过度自信行为会抑制需求更新对自身利润的正向影响。

7.7.2 管理学内涵

本研究对天津港和中国远洋船公司的启发如下。

对中国远洋船公司，第一，市场出现不利信息时，船公司对自身的承运能力容易过低估计，导致船公司的利润降低，天津港港口服务水平也降低。因此在面临不利市场信息时，船公司应更谨慎，不要轻易大幅减少承运量。

第二，当市场出现有利信息时，船公司对自身的承运能力容易过高估计，导致船公司利润降低。但船公司的过度自信因子增加，导致天津港的港口服务水平增加，船公司可以享受到更高的港口服务水平。因此，在市场出现有利信息时，船公司如果更看重利润，应尽量减少出现过度自信行为对自身的影响，不要过多地承运货物。但承运的货物数量少，港口不易规模化集中服务，其港口服务水平会随之降低。如果船公司需要更注重港口服务水平，船公司可以适当地承运较多货物。此时承运的货物数量大，港口更易规模化集中服务，其港口服务水平增加。

第三，对于整个港口服务供应链而言，船公司对市场进行需求更新有利于供应链成员的决策和利润的增大，但需求更新会放大过度自信对船公司利润的负向影响。因此，一方面，船公司应该及时对市场需求进行精确更新，以帮助其与天津港更好地决策；另一方面，船公司要防止自身出现过度自信信念。目前，很多船公司应用大数据技术，对大量的贸易数据进行深入分析，确保需求预测的准确性，对自身承运量有更理性把握。

对于天津港而言，第一，在一定范围内，其过度自信因子的增大虽然会带来实际码头服务水平的降低，但会给天津港带来利润的增加。因此，天津港可以适当提升对港口服务水平的过度自信因子，但要防止过度增大，导致提供的港口服务水平过低，最终促使船公司选择其他港口进行服务，造成不必要的客户流失。在现实情况中，随着互联网及大数据的发展，天津港应用信息系统及数据分析保障了信息的准确性、操作的高效性，帮助自身更好地分析决策，有效减少过度自信行为的情况。

第二，天津港的过度自信行为会受到船公司过度自信行为的影响，并且需求更新会放大这种影响。因此，天津港与船公司应该加强合作和信息共享，一方面，可以消除需求更新和双重过度自信行为对天津港带来的不利影响；另一方面，双方的合作还可以为天津港带来更多的货源，让天津港在激烈的港口竞争中保持优势地位。在实践中，中国远洋船公司和天津港于 2017 年 10 月已经开始了以共同投资码头的方式进行战略合作，天津港收获了固定长期的客户，中国远洋船公司享受到了更高的港口服务水平，如优先港口停靠作业，同时双方共享需求、贸易信息及部分数据。

7.7.3 未来研究展望

本章主要研究了双重过度自信行为对双方决策和利润的影响，在实践中，天津港服务多家船公司客户，船公司对天津港的腹地货源有所竞争，因此未来可以考虑多家船公司同时存在竞争行为和过度自信行为，研究两种行为对供应链决策的影响以及两种行为之间是否存在相互影响机制。同时在大数据的背景下，利用港口和船公司的大量多期贸易数据进行研究和需求的预测，研究需求更新和不确定性对港口服务供应链的影响，也十分有价值。

8 需求突增背景下集成商过度自信行为对供应链决策的影响

8.1 引言

近年来，人们日益关注供应链管理领域。经济全球化发展提高了供应链的复杂性，消费者需求快速变化、社会突发事件和大型促销增加了市场需求的不稳定性。由于供应链环境具有复杂性和动态性，为了更有效地管理供应链，有必要在现实中关注需求突变的风险（Chen and Xiao，2015）。现在，供应链研究的重心已经变为如何建立可靠、高效的供应链，这种转变是由于供应链的大规模负面影响。在物流服务供应链中，发生需求突变时，供应链管理的难度将大大提升（Liu et al.，2016）。一方面，物流服务的无形性和易变性使 LSSC 更加难以协调；另一方面，当需求频繁变动时，通常情况下的最优决策方法不再适用。

市场需求突变可以分为需求突增和需求突减两种。在物流服务供应链的实践中，不少企业遇到了需求突增带来的供应链管理的困难。以圆通为例，这是中国的一家大型物流服务集成商，其提供商是市场上的运输公司、仓储公司等功能性物流服务的提供者，主要客户是阿里巴巴。消费者在阿里巴巴的电商平台上下单，阿里巴巴汇总消费者的订单信息并交给圆通，然后由圆通提供一体化的物流服务并安排其提供商将商品以包裹的形式送到消费者手中。在阿里巴巴的电商平台的大力折扣下，促销期间，大量客户出现不理智购物的情况，产生退货、换货，进一步增加了供应链管理的难度。因此，供应链成员的决定、供应链总利润甚至供应链中企业的生存都可能受到需求突增的影响，这引起了企业和学术界的广泛关注。

在需求突增的情况下，集成商在服务能力采购的过程中容易产生过度自信行为。过度自信是认为自己知识的准确性比事实中的程度更高的一种信念（Gervaris，2002）。在实践中，集成商从提供商处采购功能性物流服务能力（如运输能力、仓储能力），经过整合后销售给客户。由于一个集成商往往整合了多家提供商，大多数情况下在供应链中占有主导地位，具有更多的话语权。因此在供应链管理中，集成商常常表现出过度自信，突出表现在集成商认为自身的采购能力高于实际的采购能力。这里采购能力是指集成商从提供商处采购的物流服务能力的量占提供商总能力的比例。例如，为了配合电商促销活动，圆通将根据需求预测从提供商处提前采购物流服务能力。需求更新后，圆通发现市场需求突增，并据此增加其采购量。尽管提供商在考虑到成本、竞争以及与其他集成商合作的机会等因素后未必会相应地提高其总能力，但圆通考虑到自己在供应链中处于强势地位，会产生过度自信行为，依然认为其提供商一定会满足其增加的采购量。与圆通过度自信的预期相反，圆通常常无法从提供商处采购到足够的服务能力，导致物流爆仓、延迟配送以及货物破损等问题集中爆发。圆通的过度自信行为给自身以及消费者都带来了损失，这促使我们研究带有需求突变的 LSSC 中 LSI 的过度自信行为。

从理论角度看，需求突变和过度自信都得到了学者们的研究。一方面，学者们对需求突变下的协调问题（Li et al.，2014；Zhang et al.，2012）以及多因素（其中一个因素为需求突变）同时发生突变条件下的决策问题和协调问题进行了研究（Lei et al.，2012；Xiao and Qi，2008；Xie et al.，2015）。现有的文献主要包括制造业供应链中，关注需求突变条件下供应链成员的生产决策和库存决策。然而，物流服务的无形性和易变性使服务供应链的采购问题与制造业供应链的采购问题存在较大差异。从前文中可以发现与本书的研究相似的是 Li et al.（2014），Liu et al.（2016），Wang et al.（2015）和 Lu et al.（2015）。本书与已有文献的不同点主要体现在两个方面。一方面，在需求突变的文献中，Li et al.（2014）研究的是传统的制造业供应链面临需求突变时的协调机制，而本书考虑了服务的特性，研究了由一个 LSI 和一个 FLSP 组成的 LSSC 中，需求突增和过度自信行为对集成商定价和提供商服务水平决策的影响，这一研究内容与 Liu et al.（2016）也存在明显的不同，Liu et al.（2016）并未考虑集成商过度自信行为，研究目标也有明显差异。另一方面，在过度自信的现有文献中，过度自信行为主要表现为对市场需求的过高估计和对市场需求不确定性的过低估计（Wang et al.，2015；Lu et al.，2015）。与已有文献不同，本书中集成商会因为其在供应链中的主导地位而对其采购能力（即集成商从提供商处采购的物流服务能力的量占提供商总能力的比例）过度自信。集成商过度自信的行为体现在当市场需求突增时，集成商将对自己的采购能力过度自信，从而导致实际采购的服务能力不能满足市场需求。而需求突减时，集成商采购的能力肯定能满足市场需求，此时不存在过度自信行为。因此，为了研究集成商的过度自信行为，本书只考虑需求突增的情况。接下来将主要解决以下两个问题。

（1）需求突增和集成商过度自信行为将对集成商和提供商的决策造成怎样的影响？如果是负面影响，是否能够通过采取某些策略进行改善？

（2）物流服务集成商与提供商怎样使用本章得出的结论，以期更好地管理需求突增和集成商过度自信行为下的能力采购问题？

本章 8.2 节是文献综述，回顾了需求突变和供应链成员过度自信行为方面的研究进展。8.3 节是问题描述和符号设置。8.4 节构建了考虑需求突增和集成商过度自信行为的物流服务供应链采购模型，得到了集成商和提供商的最优决策，并发现了需求突增和集成商过度自信行为给定价和服务水平决策带来的不利影响。在此基础上，8.5 节探索了改善以及消除这种不利影响的方法。8.6 节是结论与展望。

8.2　文献综述

本章研究的是需求突增条件下集成商在服务能力采购中的过度自信行为。由于需求突增是需求突变中的特殊情况，现有文献对需求突变展开了研究，同时考虑了需求突增和需求突减两种情况。因此，下文将对需求突变的文献进行系统回顾，同时阐释供应链成员过度自信行为方面的研究进展。

8.2.1　LSSC 中服务能力采购

当前关于 LSSC 中服务能力采购的研究主要集中在随机需求环境下，而不是需求更新（Liu et al.，2013）。Liu et al.（2012）建立了 Stackelberg 博弈模型，研究供应链成员面临随机需求的协调问题。订单分配是 LSSC 服务能力购买和其他典型行为（包括不公平厌恶行为）中的热门话题（Cheng et al.，2013），预估行为和竞标行为（Liu et al.，2014）介绍使研究更加实用和复杂。尽管在制造业供应链中也有采购问题，但在物流服务供应链能力采购中，将服务的特性作为重点考虑，如 Liu et al.（2015）考虑了服务质量这一服务特性，讨论了在需求更新条件下信息完全揭示与不完全揭示对能力采购决策的影响，但并没有考虑到供应链成员的损失厌恶行为。

总之，这些研究独立地考虑了需求更新或者损失厌恶行为，而没有考虑两者组合情况下的能力采购决策。需求更新绝对影响供应链成员的决策，进而导致收益增加或者风险减少的产生；厌恶损失会导致供应链成员作出无风险选择（Hsu et al.，2010）。因此，有必要研究在 LSSC 中需求更新和损失厌恶行为组合下，对供应链成员的决策造成怎样的影响。

8.2.2 需求突变下的供应链协调研究

需求中断是指因需求意外增加或减少而引起的风险（Liu et al.，2016），突发情况，如企业自身问题的暴露、传染病的暴发、政府政策的改变以及国际关系紧张，常常导致现实世界中的需求中断（Li et al.，2014）。

意识到需求突变将给供应链带来负面影响后，学者们将研究的焦点放在设计供应链协调机制上，以便更好地进行破坏管理（Li et al.，2014）。收益共享合同（Li et al.，2014；Zhang et al.，2012）、数量折扣合同（Qi et al.，2004；Xu et al.，2006；Huang et al.，2006）、存货补贴合同（Chen and Zhuang，2011）、线性数量折扣计划和格罗夫批发价格计划（Li et al.，2014）都被用来协调供应链。其中，Chen and Zhuang（2011）考虑了由一个制造商和多个零售商组成的供应链，主导零售商有促销机会，并分析需求中断如何影响协调机制。Li et al.（2014）考虑了类似的供应链结构，并发现当采用线性数量折扣计划时，需求中断后，制造商只需要调整最大可变批发价格；若制造商是供应链 Stackelberg 博弈的主导者，那么应采用格罗夫批发价格明细表，主导零售商的市场份额越高，其在供应链利润中所占的比例就越高。在前人研究的基础上，Snyder et al.（2016）研究得到合同设计是供应链中断管理中重要的战略措施之一。

8.2.3 过度自信行为

过度自信产生的原因是决策者认为自己知识的准确性比事实中的程度更高（Gervaris，2002）。过度自信主要表现为以下三种情况：过高定位、过度估计和过度精确。过高定位是指决策者认为自己的能力比其他决策者强，通常应用在行为心理的分析研究中。过度估计和过度精确则是行为供应链中经常研究的两种情况（Lu et al.，2015；Wang et al.，2015）。过度估计是指决策者对于自己的能力或市场环境的估计高于实际情况，如Lu et al.（2015）研究了绿色供应商的过度自信对供应链库存决策的影响，过度估计的供应商夸大其降低二氧化碳的努力对于市场需求的影响，并过高估计客户的效用。同时，供应商还表现出对于市场需求不确定性的过低估计，即过度精确。学者们发现，在某些情况下，供应商的过度自信使供应商在绿色制造方面更加努力，并提高了零售商和整个供应链的利润。Wang et al.（2015）也采用了建模的方式研究了零售商的过度估计和过度精确两种行为。

就供应链而言，供应链成员的过度自信行为不仅会给自身，也会给供应链上下游的其他成员以及供应链整体造成影响。如Zhang et al.（2015）考虑了一个理性制造商、一个理性零售商和一个过度自信零售商构成的两级供应链，研究了市场需求不确定性下零售商的过度自信对供应链绩效（包括最优定价、采购决策和期望利润）的影响，并发现零售商越是过度自信，就越会制定较高的销售价格，导致更大的利润损失。Nie and Yu（2013）研究了农产品物流中零售商的过度自信行为，并发现不同程度的过度自信对零售商的订购和利润造成了不同影响。也有学者通过试验的方式对过度自信行为进行了研究。Ren and Croson（2013）设计了两个试验，并指出过度自信，尤其是过度精确，与订单偏差有显著的关系，且过度精确可以解释观察到的30%左右的订购错误。Ancarani et al.（2016）在古典啤酒游戏的框架下进行试验，并发现过度自信使管理者在库存管理中不够小心，最终导致损失。

尽管有研究表明，过度自信会导致管理者作出非最优的决策（Johnson and Tierney，2011），但是也有不少学者发现满足一定条件时，过度自信可以给供应链带来好处（包晓英等，2011；浦徐进和诸葛瑞杰，2014），且可以通过契约的方式协调供应链（Wang，2014）。浦徐进和诸葛瑞杰（2014）表明供应商的过度自信和公平性会使其改善努力程度；在一定条件下，供应商的过度自信可能会增加制造商的努力程度。包晓英等（2011）指出过度自信对设计逆向供应链的激励和提高激励效率有价值。Wang（2014）指出，尽管过度自信零售商的利润小于理性零售商的利润，但在高利润行业可以通过回购合同协调供应链。

8.2.4 文献总结

本章对服务能力采购、需求突变下的供应链协调研究和供应链成员过度自信的相关文献进行了回顾和总结，我们发现既有的研究存在两个方面的不足。一方面，现有的需求突变的文献主要研究了制造业供应链中，关注需求突变条件下供应链成员的生产决策和库存决策。然而，服务的无形性和易变性，使得服务供应链的采购问题与制造业供应链的采购问题存在较大差异。实践中，物流服务企业也面临着市场需求突变的情况，因此，需要进一步对LSSC中的需求突变进行研究，以弥补理论研究和实践的差距。另一方面，现有的过度自信文献中，过度自信行为主要表现为供应链下游成员对市场需求预期的过度自信。然而，在实践中，我们发现在市场需求突增时，集成商会因为其在供应链中的主导地位而对自身的采购能力产生过度自信的行为，但这种过度自信行为尚未被系统研究。需要注意的是，本章只研究其中的过度估计的情况。因此，本章将建立市场需求突增下的集成商采购能力过度自信模型，研究这两种因素对集成商定价决策和提供商服务水平决策带来的影响。

如表8-1所示，与本章相似的文章是Li et al.（2014），Liu et al.（2016），Wang et al.（2015）和Lu et al.（2015）。Li et al.（2014）和Liu et al.（2016）侧重于需求突变的研究。尽管Li et al.（2014）研究了需求中断后主导零售商对市场零售价格的影响，但是Li et al.（2014）的研究背景是传统的制造业供应链。Liu et al.（2016）虽然考虑了LSSC中需求中断的影响，并探索了三种不同合作模式下需求突变对零售价决策和服务努力水平决策的影响，但是Liu et al.（2016）没有考虑到集成商的过度自信行为。Wang et al.（2015）和Lu et al.（2015）侧重于过度自信行为的研究。Wang et al.（2015）通过两个模型的对比研究了零售商过度自信的影响，但其中零售商的过度自信行为表现在零售商对市场需求预测的过度自信。此外，Lu et al.

(2015) 考虑了在绿色供应链背景下，过度自信的供应商可能会由于减少碳排放而高估产品需求或者低估了随机需求的变化，但是没有考虑到需求更新对供应链决策的影响。相比之下，本章重点关注市场需求突增的情况，并研究LSSC中由市场需求突增激发的集成商的过度自信行为，探索需求突增和集成商过度自信双因素对集成商定价和提供商服务水平决策的影响。

表8-1 模型的比较

	Li et al. (2014)	Liu et al. (2016)	Wang et al. (2015)	Lu et al. (2015)	本章
研究目标	主导零售商和供应链协调的影响	三种协调模式下需求中断对LSSC协调的影响	零售商过度自信的行为对供应链绩效的影响	供应商过度自信对库存决策和不同的绿色供应链绩效指标的影响	需求突增背景下集成商过度自信对供应链决策的影响
供应链类型	制造业供应链	物流服务供应链	制造业供应链	制造业供应链	物流服务供应链
供应链结构	一个制造商和多个零售商	一个LSI和两个FLSP	一个制造商和一个零售商	一个供应商和一个零售商	一个LSI和一个FLSP
是否考虑需求突增	是	是	否	否	是
是否有过度自信行为	无	无	有	有	有
是否有两期决策	否	否	否	否	是
采取何种契约	收益共享合同	—	回购合同	—	动态批发价格契约

8.3 问题描述和符号设置

8.3.1 问题描述

本章中研究对象是由一个物流服务集成商和一个物流服务提供商组成的二级物流服务供应链，集成商从提供商处采购功能性物流服务，经过整合后，将整合的物流服务能力销售给市场上的客户。集成商因为掌握着市场需求信息和客户资源，往往能够更好地控制物流服务供应链。因此，在基础设定中，集成商是物流服务供应链的主导者。当市场需求突增时，集成商将对自己的采购能力过度自信，从而导致实际采购的服务能力不能满足市场需求；当市场需求突减时，集成商采购的能力肯定能满足市场需求，此时不存在过度自信行为。提供商是物流服务能力的提供者，是理性的决策者，没有过度自信行为。

过度自信主要表现为三种情况，此处只研究其中的过度估计的情况。由于一个集成商往往整合多家提供商，大多数情况下在供应链中占有主导地位，具有更多的话语权，因此在供应链管理中，集成商的过度自信行为通常是过度估计，即表现在集成商认为自身的采购能力高于实际的采购能力。这里采购能力是指集成商从提供商处采购的物流服务能力的量占提供商总能力的比例，即 $\gamma = \dfrac{Q}{C}$。为了研究集成商的过度自信行为，本章只考虑需求突增的情况。为了突出需求突增给供应链决策带来的影响，本章考虑在第一阶段市场未发生需求突增，此时，集成商能够从提供商处采购到能够满足其市场需求的能力，第二阶段市场发生需求突增。通过第一阶段和第二阶段集成商的最优销售定价决策和提供商的最优服务水平决策的对比，研究需求突增及其引发的集成商过度自信行为的影响。

实践中，物流服务能力采购决策过程往往较为复杂。一方面，市场需求突增现象时有发生。由于需求突增的不可预测性，在没有发生需求突增的时期，集成商无法预知需求突增的发生，也不会考虑需求突增带来的潜在影响。另一方面，集成商不是完全理性的。大多数决策者倾向于自己的信念和判断，且在实践中很难意识到这种情况（Lu et al.，2015）。具体来说，集成商根据第一阶段市场需求向提供商采购能力 $Q_1 = D_1$（D_1 为第一阶段市场需求），并根据提供商的总能力 C 计算其实际采购能力 $\gamma = \frac{Q_1}{C}$。需要注意的是，合作开始前，集成商会选择能够满足市场需求的提供商进行合作，但此处不考虑这个过程。

集成商知道提供商的总能力 C，这是因为一方面，在筛选提供商的过程中，集成商可以通过与提供商不断沟通获得提供商的总能力，并及时更新这一信息；另一方面，由于网络技术的广泛应用，集成商也可以通过提供商的网站或其他网络渠道获得提供商的总能力。需要注意的是，即使集成商知道提供商的总能力，双方依然可以展开博弈，集成商希望制定更高的价格并从提供商处获得更高的服务水平，提供商希望通过设置合理的服务水平控制成本。因此，集成商的决策变量为两阶段的市场价格，提供商的决策变量为两阶段的服务水平和第二阶段实际提供给集成商的服务量。

第二阶段初期市场需求突增，过度自信的集成商此时认为其采购能力达到 $\hat{\gamma} = \gamma l$，并根据 $\hat{\gamma}$ 向提供商采购能力。l 为集成商的过度自信因子，表示集成商过度自信的程度，$l > 1$ 且 l 越大，集成商过度自信程度越高。尽管集成商对自身的采购能力过度自信，但集成商并非完全不理性的，当集成商过度自信行为发生后，其向提供商采购的能力无法满足第二阶段市场需求时，集成商往往会找备用供应商，并以高于批发价格的 w_B 向其备用供应商采购能力。在第 j 阶段，集成商以 p_j 的价格向客户销售一体化的物流服务能力，并以 w_j 的批发价格从提供商处采购功能性物流服务能力，$w_j = \varphi p_j$，其中 φ 是价格系数，为了保证集成商的单位利润，$0 < \varphi < 1$（Liu et al.，2016）。需要注意的是，w_j 并不是提供商的决策变量，而是由集成商的市场价格直接决定的，因此第一阶段的批发价格 w_1 可能不等于第二阶段的批发价格 w_2。实践中这种情况也经常存在，例如在国内快递行业中，FLSP 是没有定价控制权的，w_j 是由集成商直接决定的。

经济学的需求函数 $D = a - bP$ 仅定义了需求与价格之间的关系，然而，无形服务对需求功能有影响（Desai and Srinivasan，1995），本章引入服务水平变量。借鉴 Xiao et al.（2009），Liu et al.（2014），Zhang et al.（2015）构建需求函数的方式，客户对物流服务的总需求函数如下所示。

$$D_j = M - \alpha p_j + \beta s_j$$

其中，M 为潜在的市场需求；p_j 为第 j 阶段一体化服务能力的市场单价，是集成商的决策变量；α 表示需求对市场价格的敏感度；s_j 为第 j 阶段的服务水平，是提供商的决策变量，为保证市场竞争力，$s_j \geqslant s_{low}$ ，s_{low} 为服务水平下限；β 表示需求对服务水平的敏感度。与需求突增相比，市场需求本身的波动较小，因此，本章中市场需求是确定的。

集成商第一阶段和第二阶段的决策变量为价格 p_1 和 p_2 ，提供商第一阶段的决策变量为服务水平 s_1 ，第二阶段的决策变量为服务水平 s_2 和 I 第二阶段实际采购量 q_2 。

8.3.2 决策过程

决策过程如图 8－1 所示。

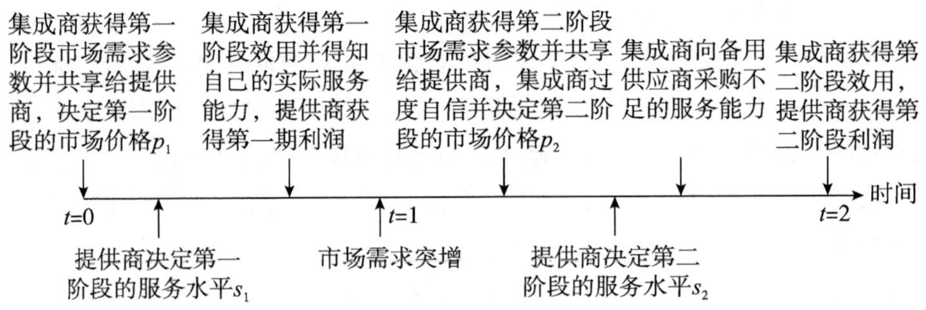

图 8－1　决策过程

（1）在 $t=0$ 时刻，集成商获得第一阶段市场需求，为了防止提供商不了解市场需求给采购带来不利影响，集成商将自己得到的市场需求相关参数 M ，α ，β 共享给提供商，向提供商采购服务能力，并决定第一阶段的市场价格 p_1 。LSI 以第一阶段批发价格 w_1 从提供商处采购物流服务能力，w_1 是集成商从提供商处采购的批发价格，$w_1 = \varphi p_1$ ，其中 $0 < \varphi < 1$（Liu e al.，2016）。集成商与提供商信息共享在实践中也很常见，如圆通从电商平台处得到需求信息，并将信息进一步处理后共享给提供商，以便提供商可以准备充足的能力。需要特别说明的是，虽然双方进行需求信息共享，但提供商并不会无限制提高或者降低服务水平，主要有两方面原因。一方面，提供商并不能由于

信息共享就可以主导供应链。这是因为在服务供应链中，物流服务集成商最接近客户，掌握了客户需求信息，因此，集成商处于服务供应链中的主导地位。提供商作为上游参与者，很难直接与下游的客户进行交易，必须依赖集成商才能获得需求。另一方面，供应链的合作强调长期战略合作，因此，即使提供商通过过低的服务水平获得了短期收益，但这将影响提供商与集成商的长期合作，对提供商的长期收益造成不利的影响。因此，提供商并不能因为信息共享就可以任意操控服务水平。

（2）提供商决定第一阶段服务水平 s_1 。

（3）第一阶段末期，市场需求实现，集成商获得第一阶段效用并得知自己的实际服务能力，提供商获得第一阶段利润。

（4）在 $t = 1$ 时刻，即第二阶段初期，市场需求突增，潜在的市场需求量增加，$\Delta > 0$。

（5）集成商获得第二阶段市场需求并共享给提供商，根据对自身采购能力的估计向提供商（以及备用供应商）采购服务能力，并决定第二阶段的市场价格 p_2 。LSI 以第二阶段批发价格 w_2 从提供商处采购服务能力，w_2 是统一零售价，$w_2 = \varphi p_2$ ，其中 $0 < \varphi < 1$ 。

（6）提供商决定第二阶段服务水平 s_2 。

（7）第二阶段末期，市场需求实现，集成商获得第二阶段效用，提供商获得第二阶段利润。

8.3.3 符号

模型的符号如表 8－2 所示。

表 8－2　模型的符号

符号	说　明
p_j	第 j 阶段一体化服务能力的市场单价
w_j	第 j 阶段服务能力的批发价格
w_B	备用供应商的批发价格
l	集成商的过度自信因子，$l > 1$
γ	集成商实际采购能力

续 表

符号	说　明
k	提供商的成本系数
C	第一阶段提供商的总能力
C'	第二阶段提供商的总能力
s_j	第 j 阶段的服务水平
s_{low}	服务水平下限
D_j	第 j 阶段市场需求
M	潜在的市场需求
α	需求对市场价格的敏感度
β	需求对服务水平的敏感度
Q_1	I 第一阶段采购量
Q_2	I 第二阶段名义采购量
q_2	I 第二阶段实际采购量
φ	价格系数
U_{Ij}	集成商第 j 阶段效用
Π_{F_j}	提供商第 j 阶段利润
g	集成商第二阶段不能满足市场需求时的单位效用损失，$g > 0$

8.4　基础模型构建与求解

本节将构建集成商主导的基础物流服务供应链能力采购模型，并通过对模型的求解探究需求突增、集成商过度自信行为以及模型中的部分参数对集成商定价和提供商服务水平的影响。

8.4.1　第一阶段采购模型及求解

第一阶段时没有发生需求突增，所以市场需求是确定的，即

$$D_1 = M - \alpha p_1 + \beta s_1$$

第一阶段集成商没有过度自信行为，因此其效用等于其利润。第一阶段

集成商效用函数表达式为：

$$U_{I1} = p_1 Q_1 - w_1 Q_1 \tag{8-1}$$

其中，$p_1 Q_1$ 为集成商第一阶段的收入，$w_1 Q_1$ 为集成商第一阶段的采购成本。因为市场需求已确定，因此在第一阶段集成商的采购量等于市场需求，即 $Q_1 = D_1$ 。

提供商没有过度自信行为，因此其效用等于其利润。第一阶段提供商的效用函数表达式为：

$$U_{F1} = w_1 Q_1 - \frac{1}{2} k s_1^2 \tag{8-2}$$

其中，$w_1 Q_1$ 为提供商第一阶段的收入，$\frac{1}{2} k s_1^2$ 为提供商第一阶段的成本，许多文章如 Liu et al.（2016）和陈章跃等（2016）中也有类似的成本构建方法。

由于集成商主导供应链，因此首先求解提供商的最优服务水平。代入 $Q_1 = D_1$ 可得：

$$U_{F1} = w_1 (M - \alpha p_1 + \beta s_1) - \frac{1}{2} k s_1^2 \tag{8-3}$$

对式（8－3）求关于 s_1 的一阶导数可得：$\frac{\partial U_{F1}}{\partial s_1} = \varphi p_1 \beta - k s_1$ 。由于二阶导数 $\frac{\partial^2 U_{F1}}{\partial s_1^2} = -k < 0$ ，因此 U_{F1} 是关于服务水平 s_1 的凹函数。可得提供商第一阶段的最优服务水平 $s_1^* = \frac{\varphi \beta}{k} p_1$ 。因此，提供商第一阶段的最优服务水平随集成商第一阶段的价格递增，这也是符合实际情况的。

因此，集成商的效用函数可写成：

$$U_{I1} = (1 - \varphi) p_1 \left(M - \alpha p_1 + \frac{\varphi \beta^2}{k} p_1 \right) \tag{8-4}$$

对式（8－4）求关于 p_1 的一阶导数可得：$\frac{\partial U_{I1}}{\partial p_1} = (1 - \varphi) \left(M - 2\alpha p_1 + \frac{2\varphi \beta^2}{k} p_1 \right)$。求关于 p_1 的二阶导数可得：$\frac{\partial^2 U_{I1}}{\partial p_1^2} = (1 - \varphi) \left(-2\alpha + \frac{2\varphi \beta^2}{k} \right)$ 。因为 $0 < \varphi < 1$ ，所以若 $-\alpha + \frac{\varphi \beta^2}{k} < 0$ ，则 $\frac{\partial^2 U_{I1}}{\partial p_1^2} < 0$ ，即 U_{I1} 是关于服务水平 p_1 的凹函数，可得集成商第一阶段的最优定价为 $p_1^* = \frac{1}{2} \cdot \frac{Mk}{\alpha k - \varphi \beta^2}$。进一步可得

$s_1^* = \frac{\varphi\beta}{k} \cdot \frac{Mk}{\alpha k - \varphi\beta} = \frac{1}{2} \cdot \frac{\varphi\beta M}{\alpha k - \varphi\beta^2}$。通过对集成商第一阶段最优定价和提供商第一阶段最优服务水平的分析，可得到命题1。

命题1：当系数满足 $-\alpha + \frac{\varphi\beta^2}{k} < 0$ 时，存在最优的服务水平 $s_1^* = \frac{1}{2} \cdot \frac{\varphi\beta M}{\alpha k - \varphi\beta^2}$，以及最优定价 $p_1^* = \frac{1}{2} \cdot \frac{Mk}{\alpha k - \varphi\beta^2}$，使得提供商获得最大利润、集成商获得最大效用，$s_1^*$ 和 p_1^* 随潜在的市场需求 M 和价格系数 φ 递增，随需求对市场价格的敏感度 α 递减。

命题1证明过程见附录8－1。

命题1表明，不存在市场需求突增的情况时，一方面，价格系数 φ 越高，提供商的单位收入越高，这样才能承担更多的成本并提高服务水平，同时，φ 越高意味着集成商的单位利润减少，因此集成商需要提高市场价格；另一方面，市场价格的敏感度 α 提高，集成商将不得不降低市场价格以维持订单量，此时提供商的单位收入减少，服务水平也相应降低。

8.4.2 第二阶段采购模型及求解

由8.4.1节可知，集成商第一阶段的采购量 $Q_1 = M - \alpha p_1^* + \beta s_1^* = \frac{M}{2}$，因此集成商的实际采购能力 $\gamma = \frac{M}{2C}$。第二阶段初期，市场需求突增，潜在的市场需求量增加，$\Delta > 0$（Liu et al.，2016），因此第二阶段市场需求为 $D_2 = (M + \Delta) - \alpha p_2 + \beta s_2$。为了应对突增的需求，集成商将增加服务能力采购量并产生过度自信，即认为自己的采购能力可以达到 $\hat{\gamma} = \gamma l$，其中 $l > 1$。

根据需求突增量 Δ 的大小，将产生两种情况。

8.4.2.1 集成商过度自信的采购能力无法满足第二阶段市场需求

对于无法满足的市场需求，集成商将以高于批发价格的 w_B 向其备用供应商采购服务能力，此时集成商的效用函数表达式如下所示。

$$U_{I2} = p_2 D_2 - w_2 Q_2 - w_B(D_2 - Q_2) - g(Q_2 - q_2) \tag{8-5}$$

式（8－5）中，第一项 p_2D_2 为过度自信集成商第二阶段的收入。第二项

w_2Q_2 为集成商的采购成本，集成商过度自信，认为自己在第二阶段能够从提供商处采购到的服务能力为 Q_2 ，$Q_2 = \hat{\gamma}C' = \gamma lC' = \frac{M}{2C}lC'$ ，Q_2 也被称为集成商名义采购量，C' 是第二阶段提供商的总能力。在集成商与提供商共享需求信息更新的情况下，提供商为了更好地应对需求突变，有动机将第二阶段的总能力告诉集成商，因为在需求突增的情况下，提供商的第二阶段能力增加但未告诉集成商，则提供商将很有可能出现能力过剩而导致利润损失。需要指出的是，提供商的第二阶段的总能力不一定等于其第一阶段的总能力 C ，因为第二阶段提供商可以通过购买运输车辆来增加运输能力。第三项 $w_B(D_2 - Q_2)$ 为集成商向备用供应商采购服务能力的采购成本，如果 Q_2 还不能够满足突增的市场需求，那么集成商会从备用供应商处采购 $D_2 - Q_2$ 的服务能力。第四项 $g(Q_2 - q_2)$ 为提供商不能满足集成商的需求而给集成商带来的效用损失。过度自信将给集成商带来效用，若需求实现前提供商不能给集成商交付服务能力 Q_2 ，而只交付 q_2 ，那么集成商将遭受效用损失。

提供商第二阶段的效用函数表达式为：

$$U_{F2} = w_2q_2 - \frac{1}{2}ks_2^2 \tag{8-6}$$

其中，w_2q_2 为提供商第二阶段的收入，q_2 为 I 第二阶段实际采购量，$\frac{1}{2}ks_2^2$ 为提供商第二阶段的成本。需要注意的是，第二阶段过度自信集成商的采购量 Q_2 与提供商第二阶段提供给集成商的服务量 q_2 不同。这是因为集成商往往对自己的信念和判断过于自信，但在实践中无法意识到这种情况（Lu et al.，2015），因此，集成商认为自己可以从提供商处采购到 Q_2 的服务能力。然而在实践中，供应链经常呈现网络的结构，一个提供商往往服务于多个集成商，因此，在第二阶段提供商可能会出现无法应对集成商的过度自信，只能给集成商不超过其实际采购能力的服务量（见表 8－3）。

表 8－3　第二阶段过度自信集成商的实际采购量与名义采购量

集成商实际采购量	集成商名义采购量	提供商不能满足集成商的需求
q_2	$Q_2 = \frac{M}{2C}lC'$	$Q_2 - q_2 = \frac{M}{2C}lC' - q_2$

由于集成商的实际采购能力为$\gamma = \frac{M}{2C}$，因此集成商实际采购量的上限$\bar{q}_2 = \frac{M}{2C}C'$。由于$l > 1$，因此$Q_2 - q_2 > 0$。

对式（8-6）求关于q_2的一阶导数可得：$\frac{\partial U_{F2}}{\partial q_2} = w_2 > 0$，因此$U_{F2}$是关于服务量$q_2$的单调递增函数。可得提供商第二阶段提供给集成商的服务量$q_2^* = \gamma C = \frac{M}{2C}C'$。

对式（8-6）求关于s_2的一阶导数可得：$\frac{\partial U_{F2}}{\partial s_2} = -ks_2 < 0$，因此$U_{F2}$是关于服务水平$s_2$的单调递减函数。可得提供商第二阶段的最优服务水平$s_2^* = s_{low}$，即服务水平下限。

因此，集成商第二阶段的效用函数可写成：

$$U_{I2} = p_2(M + \Delta - \alpha p_2 + \beta s_{low}) - \varphi p_2 \frac{M}{2C}lC' - w_B\left(M + \Delta - \alpha p_2 + \beta s_{low} - \frac{M}{2C}lC'\right) - g\frac{M}{2C}C'(l-1)$$

对上式求关于p_2的一阶导数可得：$\frac{\partial U_{I2}}{\partial p_2} = M + \Delta - 2\alpha p_2 + \beta s_{low} - \varphi\frac{M}{2C}lC' + \alpha w_B$。

对上式求关于p_2的二阶导数可得：$\frac{\partial^2 U_{I2}}{\partial p_2^2} = -2\alpha < 0$，即$U_{I2}$是关于定价$p_2$的凹函数，可得集成商第二阶段的最优定价为$p_2^* = \frac{1}{2\alpha}\left(M + \Delta + \beta s_{low} - \varphi\frac{M}{2C}lC' + \alpha w_B\right)$。

8.4.2.2 集成商过度自信的采购能力可以满足第二阶段市场需求

由于实践中决策者很难意识到其对自己的信念和判断过于自信（Lu et al.，2015），因此尽管按照实际采购能力集成商无法满足市场需求，过度自信的集成商也不会向备用供应商采购服务能力，此时其第二阶段效用函数表达式为：

$$U_{I2} = p_2D_2 - w_2Q_2 - g(Q_2 - q_2) \tag{8-7}$$

其中，p_2D_2 为集成商第二阶段的收入，w_2Q_2 为集成商第二阶段的采购成本。此时 $Q_2 = D_2$，$g(Q_2 - q_2)$ 为提供商不能满足集成商的需求而给集成商带来的效用损失。

提供商第二阶段的效用函数表达式为：

$$U_{F2} = w_2q_2 - \frac{1}{2}ks_2^2$$

其中，w_2q_2 为提供商第二阶段的收入，$\frac{1}{2}ks_2^2$ 为提供商第二阶段的成本。因此，在集成商过度自信的采购能力可以满足第二阶段市场需求条件下，提供商第二阶段的最优服务水平仍为 $s_2^* = s_{low}$，提供商第二阶段提供给集成商的服务量 $q_2^* = \gamma C = \frac{M}{2C}C'$。

因此，集成商的效用函数可写成：

$$U_{I2} = (p_2 - \varphi p_2 - g)(M + \Delta - \alpha p_2 + \beta s_{low}) + g\frac{M}{2C}C'$$

对上式求关于 p_2 的一阶导数可得：$\frac{\partial U_{I2}}{\partial p_2} = (1 - \varphi)(M + \Delta - 2\alpha p_2 + \beta s_{low}) + g\alpha$。

对上式求关于 p_2 的二阶导数可得：$\frac{\partial^2 U_{I2}}{\partial p_2^2} = -2\alpha(1 - \varphi) < 0$，即 U_{I2} 是关于定价 p_2 的凹函数。令 $\frac{\partial U_{I2}}{\partial p_2} = 0$，可得集成商第二阶段的最优定价为 $p_2^* = \frac{1}{2\alpha}\left(M + \Delta + \beta s_{low} + \frac{g\alpha}{1 - \varphi}\right)$。

命题 2：若集成商过度自信的采购能力无法满足第二阶段市场需求，那么集成商第二阶段的最优定价 p_2^* 随价格系数 φ 和集成商的过度自信因子 l 递减，此时，若集成商过度自信程度较高，p_2^* 随潜在的市场需求 M 递减、随需求对市场价格的敏感度 α 递增；若集成商过度自信的采购能力能够满足第二阶段市场需求，那么集成商第二阶段的最优定价 p_2^* 与集成商的过度自信因子 l 无关。

命题 2 证明见附录 8－2。

命题 2 说明，集成商的过度自信对第二阶段的最优定价产生负面影响，集成商的单位利润也会因此降低；集成商过度自信程度较高时，市场规模和需求对市场价格的敏感度会反向影响集成商定价，需求对市场价格越敏感，集成商的单位利润越高；集成商的过度自信的程度不一定影响第二阶段的最优定价。

此外，不难发现，一方面，无论集成商过度自信的采购能力是否可以满足第二阶段市场需求，第二阶段提供商的最优服务水平都会降至下限；另一方面，通过比较第一阶段和第二阶段集成商的最优定价，当集成商过度自信的采购能力无法满足第二阶段市场需求时，$\frac{p_2^*}{p_1^*} = \frac{\alpha k - \varphi\beta^2}{\alpha k}\frac{M + \Delta + \beta s_{\text{low}} - \varphi\frac{M}{2C}lC' + \alpha w_B}{M}$。

若想使 $\frac{p_2^*}{p_1^*} \geqslant 1$，需要满足 $\frac{M + \Delta + \beta s_{\text{low}} - \varphi\frac{M}{2C}lC' + \alpha w_B}{M} \geqslant \frac{\alpha k}{\alpha k - \varphi\beta^2}$，即 $\frac{\Delta}{M} \geqslant \frac{\alpha k}{\alpha k - \varphi\beta^2} + \varphi\frac{lC'}{2C} - 1 - \frac{\beta s_{\text{low}} + \alpha w_B}{M} = \frac{\varphi\beta^2}{\alpha k - \varphi\beta^2} + \varphi\frac{lC'}{2C} - \frac{\beta s_{\text{low}} + \alpha w_B}{M}$。

因此需要满足 $\frac{\Delta}{M} \geqslant \frac{\varphi\beta^2}{\alpha k - \varphi\beta^2} + \varphi\frac{lC'}{2C} - \frac{\beta s_{\text{low}} + \alpha w_B}{M}$，即 $\frac{\Delta}{M}$ 大于等于某一临界值时，才能使得 $\frac{p_2^*}{p_1^*} \geqslant 1$。

类似地，当集成商过度自信的采购能力可以满足第二阶段市场需求时，需要满足 $\frac{\Delta}{M} \geqslant \frac{\varphi\beta^2}{\alpha k - \varphi\beta^2} - \frac{\beta s_{\text{low}}}{M} - \frac{g\alpha}{(1-\varphi)M}$，由此可以得到命题3。

命题3：无论集成商过度自信的采购能力能否满足第二阶段市场需求，市场需求突增和集成商过度自信都会导致第二阶段提供商的最优服务水平降至下限。相对于市场规模而言，若市场需求突增较小，集成商第二阶段的最优定价无法维持在第一阶段的水平。

命题3表明，对于集成商主导的供应链而言，市场需求突增与集成商过度自信会对供应链造成明显的不利影响。一方面，市场需求突增与集成商过度自信会导致服务水平降低，客户将无法享受到原有水平的物流服务；另一方面，若市场需求突增较少，第二阶段集成商需降低价格，进而导致集成商的单位利润和提供商的单位收入下降。总体来说，市场需求突增与集成商过度自信将给客户、集成商和提供商带来不利影响，因此，我们应尽量改善这种不利影响。

8.5 改善方式

基于上文的研究结果，本章将重点探索改善或消除需求突增和过度自信带来的负面影响的方法。根据问题描述中提到的集成商和提供商博弈的目标，本章将从集成商的市场价格和提供商服务水平的角度进行改进。选择这两个角度主要有以下两个方面的原因。一方面，集成商向客户销售一单位服务能力的单位利润为 $p - w = (1 - \varphi)p$，因此若市场价格提高，集成商可以获得更高的单位利润。对于提供商而言，其单位收益 $w = \varphi p$，市场价格提高也能给提供商带来更高的单位收益。另一方面，服务水平的提高将增加客户对集成商的满意度，有利于双方的长期合作，也能够提高集成商在业内的口碑，尽管这些无法给集成商带来即时的效用，但有利于企业的长期发展，间接为提供商带来长期的好处。

由前文可知，市场价格和服务水平所受到的负面影响主要是由需求突增和集成商过度自信造成的。需求突增是由市场决定的并受许多复杂因素的影响，而过度自信是集成商的行为因素，相比之下更容易通过供应链内部机制得到控制。因此，在 8.5.1 节将考虑供应链控制权的转移，即由没有过度自信行为的提供商主导供应链，提供商主导供应链后，供应链的决策顺序也将发生变化。集成商将控制权转移给提供商主导的实际案例也并不少见（Liu et al.，2017）。例如，晟启元作为世能达的提供商，目前拥有常用车辆 800 多辆，世能达向其采购公路运输能力，为下游的制造企业如宝洁提供运输服务。在天津—上海等繁忙线路上，晟启元在运输能力的采购中处于弱势地位，供应链的主导者是世能达；在天津—河南运输线路上，双方的供应链主导权发生了转换，即晟启元在运输能力的采购中处于强势地位，占据供应链的主导权（Liu et al.，2017）。

需要注意的是，一方面，当集成商不再主导供应链时，依然可以直接掌握客户信息和市场需求，这样的优势容易导致集成商过度自信；另一方面，在提供商主导供应链的情况下，集成商仍有权作出服务能力的采购决策。因此，集成商过度自信的因素不会因为供应链控制权转移而消除。我们将研究在提供商主导情况下的供应链决策情况，并与8.4节的结论进行比较。

8.5.1 提供商主导供应链

在第二阶段需求突增情况下，供应链由提供商进行主导，在第二阶段过度自信的集成商首先根据需求突增的量向提供商采购 Q_2，提供商决定第二阶段的最优服务水平，最后集成商决定第二阶段的最优定价。根据需求突增量 Δ 的大小，存在两种情况。

8.5.1.1 集成商过度自信的采购能力无法满足第二阶段市场需求

与前文类似，当集成商过度自信的采购能力无法满足第二阶段市场需求时，集成商的效用函数表达式为：

$$U_{I2} = p_2D_2 - w_2Q_2 - w_B(D_2 - Q_2) - g(Q_2 - q_2) \tag{8-8}$$

提供商第二阶段的效用函数表达式为：

$$U_{F2} = w_2q_2 - \frac{1}{2}ks_2^2 \tag{8-9}$$

由于提供商主导供应链，因此，首先求解集成商的最优定价。对式（8－8）求关于 p_2 的一阶导数可得：$\frac{\partial U_{I2}}{\partial p_2} = M + \Delta - 2\alpha p_2 + \beta s_2 - \varphi\frac{M}{2C}lC' + \alpha w_B$。对式（8－8）求关于 p_2 的二阶导数可得：$\frac{\partial^2 U_{I2}}{\partial p_2^2} = -2\alpha < 0$。即 U_{I2} 是关于定价 p_2 的凹函数，可得提供商主导供应链条件下，集成商第二阶段的最优定价为 $p_2^{f*} = \frac{1}{2\alpha}\left(M + \Delta + \beta s_2^* - \varphi\frac{M}{2C}lC' + \alpha w_B\right)$。

对式（8－9）求关于 q_2 的一阶导数可得：$\frac{\partial U_{F2}}{\partial q_2} = w_2 > 0$。因此 U_{F2} 是关于服务量 q_2 的单调递增函数。可得提供商第二阶段提供给集成商的服务量 $q_2^{f*} = \gamma C = \frac{M}{2C}C'$。

对式（8－9）求关于 s_2 的一阶导数可得：$\frac{\partial U_{F2}}{\partial s_2} = \frac{\varphi q_2}{2\alpha}\beta - ks_2$。对式（8－9）求关于 s_2 的二阶导数可得：$\frac{\partial^2 U_{F2}}{\partial s_2^2} = -k < 0$。因此 U_{F2} 是关于服务水平 s_2 的凹

函数。可得提供商第二阶段的最优服务水平 $s_2^{f*}=\dfrac{\varphi\beta MC'}{4\alpha kC}$。当参数满足 $\dfrac{\varphi\beta MC'}{4\alpha kC}>s_{\mathrm{low}}$ 时，提供商主导供应链可以改善需求突增和集成商过度自信给服务水平造成的不利影响。将 s_2^{f*} 代入 p_2^{f*} 可得：

$$p_2^{f*}=\frac{1}{2\alpha}\left(M+\Delta+\frac{\varphi\beta^2 MC'}{4\alpha kC}-\varphi\frac{M}{2C}lC'+\alpha w_B\right)$$

通过比较集成商主导和提供商主导供应链两种情况下集成商的定价，可得：

$$p_2^{f*}-p_2^{*}=\frac{\beta}{2\alpha}\left(\frac{\varphi\beta MC'}{4\alpha kC}-s_{\mathrm{low}}\right)>0$$

说明提供商主导供应链可以改善需求突增和集成商过度自信给集成商定价造成的不利影响。

为了进一步探究提供商主导供应链能否消除这一不利影响，将提供商第二阶段的最优服务水平 s_2^{f*} 和提供商第一阶段的最优服务水平 s_1^{*}，以及集成商第二阶段的最优定价 p_2^{f*} 和集成商第一阶段的最优定价 p_1^{*} 进行比较，发现相比于市场原有规模，需求突增必须是一个较大的量。这说明，提供商主导供应链可以改善但不能消除需求突增和集成商过度自信给集成商定价造成的不利影响。证明过程见附录 8－3。

8.5.1.2 集成商过度自信的采购能力可以满足第二阶段市场需求

与前文类似，当集成商过度自信的采购能力无法满足第二阶段市场需求时，集成商的效用函数表达式为：

$$U_{I2}=p_2D_2-w_2Q_2-g(Q_2-q_2)$$

提供商第二阶段的效用函数表达式为：

$$U_{F2}=w_2q_2-\frac{1}{2}ks_2^2$$

由于提供商主导供应链，因此，首先求解集成商的最优定价。对 U_{I2} 求关于 p_2 的一阶导数可得：$\dfrac{\partial U_{I2}}{\partial p_2}=(1-\varphi)(M+\Delta-2\alpha p_2+\beta s_2)+g\alpha$。对 U_{I2} 求关于 p_2 的二阶导数可得：$\dfrac{\partial^2 U_{I2}}{\partial p_2^2}=-2\alpha(1-\varphi)<0$，即 U_{I2} 是关于定价 p_2 的凹函

数。可得集成商第二阶段的最优定价为 $p_2^{f*} = \frac{1}{2\alpha}\left(M + \Delta + \beta s_2 + \frac{g\alpha}{1-\varphi}\right)$。

对 U_{F2} 求关于 q_2 的一阶导数可得：$\frac{\partial U_{F2}}{\partial q_2} = w_2 > 0$，因此 U_{F2} 是关于服务量 q_2 的单调递增函数。可得提供商第二阶段提供给集成商的服务量 $q_2^{f*} = \gamma C = \frac{M}{2C}C'$。

代入 U_{F2}，并对 U_{F2} 求关于 s_2 的一阶导数可得：$\frac{\partial U_{F2}}{\partial s_2} = \frac{\varphi q_2}{2\alpha}\beta - ks_2$。对 U_{F2} 求关于 s_2 的二阶导数可得：$\frac{\partial^2 U_{F2}}{\partial s_2^2} = -k < 0$，因此 U_{F2} 是关于服务水平 s_2 的凹函数。可得提供商第二阶段的最优服务水平 $s_2^{f*} = \frac{\varphi\beta MC'}{4\alpha kC} > s_{\text{low}}$。提供商主导供应链可以改善需求突增和集成商过度自信给服务水平造成的不利影响。为了进一步探究提供商主导供应链能否消除这一不利影响，下面比较提供商第二阶段的最优服务水平 s_2^{f*} 和提供商第一阶段的最优服务水平 s_1^*，可得：

$$s_2^{f*} - s_1^* = \frac{\varphi\beta MC'}{4\alpha kC} - \frac{1}{2}\cdot\frac{\varphi\beta M}{\alpha k - \varphi\beta^2} = \frac{\varphi\beta M}{2}\left(\frac{C'}{2C}\cdot\frac{1}{\alpha k} - \frac{1}{\alpha k - \varphi\beta^2}\right)$$

$$= \frac{\varphi\beta M}{2}\cdot\frac{C'(\alpha k - \varphi\beta^2) - 2C\alpha k}{2C\alpha k(\alpha k - \varphi\beta^2)}$$

其中，

$$C'(\alpha k - \varphi\beta^2) - 2C\alpha k =$$

$$(\alpha k - \varphi\beta^2)\left(C' - 2C\frac{\alpha k}{\alpha k - \varphi\beta^2}\right) < (\alpha k - \varphi\beta^2)(C' - 2C)$$

由命题 1 可知，$\alpha k - \varphi\beta^2 > 0$，因此，当 $C' < 2C$ 时，得出 $s_2^{f*} - s_1^* < 0$，即 $s_2^* \leqslant s_2^{f*} < s_1^*$。说明即使集成商过度自信的采购能力能够满足市场需求，但提供商不能在短期内将自身的总服务能力迅速提高到原来的两倍，那么仅仅采取提供商主导供应链就不能消除需求突增和集成商过度自信给服务水平带来的不利影响。

将 s_2^{f*} 代入 p_2^{f*} 可得：

$$p_2^{f*} = \frac{1}{2\alpha}\left(M + \Delta + \frac{\varphi\beta^2 MC'}{4\alpha kC} + \frac{g\alpha}{1-\varphi}\right)$$

通过比较集成商主导和提供商主导供应链两种情况下集成商的定价，

可得：

$$p_2^{f*} - p_2^* = \frac{\beta}{2\alpha}\left(\frac{\varphi\beta MC'}{4\alpha kC} - s_{low}\right) > 0$$

说明提供商主导供应链可以改善需求突增和集成商过度自信给集成商定价造成的不利影响。

为了进一步探究提供商主导供应链能否消除这一不利影响，下面比较集成商第二阶段的最优定价 p_2^{f*} 和集成商第一阶段的最优定价 p_1^* 。

若想使 $\frac{p_2^{f*}}{p_1^*} \geqslant 1$ ，需要满足 $\frac{M + \Delta + \frac{\varphi\beta^2 MC'}{4\alpha kC} + \frac{g\alpha}{1-\varphi}}{M} \geqslant \frac{\alpha k}{\alpha k - \varphi\beta^2}$ ，即 $\frac{\Delta}{M} \geqslant \frac{\alpha k}{\alpha k - \varphi\beta^2} - 1 - \frac{\varphi\beta^2 C'}{4\alpha kC} - \frac{g\alpha}{M(1-\varphi)} = \frac{\varphi\beta^2}{\alpha k - \varphi\beta^2} - \frac{\varphi\beta^2 C'}{4\alpha kC} - \frac{g\alpha}{M(1-\varphi)}$ 。

因此当满足 $\frac{\Delta}{M} \geqslant \frac{\varphi\beta^2}{\alpha k - \varphi\beta^2} - \frac{\varphi\beta^2 C'}{4\alpha kC} - \frac{g\alpha}{M(1-\varphi)}$ ，提供商主导供应链条件下集成商第二阶段的最优定价才能达到没有需求突增和过度自信时的最优定价。与8.4.2.2 节中 p_2^* 和 p_1^* 的比较结果相比，当提供商主导供应链，更容易实现 $\frac{p_2^{f*}}{p_1^*} \geqslant 1$ ，但相比市场原有规模，需求突增必须是一个较大的量。说明提供商主导供应链不能消除需求突增和集成商过度自信给集成商定价造成的不利影响。

命题4：第二阶段提供商主导供应链可以改善由于需求突增和集成商过度自信行为给服务水平和集成商定价带来的不利影响，但是与没有需求突增和集成商过度自信行为的情况相比，其改善程度有限。

尽管理论上来讲，在市场需求突增和集成商过度自信的情况下进行供应链控制权转移能够带来好处，但在实践中，让集成商交出所有的控制权并非易事。然而，供应链控制权转移能够给集成商带来价值。相比于集成商主导供应链，这样做能够提高集成商的定价和服务水平，有利于集成商在市场中的竞争和长期发展。

因此，8.5.2 节将在 8.5.1 节的基础上继续探索提供商主导供应链的情况下是否有其他方式更好地改善这种不利影响，甚至是可以使第二阶段的决策结果好于第一阶段的决策结果。

8.5.2 提供商主导下的动态批发价格机制

当提供商主导供应链时，供应链的决策顺序将发生变化。由 8.5.1 节可知，在第二阶段过度自信的集成商首先根据需求突增的量向提供商采购 Q_2，因此提供商可以根据集成商的实际采购能力上限 $\bar{q}_2$ 求得集成商的过度自信因子 $l\left(l = \dfrac{Q_2}{\bar{q}_2}\right)$，并根据集成商过度自信的程度设计动态批发价格机制，即 $w_2 = \varphi l p_2$，然后将这种机制告知集成商。这种机制使得批发价格 w_2 随自身过度自信因子的增加而增加，即集成商需要为过度自信行为支付更多的采购成本。8.5.2 节将研究这种动态批发价格机制能否抑制集成商的过度自信行为，改善需求突增和集成商过度自信给市场价格和服务水平带来的不利影响。根据需求突增量 Δ 的大小，将产生两种情况。

8.5.2.1 集成商过度自信的采购能力无法满足第二阶段市场需求

与前文类似，当集成商过度自信的采购能力无法满足第二阶段市场需求时，集成商的效用函数表达式为：

$$U_{I2} = p_2 D_2 - w_2 Q_2 - w_B(D_2 - Q_2) - g(Q_2 - q_2)$$

提供商第二阶段的效用函数表达式为：

$$U_{F2} = w_2 q_2 - \frac{1}{2} k s_2^2$$

由于提供商主导供应链，因此，首先求解集成商的最优定价。对 U_{I2} 求关于 p_2 的一阶导数可得：$\dfrac{\partial U_{I2}}{\partial p_2} = M + \Delta - 2\alpha p_2 + \beta s_2 - \varphi \dfrac{M}{2C} l^2 C' + \alpha w_B$。对 U_{I2} 求关于 p_2 的二阶导数可得：$\dfrac{\partial^2 U_{I2}}{\partial p_2^2} = -2\alpha < 0$，即 U_{I2} 是关于定价 p_2 的凹函数，可得提供商主导供应链条件下，集成商第二阶段的最优定价为 $p_2^{f*} = \dfrac{1}{2\alpha}\left(M + \Delta + \beta s_2 - \varphi \dfrac{M}{2C} l^2 C' + \alpha w_B\right)$。

对 U_{F2} 求关于 q_2 的一阶导数可得：$\dfrac{\partial U_{F2}}{\partial q_2} = w_2 > 0$，因此 U_{F2} 是关于服务量

q_2 的单调递增函数。可得提供商第二阶段提供给集成商的服务量 $q_2^{f*} = \gamma C = \frac{M}{2C}C'$。

对 U_{F2} 求关于 s_2 的一阶导数可得：$\frac{\partial U_{F2}}{\partial s_2} = \frac{\varphi l q_2}{2\alpha}\beta - ks_2$。求关于 s_2 的二阶导数可得：$\frac{\partial^2 U_{F2}}{\partial s_2^2} = -k < 0$。因此 U_{F2} 是关于服务水平 s_2 的凹函数。可得提供商第二阶段的最优服务水平 $s_2^{f*} = \frac{\varphi\beta lMC'}{4\alpha kC}$。由前文可知 $\frac{\varphi\beta MC'}{4\alpha kC} > s_{\text{low}}$ 且 $l > 1$，因此满足 $\frac{\varphi\beta lMC'}{4\alpha kC} > s_{\text{low}}$ 时，提供商主导下的动态批发价格机制可以改善需求突增和集成商过度自信给服务水平造成的不利影响。将 s_2^{f*} 代入 p_2^{f*} 可得：

$$p_2^{f*} = \frac{1}{2\alpha}\left(M + \Delta + \frac{\varphi\beta^2 lMC'}{4\alpha kC} - \varphi\frac{M}{2C}lC' + \alpha w_B\right)$$

通过比较集成商主导和提供商主导供应链两种情况下集成商的定价，可得：

$$p_2^{f*} - p_2^* = \frac{\beta}{2\alpha}\left(\frac{\varphi\beta lMC'}{4\alpha kC} - s_{\text{low}}\right) > 0$$

说明提供商主导下的动态批发价格机制可以改善需求突增和集成商过度自信给集成商定价造成的不利影响。

为了进一步探究这种机制能否消除这一不利影响，对提供商第二阶段的最优服务水平 s_2^{f*} 和提供商第一阶段的最优服务水平 s_1^*，集成商第二阶段的最优定价 p_2^{f*} 和集成商第一阶段的最优定价 p_1^* 进行比较，发现只需集成商的过度自信因子满足 $\frac{2C\alpha k}{C'(\alpha k - \varphi\beta^2)} \leq l < \frac{1}{\varphi}$，当集成商过度自信的采购能力不能满足市场需求时，提供商主导下的动态批发价格机制就可以消除需求突增和集成商过度自信给定价和服务水平造成的不利影响。证明过程见附录 8－4。

8.5.2.2　集成商过度自信的采购能力可以满足第二阶段市场需求

与前文类似，当集成商过度自信的采购能力无法满足第二阶段市场需求时，集成商的效用函数表达式为：

$$U_{I2} = p_2 D_2 - w_2 Q_2 - g(Q_2 - q_2)$$

提供商第二阶段的效用函数表达式为：

$$U_{F2} = w_2 q_2 - \frac{1}{2} k s_2^2$$

由于提供商主导供应链，因此，首先求解集成商的最优定价。对 U_{I2} 求关于 p_2 的一阶导数可得：$\frac{\partial U_{I2}}{\partial p_2} = (1 - \varphi l)(M + \Delta - 2\alpha p_2 + \beta s_2) + g\alpha$。对 U_{I2} 求关于 p_2 的二阶导数可得：$\frac{\partial^2 U_{I2}}{\partial p_2^2} = -2\alpha(1 - \varphi l) < 0$ $\left(由 8.5.2.1 节可知 l < \frac{1}{\varphi}\right)$，即 U_{I2} 是关于定价 p_2 的凹函数。可得集成商第二阶段的最优定价为 $p_2^{f*} = \frac{1}{2\alpha}\left(M + \Delta + \beta s_2 + \frac{g\alpha}{1 - \varphi l}\right)$。

对 U_{F2} 求关于 q_2 的一阶导数可得：$\frac{\partial U_{F2}}{\partial q_2} = w_2 > 0$，因此 U_{F2} 是关于服务量 q_2 的单调递增函数。可得提供商第二阶段提供给集成商的服务量 $q_2^{f*} = \gamma C = \frac{M}{2C}C'$。

代入 U_{F2}，并对 U_{F2} 求关于 s_2 的一阶导数可得：$\frac{\partial U_{F2}}{\partial s_2} = \frac{\varphi l q_2}{2\alpha}\beta - k s_2$。对 U_{F2} 求关于 s_2 的二阶导数可得：$\frac{\partial^2 U_{F2}}{\partial s_2^2} = -k < 0$。因此 U_{F2} 是关于服务水平 s_2 的凹函数。可得提供商第二阶段的最优服务水平 $s_2^{f*} = \frac{\varphi\beta l M C'}{4\alpha k C} > s_{\text{low}}$。将 s_2^{f*} 代入 p_2^{f*} 可得：

$$p_2^{f*} = \frac{1}{2\alpha}\left(M + \Delta + \frac{\varphi\beta^2 l M C'}{4\alpha k C} + \frac{g\alpha}{1 - \varphi l}\right)$$

通过比较集成商两期的定价和提供商两期的服务水平，得到命题5。

命题5：发生需求突增后，无论集成商过度自信的采购能力能否满足第二阶段市场需求，当集成商的过度自信因子满足 $\frac{2C\alpha k}{C'(\alpha k - \varphi\beta^2)} \leqslant l < \frac{1}{\varphi}$ 时，提供商主导供应链下的动态批发价格机制可以消除需求突增和集成商过度自信给服务水平带来的负面影响；在此基础上，若集成商过度自信的采购能力不能满足第二阶段市场需求，提供商主导供应链下的动态批发价格机制可以消除需求突增和集成商过度自信给定价带来的负面影响；若集成商过度自信的

采购能力能满足第二阶段市场需求，则当 $\frac{\Delta}{M} > \frac{1}{2}\frac{\varphi\beta^2}{\alpha k - \varphi\beta^2}$ 时，提供商主导供应链下的动态批发价格机制可以消除定价受到的负面影响。

命题 5 的证明过程见附录 8 - 5。

8.6　结论与展望

8.6.1　主要结论

本章考虑了由一个集成商和一个提供商组成的物流服务供应链，第一阶段结束后，市场需求突增，集成商产生过度自信行为。通过对比第一阶段和第二阶段集成商和提供商的最优决策，研究了需求突增和集成商过度自信行为给定价和服务水平带来的影响。我们发现，无论集成商过度自信的采购能力能否满足第二阶段市场需求，市场需求突增和集成商过度自信都会导致第二阶段提供商的最优服务水平降至下限。相对于市场规模而言，若市场需求突增较小，集成商第二阶段的最优定价低于其在第一阶段的定价。由于需求突增和集成商过度自信会给定价和服务水平造成负面影响，在基础模型的基础上本章研究了改善这种负面影响的方法，并发现通过控制权转移，第二阶段提供商主导供应链可以适当改善由于需求突增和集成商存在过度自信行为给服务水平和集成商定价带来的不利影响，但是与没有需求突增和集成商过度自信行为的情况相比，其改善程度有限。因此，通过进一步研究发现，在提供商主导供应链的条件下，引入了动态批发价格机制，使得集成商支付的批发价格随自身的过度自信因子的增加而增加，即集成商需要为过度自信行为支付更多的采购成本。研究发现，当集成商的过度自信因子在一定范围内时，这种机制可以消除需求突增和集成商过度自信给服务水平带来的负面影响，且在适当条件下还可以消除对定价的负面影响。

8.6.2　管理学内涵

本章对于物流服务供应链管理者决策具有很好的借鉴意义，考虑了行为因素使得研究背景更加符合实际要求，因此得出的结论也更具有参考价值。

对于集成商而言，首先要认识到自己的决策是非理性的，尤其是面对市场需求突增时会产生过度自信行为，这种过度自信行为会降低市场价格以及服务水平，进一步影响客户对集成商的满意度，因此，集成商应尽量避免对自己的采购能力产生过度自信的行为。当集成商无法自己避免过度自信行为时，为了应对市场需求突增，应该将供应链的控制权转移给提供商，这样可以改善需求突增和过度自信行为给市场价格和服务水平带来的不利影响。尽管提供商主导供应链的情况并不常见，但当提供商垄断性地掌握着某种物流服务能力资源时（如中国铁路掌握中国全部的铁路运力），提供商在合作中可以争取成为物流服务供应链的主导者（Liu et al.，2017）。因此，在某些特殊的情况下，集成商将控制权转移给提供商是降低需求突增和自身过度自信行为带来的负面影响的重要方法。

对于提供商而言，一方面，要密切关注集成商的过度自信行为，因为集成商的过度自信行为将降低市场价格并进一步降低服务能力的批发价格，进而影响提供商的单位收益。因此，在合作中，尽管大部分提供商不能如中国铁路一样垄断性地掌握某项物流服务能力资源，但提供商也应该通过与集成商的有效协商，获得供应链控制权来减轻需求突增和过度自信行为带来的不利影响。另一方面，提供商可以通过设计动态批发价格机制消除这种不利影响。这种动态批发价格机制要求批发价格与集成商的过度自信程度有关，使得集成商支付的批发价格随自身的过度自信因子的增加而增加，即集成商需要为过度自信行为支付更多的采购成本。

8.6.3 研究的局限与未来展望

本章创新性地研究了需求突增下集成商对自身采购能力过度自信的行为对集成商的定价决策以及提供商的服务水平决策带来的影响，并提出了通过供应链控制权转移以及动态批发价格机制消除由于需求突增和集成商过度自信行为给服务水平和集成商定价带来的不利影响。尽管本章为供应链企业提供了解决问题的新思路，但在实践中，供应链控制权的转移是有难度的。一方面，大部分集成商已经习惯了对提供商的控制，放弃控制权可能会影响集成商在供应链中的地位；另一方面，控制权的转移可能会对成员的利润造成冲击，转移过程中遇到的阻碍也可能导致损失。因此，未来的研究可以对供应链控制权转移问题展开深入研究，找出更好的解决方案促进特殊环境下的供应链控制权转移。本章提出的供应链控制权转移以及动态批发价格机制消除需求突增和集成商过度自信行为带来的不利影响是有条件的，尤其是需要集成商的过度自信因子在合适的范围内，因此，未来的研究可以在本章基础上探索普遍适用的新机制来消除这种不利影响。

此外，本章主要考虑了需求突增及其引发的集成商过度自信行为。但市场需求也可能会发生突减，且需求突减可能会引发供应链成员的其他行为，因此未来的研究也可以从需求突减的角度入手，进一步丰富供应链成员其他行为的研究。

9 信息不对称下考虑信任行为的物流服务供应链冲突处理机制

9.1 引言

随着信息技术的发展，智慧物流合作成为当前发展的潮流，智慧物流服务供应链开始兴起。智慧物流服务供应链是以数据共享、信用机制、物联网技术为支撑，以平台运营中心为核心，由物流服务提供商、智慧物流服务集成商以及需求企业组成的链状结构（Chen and Xu，2011）。在智慧物流服务供应链中，物流服务供应链中的集成商逐渐转变为平台型集成商，例如，阿里巴巴旗下的菜鸟网络与多家快递企业构建了生态合作伙伴关系，并为其提供技术赋能，2018 年菜鸟与圆通合作建设超级机器人分拨中心，2019 年与圆通合作建设 5G 分拨中心。

快速响应和高度集成是智慧物流服务供应链的两个重要特性。一方面，智慧物流服务供应链具有快速响应的特性，快速配送已经成为平台的关键功能之一（Brynjolfsson et al.，2009）。当采购的物流服务配送量小于市场需求量时，需要额外的物流能力协助完成配送任务，尤其在促销期间额外明显，而集成商可以快速组织其他提供商进行额外的物流需求的配送。另一方面，智慧物流服务供应链中集成商对提供商的集成程度与整合程度更加紧密，这体现在当市场需求快速变化时，可以利用数据预测更精准地应对，以满足市场的需求（Zhang et al.，2020）。

智慧物流服务供应链的两个特性均对提供商的选取提出了很高的要求，选取合适的提供商对提升智慧物流服务供应链的运营效率十分重要。然而，在智慧物流服务供应链运作中，集成商与提供商之间的信息不对称和信任行为也会影响智慧物流服务供应链的运营效率。由于信息不对称的存在，可能引发提供商由于服务质量欺骗而导致的冲突，即提供商真正提供的服务质量与承诺的服务质量不符。在供应链中，物流服务提供商存在垂直服务质量差异，先前的研究指出，交付质量主要包括速度（Fisher et al.，2018；Calvo et al.，2018；Cui and Wu，2018）和可靠性（Ray et al.，2005；Li et al.，2018）。根据提供商提供物流服务的速度和可靠度，可以分为高服务质量的提供商（即高质量提供商）和低服务质量的提供商（即低质量提供商）。在实践中，为电商平台提供物流服务的提供商中，顺丰属于高质量提供商，而中通、圆通、申通、韵达相对顺丰而言，属于低质量提供商（Li et al.，2018）。提供商的服务质量欺骗会导致集成商的决策与最终的市场实际需求存在偏差，从而利润受到影响，导致两者之间发生冲突，这也是实践中常见的冲突形式。

在企业实践中，针对提供商的服务质量欺骗引发的冲突，集成商主要采取惩罚方式进行解决。例如，日日顺的车小微平台会根据每月的考核情况对提供商进行资金形式的奖惩。然而传统的处理机制存在不能准确判定提供商质量的情况，不能从根本上杜绝提供商欺骗行为以及冲突的发生。随着科学技术的不断发展，区块链作为一种新兴的技术，具有开放性、透明性、中立性、可靠性和安全性的优点，可以解决供应链的信息不对称问题，区块链可以帮助供应链检测出不道德的提供商和劣质产品（Saberi et al.，2019）。因此区块链技术在目前智慧物流服务供应链中可以作为处理机制的辅助。

在实践中，区块链已经开始应用于信息不对称导致的提供商信任问题和提供商质量判定。在产品质量方面，沃尔玛与 IBM 合作，确定了全球食品供应链可以从区块链技术中受益的地方。在智慧物流服务供应链领域，唯链（VeChain）作为一个基于区块链的供应链平台，品牌方可以通过唯链注册账户发布信息并进行管理，在产品的物流运输过程中能实时记录信息，消费者和集成商也可以在物流运输过程中全程把握物流信息，这些信息的不可撤销和不可篡改特性可以有效保持物流运输过程的透明。因此，在智慧物流服务供应链中，集成商应用区块链技术，可以直接判断提供商服务质量的类型，这是可以防止提供商服务质量欺骗的解决方案。

在学术研究中，运营管理领域针对区块链的研究绝大多数限于定性方面（Volodymyr and Gilles，2018；Saberi et al.，2019），目前用建模的方式对区块链在解决虚假和信任问题方面的作用缺少定量研究。本章以智慧物流服务供应链中存在一个集成商和一个提供商为情境，考虑提供商的垂直质量差异，在信息不对称的情况下，探索不同质量类型的提供商进行服务质量欺骗的动机，以及信任行为对决策的影响。此外，研究区块链技术解决智慧物流服务冲突的条件，并给出不同情形下的最优冲突处理机制。最后，在模型拓展中，我们考虑了更为一般和符合实践的情况，即考虑客户的质量偏好，这也是在横向质量差异化领域经常被研究的内容（Biyalogorsky and Koenigsberg，2014；Rhee and Thomadsen，2017；Liu and Zhang，2013）。在实践中，不同的客户偏好不同的服务质量，例如，淘宝将具有高物流服务质量的顺丰剔除后，客户的选择受到影响，从而影响淘宝的需求量和利润（Li et al.，2018）。综上所述，本章的主要研究问题如下。

（1）提供商在什么情况下会选择欺骗集成商？信任行为对提供商的欺骗行为有什么影响？

（2）集成商应如何通过区块链技术有效预防和解决智慧物流服务供应链中的冲突？

（3）客户的质量偏好对智慧物流服务供应链中的成员决策和利润有什么影响？

9.2 文献综述

本章主要从三个方面进行文献综述，分别是智慧物流与区块链的应用、垂直质量差异、信任行为在供应链中的研究。

9.2.1 智慧物流与区块链的应用

针对智慧物流的研究，Bucovetchi et al.（2017）强调了范式从经典物流向智能物流的转变，重点介绍了物流流程发展的全球趋势。Gregor et al.（2017）认为智慧互联物流是一种通过云协作和大数据在企业之间共享数据的智慧互联产品系统（AGV、自动化存储设备等）。区块链作为一种新兴技术，具有支持数据收集、存储和管理等优势，可以在智慧物流服务供应链运营中进行应用。例如，集成商可以通过区块链技术将组织聚合在一起，通过设定不同的权限实现交易数据等信息的记录和共享（Saberi et al.，2019）。

关于物流生态系统的研究，在理论方面，Haanaes et al.（2013）研究了如何提高整个物流生态系统的效率。Ahi and Searcy（2013）认为联合上下游的合作伙伴能够有效增强抵抗内部和外部干扰的能力问题。Hagel（2018）认为正确的战略方法和现代数字基础设施的可用性能够提高物流生态系统构建的成功概率，促进生态系统中的各角色共赢。Papert and Pflaum（2017）通过为物流公司设计物联网生态系统，帮助企业找到了合适的合作伙伴，并建立了有效的生态系统。Butala（2017）构建了一个用于不发达地区的生态物流的网络模型，通过促进该地区的信息资源共享及风险分担，以求共同应对商业机遇，取得整体效应。

目前针对区块链的研究，主要集中在金融领域（Chod and Lyandres，2018）和计算机领域，在运营管理领域的研究很少。尽管研究表明区块链在供应链中有很多应用，例如区块链同时影响着供应链流程和产品管理，以及不同网络方之间的财务交易（Hofmann et al.，2018）。目前针对区块链的研究几乎没有建模方法的研究，也没有学者将区块链引入智慧物流服务供应链领域。下文针对区块链在智慧物流服务供应链领域的建模进行了尝试。

9.2.2 垂直质量差异

垂直质量差异主要是指质量高低的差异，Mussa and Rosen（1978）、Moorthy（1984）首先研究了此问题。随后，Moorthy（1988）、Shaked and Sutton（1982）研究了竞争对垂直质量差异的产品的影响，在竞争情况下，公司应该提供不同质量类型的产品。Barghava and Choudhary（2001）考虑了在质量固定的情况下，对一系列垂直质量差异的产品的定价选择。Chambers et al.（2006）研究了在双头垄断下，可变生产成本对质量选择、利润和市场覆盖的影响。

以上关于垂直质量差异的问题主要集中在定价（Barghava and Choudhary，2001；Chen et al.，2017）及动态定价（Rhee and Thomadsen，2017；Liu and Zhang，2013）等方面。由于供应链管理中常存在信息不对称的问题，因此，提供垂直质量差异产品的商家对其质量的描述是否可靠是一个需要研究的问题。很多学者利用信号甄别的方式对产品的质量信息及可靠性进行判定，其中，Chambers et al.（2006）研究了在双寡头垄断下，可变生产成本对质量选择、利润和市场覆盖的影响。以上关于垂直质量差异以及信息不对称下质量可靠性的研究都是针对实物产品的，而本章将其引入了智慧物流服务供应链领域。

9.2.3 信任行为在供应链中的研究

现有的对于信任行为的研究主要集中在社会关系领域，包括对于关系管理（Campbell et al.，2010）、合作机制（Sridharan and Simatupang，2003）、客户满意度（Mahmoud et al.，2018）的影响。随后，信任行为逐渐引入供应链领域，信任被认为是一种相互关系的形式，在这种关系中，供应链中的成员认为它们的未来取决于彼此的互动（Andaleeb，1995；Fawcett et al.，2012）。关于供应链中对信任行为的研究也主要集中于信任行为对供应链成员间的关系影响（Andersen and Kumar，2006；Liu et al.，2008；Huang and Wilkinson，2013）。除此之外，Cai et al.（2013）认为信任行为和权利是公司合作的前提，Ireland and Webb（2007）认为权力和信任氛围是增强文化竞争力的合作的关键组成部分，Handfield and Bechtel（2004）发现权力和信任是供应链中共享特定生产行为的协作基础。

对于供应链冲突的研究，在建模方面涉及渠道冲突（Tsay and Agrawal，2004）及中断导致的冲突（Ang et al.，2017），主要从分配及风险的角度进行研究。研究表明，信任行为可以提升供应链合作的可能性、降低交易成本、提升供应链成员之间的误解和不良表现（Williamson，1971），有益于供应链中的冲突管理（Celestina，2018）。但目前关于信任行为的研究主要是实证研究（Johnston et al.，2004；Zhu and Pan，2007；Panayides et al.，2009），很少有定量研究。

以上研究分别对智慧物流服务供应链、垂直质量差异和行为因素进行了介绍，其中大部分研究都只是针对某一方面因素进行研究，并且很多针对智慧物流服务供应链和信任行为的研究都是定性研究。因此，本章综合考虑以上因素后展开研究，为了更好地体现研究主题和内容，现将本书与相关文章进行对比，总结见表 9－1。

表 9-1 本书与相关研究的对比

	Ang et al.(2017)	Nikoofal and Gümüs(2018)	本书
供应链类型	物流服务供应链	产品供应链	智慧物流服务供应链
垂直质量差异	×	产品质量差异	物流服务质量差异
是否考虑信息不对称	×	√	√
冲突类型	中断冲突	×	质量欺骗
行为因素	×	信任行为	信任行为
解决机制	惩罚机制	委托代理机制	惩罚机制、区块链技术

9.3 模型描述

由于集成商与提供商之间存在信息不对称，集成商只能确定存在两种类型的提供商，分别是高质量提供商和低质量提供商。在衡量提供商的服务质量方面，主要有速度、可靠性、接送、客户服务、售后服务等指标，根据调查，在智慧物流服务供应链中速度和可靠性指标十分重要，其决定了整个智慧物流服务供应链的快速响应能力和紧密程度，因此高质量提供商在速度和可靠性方面会优于低质量提供商。例如，顺丰作为高质量提供商，其速度比其他快递快。现假设低质量提供商服务质量的价值为 v_L，高质量提供商服务质量的价值为 $v_H(v_H > v_L)$。

向提供商采购服务前，集成商对提供商先进行考核，提供商会给集成商提供自身服务质量的相关信息，提供商可以选择说真话，也可以选择说谎。集成商根据考核判定提供商的类型，并且用 β 表示对供商的信任程度。若集成商判定提供商是高质量提供商，那么集成商相信此提供商类型是高质量的概率为 β、是低质量的概率为 $1-\beta$，集成商对高质量提供商的质量期望为 $\bar{v}_H = \beta v_H + (1-\beta)v_L$（Nikoofal and Gümüs，2018）。如果集成商判定提供商是低质量提供商，则集成商相信此提供商类型是低质量的概率为 β、是高质量的概率为 $1-\beta$，集成商对低质量提供商的质量期望为 $\bar{v}_L = \beta v_L + (1-\beta)v_H$。

根据集成商对提供商的考核结果，对市场需求产生了一定的预期量 $\bar{d}$，$\bar{d}$ 与提供商的类型以及其是否说谎相关。集成商以单位价格 w 向提供商预订数量 $q(q = \bar{d})$ 的物流服务，然后以单位价格 p 销售给客户。研究表明，更高的交付质量可以产生更多的消费者需求和更高的满意度（Shang and Liu，

2011)。所以本章假设的市场实际需求受物流服务质量的影响，市场需求函数为 $d = a + v - p$ (Xie et al.，2011)。由于研究的对象是物流服务而非产品，为了方便研究，本章中不考虑库存堆积成本。

另外，随着智慧物流服务供应链的发展，区块链越来越多地用于解决企业间的信任问题以及欺骗行为。通过区块链技术，集成商与客户可以实时地监督提供商，从而准确判断提供商的类型，杜绝提供商的欺骗行为，达到与提供商之间信息对称的效果。现假设集成商的区块链建设成本为 C_B，相关的数学符号及其含义总结如表 9－2 所示。

表 9－2　　数学符号

符号	含　义
p	物流服务的市场价格
v	服务的质量，$v_H > v_L$
$\bar{v}$	集成商对服务的期望质量
w	服务的批发价格，由提供商决定
d	市场需求量，$d = a + v - p$
$\bar{d}$	集成商对市场的期望需求量
q	集成商的物流服务采购量
q^e	额外匹配的物流量
β	集成商对提供商的可信度
C_B	集成商建立区块链技术的成本
α	客户偏好

9.4　模型

在本节，我们将建立数学模型，首先讨论集成商与提供商之间信息对称的情况，以此作为基准；然后讨论信息不对称的情况，集成商和提供商之间依靠信任关系进行合作。通过对模型的求解及对比分析，探讨信息不对称及信任行为对集成商和提供商的决策和利润的影响。

9.4.1　信息对称

在本节，信息对称的情形下，考虑智慧物流服务供应链中集成商和提供商的决策，不存在信任行为，并将其作为基准，为后续引入信息不对称及信任行为的情形做对比，分析信息不对称以及信任行为对决策和利润的影响。

如果提供商是高质量提供商，那么市场需求为 $d_H = a + v_H - p_H$，

集成商的利润为 $\pi_H^i = (p_H - w_H)(a + v_H - p_H)$，

提供商的利润为 $\pi_H^s = w_H(a + v_H - p_H)$。

根据逆序求解法，求得 $p_H^* = \frac{3(a + v_H)}{4}$，$w_H^* = \frac{a + v_H}{2}$，$d_H = \frac{a + v_H}{4}$，$\pi_H^{i*} = \frac{(a + v_H)^2}{16}$，$\pi_H^{s*} = \frac{(a + v_H)^2}{8}$。

类似地，如果提供商是低质量提供商，则市场需求为 $d_L = a + v_L - p_L$。

集成商和提供商的决策以及利润为：$p_L^* = \frac{3(a + v_L)}{4}$，$w_L^* = \frac{a + v_L}{2}$，$d_L = \frac{a + v_L}{4}$，$\pi_L^{i*} = \frac{(a + v_L)^2}{16}$，$\pi_L^{s*} = \frac{(a + v_L)^2}{8}$。

引理 1：当平台型集成商与提供商之间信息对称时，$p_H^* > p_L^*$，$w_H^* > w_L^*$，$d_H > d_L$，$\pi_H^{i*} > \pi_L^{i*}$，$\pi_H^{s*} > \pi_L^{s*}$。

引理 1 说明高质量提供商提供的服务市场价格和批发价格比低质量提供商提供的服务市场价格和批发价格高，市场需求量也更大，因此能给平台型集成商和提供商带来更高的利润。这在现实情况中也经常出现。菜鸟的提供商中，中通相对其他提供商属于高质量提供商，其 2019 年上半年的业务量为 53.7 亿件，市场份额为 10.85%。

9.4.2　信息不对称

本节在集成商和提供商信息不对称的情境下进行模型构建，9.4.2.1 节主要考虑了高质量提供商选择说真话或者选择说谎情境，9.4.2.2 节主要考虑了低质量提供商选择说谎或者选择说真话的情境。①

① 代表信息不对称的情况，具体见 9.4.2 节中的模型。为了保证后续的计算和分析的可行性，市场容量存在下限为 $\underline{a} = \frac{v_H - 3v_L}{2}$，$a \geq \underline{a}$。角标“HH”“HL”“LH”“LL”分别代表的情况为高质量提供商说真话、高质量提供商说谎、低质量提供商说真话、低质量提供商说谎。

9.4.2.1 物流提供商类型为高质量提供商

(1) 高质量提供商选择说真话。

在这种情况下，集成商通过对提供商的考察，根据提供商提供的信息对提供商的信任程度为 β 。

则集成商的期望利润为：

$E(\tilde{\pi}_{HH}) = \beta(\tilde{p}_{HH} - \tilde{w}_{HH})(a + v_H - \tilde{p}_{HH}) + (1-\beta)(\tilde{p}_{HH} - \tilde{w}_{HH})(a + v_L - \tilde{p}_{HH})$ 。

上式中，$(\tilde{p}_{HH} - \tilde{w}_{HH})$ 为集成商的单位利润，$(a + v_H - \tilde{p}_{HH})$ 为提供商是高质量提供商情况下的市场份额。相应地，$(1-\beta)$ 为集成商认为提供商是低质量提供商的概率，$(a + v_L - \tilde{p}_{HH})$ 为提供商是低质量提供商情况下的市场份额。

提供商的利润为 $\tilde{\pi}^s_{HH} = \tilde{w}_{HH}\tilde{q}_{HH}$ 。

提供商和集成商之间是 Stackelberg 博弈，根据逆序求解法，首先集成商决策服务的市场销售价格为：

$$\tilde{p}^*_{HH} = \frac{\tilde{w}_{HH} + a + \beta v_H + (1-\beta)v_L}{2} = \frac{\tilde{w}_{HH} + a + \bar{v}_H}{2}。$$

则预期的市场需求 $\bar{d}_{HH} = \beta(a + v_H - \tilde{p}^*_{HH}) + (1-\beta)(a + v_L - \tilde{p}^*_{HH})$ 。

因此，集成商会向提供商采购的新服务数量为：

$$\tilde{q}_{HH} = \bar{d}_{HH} = \beta(a + v_H - \tilde{p}^*_{HH}) + (1-\beta)(a + v_L - \tilde{p}^*_{HH})。$$

此时提供商的利润函数为：

$$\tilde{\pi}^s_{HH} = \tilde{w}_{HH}\bar{d}_{HH} = -\frac{(\tilde{w}_{HH})^2}{2} + \tilde{w}_{HH}\left[\beta\left(\frac{a - \bar{v}_H}{2} + v_H\right) + (1-\beta)\left(\frac{a - \bar{v}_H}{2} + v_L\right)\right]。$$

提供商决策其服务的最佳批发价格为 $\tilde{w}^*_{HH} = \frac{a + \bar{v}_H}{2}$，物流服务的市场价格为 $\tilde{p}^*_{HH} = \frac{3(a + \tilde{v}_H)}{4}$，市场期望需求量 $\bar{d}_{HH} = \tilde{q}_{HH} = \frac{a + \bar{v}_H}{4}$。

当集成商向提供商采购完毕并开始销售服务时，集成商根据可以观测到实际的市场需求变为 $\tilde{d}_{HH} = a + v_H - \tilde{p}^*_{HH} = \frac{a + (4-3\beta)v_H - 3(1-\beta)v_L}{4}$。

此时，集成商的物流服务采购量小于市场需求，需要进行物流能力的采购，采购量为 $\tilde{q}^e_{HH} = \tilde{d}_{HH} - \bar{d}_{HH} = \frac{3(1-\beta)(v_H - v_L)}{4}$，并且集成商了解到提供

商为高质量提供商。

此时有 $\bar{d}_{HH} < \tilde{d}_{HH}$，需要集成商快速匹配市场需求并进行额外的服务采购，采购量为：

$$\tilde{q}^e_{HH} = \tilde{d}_{HH} - \bar{d}_{HH} = \frac{3(1-\beta)(v_H - v_L)}{4}。$$

最终，提供商获得的利润为：

$$\tilde{\pi}^{s*}_{HH} = \tilde{w}^*_{HH}\tilde{d}_{HH} = \frac{(a+\bar{v}_H)[a+(4-3\beta)v_H - 3(1-\beta)v_L]}{8}。$$

集成商获得的利润为：

$$\tilde{\pi}^{i*}_{HH} = (\tilde{p}^*_H - \tilde{w}^*_H)\tilde{d}_{HH} = \frac{(a+\bar{v}_H)[a+(4-3\beta)v_H - 3(1-\beta)v_L]}{16}。$$

（2）高质量提供商说谎。

在这种情况下，集成商通过对提供商的考察，根据提供商提供的信息，其对提供商的信任程度为 β。

则集成商的期望利润为：

$$E(\tilde{\pi}^i_{HL}) = \beta(\tilde{p}_{HL} - \tilde{w}_{HL})(a + v_L - \tilde{p}_{HL}) + (1-\beta)(p_{HL} - w_{HL})(a + v_H - \tilde{p}_{HL})。$$

提供商的利润为 $\tilde{\pi}^s_{HL} = \tilde{w}_{HL}\tilde{q}_{HL}$。

提供商和集成商之间是 Stackelberg 博弈，根据逆序求解法，首先集成商决策服务的市场销售价格为 $\tilde{p}^*_{HL} = \frac{\tilde{w}_{HL} + a + \beta v_L + (1-\beta)v_H}{2} = \frac{\tilde{w}_{HL} + a + \bar{v}_L}{2}$，则预期的市场需求 $\bar{d}_{HL} = \beta(a + v_L - \tilde{p}^*_{HL}) + (1-\beta)(a + v_H - \tilde{p}^*_{HL})$。

因此，集成商会向提供商采购的新服务数量为：

$$\tilde{q}_{HL} = \bar{d}_{HL} = \beta(a + v_L - \tilde{p}^*_{HL}) + (1-\beta)(a + v_H - \tilde{p}^*_{HL})。$$

此时提供商的利润函数为：

$$\tilde{\pi}^s_{HL} = \tilde{w}_{HL}\bar{d}_{HL} = -\frac{(\tilde{w}_{HL})^2}{2} + \tilde{w}_{HL}\left[\beta\left(\frac{a-\bar{v}_L}{2} + v_L\right) + (1-\beta)\left(\frac{a-\bar{v}_L}{2} + v_H\right)\right]。$$

提供商决策其服务的最佳批发价格为 $\tilde{w}^*_{HL} = \frac{a+\tilde{v}_L}{2}$，物流服务的市场价格为 $\tilde{p}^*_{HL} = \frac{3(a+\bar{v}_L)}{4}$，市场期望需求量 $\bar{d}_{HL} = \tilde{q}_{HL} = \frac{a+\bar{v}_L}{4}$。

当集成商向提供商采购完毕开始销售服务时，集成商可以观测到实际的市场需求变为：

$$\tilde{d}_{HL} = a + v_H - \tilde{p}^*_{HL} = \frac{a - 3\beta v_L + (1 + 3\beta) v_H}{4}。$$

此时有 $\bar{d}_{HL} < \tilde{d}_{HL}$，需要集成商快速匹配市场需求并进行额外的服务采购，采购量为：

$$\tilde{q}^e_{HL} = \tilde{d}_{HL} - \bar{d}_{HL} = \frac{(1 + 3\beta)(v_H - v_L)}{4}。$$

因此集成商了解到提供商为高质量提供商，并判定提供商说谎。

提供商最终获得的利润为：

$$\tilde{\pi}^{s*}_{HL} = \tilde{w}^*_{HL}\tilde{d}_{HL} = \frac{(a + \bar{v}_L)[a - 3\beta v_L + (1 + 3\beta) v_H]}{8}。$$

集成商最终获得的利润为：

$$\tilde{\pi}^{i*}_{HL} = (\tilde{p}^*_{HL} - \tilde{w}^*_{HL})\tilde{d}_{HL} = \frac{(a + \bar{v}_L)[a - 3\beta v_L + (1 + 3\beta) v_H]}{16}。$$

9.4.2.2 提供商为低质量提供商

(1) 低质量提供商说谎。

在这种情况下，集成商通过对提供商的考察，根据提供商提供的信息，其对提供商的信任程度为 β。

则集成商的期望利润为：

$$E(\tilde{\pi}^i_{LL}) = \beta(\tilde{p}_{LL} - \tilde{w}_{LL})(a + v_L - \tilde{p}_{LL}) + (1 - \beta)(p_{LL} - w_{LL})(a + v_H - \tilde{p}_{LL})。$$

提供商的利润为 $\tilde{\pi}^s_{LL} = \tilde{w}_{LL}\tilde{q}_{LL}$。

计算过程与 9.4.2.1 类似，均衡结果见附录 9-1。

(2) 低质量提供商说真话。

在这种情况下，集成商通过对提供商的考察，根据提供商提供的信息，其对提供商的信任程度为 β。

则集成商的期望利润为：

$$E(\tilde{\pi}^i_{LH}) = \beta(\tilde{p}_{LH} - \tilde{w}_{LH})(a + v_H - \tilde{p}_{LH}) + (1 - \beta)(p_{LH} - w_{LH})(a + v_L - \tilde{p}_{LH})。$$

提供商的利润为 $\tilde{\pi}^s_{LH} = \tilde{w}_{LH}\tilde{q}_{LH}$。

计算过程与 9.4.2.1 节类似，均衡结果见附录 9-1。

引理 2：只有高质量提供商需要集成商进行额外需求的快速匹配，低质量提供商则不需要。若高质量提供商说真话，则额外需求的快速匹配量为 $\tilde{q}^{e}_{\mathrm{HH}}=\frac{3(1-\beta)(v_{\mathrm{H}}-v_{\mathrm{L}})}{4}$；若高质量提供商说谎，则额外需求的快速匹配量为 $\tilde{q}^{e}_{\mathrm{HL}}=\frac{(1+3\beta)(v_{\mathrm{H}}-v_{\mathrm{L}})}{4}$。

这说明市场中客户对高质量物流服务的需求量较高，2019 年“双十一”期间，顺丰作为高质量提供商，全网收件量环比增长 145.6%。

9.4.3 讨论分析

本节对前文的决策结果进行比较分析，以得出提供商是否有动机采取欺骗行为，并分析信息不对称以及集成商的信任行为对决策和利润的影响，发现提供商与集成商之间冲突的条件，为后续引入冲突处理机制提供依据。

定理 1（信息不对称和信任行为对市场需求的影响）。

(i) 当且仅当 $\beta<\frac{1}{2}$ 时，$\tilde{d}_{\mathrm{HH}}>\tilde{d}_{\mathrm{HL}}>d_{\mathrm{H}}$；相反，$\tilde{d}_{\mathrm{HL}}>\tilde{d}_{\mathrm{HH}}>d_{\mathrm{H}}$。

(ii) $d_{\mathrm{L}}>\tilde{d}_{\mathrm{LL}}>\tilde{d}_{\mathrm{LH}}$。

(iii) $\tilde{d}_{\mathrm{HH}}$ 和 $\tilde{d}_{\mathrm{LH}}$ 随 β 递减，$\tilde{d}_{\mathrm{LL}}$ 和 $\tilde{d}_{\mathrm{HL}}$ 随 β 递增。

定理 1 反映了信息不对称对市场需求的影响。定理 1（i）表明，当集成商对提供商的信任程度较低时 $\left(\beta<\frac{1}{2}\right)$，高质量提供商说真话得到的市场需求大于说谎得到的市场需求。相反，当集成商对提供商的信任程度较低时 $\left(\beta>\frac{1}{2}\right)$，高质量提供商说谎得到的市场需求大于说真话得到的市场需求，此时，高质量提供商有动机选择说谎，以获得更高的市场需求。此外，无论高质量提供商是否说谎，信息不对称情况下的市场需求均大于信息对称情况下的市场需求，说明信息不对称可以增加高质量提供商的市场需求。定理 1（ii）表明，低质量提供商说谎得到的市场需求大于说真话得到的市场需求，因此，低质量提供商有动机选择说谎，以获得更高的市场需求。并且信息不对称情况下的市场需求均小于信息对称情况下的市场需求，说明信息不对称会降低低质量提供商的市场需求。定理 1（iii）表明，从集成商的角度而言，无论对于提供商的质量类型判断是否准确，只要信任其是高质量提供商，实际的市场需求随着其对提供商的信任程度的增加而降低。而当信任其是低质量提供商时，实际的市场需求随着集成商对提供商信任程度的增加而增加。这是因为集成商对提供商类型的判定影响其市场定价的决策，如果其认为提供商是高质量的，信任程度越高，其市场定价越高，导致市场需求降低。相反，如果其认为提供商是低质量的，信任程度越高，其市场定价越低，导致市场需求增加。

定理 2（信息不对称和信任行为对定价决策的影响）。

（i）当$\beta > \frac{1}{2}$，则有

$p_{H}^{*} > \tilde{p}_{HH}^{*} > \tilde{p}_{HL}^{*}, w_{H}^{*} > \tilde{w}_{HH}^{*} > \tilde{w}_{HL}^{*}; \tilde{p}_{LL}^{*} > \tilde{p}_{LH}^{*} > p_{L}^{*}, \tilde{w}_{LL}^{*} > \tilde{w}_{LH}^{*} > w_{L}^{*}$。

（ii）当$\beta < \frac{1}{2}$，则有

$p_{H}^{*} > \tilde{p}_{HL}^{*} > \tilde{p}_{HH}^{*}, w_{H}^{*} > \tilde{w}_{HL}^{*} > \tilde{w}_{HH}^{*}; \tilde{p}_{LH}^{*} > \tilde{p}_{LL}^{*} > p_{L}^{*}, \tilde{w}_{LH}^{*} > \tilde{w}_{LL}^{*} > w_{L}^{*}$。

（iii）$\tilde{p}_{HH}^{*}, \tilde{w}_{HH}^{*}, \tilde{p}_{LH}^{*}, \tilde{w}_{LH}^{*}$随$\beta$单调递增；而$\tilde{p}_{HL}^{*}, \tilde{w}_{HL}^{*}, \tilde{p}_{LL}^{*}, \tilde{w}_{LL}^{*}$随$\beta$单调递减。

定理 2 反映了信息不对称对定价决策的影响。定理 2（i）和定理 2（ii）表明，对于高质量提供商，信息不对称会降低集成商和提供商的定价决策。对于低质量提供商，信息不对称会提升集成商和提供商的定价决策。定理 2（i）表明当集成商对提供商的信任程度较低时$\left(\beta > \frac{1}{2}\right)$，高质量提供商说真话情况下的市场定价以及批发价格较高时，高质量提供商没有动机说谎。而低质量提供商说谎情况下的市场定价以及批发价格较高时，低质量提供商有动机说谎。定理 2（ii）表明，当集成商对提供商的信任程度较低时$\left(\beta < \frac{1}{2}\right)$，高质量提供商说真话情况下的市场定价以及批发价格较低时，高质量提供商有动机说谎。而低质量提供商说谎情况下的市场定价以及批发价格较低时，低质量提供商没有动机说谎。定理 2（iii）表明，从集成商的角度出发，无论对于提供商的质量类型的判断是否准确，只要其信任提供商为高质量提供商，市场价格和批发价格随其对提供商的信任程度的增加而增加。而当其信任提供商为低质量提供商时，市场价格和批发价格随其对提供商的信任程度的增加而降低。

定理 3（信息不对称对利润的影响）。

（i）$\tilde{\pi}_{HH}^{i*} > \pi_{H}^{i*}, \tilde{\pi}_{HH}^{i*} > \pi_{H}^{i*}; \tilde{\pi}_{HL}^{s*} > \pi_{H}^{s*}, \tilde{\pi}_{HH}^{i*} > \pi_{H}^{i*}$。

（ii）$\tilde{\pi}_{LL}^{i*} < \pi_{L}^{i*}, \tilde{\pi}_{LH}^{i*} < \pi_{L}^{i*}; \tilde{\pi}_{LH}^{s*} > \pi_{L}^{s*}, \tilde{\pi}_{LL}^{s*} > \pi_{L}^{s*}$。

根据定理 3，可以发现如果集成商与高质量提供商合作，无论高质量提供

商是否选择欺骗集成商，其信息不对称下的利润大于信息对称下的利润，并且信息不对称下集成商的利润大于信息对称下的利润，因此信息不对称对高质量提供商和集成商均有益。如果集成商与低质量提供商合作，无论低质量提供商是否选择欺骗集成商，其信息不对称下的利润均大于信息对称下的利润，但信息不对称下集成商的利润小于信息对称下的利润，因此信息不对称对低质量的物流提供商有益，但对集成商只有弊端。

定理4（信任行为对双方利润的影响）。

（i）$\frac{\partial \tilde{\pi}_{\mathrm{HH}}^{i*}}{\partial \beta} > 0, \frac{\partial \tilde{\pi}_{\mathrm{HH}}^{s*}}{\partial \beta} > 0$。

（ii）当 $\frac{v_{\mathrm{H}} - 3v_{\mathrm{L}}}{2} \leqslant a \leqslant 2v_{\mathrm{H}} - 3v_{\mathrm{L}}$，存在最佳的信任程度 $\beta^* = \frac{a + v_{\mathrm{H}}}{3(v_{\mathrm{H}} - v_{\mathrm{L}})}$，相反，当 $a > 2v_{\mathrm{H}} - 3v_{\mathrm{L}}$，$\frac{\partial \tilde{\pi}_{\mathrm{HL}}^{i*}}{\partial \beta} > 0, \frac{\partial \tilde{\pi}_{\mathrm{HL}}^{s*}}{\partial \beta} > 0$。

（iii）$\frac{\partial \tilde{\pi}_{\mathrm{LH}}^{i*}}{\partial \beta} > 0, \frac{\partial \tilde{\pi}_{\mathrm{LL}}^{s*}}{\partial \beta} < 0; \frac{\partial \tilde{\pi}_{\mathrm{LL}}^{i*}}{\partial \beta} < 0, \frac{\partial \tilde{\pi}_{\mathrm{LH}}^{s*}}{\partial \beta} > 0$。

根据定理4（i），如果高质量的物流提供商说真话，则集成商和提供商的利润随信任程度递增，这是因为集成商的信任程度越大，市场定价和批发价格随之增加，抵消了市场价格升高导致实际市场需求降低的影响，最终集成商和高质量的物流提供商的利润均增加。

根据定理4（ii），如果高质量的物流提供商说谎，在市场容量较小的情况下，存在最优的信任程度，使集成商和高质量物流提供商的利润达到最大。在市场容量较大的情况下，集成商和高质量物流提供商的利润随信任程度递增。这是因为若高质量物流提供商说谎，则信任程度越低，市场价格和批发价格也随之降低，但是市场价格的降低会带来实际市场需求增加。如果市场总容量较小，则市场价格的降低与市场需求的增加相互制衡，最终存在最优的信任程度使利润达到最大。但如果市场总容量较大，则市场需求的增加程度大于市场价格的降低程度，最终利润上升。

根据定理4（iii），如果低质量的物流提供商说真话，集成商的利润随信任程度递增，但是低质量的物流提供商的利润随信任程度的增加而减少。这是因为市场价格和批发价格均随着信任程度的增加而降低，市场价格的降低带来实际市场需求的增加，并且需求增加的程度大于市场价格降低的程度、小于批发价格降低的程度。最后，集成商的利润增加，低质量物流提供商的利润降低。但低质量的物流提供商说谎情况下，集成商的利润随信任程度的增加而降低，但是低质量的物流提供商的利润随信任程度的增加而增加。这是因为低质量的物流提供商说谎，则市场价格和批发价格随信任程度递增，但市场价格的增加以及物流提供商的实际质量类型导致实际市场需求降低。最后，实际的市场需求的降低程度大于市场价格的增加程度、小于批发价格的增加程度，集成商的利润降低，低质量物流提供商的利润增加。

定理5（提供商不同策略下双方利润的对比）。

（i）当$\beta < \frac{1}{2}$，$\tilde{\pi}_{LH}^{s*} > \tilde{\pi}_{LL}^{s*}$，$\tilde{\pi}_{HH}^{s*} > \tilde{\pi}_{HL}^{s*}$；相反，当$\beta > \frac{1}{2}$，$\tilde{\pi}_{LH}^{s*} < \tilde{\pi}_{LL}^{s*}$，$\tilde{\pi}_{HH}^{s*} < \tilde{\pi}_{HL}^{s*}$。

（ii）当$\beta < \frac{1}{2}$，$\tilde{\pi}_{LH}^{i*} < \tilde{\pi}_{LL}^{i*}$，$\tilde{\pi}_{HH}^{i*} > \tilde{\pi}_{HL}^{i*}$；相反，当$\beta > \frac{1}{2}$，$\tilde{\pi}_{LH}^{i*} > \tilde{\pi}_{LL}^{i*}$，$\tilde{\pi}_{HH}^{i*} < \tilde{\pi}_{HL}^{i*}$。

定理5（i）验证了提供商是否有动机进行欺骗，当集成商对物流服务提供商的信任程度较低的情况下$\left(\beta < \frac{1}{2}\right)$，低质量物流提供商和高质量物流提供商说真话获得的利润大于说谎情况下获得的利润。相反，当集成商对物流服务提供商的信任程度较高的情况下$\left(\beta > \frac{1}{2}\right)$，低质量提供商和高质量物流提供商说谎获得的利润大于说真话情况下获得的利润。根据定理1和定理2，主要是因为对于低质量的物流提供商，其欺骗行为对批发价格的影响大于对市场需求的影响。而对于高质量的物流提供商，其欺骗行为对市场需求的影响大于对批发价格的影响。

根据定理5（ii），当集成商对物流服务提供商的信任程度较低的情况下$\left(\beta < \frac{1}{2}\right)$，低质量物流提供商说谎会使集成商获得较高的利润，而高质量的物流提供商说真话会使集成商获得较高的利润。相反，当集成商对物流服务提供商的信任程度较低的情况下$\left(\beta > \frac{1}{2}\right)$，低质量提供商物流提供商说真话使集成商获得较高的利润，而高质量的物流提供商说谎会使集成商获得较高的利润。根据定理1和定理2，主要是因为低质量的物流提供商和高质量的提供商的欺骗行为对市场需求的影响均大于对市场价格的影响。

根据定理5，我们可以将物流提供商的说谎或者说真话策略进行总结，如

图9－1所示。

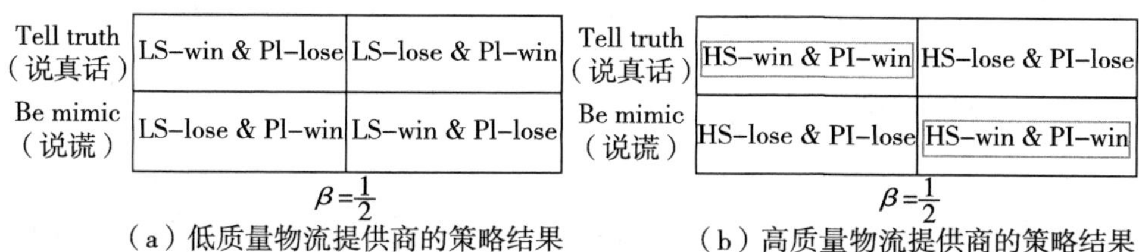

图9－1　物流提供商的策略结果

注：缩写“HS”代表高质量的物流提供商，“LS”代表低质量的物流提供商，“PI”代表集成商。win代表赢；lose代表输。

根据图9 1，可以看出高质量的物流提供商与集成商之间存在双赢的策略，分别是当集成商对物流服务提供商的信任程度较低的情况下$\left(\beta<\frac{1}{2}\right)$，高质量的物流提供商选择说真话和当集成商对物流服务提供商的信任程度较高的情况下$\left(\beta>\frac{1}{2}\right)$，高质量的物流提供商选择说谎。而对于低质量的物流提供商，其与集成商之间永远是零和博弈，这会导致低质量的物流提供商选择有益于自己的策略，即当集成商对物流服务提供商的信任程度较低的情况下$\left(\beta<\frac{1}{2}\right)$，低质量的物流提供商选择说真话；当集成商对物流服务提供商的信任程度较高的情况下$\left(\beta>\frac{1}{2}\right)$，低质量的物流提供商选择说谎。

根据以上的分析，我们可以总结出集成商与物流服务提供商发生冲突的条件，如引理3所示。

引理3（冲突发生的条件）：集成商与高质量的物流提供商合作，存在双赢的策略，因此信息不对称以及欺骗行为均不会导致冲突。集成商与低质量的物流提供商合作，两者是零和博弈，信息不对称和低质量物流提供商的欺骗行为均会引发冲突。

根据引理3，高质量的物流提供商与集成商之间不存在引发冲突的条件，而低质量的物流提供商与集成商之间的零和博弈方式导致双方必然存在冲突。低质量的物流提供商永远选择篡取集成商的利润以增加自身利润的策略，其策略选取与集成商对低质量物流提供商的信任程度有关。一方面，如果集成商对其信任程度低，则低质量的物流提供商不会具有欺骗行为，无法利用信息不对称来榨取集成商的利润；另一方面，如果集成商对其信任程度高，则低质量的物流提供商可能会选择利用欺骗行为转移集成商的利润。

9.4.4 冲突处理机制

根据9.4.3的分析，信息不对称以及信息不对称下低质量物流提供商的欺骗行为会导致利益冲突的发生。传统的应对机制是集成商对说谎的物流提供商进行惩罚。本节通过建模与惩罚机制进行对比，研究集成商采用区块链技术的条件。

定理6（惩罚机制）如下。

（i）当$0 < \beta < \frac{1}{2}$时，低质量的物流提供商选择说真话，但集成商由于信息不对称，此时利润受到损失，损失金额为：$|\Delta \tilde{\pi}_{LH}^{i*}| = |\tilde{\pi}_{LH}^{i*} - \pi_{L}^{i*}| = \frac{(1-\beta)(v_H - v_L)[10a - v_L + 11v_H - 11\beta(v_H - v_L)]}{16}$。由于低质量的物流提供商没有说谎，因此不能对低质量的物流提供商进行惩罚。此时，集成商可以采取区块链技术对其进行监测，采取区块链技术的条件为$C_B \leqslant \Delta \tilde{\pi}_{LH}^{i*}$。

（ii）当$\frac{1}{2} < \beta < 1$时，低质量的物流提供商选择说谎，集成商利润受到损失，因此可以对物流提供商进行惩罚以弥补其损失，此时惩罚机制适用，低质量的物流提供商需要付出的惩罚成本为$|\Delta \tilde{\pi}_{LL}^{i*}| = |\tilde{\pi}_{LL}^{i*} - \pi_{L}^{i*}| = \frac{\beta(v_H - v_L)[11\beta(v_H - v_L) + 10a + 10v_L]}{16}$。

根据定理6，当集成商与物流提供商的信任程度较低时，无论是低质量的物流提供商还是高质量的物流提供商都会说真话，但信息不对称会使集成商与高质量的物流提供商合作时利润增加、与低质量的物流提供商合作时利润减少，此时由于物流提供商没有欺骗行为，集成商是不能进行惩罚的，因此集成商可以采用区块链技术避免信息不对称对其造成的利润的负面影响，但使用区块链技术的成本不能高于其受到的利润损失。当集成商与物流提供商的信任程度较高时，无论是低质量的物流提供商还是高质量的物流提供商都会说谎，高质量的物流提供商说谎不会对集成商的利润造成负面影响，因此不会引发冲突；而低质量的物流提供商说谎会导致集成商的利润降低，从而引发冲突。此时集成商对低质量物流提供商的欺骗行为采取惩罚即可，不需要付出额外的成本。

9.5 拓展——考虑客户偏好

在本节中考虑了客户对服务的偏好，即在市场中有比例 α 的客户更偏好质量，因此喜欢高质量的服务；有比例 $1-\alpha$ 的客户偏好价格，因此偏好低价格的低质量的服务。在本节的拓展中，我们研究在考虑客户偏好的情况下集成商和物流提供商应该如何通过决策达到自身利润的最大化。考虑客户偏好后的均衡结果见附录 9－7。

定理 7（客户偏好的影响）。

（i）考虑客户对物流服务质量的偏好，可以避免应急物流的发生。

（ii）考虑客户对物流服务质量的偏好，集成商的市场价格降低，物流服务提供商的零售价格增加。

（iii）对于实际的市场需求，具体如图 9－2 所示。

定理 7（i）表明，考虑市场中客户的质量偏好有利于更好地应对市场需求，从而避免物流供不应求的应急情况。定理 7（ii）表明，市场中客户的偏好会促使集成商增加其订购量，这也是物流服务供不应求的情况减少的原因，但这会削弱集成商的定价能力，提升物流提供商的定价能力。根据定理 7（iii），可以发现当客户偏好高质量物流服务的比例 α 很低时，低质量物流服务的市场需求增加，高质量物流服务的市场需求减少。当客户偏好高质量物流服务的比例 α 很高时，高质量物流服务的市场需求增加，低质量物流服务的市场需求减少。当客户偏好高质量物流服务的比例 α 适中时，高质量物流服务和低质量物流服务的市场需求均减少。然而当客户偏好高质量物流服务的比例 α 适中偏低时，高质量物流服务的市场需求一定减少，但低质量的物流市场需求与信任程度 β 有关，当信任程度较低时，低质量的物流提供商说真话获得的市场需求较大；当信任程度较高时，低质量的物流提供商说谎获得的市场需求较大。同理，当客户偏好高质量物流服务的比例 α 适中偏高时，低质量物流服务的市场需一定减少，但高质量的物流市场需求与信任程度 β 有关，当信任程度较低时，高质量的物流提供商说真话获得的市场需求较大；当信任程度较高时，高质量的物流提供商说谎获得的市场需求较大。

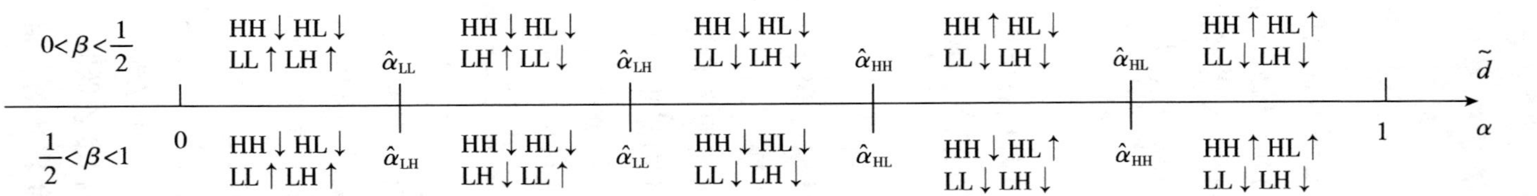

图 9-2　客户偏好对实际市场需求的影响

注：$\hat{\alpha}_{HH}=\frac{4-\beta}{5-2\beta}$，$\hat{\alpha}_{HL}=\frac{3+\beta}{3+2\beta}$，$\hat{\alpha}_{LH}=\frac{1-\beta}{5-2\beta}$，$\hat{\alpha}_{LL}=\frac{\beta}{3+2\beta}$。

“HH”表示高质量的物流提供商说真话；“HL”表示高质量的物流提供商说谎；“LH”表示低质量的物流提供商说真话；“LL”表示低质量的物流提供商说谎。

接下来，为了更直观地体现客户质量偏好对集成商和物流提供商利润的影响，我们采用数值模拟进行比较，并给出不同质量类型的物流提供商策略选择的可行范围。

从图9－3（a）和图9－3（b）中可以看出高质量的物流提供商说真话的可行范围，即客户对高质量的偏好 α 处于中等水平及偏低水平。这与实际情况相符，如顺丰作为高质量的物流提供商，市场中客户对顺丰的偏好是低于其他物流提供商的。

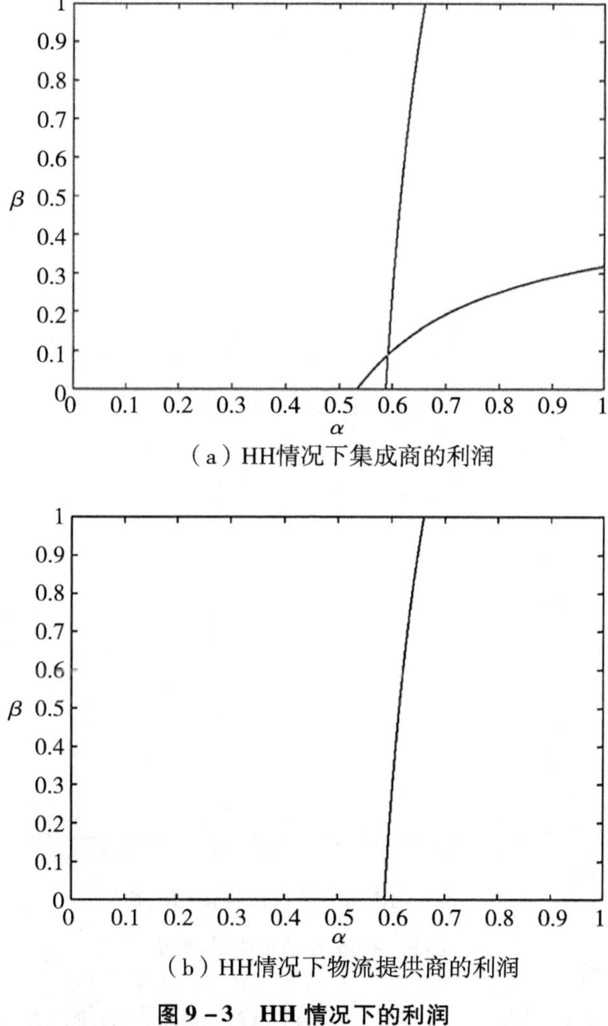

（a）HH情况下集成商的利润

（b）HH情况下物流提供商的利润

图9－3　HH 情况下的利润

注：$v_L = 0.6$，$v_H = 2$，$\alpha = 100$。

从图9－4（a）和图9－4（b）中可以看出高质量的物流提供商说谎的可行范围。当客户对高质量的偏好 α 处于较高水平时，高质量的物流提供商可以说谎。对集成商而言，只有当客户对高质量的偏好 α 处于较高水平，且集成商对其信任程度 β 较高时，高质量的物流提供商才可以说谎。综合来看，高质量的物流提供商说谎的可行范围为客户对高质量的偏好 α 处于较高水平，且集成商对其信任程度 β 较高。

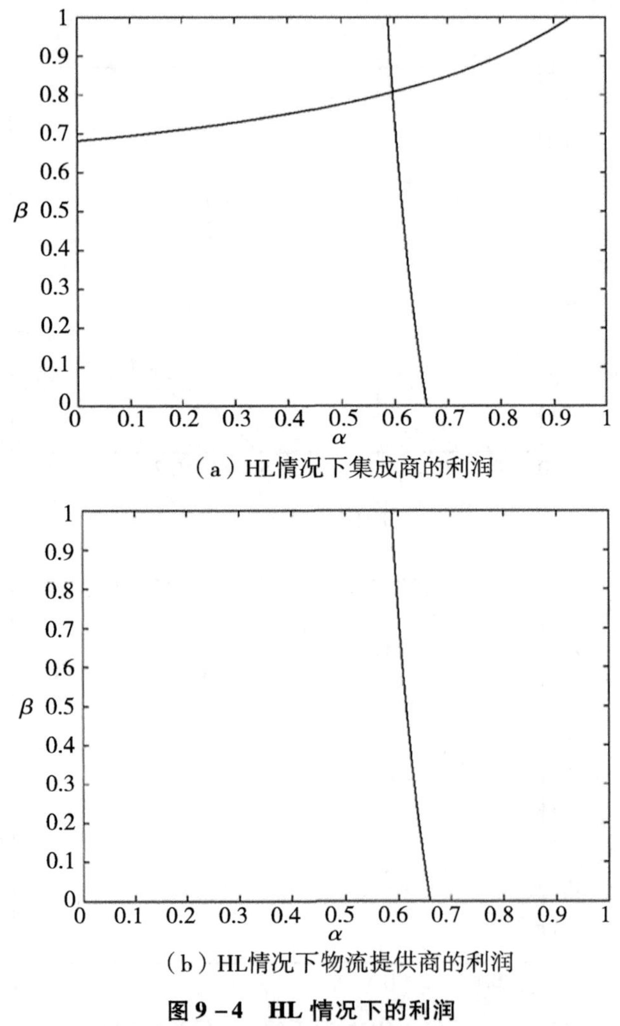

（a）HL情况下集成商的利润

（b）HL情况下物流提供商的利润

图9－4　HL 情况下的利润

从图9－5（a）和图9－5（b）中可以看出低质量的物流提供商说真话的可行范围。当客户对高质量的偏好 α 处于中等水平以及较高水平时，低质量的物流提供商说真话可行。而只有当客户对高质量的偏好 α 处于中等水平及较高水平，且集成商对其信任程度 β 较高时，低质量的物流提供商说真话对集成商可行。综合来看，低质量的物流提供商说真话的可行范围为客户对高质量的偏好 α 处于中等水平及较高水平，且集成商对其信任程度 β 较高。这是因为当客户更偏好高质量物流服务时，集成商对低质量的物流服务提供商信任程度更高，才能允许其提供物流服务。这与实际情况是一致的，如“四通一达”作为低质量的物流提供商，菜鸟经常对其考核与收购，以提升信任程度。

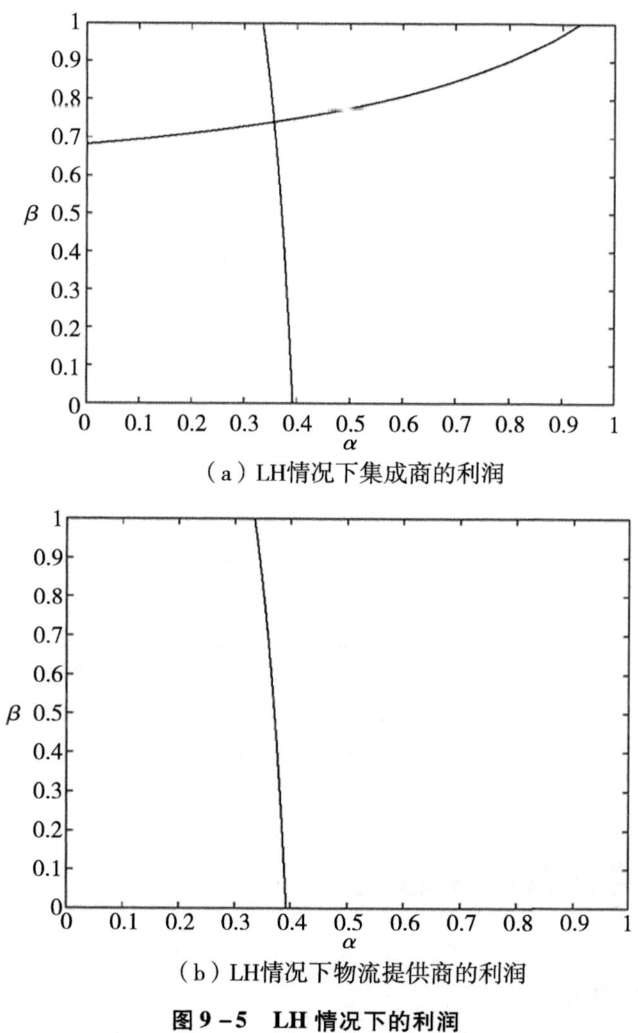

（a）LH情况下集成商的利润

（b）LH情况下物流提供商的利润

图 9－5 LH 情况下的利润

从图 9－6（a）和图 9－6（b）中可以看出低质量的物流提供商说谎的可

行范围。当客户对高质量的偏好 α 处于较低水平时，低质量的物流提供商说谎对自身和集成商均可行。

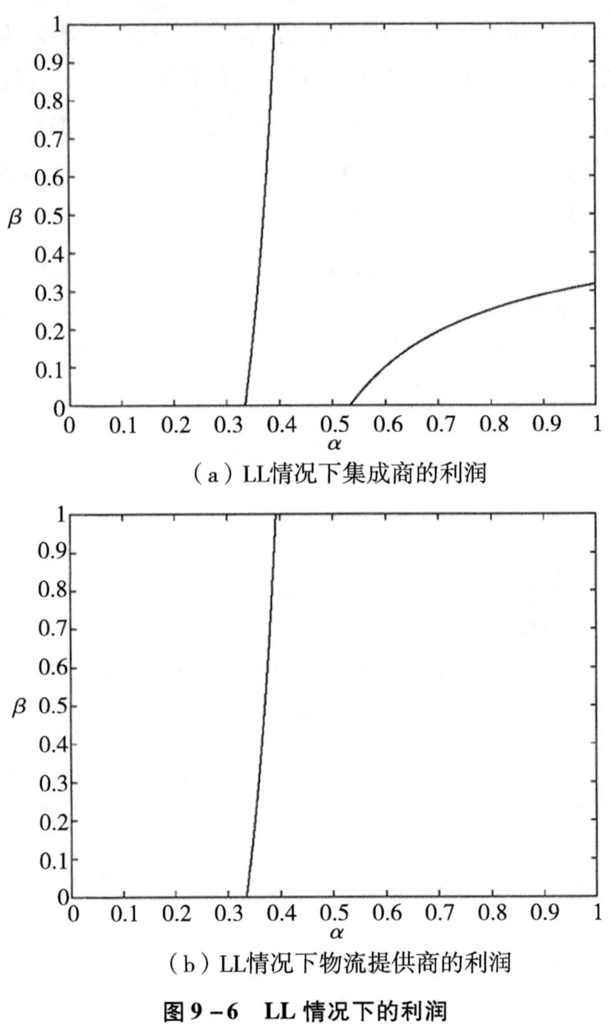

（a）LL情况下集成商的利润

（b）LL情况下物流提供商的利润

图 9-6　LL 情况下的利润

9.6　结论及管理学意义

9.6.1　结论

本章以智慧物流服务供应链中，一个物流集成商和一个物流服务提供商为背景，考虑了信息不对称下，集成商对不同质量类型的物流服务提供商具有信任行为，研究不同质量类型的物流提供商的欺骗行为的动机，以及信任行为对决策与利润的影响，并提出区块链技术在解决信息不对称及欺骗行为时的适用条件。最后本章考虑了更为一般的情况，即考虑市场中客户存在物流服务质量偏好。本章得到的主要结论如下所示。

首先，本章研究发现当集成商对物流服务提供商的信任程度较低的情况下 $\left(\beta < \frac{1}{2}\right)$，低质量物流提供商和高质量物流提供商均选择说真话。相反，当集成商对物流服务提供商的信任程度较低的情况下 $\left(\beta > \frac{1}{2}\right)$，低质量物流提供商和高质量物流提供商均选择说谎。但集成商与高质量的物流提供商合作，无论高质量物流提供商是否选择说谎，信息不对称以及欺骗行为均不会导致冲突，并且存在双赢情况。而集成商与低质量的物流提供商合作时，两者是零和博弈，信息不对称和低质量物流提供商的欺骗行为均会引发冲突。

其次，当集成商对物流服务提供商的信任程度较低的情况下 $\left(\beta < \frac{1}{2}\right)$，低质量的物流提供商没有欺骗性为，但集成商会因为信息不对称而遭受损失，此时集成商可以采用区块链技术，但条件是构建区块链技术所付出的成本低于信息不对称带来的损失。当集成商对物流服务提供商的信任程度较高的情况下 $\left(\beta > \frac{1}{2}\right)$，低质量的物流提供商会存在欺骗行为，此时集成商可以对低质量物流提供商的欺骗行为进行惩罚，只需要采取惩罚机制，无须建立区块链技术。

最后，如果集成商考虑客户对物流服务质量的偏好，可以避免应急物流的发生，但会导致集成商的市场定价降低，物流服务提供商的零售定价增加。此外，不同的高质量偏好程度所导致的市场需求变化不同，整体趋势是随着市场中客户对高质量物流服务的偏好增大，高质量物流服务的市场需求逐渐增大、低质量物流服务的市场需求逐渐减少。具体变化过程见 9.5.3 节。在 9.5.3 节，本章给出了考虑客户的质量偏好后，不同类型的物流提供商的策略选择（说真话或说谎）的可行范围。

9.6.2 管理学意义

本章可以为智慧物流服务供应链中，集成商以及物流提供商提供理论基础。对集成商而言，其对物流提供商的信任程度较高的情况下，物流提供商选择说谎，这说明越是熟悉的物流提供商，集成商越要加强管理。具体体现为当集成商对物流提供商的信任程度较低时，集成商采用区块链技术，可以有效避免信息不对称的危害；当集成商对物流提供商的信任程度较高时，集成商选择惩罚机制。集成商需要考虑市场中客户的质量价值偏好，利用以往的运营数据，对客户的质量价值偏好进行归类和记录，不仅可以有效避免应急物流，也帮助集成商在不同的客户质量偏好下决定相应的信任程度。

对物流提供商而言，高质量的物流提供商可以与集成商达成双赢的合作局面，而低质量的物流提供商与平台是零和博弈，会导致冲突，因此建议低质量的物流提供商提升其质量，或者与集成商信息共享，加强合作，以提升其质量和竞争力。在实践中，低质量类型的物流提供商与菜鸟加强合作，菜鸟通过收购其股份，实现信息数据的共享，并且帮助其进行组织架构和管理制度的改革与提升，最终实现其物流服务质量的提升。

9.6.3 未来研究展望

由于数据在企业的管理中发挥了越来越重要的作用，未来可以对数据信息的对称及价值进行研究，并与区块链技术以及其他技术相结合，研究智慧物流服务供应链的管理。在实践中，菜鸟对旗下的低质量物流提供商提供组织架构和管理制度方面的帮助，以提升其效率，这体现了数据及信息共享的重要性，集成商这种利他行为也是值得探讨的行为因素。

10　物流服务供应链需求更新、策略行为与绩效间的关联关系

——来自中国的探索性研究

10.1　引言

近年来，电子商务在全世界得到了快速发展和普及，其增速非常迅速，其中“双十一”可谓电子商务发展的一个缩影。2016 年“双十一”时期阿里巴巴的销售额高达 177 亿美元，“双十一”实现了大幅增长，带来了大规模的物流需求。为了给客户提供物流服务，物流服务集成商整合了许多物流服务提供商的服务能力，形成了物流服务供应链（Liu et al.，2017）。

然而，在实践中，物流服务供应链的绩效往往受到多方因素影响。一方面，从供应链外部角度来讲，需求更新可能会对供应链绩效产生影响。例如，圆通速递公司为了有效应对“双十一”，在 11 月初就根据往年数据预测本年度的需求，并与物流服务供应商进行协商，提前进行物流服务能力的储备，以此适应市场的快速变化（Liu et al.，2015）。另一方面，从供应链内部来讲，供应链成员的决策行为也可能对供应链绩效产生影响。例如，提供商与集成商的互惠行为、利他行为、信任行为等对供应链绩效会产生显著影响（Cai et al.，2017；Liu et al.，2013；Liu et al.，2014；Bravo et al.，2017）。因此，在内外因素的共同作用下，需求更新、供应链成员决策行为和供应链绩效之间的关联关系将变得更加复杂，系统地研究这些因素之间的关联关系并制订合理的供应链管理方法将有助于供应链绩效的提高。

在理论方面，目前关于供应链绩效的动因研究中，大多数是采用建模方法独立地分析了供应链绩效与需求更新，或是供应链绩效与成员行为的关系。例如，在供应链绩效与需求更新的关系研究中，有学者基于快速响应策略考

虑了需求更新下的单一订货策略（Choi et al.，2004；Song et al.，2014），更多的学者考虑了更复杂的需求更新下的两阶段订货策略（Donohue 2000；Murry and Silver，1966）。在供应链绩效与成员行为的关系研究中，研究多为单一的策略行为，例如风险规避（Chen，2017）、公平偏好（Wang and Sun，2013）、质量承诺行为（Liu et al.，2017）、信任行为（Wu et al.，2014）等。也有一些学者利用定性分析或者实证分析，在供应链绩效影响因素中研究成员行为的影响，如成员间的信息共享、伙伴关系等（Ku et al.，2016；Tsai，2015），这些研究并未涉及成员间的相互影响。总体来看，虽然在需求更新、决策行为和供应链绩效的各个独立领域都有丰富的研究成果，但是缺少从实证方面角度综合考虑需求更新、供应链成员行为和供应链绩效的三者之间关联关系的研究，学术界尚未构建基于需求更新和决策行为的供应链绩效理论框架。

本章将采用实证分析的方法，利用来自国内的问卷数据研究需求更新、企业策略行为与供应链绩效间的关联关系。采用这组数据主要有三个方面的原因。一是我国物流企业近年来发展迅速，许多物流企业之间通过联盟和整合，形成了物流服务供应链，因此具有较优质的问卷数据来源。二是电子商务推动了物流需求不断增长，需求更新在我国的物流服务供应链中成为普遍的现象。三是我国的物流绩效排名并不高，与发达国家仍然存在不少差距，因此迫切需要从供应链运营角度研究我国物流服务供应链的绩效影响因素以及这些因素的关联关系。

本章的研究期待解决以下三个方面的重要问题。

（1）需求更新是否能够直接作用于供应链绩效，其影响机制是怎样的？

（2）需求更新对集成商和提供商行为有着怎样的影响，不同角色所受影响大小是否相同？

（3）集成商和提供商行为如何作用于供应链绩效，他们对于绩效的改善贡献度是否存在明显差异？

为了回答以上三个问题，本章首先构建了需求更新、成员决策行为、物流服务供应链绩效的关联关系概念模型，然后设计出有针对性的物流服务供应链调研问卷。基于问卷数据，本章使用 SmartPLS 3.0 软件进行了各个因素的影响路径计算，并进行了概念模型修正。为了更加全面地挖掘各因子间的关联关系及影响机制，通过中介效应、重要性 - 绩效矩阵分析对实证结果进行了完善。

本章在10.2节中，通过需求更新下的供应链协调、成员行为以及供应链绩效影响因素相关领域的文献进行梳理，提出了关联模型的相关假设与理论框架。在10.3节中，为了验证该框架，设计了相应的调查问卷并进行发放和回收，对问卷的信度和效度进行了检验。在10.4节中，采用结构方程模型PLS方法对研究研究假设进行了检验，并通过中介效应的分析，进一步挖掘各影响因素间的关联关系。在10.5节中，针对本章的研究结果进行讨论，分析了本章的理论贡献和实践意义。在10.6节中，提出了本章的局限以及未来研究方向。

10.2　理论背景与假设

在这一节，我们从供应链需求更新、供应链成员行为和供应链绩效三个角度入手，在已有研究的基础上提出了6个假设命题，构建了本研究的关联模型框架。

10.2.1　供应链需求更新

需求与供给理论表明，两者并不总是完全匹配的，因此致力于实现一个系统内的需求和供应均衡是决策者的目标。在供应链中，为了实现需求与供给的平衡，应及时进行需求更新，使需求更加精准，减弱需求偏差带来的牛鞭效应（Lee et al.，1997；Sethi et al.，2007）。通常情况下，越靠近产品的销售期，产品的需求信息越有价值（Ali et al.，2017）。因此零售商希望尽量将订货时刻拖后以减少预测误差（Venugopalan et al.，2014）。然而，对于生命周期短或季节性需求弱的产品而言，无法采用传统的需求预测方式，因此，需要根据市场更新信号及时更新需求预测（Baruah et al.，2016）。一般来说，需求更新通常从需求预测的时刻（Liu et al.，2017）和需求预测的精度（Liu et al.，2017；Tibben-Lembke and Rogers，2006）几个方面来衡量。结合Sethi et al.（2007）的观点，本章中需求更新的程度是指，供应链成员为了尽量满足客户需求，对需求量波动、需求预测的时刻、需求预测的精度的重视程度。

这种重视程度越高，相应的需求预测结果越好，越接近真实的需求。

依据组织发展理论和知识管理的角度，绩效的提升是通过改变组织行为和基础设施，实现更多的产出（Nonaka，1994）。在需求更新的环境下，供应链成员为了满足客户需求、增加自身收益，会采取一系列的积极行为。积极的行为是指让自身朝着供应链绩效改善的方向努力，付出的努力越大，对于整个供应链绩效的改善越明显。供应链成员越重视需求更新，就越有可能采取各种积极的决策行为去应对外部需求环境带来的影响（Liu et al.，2015；Liu et al.，2017）。因此提出以下假设。

假设1：需求更新对集成商行为有着正向影响，需求更新的程度越大，集成商行为越趋向积极。

假设2：需求更新对提供商行为有着正向影响，需求更新的程度越大，提供商行为越趋向积极。

企业想要取得较好发展，不仅要重视供应链，还要关注需求链。关于需求更新对供应链绩效的影响，很多理论已经进行了详细阐释，需求链管理理论（DCM）就是其中之一。它强调通过增强供应链响应能力来满足客户的变化需求（Madhani，2016），尤其是通过营销和供应链管理改进对客户需求的预测，再加上及时更新客户需求信息，这将有助于增强供应链绩效。更进一步，由于供应链各阶段的需求信息对生产调度、库存控制和交付计划都有直接影响，因此需求信息更新是供应链绩效的主要推动力。

还有一种是基于资源的观点理论（RBV），它旨在资源分析的基础上，通过企业与业务环境的互动解释竞争优势的本质和来源。从1990年开始，RBV就是企业策略的主导范式（Foss，1998）。需求更新其实是企业环境变换的一种，企业动态环境的变化需要企业重新配置资源，通过积极决策来重组自己的竞争优势，以此适应变化，由此企业的供应链绩效得到了进一步提升（Long and Vickers-Koch，1995）。因此，在不确定的市场环境中，重视需求、及时对需求信息进行更新，有助于供应链上的企业作出更加积极的决策，从而实现绩效的整体提升。

此外，随着需求更新得到持续的关注，一些学者对需求更新对绩效的影响开展了研究。例如，Liu et al.（2017）通过数学模型计算，认为需求更新将直接影响供应链绩效，随着需求更新的提前期，供应链的总体绩效一开始提高，最终稳定，因此有最佳的更新时间。Fu et al.（2017）的研究也表明，不准确的需求预测极有可能导致决策偏差和供应链绩效偏低。

因此，借鉴 DCM 和 RBV 理论及相关学者的研究，我们进行如下假设。

假设 3：需求更新对供应链绩效有着正向影响。

10.2.2　供应链成员行为

LSSC 中，有三种主要成员：物流服务集成商（LSI）、功能型物流服务供应商（FLSP）和客户（Wang et al.，2014；Yan and Li，2013）。其中，物流服务集成商具有较强的业务整合能力，能够较好地协调物流、资金流和信息流。从客户处获取需求信息之后，通过业务转包的方式将具体服务需求交给合适的功能型物流服务供应商来完成，最终满足消费者对物流服务的需求（Liu et al.，2013b）。因此，物流服务集成商通常处在链条的中间地位，是物流服务供应链的主导者（Yan and Li，2009）。

行为运营管理理论强调在面对复杂的决策问题时，要考虑人的行为和情绪（Bendoly et al.，2006；Francesca and Gary，2008），许多行为运营相关的研究表明，积极的行为有助于提升供应链绩效（Gino and Pisano，2008；Schorsch et al.，2017）。在集成商的众多行为中，对提供商的信任（Wu et al.，2014；Fu et al.，2017）、公平的订单任务分配（Liu et al.，2014；Liu et al.，2017）、对提供商的培训（Liu et al.，2017）是较为重要的三种行为。集成商作为物流服务供应链的核心企业，一方面直接与客户接触，收集客户的需求信息，另一方面通过整合功能型物流服务提供商，为需求提供合适的服务，因此，物流服务集成商的积极行为有助于整个供应链绩效的改善（Liu et al.，2017）。由此，我们提出以下假设。

假设 4：集成商行为因子对供应链绩效有着正向影响，集成商的行为越积极，供应链绩效越高。

基于权力依赖理论，权力是一种隐含的影响潜力，存在于所有买卖双方的关系中（Croom et al.，2000；Liu et al.，2017）。在物流服务供应链中，集成商掌控着客户的需求信息，通常是领导者的角色，而提供商权力较小，属于跟随者的角色（Liu et al.，2017）。领导 - 成员交换（LMX）理论认为，领导者可以影响下属的责任、决策和绩效（Deluga，1998）。在物流服务供应链中，集成商通过一系列行为，如订单分配、利润分配、能力采购等，也会引起提供商行为的变化（Wu et al.，2014；Fu et al.，2017）。作为客户的代理商，集成商需要成为一个优秀的综合物流服务设计师来吸引客户；作为物流服务的直接责任承担者，集成商需要监督提供商的行为，指导和协调提供商的运作，设计有效的激励机制（Yan and Li，2009）。因此，在影响路径的因果关系上，参考领导－成员交换理论，本章认为集成商行为是因，提供商行为是果，由此，提出以下假设。

假设5：集成商行为因子对提供商行为因子有正向影响，集成商的行为越积极，越能促进提供商的努力。

与集成商的行为类似，提供商的行为也将对供应链绩效产生影响。在实践中，物流服务提供商以提供运输、仓储等标准化的服务为主，自营的物流资产较多，因为其提供的服务往往较为固定，服务覆盖区域有限，因此通常是被整合的对象（Liu et al.，2013）。但同时也是物流服务的直接提供者，与集成商相互协作，共同完成供应链的价值创造，对于集成商的不同策略，提供商会表现出不同的合作行为，本章中归纳为以下四种行为：理性预期行为（Liu et al.，2013）、质量承诺行为（Liu and Xie，2013；Wu et al.，2014）、风险规避行为（Chen，2017）以及互惠与利他行为（Datta and Christopher，2011；Eckerd and Hill，2012）。物流服务提供商的这些行为在受集成商行为影响的同时，也会对供应链绩效产生影响（Liu et al.，2013）。Yu and Liu（2010）的研究表明，由于供应商直接向终端客户提供服务，因此，供应商的行为将对客户的服务满意度产生重要影响，进而直接影响到供应链绩效。因此，提出以下假设。

假设6：提供商行为因子对供应链绩效有正向影响，提供商的行为越积极，供应链绩效越高。

10.3 研究方法

10.3.1 问卷

为了验证假设框架，据以往的实践经验（Handley，2017；Kaynak et al.，2015）以及10.2节中的文献回顾，本研究设计了包括20个项目的量表，其中 A1 ~ A3 分别考虑了需求预测的精度、需求更新的时刻以及需求量的波动，用于衡量需求更新；B1 ~ B6 是集成商较为常见的六种行为，共同表示集成商行为；C1 ~ C6 用于衡量提供商行为；D1 ~ D5 从供应链盈利水平、供应链协调能力以及客户满意度等指标入手，综合考虑供应链内部与外部表现，用于衡量供应链绩效。这些指标的选取都是来自对已有研究成果的归纳与总结，我们在表 10 - 1 中列出了相关依据。

表 10 - 1　　各因子测量指标及其参考来源

潜变量	测量变量	对应测量指标	依据
需求更新因子	A1	需求预测精度	Liu et al.，2017
	A2	需求更新时刻	Tibben - Lembke et al.，2006
	A3	需求量的波动	Ali et al.，2017
集成商决策因子	B1	对提供商的信任	Wu，2014；Fu et al.，2017
	B2	对提供商的培训	Liu et al.，2017
	B3	订单任务分配的公平性	Liu，2014；Wang and Fan，2016；Liu et al.，2017
	B4	执行的利润分配模式	Wang，2013；Liu et al.，2017
	B5	价格的波动性	Sapra，2013
	B6	能力采购的频率	Liu et al.，2014；Liu et al.，2015
提供商行为因子	C1	理性预期行为	Liu et al.，2013
	C2	质量承诺行为	Liu，2013；Wu，2014
	C3	风险规避行为	Chen，2017
	C4	互惠与利他行为	Eckerd et al.，2012；Wu，2014
	C5	损失厌恶行为	Wang，2014
	C6	顺从行为	Abdelfattah and Rebai，2013
供应链绩效因子	D1	客户满意度	Neely et al.，1995；Chimhamhiwa et al.，2009；Witkowski，2010
	D2	供应链营利能力	Cho et al.，2012；Golrizgashti，2014 Rodriguez-Rodriguez，et al.，2010
	D3	提供商合作满意度	Neely et al.，1995；Estampe，2014
	D4	集成商合作满意度	Neely et al.，1995；Estampe，2014

在正式发放问卷之前，一般需要进行试填工作（Kaynak et al.，2015）。本次问卷选取了3位拥有多年从业经验的物流高级经理以及3位专业物流学者进行问卷试填工作，根据反馈的作答时长、作答体验对问卷进行了2轮修改，形成了最终的问卷。

10.3.2 数据收集与样本

正式的问卷发放时间是2017年3—5月共计60天的时间。我们选择了三种渠道进行问卷的发放，无论哪一种渠道，我们都确保受访者有充分的从业经验。

渠道一：根据中国地理区域的分布，将调查区域分成东部、南部、西部、北部四大区域，通过电子邮件的形式进行问卷发放。

渠道二：通过微信等沟通工具向物流服务行业的好友一对一发放问卷。

渠道三：在物流企业交流群中发放问卷。

有效问卷的辨识来自两方面，第一，确认问卷内容作答是否完整，对于有漏答题项的问卷进行剔除。第二，检查问卷前后题项答案是否有矛盾，如有则剔除这个问卷。例如，对比企业总部所在地以及物流服务辐射区域这两题的答案，一般情况下，物流服务辐射区域会包括总部所在地，对于物流服务区域与总部所在地出现明显不一致的（如总部所在地在东北，物流服务区域为西北）进行剔除。最终问卷的回收情况如表10－2所示。样本的数据特征如表10－3所示。

表10－2　问卷发放与回收情况　　单位：份

类型	发放量	回收量	回收率	无效问卷数量	有效回收量	有效问卷回收率
一对一发放	90	88	97.78%	15	73	83%
邮件发放	89	4	4.49%	0	4	100%
微信群发放	532	70	11.84%	17	53	76%
总计	711	155	21.80%	32	130	84%

表 10－3　　样本的数据特征

项目	类别	频数（次）	占比
企业总部所在地	北部	50	38%
	南部	27	21%
	东部	27	21%
	西部	26	20%
企业的年营业收入	1000 万元以下	25	19%
	1000 万～5000 万元	18	14%
	5000 万～1 亿元	8	6%
	1 亿元以上	79	61%
企业的物流员工人数	100 人以内	34	26%
	101～500 人	35	27%
	501～1000 人	13	10%
	1001～5000 人	16	12%
	5001～10000 人	7	5%
	10000 人以上	25	19%
被调查人员的物流行业工作年限	3 年以内	27	21%
	3～5 年	19	15%
	6～10 年	21	16%
	10 年以上	63	48%
被调查人员的现任职位	普通员工	26	20%
	主管	19	15%
	经理	30	23%
	高管	55	42%

需要强调的是，供应链不同成员需要作答的问题是不同的。集成商处于链条的中间环节，是整合者的角色，因此需要作答需求更新、集成商决策行为、供应链绩效三个方面的问题。提供商一般不直接与最终客户的需求接触，不参与需求更新，在作答问卷时，只需要回答提供商行为与供应链绩效两个方面。而在模型分析中则要涵盖需求更新、集成商行为、提供商行为和供应链绩效四个方面，因此 130 份有效问卷最终按照物流服务供应链的结构，被还原成 93 条完整的供应链数据，作为后续模型分析的样本。

10.3.3 数据分析

由于研究中用到的量表均是自行开发，因此首先运用 SPSS 19.0 软件对各项目的信度进行检验（见附录 10－2 表 1），我们发现，删除指标需求量的波动（A3）、执行的利润分配模式（B4）、价格的波动性（B5）、能力采购的频率（B6）、损失厌恶行为（C5）、顺从行为（C6）后，整体信度得到了较为显著的提升。并且考虑探索性因子分析（EFA）的结果（见附录 10－2 表2），B4、B5、B6、C5、C6 也未体现出较为明显的维度划分，考虑到上述 6 个指标与本次研究探讨的问题匹配度不高，因此将其剔除。

将上述 6 个指标剔除后，再次进行探索性因子分析。通过主成分分析获得数据的最佳拟合，其中使用具有 1 的特征值作为切点的方差旋转。因子分析结果显示，剩余的项目自然地集中在四个主成分中。因子负荷值在 0.50 ~ 0.75，总方差解释为 59.27%，如表 10－4 所示。此外，巴特利球形检验的结果大于 0.6，说明测量量表的项目适用于测量模型中的变量。

表 10－4　　　　探索性因子分析结果

KMO ＝0.743 总方差解释：59.27%	供应链绩效	提供商行为	集成商行为	需求更新
D4	0.746	—	—	—
D1	0.714	—	—	—
D3	0.678	—	—	—
D2	0.541	—	—	—
C2	—	0.772	—	—
C1	—	0.710	—	—
C4	—	0.691	—	—
C3	—	0.635	—	—
B2	—	—	0.686	—
B3	—	—	0.684	—
B1	—	—	0.618	—
A1	—	—	—	0.599
A2	—	—	—	－0.708

表 10－5 均值、标准差以及相关系数

	Mean	S. D.	A1	A2	B1	B2	B3	C1	C2	C3	C4	D1	D2	D3	D4
A1	3.96	0.658	1	—	—	—	—	—	—	—	—	—	—	—	—
A2	3.34	0.927	0.221*	1	—	—	—	—	—	—	—	—	—	—	—
B1	3.81	0.576	0.293**	0.187	1	—	—	—	—	—	—	—	—	—	—
B2	4.16	0.613	0.287**	0.112	0.213*	1	—	—	—	—	—	—	—	—	—
B3	3.76	0.597	0.168	0.267**	0.245*	0.373**	1	—	—	—	—	—	—	—	—
C1	4.04	0.624	0.190	0.256*	0.114	0.294**	0.232*	1	—	—	—	—	—	—	—
C2	3.86	0.716	0.218*	0.270**	0.145	0.250*	0.252*	0.524**	1	—	—	—	—	—	—
C3	3.52	1.069	0.186	-0.05	0.023	0.253*	0.057	0.374**	0.365**	1	—	—	—	—	—
C4	4.02	0.571	0.002	0.089	0.046	0.239*	0.047	0.303**	0.380**	0.195	1	—	—	—	—
D1	3.91	0.62	0.177	0.071	0.257*	0.18	0.179	0.263*	0.291**	0.265*	0.221*	1	—	—	—
D2	3.47	0.685	0.046	-0.071	0.290**	0.101	0.17	0.206*	0.181	0.301**	0.141	0.225*	1	—	—
D3	3.86	0.523	0.361**	0.100	0.414**	0.173	0.311**	0.152	0.092	0.208*	0.047	0.466**	0.277**	1	—
D4	3.95	0.596	0.188	0.073	0.317**	0.113	0.086	0.298**	0.338**	0.231*	0.291**	0.576**	0.356**	0.324**	1

注：* 在 0.05 水平（双侧）上显著相关。** 在 0.01 水平（双侧）上显著相关。

接下来计算每个变量的平均值和标准差，并创建了一个相关矩阵，如表10-5所示。平均值和标准差在预期范围内。当考虑到一对一的相关性时，所有构造作为因子彼此显著相关。

10.3.4 分析技术

目前，结构方程模型（Structural Equation Modeling，SEM）中主要的两大分析技术分别是基于最大似然估计的协方差结构分析（Covariance-based SEM），以LISREL方法为代表；以及基于偏最小二乘法的方差分析（Variance-based SEM），以Partial Least Squares（PLS）方法为代表。

本章在算法选择中，参考Hair et al.（2011）、Lee et al.（2016）的建议，从研究目的和数据特征两个方面考虑：一方面，本研究目的在于探究需求更新、集成商行为、提供商行为以及供应链绩效之间的关联关系，目前理论界尚无完善的模型阐述这些关联关系，因此本研究的目的是带有探索性、预测性的，而PLS在模型预测能力，尤其是发展新理论方面有着更为出色的能力（Henseler et al.，2009）。另一方面，最终用于分析的样本量为93，对于PLS-SEM而言，样本量满足了十倍经验模型（Hair et al.，2011），可以进行问卷结果分析。因此，选择采用PLS-SEM进行假设的检验，在软件选择上使用Smart PLS 3.0（Ringle and Will，2015）。

10.4 分析结果

模型评估提供了指标与构念间关系、构念与构念间关系的实证分析。PLS-SEM的评估包括对测量模型和结构模型的测量。

10.4.1 测量模型分析结果

本研究的测量模型均为反映型测量模型，其测量指标可分为确定性因子信度、内部一致性信度、聚合效度以及区分效度（Hair et al.，2011）。

首先，各因子的标准化载荷在0.57~0.83，表明了量表中因子具有一定的可靠性。然后考虑了各构念下的因子划分，是否能够在统计学层面符合理论设想，进行了交叉载荷的计算，如表 10－6 所示。各因子在相应构念下的因子得分均大于其他构念，说明对各因子的层次划分是具有信度的。

表 10－6　载荷和交叉载荷

	需求更新因子	集成商行为因子	提供商行为因子	供应链绩效因子
A1	0. 868	0. 353	0. 225	0. 269
A2	0. 676	0. 260	0. 218	0. 065
B1	0. 317	0. 718	0. 123	0. 437
B2	0. 274	0. 720	0. 356	0. 196
B3	0. 262	0. 716	0. 225	0. 253
C1	0. 274	0. 290	0. 803	0. 317
C2	0. 302	0. 294	0. 822	0. 314
C3	0. 116	0. 150	0. 661	0. 341
C4	0. 047	0. 152	0. 571	0. 244
D1	0. 170	0. 291	0. 359	0. 797
D2	－0. 002	0. 268	0. 284	0. 606
D3	0. 324	0. 424	0. 175	0. 710
D4	0. 179	0. 252	0. 399	0. 789

表 10－7 是各个构念的一致性与可靠性检验结果。经检验，各测量模型的组合信度均大于 0. 6（Hair et al. ，2011；Leguina，2015），说明模型具有内部一致性。对于聚合效度，经检验平均方差抽取量（Lee et al. ，2016；Leong et al. ，2012）均大于 0. 5，检验通过（Leguina，2015）。对于区分效度的检验，根据 Fornell-Larcker 准则，将每个因子平均方差抽取量的平方根与潜变量的相关性进行比较（Wong et al. ，2015），结果表明区分效度检验通过。

表 10－7　　互连关系（多项目构建的一致性和可靠性测试）

	克隆巴赫系数	组合信度	提取的平均方差	供应链绩效因子	提供商行为因子	集成商行为因子	需求更新因子
供应链绩效因子	0.702	0.819	0.533	0.730	—	—	—
提供商行为因子	0.690	0.810	0.521	0.420	0.722	—	—
集成商行为因子	0.540	0.762	0.516	0.422	0.319	0.718	—
需求更新因子	0.370	0.751	0.605	0.237	0.280	0.399	0.788

注：一方面，由于克隆巴赫 α 系数法假设所有指标的可信度都是相同的，但是 PLS-SEM 通过各指标的信度区分其优先次序。另一方面，克隆巴赫 α 系数对于题目项数非常敏感，容易低估内部一致性（Anderson and Gerbing，1988；Hair et al.，2012）。因此，尽管本研究个别构念的 Cronbach's alpha 未超过 0.7 的建议值，但是综合考虑 Composite Reliability 以及 Factor Loadings 的结果后，认为本研究的测量模型具有一致性与可靠性（Leguina，2015；Hulland，1999）。

10.4.2　结构模型结果

图 10－1 是 SmartPLS 的分析结果，包括 R^2、路径系数及其各自的显著性水平，还可以看出各个假设的验证情况。需求更新对集成商行为有着显著正向的影响（$\beta=0.399$，$P<0.01$），需求更新对提供商行为有着显著的正向影响（$\beta=0.182$，$P<0.1$），假设 H1 和 H2 得到了验证，然而考虑到需求更新对供应链绩效的影响并未体现出足够的显著性；假设 H3 没有得到验证，这在后续会进行进一步分析。当考虑提供商行为，集成商行为对提供商行为有着正向的影响作用（$\beta=0.247$，$P<0.01$），假设 H5 得到了验证。集成商行为与提供商行为均对供应链绩效有显著正向影响（$\beta=0.312$，$P<0.01$；$\beta=0.314$，$P<0.01$），假设 H4 与假设 H6 得到了支持。

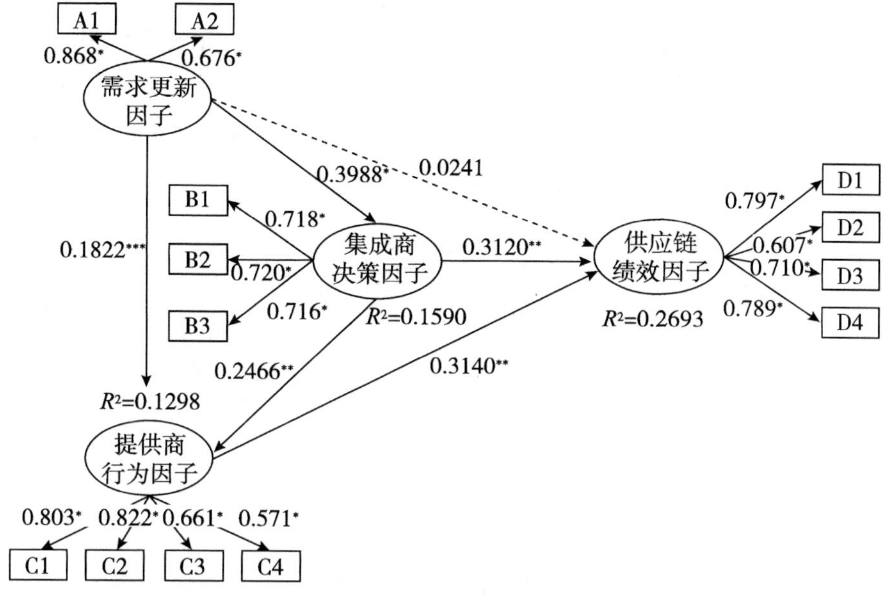

图 10－1　分析结果

注：* $P<0.001$；** $P<0.01$；*** $P<0.1$。

10.4.3　中介效应的检验

根据路径模型的结果，需求更新对供应链绩效的影响并不显著，但是考虑仅包含需求更新因子和供应链绩效因子的模型，发现需求更新对供应链绩效有着显著的正向影响（$\beta=0.330$，$T=2.803$），说明成员行为因子的介入使得两者的显著关系消失了，同时，需求更新、提供商行为、集成商行为则两两显著，说明 Baron and Kenny（1986）提出的中介效应存在条件得到了满足。因此，进一步考察需求更新与供应链绩效关系中的中介变量作用机制。

本章选用 Bootstrap 的方法进行检验。对于特定路径的置信区间，参考 Holbert and Stephenson（2003）的建议，选用 Mackinnon 等人的产品分配函数进行计算，结果如表 10－8 所示，其中效果量（VAF）反映间接效果在总效果中的占比。

对比中介因子加入前后需求更新更新因子对供应链绩效的影响，中介因子加入前，需求更新因子对供应链绩效因子有着显著的总影响（$\beta=0.330$，$T=2.803$），加入集成商行为因子以及提供商行为因子两个中介因子之后，影响不再显著（假设 H3 未通过验证）。更进一步，由表 10－8 的分析结果可以看出，每一条中介影响路径的置信区间均不包括 0，说明中介效应显著（Holbert and Stephenson，2003；Williams and MacKinnon，2008），并且“需求更新→集成商行为因子→供应链绩效因子”这条路径的效应值最大，说明这是需求更新对供应链绩效产生影响的最佳路径（见图 10－2）。

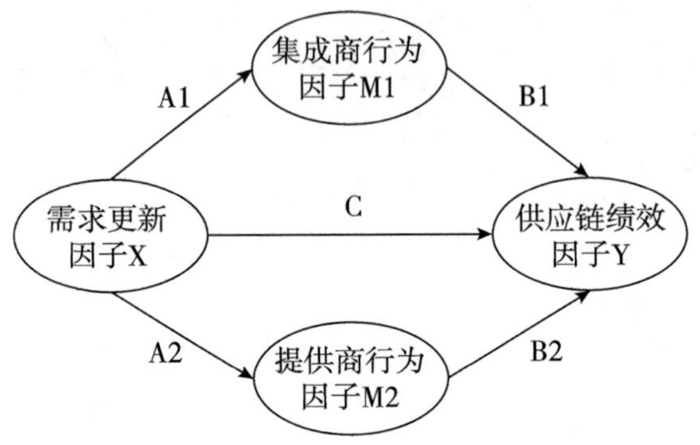

图 10－2　中介效应模型

表 10－8　中介效应显著性检验与效应值

路径	95% 置信区间		效应值	效果量（VAF）
	下限	上限		
需求更新→集成商行为因子→供应链绩效因子	0. 037	0. 282	（A1 × B1） = 0. 400 × 0. 334 = 0. 1336	60. 15%
需求更新→提供商行为因子→供应链绩效因子	0. 011	0. 214	（A2 × B2） = 0. 281 × 0. 315 = 0. 0885	39. 85%
总中介效应	—	—	0. 2221	100%

对模型进行修正，得到最终的路径模型图，如图 10－3 所示。

10. 5　结果讨论

10. 5. 1　中介效应的结果讨论

首先，需求链理论认为关注客户需求的变化将提高效率，实现创收（Rainbird，2004），从而提高供应链绩效。然而，正如 Madhani（2016）提到

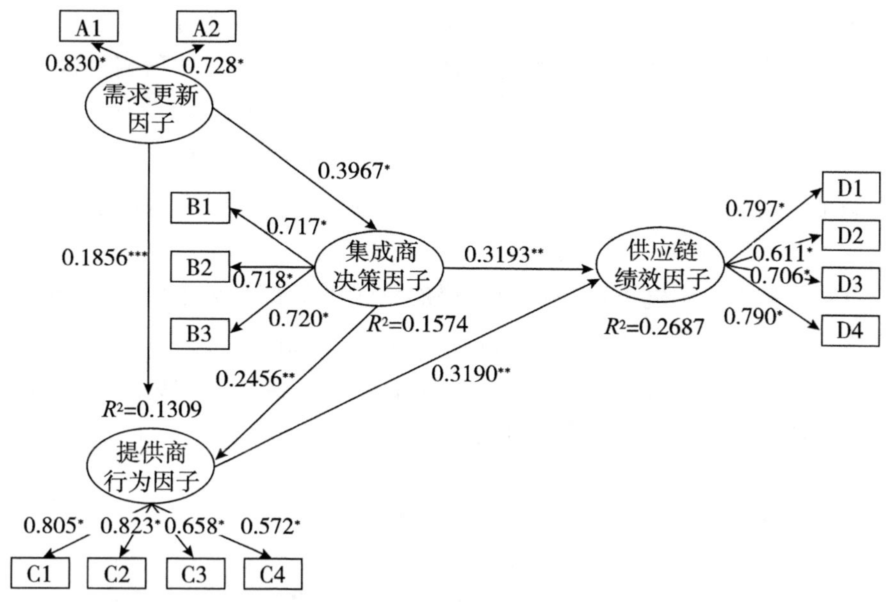

图 10－3　需求更新、企业行为与供应链绩效的关联关系路径模型

注：* $P<0.001$；** $P<0.01$；*** $P<0.1$。

的，现有的需求链领域研究多是概念性的，缺乏量化的研究。而本章通过中介效应的分析，量化了需求作用于供应链绩效的具体过程。需求更新对供应链绩效的影响并非直接的，而是必须通过成员行为，作为中介因子实现对绩效的影响。并且集成商行为因子的效果量为60.15%，提供商行为因子的效果量为39.85%，即“需求更新→集成商行为因子→供应链绩效因子”是产生影响的主要路径。这一结论强调了企业行为在需求作用于绩效中的作用，进一步丰富了需求链中需求与绩效的关联关系理论。

其次，在之前的研究中，Liu et al.（2014）通过建立数学模型从定量的角度进行分析，认为需求更新会直接对供应链绩效产生影响。Liu et al.（2017）和Zhao et al.（2015）的研究结果表明，需求更新并未表现出对供应链绩效的直接影响，但是他们并未深入讨论需求更新如何作用于绩效。本章对于中介效应的检验，不但从实证研究的角度分析了需求更新对供应链绩效的影响必须借助中介因子才能实现，得出了与Liu et al.（2014）不同的结论，而且进一步讨论了需求更新对供应链绩效的影响机制，完善了Liu et al.（2017）和Zhao et al.（2015）的研究成果。

最后，本章得到的中介效应结论在实际运作中是容易被理解的。需求是一种客观存在的市场环境，相应地，需求更新是一种围绕需求展开的外部决策行为，需求更新的实施者可能是集成商，也可能是第三方预测机构。只有市场需求无法产生绩效，只进行需求更新，而不将这些信息应用于指导企业行动，同样无法对绩效产生影响。归根结底，需求是通过集成商和提供商的行为满足的，在满足需求的过程中才会产生绩效。如果只进行需求更新而没有集成商和提供商的行动，就会出现链条的断裂。

这一发现在我国电子商务快速发展的背景下显得尤为重要。对于物流服务供应链而言，需要物流服务集成商和物流服务提供商通力合作，才能满足消费者需求，使需求更新产生价值。同时，消费者满意度的提升又会增加需求的可预测性，从而形成一个良性的循环。

10.5.2 企业行为与供应链绩效

从图 10－3 中可以看出，集成商行为因子与提供商行为因子均体现出了对供应链绩效的显著正向影响，出乎意料的是，集成商的影响系数（0.3193）与提供商的影响系数（0.3190）非常接近，并未体现出集成商对供应链绩效的影响明显大于提供商。这一结论恰恰是物流服务供应链特性的体现。

此外，供应链绩效的总效应分别由需求更新因子、集成商行为因子以及提供商行为因子对其的间接、直接效应构成，但是每个因子对供应链绩效总效应的贡献度大小不一，用 SmartPLS 中自带的重要性矩阵（IPMA）进行进一步分析，识别出绩效改善中的关键因子（见附录 10－3）。结果表明，对于供应链绩效的改善，集成商行为因子体现的贡献度最高。考虑更加细化的指标，对提供商的信任与培训，以及订单任务分配的公平性，对于供应链绩效而言有着较高的权重，然而在实际表现上却有待加强，是供应链绩效改善中需要重点把握的。

10.6 结论

10.6.1 研究结论

本章针对物流服务供应链中的需求更新、企业决策行为和供应链绩效之间的关联关系展开研究，建立了关于需求更新、成员决策行为以及供应链绩效的结构方程模型，利用来自问卷数据，采用 SmartPLS 方法验证了模型，得出了许多重要的结论。

一方面，对于已有研究中涉及的各因子间可能存在的关联关系，本章通过实证检验的方式对其进行了验证。具体而言，需求更新对成员决策行为具有显著正向影响，并且对集成商的影响权重更大；成员决策行为对供应链绩效具有显著正向影响，并且集成商的影响力略大于提供商；集成商行为因子对提供商行为有着正向的影响作用。

另一方面，本章还得到以下结论。第一，需求更新对物流服务供应链成员行为和供应链绩效都有着重要影响，但是影响方式有所不同。具体而言，对于成员行为是直接影响，而对于供应链绩效，则要成员决策行为作为中介因子，并且有 60. 15% 的影响通过集成商行为因子来实现、39. 85% 的影响通过提供商行为因子实现，不存在先后通过两个成员行为因子对绩效产生影响的链式中介路径。第二，综合结合因子得分和各因子间的路径影响系数，考虑各因子在改善活动中的贡献度，对于供应链绩效的改善而言，集成商行为的贡献度要高于提供商。

10. 6. 2　对于企业的管理学启示

10. 6. 2. 1　物流服务集成商

第一，本章的路径分析表明，需求预测对集成商行为有重要影响。因此，对于集成商而言，根据需求信号或历史数据提前对需求进行预测、及时更新需求信息是十分重要的，并且把握需求更新的时刻、提高需求预测的精度是关键。

第二，根据本章重要性 - 绩效矩阵的分析结果（见附录 10 - 3），订单任务分配的公平性、对提供商的培训以及对提供商的信任，这些因素对于改善集成自身行为以及提高供应链绩效，均体现出了较高的贡献度，应该成为集成商关注的重点。

第三，集成商行为对供应链绩效的影响与提供商相比，优势并不十分突出，这提醒了集成商要更加重视在供应链中的主导权，积极改善自身行为，避免被提供商控制。

10.6.2.2　物流服务提供商

第一，根据本章假设H2的检验结果，需求更新会直接对提供商行为产生影响，不需要借助任何中介。这说明对于提供商而言，虽然并不直接接触客户需求，但是并不意味着可以在需求更新上有所松懈，应时刻保持对市场的敏锐度，注重加强与集成商的信息交互是十分必要的。

第二，综合考虑重要性－绩效矩阵分析结果（见附录10－3），以及路径模型中各指标的载荷大小，集成商对提供商的信任、理性预期行为、质量承诺行为同时出现在对提供商行为影响较为重要的指标列表中，这进一步印证了物流服务供应链中，集成商与提供商通力合作、相互信任的重要性。培养与集成商之间的信任意识，加强运作协同，不但能使改善自身行为的效果更佳，还会促进供应链绩效向着更高的水平发展。

第三，提供商虽然在供应链中是被整合者，但同时直接向客户提供物流服务，对于供应链绩效的影响作用也是正向且显著的。提供商应当充分认识到这一点，供应链绩效与自身收益是紧密相连的，只有付出努力，才能实现自身的更好发展。

10.6.3　理论发展

本章开创性地对物流服务供应链中需求更新、策略行为和供应链绩效关联关系进行系统探索，得到了许多关键性的理论发现。首先，本章验证了成员行为在需求更新对供应链绩效中的中介作用，证明了需求更新必须借助成员行为才能对绩效产生影响。其次，集成商行为更易受到需求更新的影响，这与之前研究者的一些结论是吻合的。最后，集成商行为与提供商行为对供应链绩效都有显著影响，但集成商行为的改善相较于提供商更能提升绩效。总的来看，本章在理论发展上的贡献可归纳为以下三点。

第一，本章丰富和发展了需求链管理理论。需求链管理理论（DCM）认为，供应链内部成员之间的高效协调是实现DCM可持续运作的关键。然而，在物流服务供应链中，集成商与提供商之间存在着独特的关系治理结构，这种治理结构的稳定性影响需求链的快速响应和可持续运作。本章构建的关系模型通过分析供应链成员之间行为因素和关联关系，将 DCM 中强调的成员之间的关联关系具体化，使需求在整条供应链中的传递路径和各个因素之间的行为关系更加明显，从而发展了 DCM 这一重要的理论。

第二，本章拓展了资源基础理论（RBV）。RBV 认为，企业竞争优势根源于企业的特殊资源，由于各种不同的原因，企业拥有的资源各不相同，具有异质性，这种异质性决定了企业竞争力的差异，从而带来企业经营绩效的差异。然而，本章从需求角度，通过实证数据分析证明了需求更新这一企业环境变化对于绩效是能够产生影响的，并且进一步具化了这种影响方式需要通过企业行为这一中介因子来实现。这进一步证明了作为竞争优势差异的重要体现——企业经营绩效的差异，它不仅来源于企业拥有的特殊资源差异，外部环境尤其是需求更新环境对经营绩效的差异也将产生重要的影响，但这一影响并不能直接产生，而是必须通过企业决策行为的中介因子才能实现。

第三，本章拓展了行为运营管理理论。我们从实证角度给出了需求更新、企业决策行为和服务供应链绩效之间的关联关系，发现集成商行为与提供商行为对供应链绩效都有显著影响，但改善集成商的行为相较于提供商更能增进绩效。

10.6.4 未来研究展望

本章还有可以完善的地方。例如，本章仅基于中国的物流服务行业现状，通过对中国物流服务企业进行案例分析，得到的研究成果更适用于中国的物流服务供应链，对于海外不具有普适性。未来学者们可以考虑进行跨国的实证研究比较，得到的研究结论将会更具有普适性。此外，受制于各方面因素，我们得到的问卷数量仍然偏少，未来可以加大调研力度，力求增加样本量，采用其他软件工具（如 AMOS）开展研究，进一步验证结论的一致性。最后，本章对于物流服务供应链中各因子间关联关系的讨论，是一种探索性、预测性的研究，只是提出了一个概念框架并初步检验，对本概念框架的应用研究可以开展深入分析。

11 客户的不耐心行为对物流服务供应链绩效管理的影响

——来自中国的多案例研究

11.1 引言

随着全球经济一体化以及电子商务的快速发展，物流行业成为全球经济发展的动力之一，在 GDP 中占很大的比例（Centobelli et al.，2017）。随着上下游不同企业的能力分化，具有整合优势的企业倾向于扮演物流服务集成商的角色，从而整合基础的物流功能服务，形成了物流服务供应链的基础架构：物流服务提供商—物流服务集成商—客户（Wang et al.，2019）。上下游企业之间通过协同努力不断完善合作，都是为了给客户提供更优的服务产品，从而开拓更大的终端市场。不同于制造业供应链中以产定销的模式，客户参与性是物流服务供应链的重要特点之一（Martin et al.，2016）。在物流服务供应链中，客户扮演的角色不仅是末端的被服务群体，他们已经渗透到上游的服务设计过程，在物流服务中以客户体验为中心的产品设计原则也成为越来越多企业的共同选择（Liu et al.，2019）。在快速变化的市场环境中，识别客户行为的变化及其对业务运作的影响，是极富挑战性的研究（Huang et al.，2015）。

从实践角度来看，物流行业经历了物流配送体系完善和基础价格竞争的阶段，已经进入服务竞争的时期，客户对于服务的预期不断提升。与此同时，提供服务产品的提前期要比提供实体产品的提前期更长，且服务的易逝性以及不可储存性导致市场环境的不确定性更高（Choi et al.，2016）。在此背景下，客户很难满足于现有的服务质量，而是期待能够获取更好的服务体验。当客户无法体验到企业承诺的物流服务时，他们不会选择等待，而是立刻转换选择，这种行为状态被学者们称为不耐心行为（Daugherty et al.，2019）。

在需求驱动的竞争环境下，客户行为成为物流服务供应链运营管理中不可忽视的影响因素。观察物流业实践中的服务模式可以发现，近年来，次日达、闪电达、同城急送、超时赔付、极速退款等服务模式迅速兴起并扩张，许多物流企业如联邦快递、顺丰，都确定了客户至上、快速响应的服务目标，通过提升服务时效性和质量、更新产品功能、强化服务能力，全力满足客户需求，以减弱客户的不耐心行为对运营的影响，实现供应链绩效改进。

从学术角度来看，目前已有一些学者对物流服务供应链绩效、行为运作管理以及不耐心行为等领域进行了初步探索，但尚未有学者以客户的不耐心行为为起点，从全局角度探索其对于物流服务供应链绩效的影响路径。Daugherty et al.（2019）指出客户的不耐心行为已经对物流服务的产业实践产生了巨大影响，但尚未得到足够的关注。服务供应链的绩效管理是企业评价运行状况的必要环节，要想实现物流企业绩效的改善，就必须从全局角度寻找关键影响因素。我们将研究客户不耐心行为对物流服务供应链绩效的影响路径，并据此构建可用于指导实践的理论框架。

为了弥补上述研究缺口，本章采用多案例研究方法，通过对四家不同类型的中国物流服务企业的深入访谈，试图回答以下三个研究问题。一是从全局角度来看，客户的不耐心行为会影响服务供应链中的哪些因素？二是这些因素会如何影响物流服务供应链的绩效？三是如何根据上述结论构建理论框架并指导物流服务供应链的绩效管理？

11.2 文献回顾

与本章相关的理论背景主要包括三个方面：物流服务供应链及绩效管理、行为运作管理、不耐心行为。本节通过对现有文献进行综述，发现现有研究的不足，从而明确本章的研究价值。

11.2.1 物流服务供应链的绩效管理

物流业是国民经济的支柱性产业，随着学者们对服务业关注度的提升，物流服务供应链的概念应运而生，其基础结构是物流服务提供商—物流服务集成商—客户，其中物流服务集成商一般是有资源整合优势的企业，具有更强的控制权，物流服务提供商往往扮演着跟随者的角色，控制权较弱。绩效管理是物流服务供应链相关研究中受到学者们重点关注的议题，一些学者从不同角度分析了影响绩效管理的因素，并设计了物流服务供应链绩效评价的指标体系（闫秀霞等，2005；刘伟华等，2011；陈虎，2013）。有些学者从实践角度研究了绩效优化，并提出管理学建议，如通过实施契约方案实现物流服务供应链的绩效提升（Lai and Cheng，2003；Wang et al.，2015）。随着行为科学研究的深入，越来越多的学者认识到人员因素是绩效衡量和管理的核心，过度简化和忽视行为因素可能会导致错误的绩效评价方式。Waal Palgrave（2007）从行为视角探索了战略绩效管理，指出组织成员对于绩效管理的理解、态度，绩效管理与成员责任之间的匹配程度、组织文化等多种因素都会影响行为表现，进而影响绩效结果。鞠英杰（2019）探索了物流服务集成商的机会主义行为和信息共享行为对物流服务供应链绩效的影响关系，把物流服务供应链的敏捷性、整合能力作为中间变量，运用结构方程模型进行了实证研究。不同于上述研究，本章聚焦于客户行为，从全局角度深入探索其对物流服务供应链绩效的影响机制，据此构建了全新的理论框架。

11.2.2 行为运作管理

行为运作管理表明决策者在制定决策的过程中会受到社会偏好的影响，从而表现出有限理性，产生许多不同的行为表现，最终以“最满意”而非“绝对最优”为原则进行决策。常见的行为因素包括风险厌恶、公平偏好、互惠与利他行为、决策偏差、策略行为等。Breidbach et al.（2015）提出目前服务供应链的研究过于局限，大多聚焦于服务提供商而忽略了对客户角色的深入分析。Liu et al.（2019）对行为视角下服务供应链的研究进行了综述，将现有文献按照服务供应链的环节分为了服务需求管理、供给管理、集成管理和全链条协同管理四个类型，指出现有服务供应链的相关研究主题多集中于服务供应管理以及全链条协同管理，聚焦于服务需求管理的研究较少，呼吁学者们开展面向客户行为的相关研究。尽管有一些学者在服务供应链中考虑了客户类型与偏好（Kurata and Nam，2013；Boon-Itt et al.，2017），但这些研究的重点是通过考虑不同客户类型分析其他成员的最优决策问题，深入探索客户行为及其影响的研究极为有限。对于物流服务供应链而言，客户参与性是一个重要特性，物流服务的生产过程是以客户为起点的，客户决定了集成商和提供商需要生产的无形服务以及有形的支持性资源（Maull et al.，2012；Sampson and Spring，2012；宋志刚，2016）。此外客户行为也可能会对其他成员的行为产生影响。本章以客户行为作为研究切入点，采用多案例研究方法，基于对四家控制权不同的中国物流企业的深度访谈，讨论客户的不耐心行为对于其他因素以及最终对物流服务供应链绩效的影响。

11.2.3　不耐心行为

不耐心行为是指人们不愿意等待、急切地想要实现某种目标的行为。一些学者通过开发耐心程度评测的量表与题项或者创建任务场景进行测试，以此评测个体的耐心程度（Schnitker，2012；De Voe and House，2012）。De Voe and House（2012）指出当个体在最大化时间的经济效用过程中遇到了阻碍，就会引发不耐心行为，即一种对于延迟的无法忍受的行为。通过实验设定和实证检验，他们发现对时间进行定价会触发不耐心行为。另外一些学者通过个体在跨期选择中的决策来衡量不耐心行为的程度，也就是说，观测个体是选择较小的即时收益还是较大的未来收益。选择前者表明个体更加没有耐心，而跨期时间的长短、经济环境以及个体预期都会影响不耐心行为的程度（Bartels and Urminsky，2011；佘升翔等，2016；Parker，2017；周桂芳，2019）。Parker（2017）表明不耐心行为的程度决定了个体是储蓄者还是消费者，并最终决定了家庭的支出模式。周桂芳（2019）研究了敬畏心理对不耐心行为程度的影响。在不耐心行为的相关研究中，更多学者聚焦于客户的不耐心行为，因为客户往往会通过对比服务预期与实际感受决定满意度的高低，一旦服务时间、服务质量等维度的实际结果低于客户的心理预期，就很容易触发他们的不耐心行为（Daugherty et al.，2019）。客户不仅是服务供应链的需求端，更已经介入服务供给端，参与服务产品的设计、开发等多个环节，因此识别客户的不耐心行为的影响并指导决策非常重要。在排队系统中，当服务等待时间过长，客户会选择不再等待并退出排队（Hassin and Haviv，1995；Jouini et al.，2011；Kumar，2012；Wang et al.，2016）。Jouini et al.（2011）在呼叫中心系统中发现为客户提供排队延迟信息会如何影响其耐心行为，其采用服从指数分布的耐心时间来刻画客户的耐心行为程度，耐心时间越短表示不耐心行为程度越高。在报童模型中，当库存水平低于客户需求时也可能会触发不耐心行为（Lee and Lodree，2010）。Nair and Shajin（2018）研究了供应链的库存管理问题，提出当配送中心的库存数量为零而生产中心的库存水平低于订购量时，客户就会失去耐心并离开系统。相比制造业供应链中的有形产品，许多学者指出服务供应链中的服务产品提供需要更长的提前期，因此客户更加容易表现出不耐心行为。Wang et al.（2016）将不耐心行为程度作为一个参数，研究了其对于由一个生产库存子系统和一个服务子系统组成的生产服务系统绩效的影响。Bai et al.（2019）在按需服务平台的决策问题中考虑了不耐心客户的存在，研究了最优定价和最优工资，表明对于具有高度时间敏感性的按需服务，公司需要提高支付比率，以吸引更多的服务提供商应对不耐心的客户。不同于上述文献，本章采用多案例研究方法探索了客户的不耐心行为对物流服务供应链绩效的影响路径，研究目的在于构建新的理论。

从上述文献回顾可以看出，一些学者在物流服务供应链绩效管理、行为运作管理以及不耐心行为三个领域进行了初步探索，但尚未有学者从客户行为视角出发，开展其对物流服务供应链绩效管理影响的质性研究。本书填补了相关领域的研究空白。

11.3 研究方法与设计

案例研究方法非常适合回答“为什么”以及“怎么样”类型的问题，通过探索式研究，可以深入分析复杂现象背后的因果关系和隐性知识，得到新的构念与命题，以此进行新颖的理论框架构建。按照研究目的与研究设计的差异，案例研究可以分为探索式案例研究、解释性案例研究和描述性案例研究三种类型，其中探索式案例研究适用于探索已有理论较少的研究主题，而解释性和描述性旨在验证已有理论，适合存在因果关系验证的研究。对于存在理论空白或处于研究“幼稚期”的研究议题而言，采用探索式案例研究对实践现象进行总结与归纳是合适的研究方法，可以回答“为什么”类型的问题，同时与解释性案例研究方法相结合来解释表层现象的深层原因，对相关命题进行交互佐证（林海芬和苏敬勤，2010）。与传统的假设检验类的研究类似，案例研究也需要对关键的构念之间的关系进行验证，区别在于案例研究中的命题是在分析案例的过程中逐步得来，而非依赖于统计检验（Eisenhardt，1989）。

按照选择企业样本的数量，案例研究可以分为单案例研究与多案例研究。从方法的信度与效度角度而言，单案例研究存在普适性较弱的缺陷，多案例研究则可以通过案例之间的相互对比剔除干扰因素的影响，提高案例研究的信度和效度水平，产生新见解（毛基业和陈诚，2017；Santos and Eisenhardt，2009）。关于多案例研究选取的样本数量，Eisenhardt（1989）指出合适的案例数量为 4～8 个。

本章的研究目的是以客户的不耐心行为为输入端，以物流服务供应链绩效为输出端，打开从输入端到输出端的“黑箱”并据此构建理论框架，得出物流服务供应链绩效管理的管理学理论。已有研究虽然对预期理论框架中的部分内容进行了初步探索，但客户行为与物流服务供应链绩效之间整体框架的逻辑关联关系存在理论空白，因此采用探索性与解释性多案例研究相结合的方法开展研究。本章选取四个物流企业作为案例分析基础，基于对以往文献的综述和对企业的初步访谈，首先形成猜测性命题，在此基础上对案例企业开展深度访谈，采用复制逻辑进行案例间的交叉分析，寻找命题之间的关联关系，最终构建出具有普适性的理论框架。

11.3.1 案例企业选择的标准与流程

本章选取来自中国的物流企业，主要出于以下两方面原因。一方面，作为世界第二大经济体，中国的服务经济快速发展。物流业经过三十多年发展，已经成为我国国民经济的支柱产业和重要的现代服务业，中国也已经成为有全球影响力的物流市场。物流行业的实践中案例很多，为多案例研究提供了丰富的样本选择基础。另一方面，行为运作管理在中国受到了学者们的广泛关注，由中国运筹学会行为运筹与管理分会举办的“行为运筹学与行为运营管理”国际研讨会已经连续十一年成功举办，学术界的广泛关注使得企业管理者们对于行为运营的关注不断提升，这为多案例访谈创造了良好的环境，来自中国的管理者可以更好地理解访谈中提到的行为因素，为研究命题提供更加精准的证据支撑。

为了确保案例企业提供的访谈证据能够对理论框架构建产生准确的支撑作用，案例研究的样本需要满足典型性、可比性、差异性以及数据可获取性（Santos and Eisenhardt，2009；苏敬勤等，2020；张俊艳等，2016）。基于上述原则，最终选择了四家具有代表性的中国物流企业进行多案例研究：世能达物流（天津）有限公司、中外运集装箱运输有限公司、天津陆路港公路运输发展有限公司、青岛日日顺物流有限公司。为方便表述，现将上述四家企业简称为世能达、中外运、天津陆路港、日日顺。四家企业的基本信息如表 11 - 1 所示。四家企业在服务范围与类型、角色定位、企业规模等方面存在差异，这也导致了供应链控制权层面的差异性：相比于物流服务提供商，物流服务集成商具有更强的控制权，而在同等性质的企业中，更广泛的服务区域和更综合的服务内容会使企业具有更强的控制权。本章案例样本的具体选择标准如下。

（1）满足典型性原则。选取近年来在物流服务运作细分领域中处于相对领先地位的物流企业，以获取更加全面的、准确的绩效管理的影响因素，从而构建具有普适性指导意义的理论框架。

（2）满足可比性原则。选取在物流服务供应链中从事相关业务的企业，并且要求企业在战略规划或组织目标中明确体现出对客户需求的重视。通过多案例分析的复制逻辑，可以从访谈证据中识别出具有共性的影响因素，并通过深入访谈得到更加准确的分析结果。

（3）满足差异性原则。选取在物流服务供应链中存在角色差异的企业，为研究者提供更加全面的研究视角和分析基础。在物流服务供应链中，服务集成商和服务提供商往往具有不同的控制权强度，受访者可能会对客户行为的影响机制产生差异化的反馈。

（4）满足数据可获取性原则。案例研究的数据来源应该包括观察、访谈、问卷调研、二手数据等，丰富的数据来源能够辅助研究者对于访谈结果进行证据的三角论证，从而为研究命题的验证提供准确支撑。

11.3.2 数据来源与收集

本研究的数据来源包括四家物流企业的背景资料、访谈记录、二手数据等。参考 Liu et al.（2019）的研究设计，数据收集的具体步骤如下。①设计案

表 11－1　四家调研企业的基本信息

调研企业	企业简介	服务范围与类型	客户角色定位	企业角色定位	企业规模	控制权
世能达	在28个国家和地区拥有超过16800名员工，除自有车辆外，每年从全球13900多个运输承包商采购运输服务。客户包括80%以上的世界500强公司。世能达目前拥有25个操作网点，可以调动2000辆运输卡车的运力，管理超过5万平方米的仓库，主要从事公路货运服务及其他增值服务	（全国）快消品、汽车零部件、家电产品、零售/制造等领域的公路运输	始终坚持“用户至上，用心服务于客户，坚持用自己的服务去打动客户”。为客户提供物流流程再造优化，电子数据传输、全面订单管理等增值服务	物流服务提供商	中小型	Ⅰ
中外运	是招商局集团旗下的专业化公司。服务网络覆盖中国沿海主要港口之间以及中国大陆至日本、澳大利亚、韩国、菲律宾、中国台湾等国家和地区的多条内外贸集装箱班轮航线，连续多年荣获“最佳船公司综合服务”“交通运输行业科技创新示范单位”等称号	（全球）内外贸集装箱班轮运输业务，多式联运服务	坚持“以客户为中心、以市场为导向”，企业目标是努力成为亚洲区域内集装箱运输精品服务承运人	物流服务提供商	大型	Ⅱ
天津陆路港	以天津北辰物流基地为核心节点，依托覆盖三北地区的发达物流网络，为客户提供一体化的综合物流服务即增值服务。采用辅助综合型营运模式，公司自主开发货运交易平台，提供辅助性业务，对核心业务则引入专业物流、运输、货代企业进驻	（区域）公路货运服务	以满足客户需求为服务目标，希望通过服务创新，“使每位终端客户的需求得到精准满足，为终端客户创造价值”	物流服务集成商	中小型	Ⅲ

续　表

调研企业	企业简介	服务范围与类型	客户角色定位	企业角色定位	企业规模	控制权
日日顺	是海尔集团旗下综合服务品牌，大件物流的领导品牌。发展经历企业物流→物流企业→平台企业→生态企业，建立起辐射全国的分布式三级云仓网络，拥有136个智慧物流仓、6000多家服务网点，总仓储面积600万平方米，实现全国网络无盲区覆盖	（全国）大件物流运输	构建“从用户需求出发到用户满意的全流程、多元化物流服务”，按用户场景、用户需求提供有温度的个性化物流服务	物流服务集成商	大型	Ⅳ

例研究草案，进行初次访谈。在初次访谈前，系统检索与本研究有关的研究成果，撰写案例研究草案并拟定调研提纲。然后与各公司负责人启动调研会议，开展实地调研。为了保证初次访谈证据的准确性，研究者从实践角度对研究中涉及的核心理论术语进行解读，使受访者明确研究目的，帮助他们更加准确、全面地反馈客户的不耐心行为对于物流服务供应链绩效的影响。②与各企业的高层管理者和相关受访人员进行开放式半结构化访谈。根据调研提纲开展半结构化访谈（见附录10－1），访谈时间通常持续30～45分钟。开放访谈过程中，根据访谈者对于问题回答的实际情况，采用相互论证的询问方式，保证受访者的证据一致性。每次访谈有两位调查人员参加，调查人员在访谈后24小时内完成详细的独立调研记录（Eisenhardt，1989）。③整理访谈资料，总结需要补充的访谈问题。访谈结束后对访谈资料进行整理，对访谈内容进行编码处理，初步构建理论框架，在此过程中找出需要再次确认的访谈问题，然后采用实地访谈、邮件询问、电话访谈等形式开展补充访谈。④收集其他二手资料进行案例辅助论证。整理能够得到的行业报告、战略报告、年度总结等二手资料，辅助命题验证。通过上述四个步骤的数据收集，构建访谈数据库，当新增数据无法得到新的结论时，停止证据收集。

11.3.3 数据分析

数据分析过程主要包括案例内分析和跨案例分析（Liu et al.，2019），案例内分析的目的是明确客户的不耐心行为对物流服务运作过程中其他因素的影响，以及这些因素对物流服务供应链绩效的影响。通过跨案例比较，可以在单案例分析的基础上找出共性的影响因素，通过复制逻辑得出初步命题，然后与访谈数据通过不断对比、相互论证，最终得到普适的理论框架。

在初始访谈过程中，研究人员对四家企业进行了背景调研，向四家企业的受访者介绍研究目的，详细介绍了不耐心行为的含义与研究进展，并提醒参与本研究的受访人员只关注不耐心行为的表现及其影响，忽略客户的其他行为。为了更加聚焦研究问题，我们请四家企业高层管理者回答了以下问题：从供应链全局管理的角度出发，您认为客户的不耐心行为是否会对其他因素产生影响？如果认为会产生影响，请写出五个会受到影响的重要因素，并简述理由。根据对四家企业反馈的访谈结果汇总，可以发现，考虑客户的不耐心行为时，四家企业的相关管理人员共同提及的影响因素包括上下游合作关系紧密度、上下游之间业务协调性、同级成员的竞争强度、对不确定性的规避程度以及对潜在风险的规避程度。在访谈过程中，我们采用开放式编码和主轴编码相结合的方式对访谈记录进行处理，形成证据文本。其中开放式编码是指从定性材料中提炼理论构念，主要目的是指认现象、界定概念、发现范畴，主轴编码是指在开放式编码的基础上，进一步分析变量之间的内部联系，从而将开放式编码得到的变量归结为若干主轴变量（苏敬勤等，2020）。开放式编码结果如表 11 －2 所示。

表 11 －2　　开放式编码结果

编码变量	典型文本援引
上下游合作关系紧密度	“如果客户的不耐心情绪是企业能够通过改进服务来缓解的，就应该进行快速响应，这需要上下游的良好配合，建立更加紧密的合作关系”；“中外运与服务提供商需要达成更好的协调配合，来实现一种紧密的战略伙伴关系，以共同的目标为客户服务”
上下游之间业务协调性	“考虑到不耐心客户的存在，公司会进行提前布局，将我们的物流配送系统和提供商的物流系统进行对接，协同程度得到了改善”；“面对货主端对货运服务的高标准、严要求或者催促等不耐心的表现，最根本的一个环节就是要协调上下游的业务连接，改善协同程度”
同级成员的竞争强度	“不耐心的客户往往更容易转换选择，通过货比三家加强比较，比如客户会将中外运与民营物流企业进行比较”；“客户产生的不耐心行为，一定会对从事相关业务的企业形成压力，激化行业内同级成员的竞争”
对不确定性的规避程度	“在多方冲击的快速变化的环境中，如何提升客户服务以缓解不耐心行为，对不确定性的控制是关键”；“不耐心客户会使我们相对谨慎，尤其是在不确定性较高的时候，日日顺往往会经过深思熟虑，再决定是否投入大规模的重资产布局”
对潜在风险的规避程度	“当客户的不耐心行为超出我们评估的可接受度时，再去尝试承担风险是不明智的选择，试错成本是非常高的”；“一旦忽视风险产生疏漏，后果更加严重，不仅是满意度下降的问题”

在开放式编码的基础上，根据初次访谈中受访者的相关表述，可以明确他们提及的对不确定性以及潜在风险的规避程度，内在反映的是对风险的厌恶行

为，可以归为一条主轴；而不耐心行为会影响上下游之间的合作紧密性以及业务协调性，最终均体现为协同程度的改善，得到主轴编码结果（见表 11－3）。

表 11－3　　主轴编码结果

主范畴	副范畴
上下游协同程度	上下游合作关系紧密度，上下游之间业务协调性
同行竞争强度	同级成员的竞争强度
风险厌恶行为	对不确定性的规避程度，对潜在风险的规避程度

主轴编码结果会交给受访者进行再次确认，以保证在后续半结构化访谈过程中的一致性。在此基础上将访谈结果形成最终的证据文本，交由受访者进行审查。接下来遵循多案例研究的复制逻辑，提出猜测性命题，并根据访谈数据进行验证，同时与已有文献对照，直至理论与数据高度饱和，停止对案例的继续分析。

11.3.4 信度与效度

案例研究的效度和信度测试包括四个方面：建构效度、内部效度、外部效度和信度。本章采用这四个标准来检验案例研究设计的品质，具体方式如下所示。

（1）建构效度主要衡量研究的可操作性，评价标准包括相关概念的清晰定义，是否采用多重证据来源构建证据链并邀请关键证据提供者检查案例草案。本章采用四家企业作为案例样本，在初次访谈时与受访者召开启动会议，对研究中可能存在歧义的术语进行充分沟通，将根据多重来源访谈资料形成的证据文本交由受访者进行仔细审查，增强研究的建构效度。

（2）内部效度主要衡量因果关系是否明确清晰，可以通过模式匹配、解释构建、三角论证方式进行检验。本章在进行已有文献回顾的基础上，集合多重来源数据进行模式匹配验证，在每个样本企业中对多个受访者进行访问，验证因果关系的正确性，强化内部效度。

（3）外部效度衡量的是所得结论的可推广性，根据原长弘等（2012）提出的方法，本章从三个方面强化外部效度：进行跨案例分析，保障相关结论的稳健性；详述案例选择标准，保障案例选择的典型性；详述案例背景，确保读者明确研究情境，深入理解相关证据和结论。

（4）信度是指案例研究的可靠性以及可重复性。为了保障研究信度，本章遵循案例研究的流程，设计了案例研究草案，并且根据访谈证据总结得到了证据资料库，以减少研究偏差、增强结论的可靠性。

11.4 命题提出与案例分析

本节是相关命题及多案例的访谈证据，主要围绕以下三个问题进行访谈。①客户的不耐心行为在企业运营中的影响及表现。②客户的不耐心行为会对上下游协同程度、风险厌恶、同行竞争产生怎样的影响。③这些因素是如何影响物流服务供应链绩效的。

11.4.1 客户的不耐心行为与上下游协同程度

服务产品的提前期比实体产品的供应提前期更长，当客户得到的实际服务低于他们对服务的预期时，很容易触发客户的不耐心行为。在运营管理的相关研究中，学者们大多将客户不耐心的行为特征与排队论进行结合研究，当排队或服务时间过长时，不耐心的客户会放弃购买离开系统（Jouini et al.，2011；Kumar，2012）。除了对服务时效性具有高要求之外，一些学者发现不耐心行为还体现在对服务体验、供应链弹性等维度更低的容忍度，以及对于企业忠诚度的下降，即不耐心客户更加容易改变服务选择（Daugherty et al.，2019）。随着客户对物流服务期望的不断提升，企业需要不断提升自身的服务能力，拓展服务范围和深度。当企业仅仅依靠自身能力无法满足客户需求时，物流服务供应链中的上下游企业往往通过共同努力来实现客户满意度的提升。Zacharia et al.（2019）研究了竞争者之间合作行为对于企业绩效的影响，通过对印度的 21 位企业高管进行访谈，研究表明客户需求会对企业形成外界压力，促使竞争企业实现合作。由于上下游企业努力的目标都是提升市场需求、为客户提供更好的服务，因此当客户表现出不耐心行为时，这可能成为一种外部驱动力量，促进上下游企业之间协同程度改善。据此得到命题 1。

命题 1：客户的不耐心行为会对上下游企业的协同程度产生正向影响。

受访者针对客户的不耐心行为的详细表述见表 11 -4。世能达的负责人李经理指出："客户需求在不断提升，体现在对于配送时间、配送质量以及服务定制化等维度更低的可接受变动程度。"中外运的祖经理表示客户的不耐心行为主要体现在对服务时效性和服务质量越来越高的要求和更加频繁的业务催促。天津陆路港的王董事长指出："当客户对时间、质量、体验的可接受水平超出企业可提供的服务水平上限时，客户的不耐心行为会使他们产生实质性的举动，对业务运作产生较大影响。"日日顺作为大件物流的领先服务集成商，其特色物流服务是"送装一体"，即在提供物流配送服务的同时也提供安装、维修等增值服务，其负责人于总经理表示："一旦突破客户的耐心区间，他们非常容易产生不耐心行为，转换订购选择，这对公司提出了更高的要求。"从表 11 -4 可以看出，四家企业都认为随着行业服务水平的改善，客户会在服务时效性、服务质量、服务忠诚度等维度表现出不耐心行为，并对物流服务运作产生影响。

表 11 -4　　客户不耐心行为表现的典型证据援引

调研企业	典型证据援引
世能达	"整体公路运输市场的运作效率在持续改善，客户需求在不断提升，体现在对于配送时间、配送质量以及服务定制化等维度更低的可接受变动程度。当企业储备的物流服务能力无法满足客户需求时，客户的不耐心行为就会给服务提供商带来巨大的挑战"
中外运	"公司能够明显感受到客户耐心程度的变化，他们对服务时效性和服务质量的要求在不断提升。以客户青山控股为例，中外运承担从天津港开始的货物收货、装船、目的港运输等业务，对于船舶运送的服务期限一般为八天，近两年来，客户要求不断升级，希望在六天内能够完成业务，并且会进行频繁地催促"
天津陆路港	"在过去很长一段时间里，物流企业都按照以产定销的模式提供服务，客户提出的需求不多，企业一般可以满足；随着生产力的提升，客户对服务的期待越来越高，理想和现实之间的差距越来越大，自然会表现出不耐心行为"。 "当客户对时间、质量、体验的可接受水平超出企业可提供的服务水平上限时，客户的不耐心行为会使他们产生实质性的举动，对业务运作产生较大影响"

续 表

调研企业	典型证据援引
日日顺	“根据运营部门的数据统计，客户对于服务时效性的要求有所提升，根据日日顺的服务兵（服务提供商）上门服务之后进行的客户需求反馈，客户满意度的门槛越来越高” “一旦服务质量下降，直至突破客户的耐心区间，他们非常容易产生不耐心行为，转换订购选择，这对公司提出了更高的要求”

同时，四家企业也针对客户的不耐心行为与上下游协同程度关系给出了相关证据，如表 11 – 5 所示。世能达的李经理指出：“世能达会通过服务的快速响应来缓解客户的不耐心情绪……会按照集成商的总体要求，提前和承运商们进行沟通，将物流配送系统进行对接，改善协同程度。”中外运的祖经理表示：“当不耐心程度超过企业独自努力可以满足的程度时，为了更好地为客户服务，就需要和服务集成商通过紧密的伙伴关系，达成更好的协同配合。”天津陆路港作为平台型物流服务集成商，其负责人指出：“货主端的不耐心行为会让公司持续寻求变革，根本的一个环节就是协调上下游的业务连接，改善协同程度。”日日顺的负责人王经理也表明客户的不耐心行为对协同程度存在正向影响，他认为“客户的不耐心行为会倒逼企业深入挖掘和分析不耐心行为的根源和瓶颈问题，上下游之间通过协同作战，能够以最大效率、最少浪费快速定位、解决问题”。

表 11 – 5　客户不耐心行为与上下游协同程度关系的典型证据援引

调研企业	典型证据援引
世能达	“公司要对自身服务能力现状和上限进行合理的预期。世能达会通过快速响应缓解客户的不耐心情绪，这需要上下游进行更优的协同配合”。 “公司会按照集成商的总体要求，提前和承运商们进行沟通，将物流配送系统进行对接，改善协同程度”
中外运	“客户的不耐心行为是客户业务快速流转的需要和结果，一般可以通过提升自身能力去满足客户要求，当不耐心程度超过企业独自努力可以满足的程度时，为了更好地为客户服务，就需要和服务集成商通过紧密的伙伴关系，达成更好的协同配合”。 “作为物流服务提供商，中外运希望最大化发挥自己的服务能力，协同的过程对于企业内部也是精进的过程，进而改善上下游的整体效率”

续 表

调研企业	典型证据援引
天津陆路港	“陆路港的服务目标就是将货运行业中的运力资源和客户需求实现精准匹配，通过上下游之间的协同，共同为货主提供更好、更快的服务” “货主端对货运服务的高标准、严格要求以及不耐心行为会让公司持续寻求变革和创新，根本的一个环节就是协调上下游的业务连接，改善协同程度。企业要更加密切地分析客户行为，进行提前整体布局，不能单独依靠企业自身的能力提升”
日日顺	“客户的不耐心行为对上下游的协同程度具有正向的促进因素” “要从战略层面提出正确的方向，当企业运营的弹性能力上限无法缓解客户的不耐心行为时，倒逼企业深入挖掘和分析不耐心行为的根源和瓶颈问题，上下游之间通过协同作战，能够以最高效率、最少浪费快速定位、解决问题，产生更多服务创新灵感” “日日顺非常重视与提供商的交流和协同，他们关注的客户需求更加细化、超前，他们反馈的信息在一定程度上可以帮助日日顺快速定位客户不耐心的根本原因”

通过上述证据，发现四家企业均指出客户存在一定的耐心区间，即客户对于服务的预期是存在弹性范围的，当得到的实际服务质量达不到可接受范围时，会产生催促、投诉、转换选择等不耐心行为。这与现有文献中学者们的研究假设是一致的，即客户的耐心区间越小，其不耐心程度越强（Nair and Shajin，2018）。当客户的不耐心程度超出企业自身能力可以解决的程度时，会对物流企业运营带来巨大的挑战和压力，此时上下游企业需要依靠默契的协同配合来解决客户需求的痛点，从而对物流服务供应链中的上下游协同程度带来正向影响。命题 1 得以验证。

11.4.2 客户的不耐心行为与同行竞争强度

尽管物流行业整体的发展环境正在向高质量方向发展转变，但多数物流企业，尤其是中小型物流企业仍然面临着成本高、利润微薄的发展现状，单纯的价格竞争逐渐失效，服务竞争成为企业获取市场优势的必经之路。如今的客户，已经逐渐从价格敏感型转变为服务敏感型，他们愿意为更好的服务买单（Cai et al.，2017）。物流服务供应链是一个复杂的网络结构，同级成员尤其是提供同质物流服务的成员之间存在着激烈竞争。当客户有不耐心行为时，为了争取有限的市场资源，企业往往会在外部压力之下提供更优的服务产品（Jin and Ryan，2012），这进一步加剧了同行竞争，据此提出命题2。

命题2：客户的不耐心行为会对同行竞争强度产生正向影响。

表11－6呈现了四家物流企业对于命题2的访谈证据。世能达的负责人李经理表示，“因为有企业能做到，客户就认为行业都应该能够达到这个标准，这会强化同行竞争”。中外运的高经理告诉我们：“不耐心的客户往往更容易转换选择……企业自身如果不改变，同行随时可能实现超越。”两家物流服务集成商也认为不耐心行为会导致更加强烈的同行竞争。天津陆路港的王总经理表示：“客户产生的不耐心行为，一定会对从事相关业务的企业形成压力，激化行业内同级成员的比拼和竞争。”日日顺负责智慧物流项目的严经理指出：“客户的不耐心行为使得整个行业的竞争不断强化。”四家企业均认为，客户产生不耐心行为，意味着客户已经习惯了行业内最高水平的服务质量。若企业仍旧按照现有的服务质量为客户提供服务，将无法满足客户的服务需求，这促使企业产生危机意识，不断改进和提升物流服务水平以期获取竞争优势，从而对同行竞争强度产生正向影响，命题2得到了验证。

表11－6　客户不耐心行为与同行竞争强度关系的典型证据援引

调研企业	典型证据援引
世能达	“客户表现出不耐心行为时，物流企业是具有较强危机感的，因为物流企业为客户提供服务时已经设定一定的波动和缓冲区间”。 “客户表现出不耐心行为时，物流企业会尽可能满足客户需求，希望用更优的服务品质留住客户，减少客户流失。因为有企业能做到，客户就认为行业都应该能够达到这个标准，这会强化同行竞争”
中外运	“不耐心的客户往往更容易转换选择，通过货比三家加强比较，比如客户会将中外运与民营物流企业进行比较，认为民营企业的响应速度更胜一筹，对竞争强度存在正向影响”。 “虽然存在一些体制上的影响，但是为了满足客户期望，中外运也会尽量去完善业务环节，因为企业自身如果不改变，同行随时可能实现超越”

续 表

调研企业	典型证据援引
天津陆路港	“陆路港的服务模式目前在全国的货运行业里是比较领先的，我们的对标对象是罗宾逊物流。行业变化太快了，许多潜在对手来自跨界领域”。 “客户产生的不耐心行为，一定会对从事相关业务的企业形成压力，激化行业内同级成员的比拼和竞争，因为这代表着客户已经习惯了行业中最高级别的服务水平。但想要获取真正的竞争优势，不仅要减少不耐心的客户，更要找到客户行为的根源”
日日顺	“大件物流领域，京东物流、苏宁物流等企业都是非常优秀的竞争对手。客户的不耐心行为是阶段性上升的，并且触发的原因是多维度的。原先的客户会因为货损等客观原因而不满，如今的客户则期望得到线上线下无缝衔接的体验感，他们期望订单下达之后的等待期越短越好”。 “客户的不耐心行为使得整个行业的竞争不断强化，2018 年日日顺在仓库布局上做出了许多努力，就是为了通过服务创新获取竞争优势”

11.4.3 客户的不耐心行为与风险厌恶程度

行为经济学相关理论指出，决策者的风险态度会随着外界环境动态变化，先前的收益、外部环境的不确定程度等因素都会产生影响（Wang et al.，2019；Thaler and Johnson，1990；Weber and Zuchel，2005）。Weber and Zuchel（2005）通过实验研究表明，以不同方式向实验者进行提问会影响风险态度的变化趋势。在降低风险与预期收益的权衡过程中，具有风险厌恶行为的决策者往往倾向于做出低风险的选择，相较于传统制造业供应链，物流服务供应链的组织结构和运作方式产生了颠覆式的变革，其中有两个较为典型的特点：更多的不确定性以及客户的重要作用。当客户产生不耐心行为时，可能会对服务产品的开发、运营、实施等多个环节产生深远影响，增加物流企业管理的不确定性，此时供应链成员会对潜在风险具有更强烈的厌恶，由此得到命题 3。

命题 3：客户的不耐心行为会对供应链成员的风险厌恶程度产生正向影响。

表 11 -7 呈现了命题 3 的相关证据。四家企业的访谈证据都表明，当客户表现出不耐心行为时，会引起物流企业风险厌恶程度的增加，对潜在风险更加谨慎，从而暂缓，甚至停止高风险业务。世能达的业务经理表示：“当客

户的不耐心行为超出公司风险评估的可接受程度时，再去尝试承担风险是不明智的选择，试错成本非常高。”中外运的王经理也表示：“如何提升服务，缓解客户的不耐心行为，对不确定性的控制是关键。中外运作为国有企业，对于风控的要求非常严格，无论盈利空间有多大，如果风控做不好，努力都会付诸东流。”王经理也对不耐心行为的影响机制给出了解释：“客户之所以会不耐心，表示企业能力的弹性提升空间已经很小了，此时企业更加厌恶潜在的风险，聚焦于服务完善。”天津陆路港的负责人表示：“客户的不耐心行为会使得公司更加谨慎……若判断客户近期对于服务质量提出了很高的要求，并且已经表现出了不耐心行为，会把部分高风险业务的发展步伐暂时放缓，甚至取消。”日日顺的副总经理王总告诉我们：“对风险的厌恶程度随着客户的不耐心程度递增，当客户提出催促、投诉，或存在转换购买的行为倾向时，首先要审视当下的服务设计是否存在疏漏，规避一切风险，以满足客户需求为第一目标。”综上，命题3得以验证。

表11－7　客户不耐心行为与风险厌恶程度关系的典型证据援引

调研企业	典型证据援引
世能达	“企业会对客户需求做出基本判断，当客户的不耐心行为超出我们风险评估的可接受程度时，再去尝试承担风险是不明智的选择，试错成本非常高”。 “世能达会等待客户对于服务的预期进入相对平稳的阶段，再去尝试风险较大的服务创新。面对不耐心的客户，每一次服务都至关重要。但厌恶风险可能会导致物流创新速度减慢，在一定程度上加剧客户的不耐心程度”
中外运	“在多方冲击的快速变化的环境中，如何提升服务以缓解客户的不耐心行为，对不确定性的控制是关键，无论盈利空间有多大，如果风控做不好，努力都会付诸东流。我们存在风险厌恶行为。宁愿在合同规定的时效之内完成高质量的物流服务，也不愿意因为客户催促而做承担风险的尝试”。 “客户之所以会不耐心，就是现有的服务承诺无法满足他们对服务产品的期望，换句话说，表示企业能力的弹性提升空间已经很小了。此时我们更加厌恶潜在风险，聚焦于服务完善。一旦忽视风险，产生疏漏，后果不是简单的满意度下降的问题”

续 表

调研企业	典型证据援引
天津陆路港	“不论企业提出了怎样的创新目标，开展创新之前都是做好备胎计划。货运行业的不确定性因素是很多的，市场、政策等都存在风险，客户的不耐心行为使得公司更加谨慎”。 “陆路港在做出每一次创新决策之前，都会在公司内进行非常翔实的讨论，包括内外部环境分析、对客户的分析，提出一个周密的计划，若判断客户近期对于服务质量提出了很高的要求，并且已经表现出了不耐心行为，会把部分高风险业务的发展步伐暂时放缓，甚至取消，先通过资源整合解决当下的供需矛盾”
日日顺	“日日顺为客户提供的不仅仅是一次送货，更是长久业务联系的开始，目前所有业务的着力点都是以客户体验为核心，如何实现与消费者的零距离，同时以消费者的用户需求来驱动全链条各个节点的优化升级，非常重要”。 “对风险的厌恶程度，会随着客户的不耐心程度递增，虽然日日顺会不断提出新的物流服务场景，但当客户提出催促、投诉，或存在转换购买的行为倾向时，首先应该审视当下的服务设计是否存在疏漏，以满足客户需求为第一目标”

11.4.4 三种因素对物流服务供应链绩效的影响

随着客户角色的转变，上下游之间的联系越来越紧密，企业的竞争转变为了供应链效率的竞争。在物流服务供应链中，物流服务集成商和物流服务提供商需要通过分工合作、协同努力才能创造更大的市场。供应链中的上下游通过建立更加紧密的联系，可以产生纵向溢出效应（黄波等，2008）。资源基础理论表明，协同合作的企业可以获取更多的互补资源，从而实现比单独作业更高的工作效率（Zacharia et al.，2019；Ceric et al.，2016）。只有上下游以共生共存的意识相互配合，才能实现价值共创，进而实现物流服务供应链的绩效改进。据此提出命题4。

命题4：上下游协同程度会对物流服务供应链绩效产生正向影响。

不同的供应链成员在控制权强度上存在差异，Pfeffer（1992）以及 Munson et al.（1999）将控制权定义为企业的潜在力量，并指出供应链中企业具有控制权的条件是其他成员对其的依赖性、具有某种关键信息和资源。在物流服务供应链中，成员的控制权决定了其对合作结果的掌控程度（王树青，2017）。从实践角度来看，物流服务集成商由于具有信息和资源优势，往往扮演领导者的角色，而多数物流服务提供商则依赖于集成商的订单资源，扮演跟随者角色，控制权较弱。本研究选取的四家企业在控制权层面存在差异性，在供应链中具有不同角色的企业会导致其管理者具有不同的决策视角，而许多研究指出，绩效结果与管理者是否能从战略层面认识到影响因素的重要意义密切相关（Liu et al.，2019；Zacharia et al.，2019）。因此控制权可能会对相关因素对供应链绩效的影响强度产生调节作用，据此提出命题5。

命题5：供应链控制权对上下游协同程度与物流服务供应链绩效之间的关系存在正向调节作用，控制权越强，上述影响机制的作用越大。

对于上下游协同程度与物流服务供应链绩效的关系，表11－8呈现了四家案例企业的访谈反馈。世能达的李经理指出："通过高效的前置沟通和系统对接，可以实现更高水平的上下游协同，减少运行过程中的许多无效环节。"中外运的副总经理表示："中外运和港口之间推行'量价互保'政策……中外运与港口针对业务流程进行改进，这些改进使得上下游成为利益相关的整体，促进整个供应链取得更优的绩效。"天津陆路港的负责人指出："协同程度的改进对于供应链绩效提升的积极作用是可以肯定的。协同的基础是业务沟通、资源互补，但更重要的是合理的机制设计、战略协同。"日日顺的业务经理告诉我们："上下游不以协同为目标的各自优化，很难实现客户需要的无缝体验，因此对供应链绩效的正向影响是可以肯定的……上下游协同的根本目的是价值共创，作为集成商最核心的任务是提出有效方案，吸引成员、组织合作、实现协同。"综上，上下游协同程度会对物流服务供应链绩效产生正向影响，命题4得证。

表11－8　上下游协同程度与物流服务供应链绩效关系的典型证据援引

调研企业	上下游协同程度与物流服务供应链绩效
世能达	"作为物流服务提供商，我们的服务目标是最大限度地实现客户满意度。通过高效的前置沟通和系统对接，可以实现更高水平的上下游协同，减少运行过程中的许多无效环节；会付出一定的成本和精力，但带来了更多环节的成本节约，不论从成本、收入还是客户满意度等角度来看，上下游协同对绩效改进都存在益处"

续　表

调研企业	上下游协同程度与物流服务供应链绩效
中外运	“优化和上下游的协同程度有许多方式，例如中外运推行了‘量价互保’政策，更大的业务量会带来相关服务费和代理费的优惠，这个优惠使我们获取了很大的市场竞争优势”。 “中外运与港口会进行频繁的沟通，针对业务流程进行改进，这些改进使得上下游成为利益相关的整体，促进整个供应链取得更优的绩效”
天津陆路港	“内部协同是一个持续改善的过程，没有最好只有更好。时代在改变，生产力和客户需求（供给和需求）都在变化，协同程度的改进对于供应链绩效提升的积极作用是可以肯定的”。 “协同的基础是业务沟通、资源互补，但更重要的是合理的机制设计、战略协同，天津陆路港依靠自上而下的机制实现协同，比如目前在进行数字化改造，我们会从协同角度思考如何研发系统、如何保障提供商的使用效果。这是所有物流供应链必经的优化环节，只有以协同为战略目标，才有可能实现有效的磨合，不断提升绩效”
日日顺	“传统的业务运作环境中允许上下游各自优化，就算协同程度较差，也可能最终实现不错的结果。但是如今的客户对服务体验的要求是不断提升的，上下游不以协同为目标的各自优化，很难实现客户需要的无缝体验，因此对供应链绩效的正向影响是可以肯定的”。 “上下游协同的根本目的是价值共创，作为集成商最核心的任务是提出有效方案，吸引成员、组织合作、实现协同。日日顺通过建立完善合理的战略方案，保障了上游提供商的参与热情和工作积极性”

与此同时，本章还发现了一个有趣的现象：供应链控制权强度不同的四家企业对于上下游协同程度的影响机制的分析视角存在差异。对于两家物流服务提供商而言，他们在协同合作的过程中处于跟随角色，面对客户的不耐心行为，他们会按照集成商的要求去完善业务运转和合作关系，以实现快速响应，从而实现绩效改善；相比世能达，中外运规模更大、业务范围更广，公司与集成商之间已经不仅停留于战术运作层面的协同，而是已经认识到协同的战略意义，其负责人提出客户的不耐心行为的存在，是促进内部流程精进的驱动因素，这会进一步影响上下游协同效果。天津陆路港和日日顺这两家集成商物流企业更加关注供应链中战略制定的协同性，通过发挥主动的领导作用，从机制设计和战略方案角度去保障系统协同以及绩效改进，与此同时，集成商企业更加注重深入挖掘和分析客户不耐心行为的原因，布局前瞻

性业务，而非简单缓解不耐心行为。当企业确定了正确的战略导向，且管理者的认知与战略方向一致时，往往能够更好地调整业务范围与资源配置方式，实现卓越的绩效和持续的竞争优势（贾建锋等，2015；张睿君等，2020）。这与 Liu et al.（2019）的研究结论是一致的，即服务成熟度较高的企业往往能够寻求战略改变，从而实现更好的供需匹配以及物流服务新产品设计，命题 5 得以验证。

关于同行竞争对于物流服务供应链的绩效影响，许多学者指出同行竞争可以促进成员之间在服务质量、服务时间、服务创新水平等层面进行横向比较，从而实现更高的组织绩效（Liu et al.，2019；Jin and Ryan，2012）。不耐心行为会迫使企业完善服务，寻找差异化优势，从而激化同行竞争。而通过与优秀的同行进行对标，可以帮助企业快速明确服务能力的短板，有针对性地提升服务质量，对物流服务供应链绩效产生正向影响，据此得到命题 6。

命题 6：同行竞争强度会对物流服务供应链绩效产生正向影响。

同时，控制权差异会使决策者产生差异化的认知，从而影响资源配置方式和组织方式。Liu et al.（2019）指出服务成熟度越高的企业，越能够通过同行竞争实现更优的供需匹配。而客户不耐心行为的根本原因就是客户期望和实际服务的不匹配，因此本章提出命题 7。

命题 7：供应链控制权对同行竞争强度与物流服务供应链绩效之间的关系存在正向调节作用，控制权越强，上述影响机制的作用越大。

表 11－9 呈现了四家企业的相关负责人对命题 6 的相关证据。世能达的副总经理表示："中远物流、中外运物流等同行在不断地努力创新，激烈的同行竞争可以让世能达具有危机意识，通过对标改善服务，提升绩效。"中外运的李经理告诉我们："竞争的存在能让企业对资源投入、成本管控等环节做到更加精细化的管理。服务竞争对于物流供应链的绩效是有益的。"天津陆路港的王董事长表示："在不断强化的竞争中取得领先的同行，可以为企业提供宝贵经验，对于绩效的改进是不可缺少的因素。"同时他也指出："客户不耐心行为的部分原因是与中国情境有关的，在广泛吸收优秀企业的先进经验基础上进行自主创新，才能超越同行，实现绩效改善。"日日顺的严总经理表示："同行竞争的存在是提升中国物流供应链绩效的重要因素。"与天津陆路港公司的表态类似，严总经理也认为要注重研发创新，他认为"对于很多新的服务方向，需要深入分析客户诉求，在学习同行先进经验的同时，结合企业的

资源和服务优势，进行颠覆式创新”。

表 11－9 同行竞争强度与物流服务供应链绩效关系的典型证据援引

调研企业	同行竞争强度与物流服务供应链绩效
世能达	“服务供应链中的企业向两种角色集中，具有整合能力的企业向集成商转型，世能达在业务运作方面相对经验丰富，资产布局也难以快速转变，目前专注于服务提供商的角色，提供公路物流和多式联运业务”。 “从服务优化的角度来看，面对客户的不耐心行为，物流企业还是需要强化自身能力，强化和链条中其他成员的配合。中远物流、中外运物流等同行在不断地努力创新，激烈的同行竞争，肯定会带来压力，但可以让世能达具有危机意识，通过对标改善服务，提升绩效”
中外运	“同行竞争是实现物流服务能力提升的一种必要的外部因素。在当下瞬息万变的市场环境下，缺乏在竞争中求胜的意识很快就会落后于对手，造成客户，尤其是表现出不耐心行为的客户的流失”。 “如今的物流企业已经不再停留于单纯的价格竞争或者质量竞争，各个企业都在努力创新，竞争的存在使每一家企业都高度重视服务能力的强化和更新，能让企业少走一些弯路，对资源投入、成本管控等环节做到更加精细化的管理。服务竞争是对企业综合能力的考验，对于物流供应链的绩效是有益的”
天津陆路港	“企业应该正面看待同行竞争，在不断强化的竞争中取得领先的同行，可以为企业提供宝贵的经验，对于绩效的改进是不可缺少的因素”。 “陆路港在服务模式方面会参考罗宾逊，许多模式是非常值得学习的，但是我们也不仅仅是按照罗宾逊的模式在发展。客户的不耐心行为的部分原因是与中国情境有关的，包括税制问题、体制问题，在广泛吸收优秀企业的先进经验基础上自主创新，才能超越同行，实现绩效改善”
日日顺	“如今物流业已经由结构型降本增效转变为智慧型降本增效，同行竞争的存在最重要的意义是使得企业保持持续思考和创新，这是提升中国物流供应链绩效的重要因素。对于很多新的服务方向，比如智能化、精细化，需要深入分析客户诉求，在学习同行先进经验的同时，结合企业的资源和服务优势，进行颠覆式创新”

从表 11－9 的访谈证据中可以发现，虽然四家企业都认为竞争可以激发同行相互比较，改进服务，但不同的供应链控制权强度的企业对同行竞争的影响作用的理解存在差异。具体而言，两家物流服务提供商的关注点主要在

于如何调整战术去缓解不耐心行为从而不落后于对手，采用的方式主要是行业对标，实现绩效提升；而陆路港和日日顺的管理者对于“同行”的理解标准更加开放，已经具备了自主创新、跨界竞争的意识，更加注重从解决根源角度去分析客户需求，积极看待同行竞争。此外，由于具有更强的控制权，集成商企业也能够更加高效地进行信息沟通、重组资源和调配相关技术能力，因此同行竞争对于绩效的积极影响可以被强化，命题7得以验证。

最后要验证的是关于风险厌恶程度和物流服务供应链绩效之间的关系。面对潜在风险时，决策者的风险厌恶行为会使得其改变预期效用。相比于传统的制造业供应链，服务供应链中存在更多潜在风险，风险厌恶的决策者会尽可能降低成本、选择成本收益比最佳的方式，在此过程中会牺牲一些可能高预期收益、但存在风险的项目，在一定程度上对物流服务供应链绩效产生负面影响，由此得到命题8。

命题8：风险厌恶程度会对物流服务供应链绩效产生负向影响。

类似地，不同控制权企业的风险厌恶行为对于绩效结果的影响也可能存在差异，集成商由于直接面对客户市场，对于风险的敏感性更高，同时能够获取更全面的风险信息，而提供商对风险的敏感性较低，也具有客观的信息劣势（Li and Jiang，2019）。对于同样的风险厌恶程度，更强的控制权能够为管理者提供一种外部激励，使其利益诉求与企业的战略目标保持一致，因此本章认为具有较强控制权的物流企业能够采取更精准的风险转移、规避和处理措施，积极应对风险和不确定性为运营带来的挑战，从而削弱厌恶程度对供应链绩效的负向影响，提出命题9。

命题9：供应链控制权对风险厌恶强度与物流服务供应链绩效之间的关系存在负向调节作用，控制权越强，上述影响机制的作用越小。

访谈结果表明四家企业均认为风险厌恶程度对物流服务供应链绩效存在负向影响，如表11－10所示。世能达的负责人李经理说：“厌恶风险的行为会让公司暂时选择巩固当下的业务，储备新能力、开展新业务的步伐放缓，造成市场流失，从而负向影响供应链绩效。”中外运的高经理表示：“对风险的厌恶会使得我们重新思考许多决策，谨慎估计预期收益和损失，这在客观上会对绩效带来一定的负面影响。”中外运的祖经理认为，作为一家服务全球集装箱班轮业务的提供商，“可以分析哪些风险是必须考虑的，哪些是可以通过内部调节和上下游努力去避免的，会在事前尽量减少损失。”两家集成商物流企业认为风险厌恶会使得企业从战略上进行调整，天津陆路港的王董事长表示错误的战略会引发服务领域中的牛鞭效应，“陆路港作为集成商，对风险是厌恶的，否则会引起上游的提供商储备不必要的服务能力”，并且指出：“风险厌恶行为会使得一部分业务进程放缓，甚至舍弃一些已经投入的成本，对物流服务供应链绩效带来一定的负面影响但整体可控。”日日顺的王经理表示：“不耐心客户会使企业相对谨慎，尤其是在不确定性较高的时候，日日顺会在深思熟虑后决定是否投入大规模的重资产布局。”他表示日日顺在大规模推广服务产品之前，会进行服务样板的试推行，来判断市场效果并进行改进，并且认为“从直接的、短期的影响结果来看，厌恶风险的行为和程度会对绩效产生负面影响，但是从长远来看，对于未来发展有好处”。

表 11－10　　风险厌恶程度与物流服务供应链绩效关系的典型证据援引

调研企业	风险厌恶程度与物流服务供应链绩效
世能达	“在市场前景不稳定的时候，厌恶风险的行为会让公司暂时选择巩固当下的业务，储备新能力、开展新业务的步伐放缓，造成市场流失，从而负向影响供应链绩效”。 “世能达作为服务提供商，更多的是按照集成商和客户的要求完成执行层工作，相对来说，对市场风险的感知不如集成商敏感，为了尽可能减少损失，企业一方面会舍弃一些高风险创新，另一方面，近一年来我们也在强化和集成商之间的信息共享”
中外运	“从中外运的业务运作角度来看，风险控制是具有较高优先级的考虑因素。在决策过程中，对风险的厌恶会使得我们重新思考许多决策，谨慎估计预期收益和损失，并且往往以稳定发展为第一目标，在客观上造成服务能力提升速度的降低，对整体服务供应链的绩效带来一定的负面影响”。 “中外运作为一家服务全球集装箱班轮业务的提供商，具有较为丰富的案例经验，可以分析哪些风险是必须考虑的，哪些是可以通过内部调节和上下游努力去避免的，会在事前尽量减少损失，例如和港口等集成商签订合同的时候充分沟通，港口也会听取企业的建议”
天津陆路港	“作为集成商，对风险是厌恶的，否则会引起上游的提供商储备不必要的服务能力；会使得一部分业务进程放缓，甚至舍弃部分已投入成本”；“服务和产品不同，产品可以进行再制造，服务行业中，趋势或者政策一旦改变，可能需要从头再来”。 “风险厌恶行为会使得一部分业务进程放缓，甚至舍弃一些已经投入的成本，但这不是说风险厌恶是不好的，分析绩效问题要多种因素综合考虑。企业不会停滞，只是选择确定性更高的备胎方案，风险厌恶对物流服务供应链绩效虽然有一定的负面影响，但整体可控”

续 表

调研企业	风险厌恶程度与物流服务供应链绩效
日日顺	“不耐心客户会使企业相对谨慎，尤其是在不确定性较高的时候，会在深思熟虑后决定是否投入大规模的重资产布局，这会带来一些服务能力的闲置和已有投资的折旧”。 “以智能仓项目为例，在这项服务推出之前，日日顺采取的是普通传统仓库模式，对于空间效率利用率较低，但是当时智能货架和移动机器人的投入是否能够带来利润提升存在风险。因此公司首先在杭州做了一个服务样板，经过综合评估才在其他城市进行了复制推广”。 “从直接的、短期的影响结果来看，厌恶风险的行为和程度会对绩效产生负面影响，但是从长远来看，通过规避必要的风险，完善服务流程对于日日顺的发展有好处”

与命题 5 和命题 7 类似，在风险厌恶行为对物流服务供应链绩效的影响机制中，根据物流服务提供商和集成商的相关表述，也体现出控制权强弱对结果具有调节作用。对比两家物流服务提供商，世能达作为中小型服务提供商，其管理者认为风险厌恶程度会对能力拓展和供应链绩效带来负面影响，同时意识到有必要和集成商进行信息共享等沟通，来更好地进行风险管控，但是执行意识仍然主导着物流运作过程，处于被动角色。而中外运作为大型服务提供商，需要服从于港口等集成商的业务安排，但主导意识更强，会对风险进行有效评估，并且与集成商进行事前的充分沟通，在一定程度上发挥了上下游协同的积极作用（命题 4），从而弱化了风险厌恶的负面影响。而对于具有强控制权的两家物流服务集成商而言，他们虽然也指出风险厌恶会带来一定的负面影响，但是都共同提及企业会通过其他方式去对冲风险厌恶对物流服务供应链绩效的负面影响，例如启动“备胎计划”、开发“服务样板”，因此负面影响是“可控的”，甚至“对于未来发展可能是有好处的”，命题 9 得以验证。

11.5 分析与讨论

本章基于对已有文献的系统综述以及对四家来自中国的物流企业的深度访谈，开展了多案例研究，分析了客户的不耐心行为对物流服务供应链绩效的影响路径。

第一，在客户的不耐心行为对物流服务供应链绩效的影响路径中，存在三个中介因素，即客户的不耐心行为会对上下游的协同程度（命题1）、同级成员之间的竞争强度（命题2）以及供应链成员对于潜在风险的厌恶程度（命题3）产生正向影响。

第二，上下游协同程度（命题4）和同行竞争强度（命题6）会对物流服务供应链绩效产生正向影响，而风险厌恶程度会促使企业放弃一些高风险的服务创新，从而对物流服务供应链绩效产生负向影响（命题8）。

第三，物流服务供应链上成员的控制权强度会对上述三种中介因素的影响机制产生调节作用。对于控制权较强的物流企业而言，改进上下游协同程度以及强化同行竞争对绩效带来的正向影响会更加显著（命题5、命题6、命题7），而对供应链结果更强的掌控能力则使得物流企业可以通过采取其他措施，从而弱化风险厌恶行为对物流服务供应链绩效的负面影响（命题9）。

根据因素间的关联影响关系，本章最终构建了客户不耐心行为对物流服务供应链绩效影响路径的理论框架，如图11－1所示。

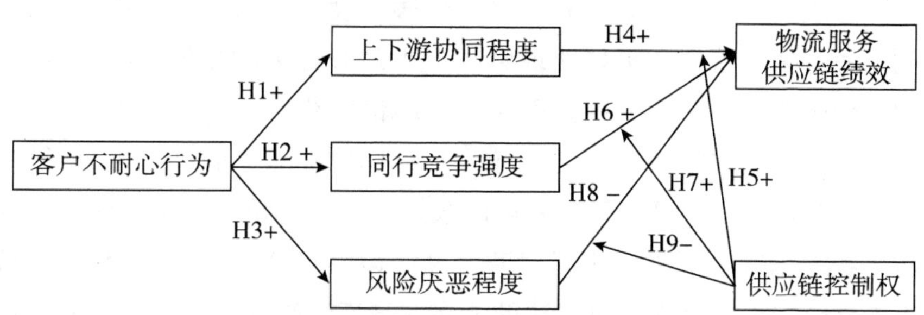

图11 1 物流服务供应链绩效管理的理论框架

11.6 结论和管理学启示

本章研究目的在于从行为视角，打开客户的不耐心行为对物流服务供应链绩效影响路径的“黑箱”。经过研究主要有以下几个结论。首先，验证了客户的不耐心行为对物流企业的运作管理存在显著影响。通过探索性分析，发现客户的不耐心行为会对上下游协同程度、同行竞争强度以及风险厌恶程度产生正向促进作用。其次，验证了三个中介因素对物流服务供应链绩效的影响机制：上下游企业通过改进协同程度，完善业务对接和资源互补，产生价值共创，从而避免无效的对接和资源浪费，对物流服务供应链绩效产生正向影响；同行竞争强度则通过倒逼机制，促进企业有针对性地明确能力短板、提升服务质量，实现绩效提升；风险厌恶程度越强，企业对于物流服务的执行会愈加谨慎，从而在一定程度上减缓服务创新的速度，产生沉没成本，对物流服务供应链绩效带来负面影响。最后，在调研过程中，本研究验证了控制权强度的调节作用。对于控制权更高的企业而言，上下游协同程度和同行竞争强度的正向影响作用被强化，风险厌恶程度的负向影响被弱化。这是因为控制权越强的企业，越有意识和能力执行战略层面的改进，透过现象主动寻找和解决根源问题，放大纵向协同和横向竞争的积极影响，同时通过更加合理的方式对冲风险厌恶行为带来的负面影响。

本章中的相关结论可以为物流服务企业绩效管理的实践者提供管理学理论。一方面，本章能够帮助管理者深入理解物流服务供应链运作管理中的客户行为，首次分析了客户的不耐心行为对物流运作过程的影响，包括服务时效性、服务质量以及对服务产品的忠诚度等维度，并为相关企业提供了真实的案例参考，帮助管理者更好地理解客户不耐心行为的根源，同时可以学习行业中其他企业的经验。另一方面，本章结论为相关领域管理者的决策提供了理论支撑。以无缝衔接的服务体验为目标的物流服务企业，可以了解客户的不耐心行为的影响路径。管理者可以根据企业实际情况调整风险厌恶程度、行业竞争程度以及上下游的协同程度，灵活运用本章提出的理论框架改善绩效管理，而供应链控制权则可以帮助不同的物流企业有针对性地优化决策。

12 考虑需求更新的物流服务供应链综合绩效评价

12.1 问题的提出

从实践层面来看，绩效评价是供应链管理中最重要的环节之一，它显示了供应链的运作效果，并指出了供应链改进的重点和方向。早在 1985 年，Kearney 就指出，进行综合绩效评价的公司总体生产率可以提高 14%~22%。Lee and Billington（1992）在研究库存管理的过程中发现，造成库存问题的一个重要原因是缺乏有效的供应链绩效评价机制。随着供应链的发展不断深化，现在已经有许多公司认识到集成化管理和评价的重要性。将绩效评价拓展到供应链层面，对供应链进行综合绩效评价，只有这样才能发现供应链运营过程中存在的问题并进行改进，确保供应链可持续发展。因此，有必要建立科学、全面的供应链绩效评价体系。

从理论研究层面来看，已经有许多学者对供应链绩效评价进行了研究，然而大多数研究针对的是产品供应链，针对服务供应链的研究较少。应用于产品供应链的绩效评价指标体系不能很好地应用于服务供应链绩效评价，这是因为服务供应链有其特殊性，即服务产品具有不可分割性和不可贮存性，服务产品的生产和消费同时进行（Nie and Kellogg，1999），且不能储存，没有剩余价值，因此服务供应链的成本结构、组织结构等与产品供应链有一定区别。此外，现有的关于服务供应链的研究没有考虑需求更新对绩效评价的影响。实际上，需求更新会对供应链绩效评价产生一定影响。首先，需求更新情况下，采购者通常会进行两次订货，分别发生在需求到达前较长时间和需求即将到达时两个时间点，这样可以有效规避风险。而需求更新导致的订单变化要求提供商具有更高的柔性。其次，需求更新要求集成商和提供商之间有高效的信息沟通机制，从而保证更新的需求信息能够及时、有效传递。

根据上面的分析可以发现，需求信息更新对供应链的影响还没有被充分纳入绩效评价指标体系中，现有的指标体系不能很好地体现需求更新。因此，本章将努力解决上面提出的问题，探讨需求更新对物流服务供应链综合绩效评价的影响。本章的主要结构为：12.2 节首先探讨指标体系的构建原则，然后建立一般的物流服务供应链综合绩效评价指标体系，进而考虑需求更新对指标体系的影响，建立需求更新下的新指标体系；12.3 节首先分析了常见的综合绩效评价方法的优缺点，然后基于层次分析法和模糊综合评价法进行绩效评价；12.4 节以一个算例对某供应链的综合绩效进行了评价和分析；最后在 12.5 节总结了本章的研究结论并提出了未来研究的主要方向。

12.2 指标体系的构建

本章首先根据指标体系的构建原则，考虑物流服务供应链的特点确定物流服务供应链综合绩效评价指标体系；然后考虑需求更新对指标体系的影响，确定需求更新下的物流服务供应链综合绩效评价指标体系。

12.2.1 指标体系构建原则

综合绩效评价的指标体系应当能够全面体现供应链的运作情况，在构建时必须遵循以下原则。

（1）权衡各种因素，选取关键指标。在供应链运作过程中会产生许多指标，某种意义每一个指标都有其特殊的作用。但如果在指标体系中包含过多的指标，必然带来绩效评价成本的上升，这些成本可能会超过绩效评价带给供应链的收益。因此在绩效评价中要权衡成本和收益，选取关键指标，用最简单的指标体系反映最真实的情况。

（2）建立通用指标体系。不同的供应链关注的重点有所不同，因此其综合绩效评价对应的具体指标可能有差异，但关键指标应该是一致的。本章要建立的是一个通用的指标体系，能够反映出一般供应链绩效评价时需要关注的问题，在具体应用时可以通过对关键指标设置不同权重来体现供应链的战略导向。

（3）指标分层次。供应链的绩效体现在不同层面，包括战略层面、运作层面、结果层面，其中战略层面侧重评价对企业运作有长久支持的要素，运作层面侧重评价供应链当前运作与能力状况，结果层面侧重评价供应链运作的效果。因此指标要充分考虑这三个层面的绩效。

（4）区分不同主体。物流服务供应链综合绩效评价涉及供应链的多个方面，不同的供应链主体重点关注的问题不同。因此要综合考虑供应链的参与者，即物流服务集成商、功能型物流服务提供商、客户，从各个主体的角度出发选取关键指标。

（5）充分考虑物流服务供应链的特性。物流服务供应链具有与其他供应链不同的一些特性，如协调特性、服务特性等，在构建指标体系时要注意这些因素对绩效评价的影响。例如，应有反映协同能力、信息管理协调等的指标体现协调特性，有反映服务规范性、服务及时性等的指标突出服务特性。

（6）考虑需求更新对绩效评价可能产生的影响。首先，需求更新的成本和收益会对供应链总体绩效产生影响，需求更新的成本构成供应链总运作成本的一部分，需求更新带来预测准确度的提高可以使供应链成本下降、收益增加。其次，需求更新要求提供商具有一定的柔性，能够根据集成商需求更新之后提出的订单要求提供服务。因此，在需求更新的物流服务供应链中，综合绩效评价指标体系应当能够反映需求更新带来的影响。

12.2.2 一般指标体系的构建

基于上一节中的基本原则，本章建立了物流服务供应链综合绩效评价指标体系，如表 12－1 所示。

表 12－1　物流服务供应链综合绩效评价指标体系

一级指标	评价主体	二级指标	三级指标	指标的具体解释
战略环境 C1	集成商、提供商	关系指标 C11	成员战略匹配度 C111	集成商和提供商的发展战略相匹配的程度
			合作关系 C112	集成商与提供商的信任、配合、默契程度
			激励机制的有效性 C113	集成商对提供商的激励机制能有效提高提供商表现的程度
		信息指标 C12	信息技术条件 C121	现代物流信息技术与 MIS 的使用
		发展指标 C13	新服务开发投资率 C131	投资开发新服务占总利润的比例
			新服务的销售收入百分比 C132	新服务销售收入占总销售收入的比例
运作过程 C2	集成商、提供商	关系指标 C21	运作集成化程度 C211	供应链上下游之间的集成程度
			提供商满意度 C212	提供商对任务要求或利润分配方案等的满意度
		信息指标 C22	信息传递的速度 C221	集成商和提供商之间交换信息的速度
			信息传递的质量 C222	集成商和提供商之间交换信息的准确度
			信息传递的及时性 C223	集成商和提供商之间的信息是否能及时传递
			信息共享的深度 C224	集成商和提供商之间共享信息的程度
		服务指标 C23	服务前的需求管理能力 C231	服务前对需求进行及时、准确归类及分配的能力
			服务中的服务能力 C232	提供服务的质量、准时性、准确性
			服务后的售后跟踪能力 C233	服务交付给客户后接受客户反馈并做出及时、准确反应的能力

续 表

一级指标	评价主体	二级指标	三级指标	指标的具体解释
运作结果 C3	客户、集成商、提供商	客户满意度 C31	客户投诉率 C311	客户对最终物流服务的投诉情况
			客户需求响应能力 C312	满足客户需求的程度
			客户需求响应速度 C313	响应客户需求的速度
			准时交货率 C314	订单在规定时间内完成的程度
			产品合格率 C315	服务能力缺陷率不大于客户期望的概率
		盈利能力 C32	市场占有率 C321	供应链提供的服务占市场的总份额
			投资报酬率 C322	供应链从一项投资中得到的经济回报占该项投资的比例
			资金周转率 C323	一定时期的主营业务收入与资产总额的比率
			利润增长率 C324	本年营业利润增长额与上年营业利润总额的比率
			销售增长率 C325	本年营业销售增长额与上年营业销售总额的比率

12.2.2.1 需求更新对指标体系的影响

在需求更新的供应链中，一般的指标体系不能很好地体现需求更新对供应链带来的影响。而需求更新作为一项供应链策略，其实施与否会在一定程度上对提供商、集成商和客户造成影响。因此，在考虑需求更新的指标体系中，我们应当将需求更新作为一项指标单独列出。需求更新会产生一定成本，并带来需求预测准确性的提高，因此，成本和准确性是衡量需求更新的两个关键性指标。此外，考虑到需求更新对其他指标的影响，指标体系中的相关指标应当进行调整。考虑需求更新的指标体系如表 12 –2 所示。

12.2.2.2 指标数据处理

一般指标主要可以分为两大类，即定性指标和定量指标。定量指标纳入指标体系需要进行归一化处理。考虑到收入和成本实际上没有最大值和最小值，在操作时应当根据供应链具体情况设置合理的最大值和最小值。因此，效益性指标的归一化处理过程可以表示为：

$$r_j = \begin{cases} 1, & y_j \geqslant y_j^{\max} \\ \dfrac{y_j - y_j^{\min}}{y_j^{\max} - y_j^{\min}}, & y_j^{\min} < y_j < y_j^{\max} \\ 0, & y_j \leqslant y_j^{\min} \end{cases}$$

成本性指标的归一化处理过程为：

$$r_j = \begin{cases} 0, & y_j \geqslant y_j^{\max} \\ \dfrac{y_j^{\max} - y_j}{y_j^{\max} - y_j^{\min}}, & y_j^{\min} < y_j < y_j^{\max} \\ 1, & y_j \leqslant y_j^{\min} \end{cases}$$

定性指标可以通过专家打分法转化为定量指标，再采用归一化方法进行处理。

表 12－2　　考虑需求更新的物流服务供应链综合绩效评价指标体系

一级指标	评价主体	二级指标	三级指标	指标的具体解释
战略环境 C1	集成商、提供商	关系指标 C11	成员战略匹配度 C111	集成商和提供商的发展战略相匹配的程度
			合作关系 C112	集成商与提供商的信任、配合、默契程度
			激励机制的有效性 C113	集成商对提供商的激励机制能有效提高提供商表现的程度
		信息指标 C12	信息技术条件 C121	现代物流信息技术与 MIS 的使用
		发展指标 C13	新服务开发投资率 C131	投资开发新服务占总利润的比例
			新服务的销售收入百分比 C132	新服务销售收入占总销售收入的比例
		需求更新指标 C14	*需求更新成本率 C141*	*需求更新的成本占总成本的比例*
			需求更新准确性 C142	*需求更新后预测的需求与实际需求的比值，越接近 1 越好*
运作过程 C2	集成商、提供商	关系指标 C21	运作集成化程度 C211	供应链上下游之间的集成程度
			提供商满意度 C212	提供商对任务要求或利润分配方案等的满意度
			计划的柔性 C213	*生成或修改方案所需的成本与时间*
			提供商的柔性 C214	*需求更新后提供商满足变化的需求的能力*
		信息指标 C22	信息传递的速度 C221	集成商和提供商之间交换信息的速度
			信息传递的质量 C222	*集成商和提供商之间交换信息的准确度，更新后需求信息能够准确传递的程度*
			信息传递的及时性 C223	*集成商和提供商之间的信息是否能及时传递，更新后的需求能否以最短的时间传递给提供商*
			信息共享的深度 C224	集成商和提供商之间共享信息的程度

续 表

一级指标	评价主体	二级指标	三级指标	指标的具体解释
运作过程 C2	集成商、提供商	服务指标 C23	服务前的需求管理能力 C231	服务前对需求进行及时、准确归类及分配的能力
			服务中的服务能力 C232	提供服务的质量、准时性、准确性
			服务能力的一致性C233	*需求更新前后提供商承诺质量的一致性，以及实际提供的质量与承诺的质量的一致性*
			服务后的售后跟踪能力 C234	服务交付给客户后接受客户反馈并做出及时、准确反应的能力
运作结果 C3	客户、集成商、提供商	客户满意度 C31	客户投诉率 C311	客户对最终物流服务的投诉情况
			客户需求响应能力 C312	满足客户需求的程度
			客户需求响应速度 C313	响应客户需求的速度
			准时交货率 C314	订单在规定时间内完成的程度
			产品合格率 C315	服务能力缺陷率不大于客户期望的概率
		盈利能力 C32	市场占有率 C321	供应链提供的服务占市场的总份额
			投资报酬率 C322	供应链从一项投资中得到的经济回报占该项投资的比例
			资金周转率 C323	一定时期的主营业务收入与资产总额的比率
			利润增长率 C324	本年营业利润增长额与上年营业利润总额的比率
			销售增长率 C325	本年营业销售增长额与上年营业销售总额的比率

注：与一般指标体系不同的部分用楷体斜体字标注。

12.3 模型计算方法

12.3.1 常见的综合绩效评价方法

（1）层次分析法（Analytic Hierarchy Process，AHP）。

层次分析法在 20 世纪 70 年代由著名运筹学家萨蒂提出，将目标分解成多个目标（准则），每个准则可以划分成多个子准则，依此类推，最后构成一个多层次的准则体系。通过两两比较确定判断矩阵，以判断矩阵特征向量作为该层次元素对上层元素的权重，最后综合给出各准则的权重。层次分析法的可靠性高、误差小，是绩效评价常用的方法之一。

（2）模糊评价法（Fuzzy Evaluation）。

模糊评价法结合了定性指标与定量指标，在因素集和评语集之间建立模糊映射关系，用隶属度描述定性指标的定量化评价值。该方法充分考虑了不确定性因素，且数学模型简单；但缺点是对指标权重向量的确定主观性较强，各因素权重的设置过分依赖于专家。

（3）人工神经网络法（Artificial Neural Network，ANN）。

人工神经网络法是一种接近人类思维的定性与定量相结合的方法。该方法具有很强的信息处理能力，可以并行处理数据，并具有学习、联想和记忆能力。但是在应用前需要用户提供大量样本对神经网络进行训练，以确定网络权值和阈值矩阵。这一过程要求样本数据充足并具有典型性、准确性，这导致在数据收集、处理上有一定难度。此外，训练时可能出现训练过度的情况，从而影响神经网络的准确性。

（4）TOPSIS 法（Technique for Order Preference by Similarity to an Ideal Solution）。

TOPSIS 法是 C. L. Hwang 和 K. Yoon 在 1981 年提出的，根据评价对象与理想化目标的接近程度进行排序的方法。其基本思想是先确定一个实际不存在的最佳方案和最差方案，计算现实方案与最佳方案和最差方案的距离，利用理想解对最佳方案和最差方案的相对接近度作为评判标准。

（5）灰色关联度分析（Grey Relation Analysis，GRA）。

灰色系统理论是我国著名学者邓聚龙教授于 1982 年提出的。灰色关联度分析是灰色系统理论的一部分，可用于综合评价。灰色关联度分析是基于行为因子序列的微观或宏观几何接近，以分析和确定因子间的影响程度或因子对主行为的贡献测度而进行的一种分析方法。该方法主要用于分析态势变化，即分析系统动态发展过程，衡量因素之间的接近程度是根据因素之间发展态势的相似程度。由于该方法是态势分析方法，在分析过程中需要大量历史数据，因此在实际运用中有一定的局限性。

（6）数据包络分析法（Data Envelopment Analysis，DEA）。

DEA 是美国著名运筹学家 Charnes 和 Cooper 等人以相对效率概念为基础发展起来的一种效率评价方法。它可以估算多个决策单元的相对有效性，能有效地综合评判评价目标。DEA 的优点是不需要深入了解输出、输入的信息结构，从而能避免分析者主观影响，但在建模过程中，指标选择不当可能导致无解以及精度不高，且数学意义过于深奥，实施时比较困难。

12.3.2 绩效评价方法

考虑到层次分析法和模糊评价法在绩效评价中的有效性和应用广泛性，本章决定结合这两种方法进行绩效评价的计算。

12.3.2.1 *层次分析法确定单层指标权重向量*

（1）构造判断矩阵 $\boldsymbol{A}$

对于 $k-1$ 层次的第 h 个指标，是将与之相关的第 k 层的 n_k 个指标进行两两比较（本章采用 1－9 标度法），构造判断矩阵 $\boldsymbol{A}$：

$$\boldsymbol{A}=(a_{ij})_{n_k \times n_k}$$

（2）计算单层权重向量 $\boldsymbol{P}_h^k$

计算判断矩阵 $\boldsymbol{A}$ 的最大特征根 $\lambda_{\max}$，并进行一致性检验$\left(C_R=\dfrac{C_I}{I_R}=\dfrac{\lambda_{\max}-n}{n-1}\cdot I_R<0.1\right.$ 时，判断矩阵具有良好的一致性，否则应调整判断矩阵元素的取值$\left.\right)$。满足 $\boldsymbol{AS}=\lambda_{\max}\boldsymbol{S}$ 的 $\boldsymbol{S}$ 是评判因素的权重向量。

对 $\boldsymbol{S}$ 归一化后，得到隶属于 $k-1$ 层次的第 h 个指标的 k 层单排序权重向量：

$$P_h^k = (P_{1h}^k, P_{2h}^k, \cdots, P_{n_k h}^k)^{\mathrm{T}}$$

表示第 k 层各指标对其隶属的上一层的第 h 个指标的单排序。

12.3.2.2　模糊综合评价法

（1）建立评价集。

建立评价集 $V = \{v_1, v_2, \cdots, v_s, \cdots, v_h\}$，即以评判者对评判对象可能做出的各种总的评判结果为元素组成的集合。v_s 表示可能的评价值，一般为定量打分值，如｛10，8，6，4，2｝或优、良、差等，下标 h 代表可能的评价值的个数。每个评价对象对应的评价集是相同的。

（2）第三层的模糊综合评价集 Q_{ij} 。

首先从评价对象集 U（即指标体系中的指标构成的集合）中第三层指标 $u_{ijk}(i = 1,2,\cdots,n; j = 1,2,\cdots,m; k = 1,2,\cdots,l)$（其中，$j$ 表示该指标隶属于第二层的第 j 个指标，i 表示该指标隶属于第一层的第 i 个指标）出发进行评价，确定 u_{ijk} 对评价集中 v_s 的隶属程度，设该隶属程度为 r_{ijks} 。从而隶属于第 i 个一层指标第 j 个二层指标的第三层单因素模糊关系矩阵为 $\boldsymbol{R}_{ij}$：

$$\boldsymbol{R}_{ij} = \begin{pmatrix} r_{ij11} & r_{ij12} & \cdots & r_{ij1s} & \cdots & r_{ij1h} \\ r_{ij21} & r_{ij22} & \cdots & r_{ij2s} & \cdots & r_{ij2h} \\ \vdots & \vdots & \vdots & \vdots & \vdots & \vdots \\ r_{ijk1} & r_{ijk2} & \cdots & r_{ijks} & \cdots & r_{ijkh} \\ \vdots & \vdots & \vdots & \vdots & \vdots & \vdots \\ r_{ijl1} & r_{ijl2} & \cdots & r_{ijls} & \cdots & r_{ijlh} \end{pmatrix}$$

其中，第 k 行表示从第三层中第 k 个元素 u_{ijk} 出发进行评价得到的评价结果。第三层的模糊综合评价集为：

$$Q_{ij} = P_{ij}^3 \cdot R_{ij} = (q_{ijs})_{1\times h},\ q_{ijs} = \sum_{k=1}^{l} p_{kij}^3 r_{ijks}$$

其中，$q_{ijs}(s = 1,2,\cdots,h)$ 表示第三层元素 k 对评价集中的第 s 个元素 v_s 的隶属度。

（3）第二层的模糊综合评价集 Q_i 。

在确定了第三层的模糊综合评价集后，可以对第二层元素进行评价。第

二层元素 j 对应的第三层模糊综合评价集为 Q_{ij}，因此该层次的模糊综合评价集为：

$$Q_i = P_i^2 \cdot \begin{bmatrix} Q_{i1} \\ Q_{i2} \\ \vdots \\ Q_{im} \end{bmatrix} = (q_{i1} \quad q_{i2} \quad \cdots \quad q_{ih})$$

其中，$q_{is}(s = 1,2,\cdots,h)$ 表示第二层元素 j 对评价集中第 s 个元素 v_s 的隶属度。

（4）第一层的模糊综合评价集 Q。

在确定了第二层的模糊综合评价集后，可以对第一层元素进行评价。第一层元素 i 对应的第二层模糊综合评价集为 Q_i，因此该层次的模糊综合评价集为：

$$Q = P^1 \cdot \begin{bmatrix} Q_1 \\ Q_2 \\ \vdots \\ Q_n \end{bmatrix} = (q_1 \quad q_2 \quad \cdots \quad q_h)$$

其中，$q_{is}(s = 1,2,\cdots,h)$ 表示第二层元素 j 对评价集中第 s 个元素 v_s 的隶属度。

（5）模糊评价结果。

对 Q 进行归一化处理得到 Q'，将 Q' 与模糊评判向量 $\boldsymbol{V}$ 相乘即得出模糊综合评价结果：

$$G_i = Q' \cdot \boldsymbol{V}^{\mathrm{T}}$$

12.4 算例分析

本章以某物流服务供应链为例，评价其某一时期的综合绩效。按照数据无量纲化处理原则，得到指标无量纲化后的结果（见表 12－3）。

表 12 -3　　指标无量纲化后的结果

指标	无量纲化数据	指标	无量纲化数据
成员战略匹配度 C111	0.83	信息共享的深度 C224	0.90
合作关系 C112	0.70	服务前的需求管理能力 C231	0.86
激励机制的有效性 C113	0.68	服务中的服务能力 C232	0.89
信息技术条件 C121	0.73	服务能力的一致性 C233	0.92
新服务开发投资率 C131	0.75	服务后的售后跟踪能力 C234	0.86
新服务的销售收入百分比 C132	0.81	客户投诉率 C311	0.90
需求更新成本率 C141	0.02	客户需求响应能力 C312	0.78
需求更新准确性 C142	0.88	客户需求响应速度 C313	0.80
运作集成化程度 C211	0.86	准时交货率 C314	0.90
提供商满意度 C212	0.83	产品合格率 C315	0.80
计划的柔性 C213	0.78	市场占有率 C321	0.87
提供商的柔性 C214	0.68	投资报酬率 C322	0.75
信息传递的速度 C221	0.88	资金周转率 C323	0.78
信息传递的质量 C222	0.98	利润增长率 C324	0.88
信息传递的及时性 C223	0.91	销售增长率 C325	0.92

为了对物流服务供应链综合绩效进行评价，本章采用的是层次分析法和模糊评价法相结合的方法。首先要对各个指标进行打分，然后用层次分析法确定各层次指标的权重，以此为基础建立评价集，由专家对指标体系中各指标进行评价；进而计算出该供应链的评价结果。

12.4.1　层次分析法确定权重

邀请专家对各指标进行打分，打分结果如表 12 -4 ~ 表 12 -7 所示。

（1）第一层对总目标的权重。

表 12 -4　　第一层指标对总目标的权重

C	C1	C2	C3	权重（方根法）P^1
C1	1	0.5	0.25	0.142857
C2	3	1	0.333	0.285714
C3	4	2	1	0.571429

（2）第二层对第一层的权重。

表 12-5　隶属于第一层指标 C1 的第二层指标权重

C1	C11	C12	C13	C14	权重（方根法）P_1^2
C11	1	0.5	2	4	0.285425
C12	2	1	3	5	0.472343
C13	0.5	0.333333	1	3	0.169715
C14	0.25	0.2	0.333333	1	0.072517

表 12-6　隶属于第一层指标 C2 的第二层指标权重

C2	C21	C22	C23	权重（方根法）P_2^2
C21	1	3	0.5	0.379259
C22	2	1	0.5	0.331313
C23	2	0.333333	1	0.289428

表 12-7　隶属于第一层指标 C3 的第二层指标权重

C3	C31	C32	权重（方根法）P_3^2
C31	1	0.333333	0.25
C32	3	1	0.75

（3）第三层指标权重。

按照同样的方法，求得第三层指标权重为：

$P_{11}^3=[0.105, 0.637, 0.258]$，$P_{12}^3=[1]$，$P_{13}^3=[0.25, 0.75]$，$P_{14}^3=[0.333, 0.667]$；

$P_{21}^3=[0.205, 0.096, 0.409, 0.289]$，$P_{22}^3=[0.108, 0.292, 0.187, 0.413]$，$P_{23}^3=[0.211, 0.516, 0.160, 0.113]$；$P_{31}^3=[0.094, 0.284, 0.134, 0.234, 0.154]$，$P_{32}^3=[0.259, 0.416, 0.089, 0.134, 0.102]$。

经验证，指标权重均通过了一致性检验。

12.4.2　模糊综合评价法确定评价值

采用 {1, 0.8, 0.6, 0.4, 0.2} 作为五级分值，由专家对各个指标进行打分。

（1）第三层的模糊综合评价集。

隶属于 C11 的第三层指标的模糊关系矩阵 $\boldsymbol{R}_{11}$ 如表 12－8 所示。

表 12－8　　隶属于 C11 的第三层指标的模糊关系矩阵 $\boldsymbol{R}_{11}$

C11	1	0.8	0.6	0.4	0.2
C111	0.0665	0.4609	0.6345	0.0766	0.0034
C112	0.0149	0.711	0.4375	0.2227	0.1015
C113	0.2645	0.4037	0.216	0.2142	0.1115

根据 R_{11} 得到的模糊综合评价集为：

$$Q11 = [0.0610, 0.4355, 0.2884, 0.1476, 0.0675]$$

同样的方法，可以得到隶属于第二层其他指标的第三层指标的模糊综合评价集，如表 12－9 所示。

表 12－9　　第三层指标的模糊综合评价集

Q11	0.061	0.4355	0.2884	0.1476	0.0675
Q12	0.3621	0.3167	0.0895	0.0865	0.1453
Q13	0.078	0.4844	0.35	0.0458	0.0418
Q14	0.3313	0.374	0.0779	0.1669	0.0498
Q21	0.1806	0.2874	0.3505	0.0689	0.1126
Q22	0.2598	0.3916	0.207	0.0559	0.0857
Q23	0.3355	0.155	0.3532	0.0755	0.0808
Q31	0.3213	0.3244	0.2056	0.0577	0.091
Q32	0.162	0.481	0.2136	0.0951	0.0482

（2）第二层的模糊综合评价集。

在确定了第三层的模糊综合评价集后，可以对第二层元素进行评价。

同样的方法，可以得到隶属于第一层其他指标的第二层指标的模糊综合评价集，如表 12－10 所示。

表 12－10　　第二层指标的模糊综合评价集

Q1	0.3074	0.4633	0.5862	0.1023	0.0932
Q2	0.3582	0.4328	0.2287	0.1575	0.1023
Q3	0.3037	0.66	0.1992	0.0798	0.0907

（3）第一层的模糊综合评价集。

在确定了第二层的模糊综合评价集后，可以对第一层元素进行评价。

将第一层的模糊综合评价集归一化后，与模糊评判向量相乘即得出模糊综合评价结果：

$$G_i = [0.2370, 0.4202, 0.1948, 0.0780, 0.0699] \begin{bmatrix} 100 \\ 80 \\ 60 \\ 40 \\ 20 \end{bmatrix} = 73.5219$$

12.4.3 评价结果分析

第一层指标的权重和得分见表 12－11。

表 12－11　　第一层指标的权重和得分

指标	权重	得分
C1 战略环境	0.1429	70.16985
C2 运作过程	0.2857	72.30603
C3 运作结果	0.5714	75.09367

运作结果是供应链最关注的内容，其得分也最高。运作结果能够直接体现一个供应链的整体情况，其战略环境、运作过程的变化都会导致运作结果发生变化。与需求更新相关的主要第二层指标如表 12－12 所示。

表 12－12　　与需求更新相关的主要第二层指标的得分

第二层指标	相关的第三层指标	得分
需求更新指标 C14	需求更新成本率 C141	68.4
	需求更新准确性 C142	
关系指标 C21	计划的柔性 C213	75.3
	提供商的柔性 C214	
信息指标 C22	信息传递的质量 C222	71.0
	信息传递的及时性 C223	
服务指标 C23	服务能力的一致性 C233	71.6

除关系指标 C21 外，其他指标的得分均低于供应链总体绩效，因此该供应链需求更新的相关指标有待改进。

12.5 总结和展望

服务供应链是供应链的一种，在服务外包越来越普遍的情况下，对服务供应链进行研究越来越重要。绩效评价作为供应链管理中的重要一环，一直是理论和实践研究的关注点之一。近年来，需求信息更新是供应链研究的热点之一，是许多供应链核心企业的战略选择。需求更新可以有效提高订货准确性，降低库存和浪费，同时也要求集成商和提供商之间有更为灵活的合作机制。因此需求更新在为供应链成员带来好处的同时，也对供应链提出了新的要求。而在绩效评价的过程中，这一变化应当能够体现在指标体系中。

本章关注了供应链绩效评价中需求更新的缺失，首先构建了物流服务供应链一般绩效评价指标体系，然后在此基础上考虑需求更新对绩效评价的影响，构建了考虑需求更新的物流服务供应链绩效评价指标体系。然后，在分析了常见绩效评价方法的优缺点后，采用层次分析法和模糊评价法相结合的方法进行绩效评价结果的计算，并运用算例具体计算了某供应链的综合绩效。

未来关于供应链绩效评价的研究可以从以下方面着手：第一，构建新的绩效评价指标体系，以此体现供应链研究的新进展，证明它优于过去的指标体系；第二，采用不同的方法进行绩效评价并比较各个方法的优劣；第三，将绩效评价应用于实践中，证明绩效评价的有效性。

参考文献

[1] AGRAWAL S, SINGH R K, MURTAZA Q. A literature review and perspectives in reverse logistics [J]. Resources Conservation and Recycling, 2015, 97: 76 -92.

[2] AHI P, SEARCY C. A comparative literature analysis of definitions for green and sustainable supply chain management [J]. Journal of Cleaner Production, 2013, 52 (1): 329 -341.

[3] AKKERMANS H, VOS B. Amplification in service supply chains: an exploratory case study from the telecom industry [J]. Production and Operations Management, 2003, 12 (2): 204 -223.

[4] ALAEI S, SETAK M. Multi objective coordination of a supply chain with routing and service level consideration [J]. International Journal of Production Economics, 2015, 167: 271 -281.

[5] ALI M M, BABAI M Z, BOYLAN J E, et al. Supply chain forecasting when information is not shared [J]. European Journal of Operational Research, 2016, 260 (3): 984 -994.

[6] AMORNPETCHKUL T, AHN H S, ŞAHIN Ö. Conditional promotions and consumer overspending [J]. Production and Operations Management, 2018, 27 (8): 1455 -1475.

[7] ANCARANI A, MAURO C D, D' URSO D. Measuring overconfidence in inventory management decisions [J]. Journal of Purchasing and Supply Management, 2016, 22 (3): 171 -180.

[8] ANDALEEB S S. Dependence relations and the moderating role of trust: implications for behavioral intentions in marketing channels [J]. International Journal of Research in Marketing, 1995, 12 (2): 157 -172.

[9] ANDERSEN P H, KUMAR R. Emotions, trust and relationship development in business relationships: a conceptual model for buyer-seller dyads [J]. Industrial Marketing Management, 2006, 35 (4): 522 - 535.

[10] ANDERSON JC, GERBING W. Structural equation modeling in practice: a review and recommended two-step approach [J]. Psychological Bulletin, 1988, 27 (1): 5 - 24.

[11] ANDERSON J E G, MORRICE D J. A simulation game for teaching service-oriented supply chain management: does information sharing help managers with service capacity decisions? [J]. Production and Operations Management, 2000, 9 (1): 40 - 55.

[12] ANG E, IANCU D A, SWINNEY R. Disruption risk and optimal sourcing in multitier supply networks [J]. Management Science, 2017, 63 (8): 2397 - 2419.

[13] ARANI H V, RABBANI M, RAFIEI H. A revenue-sharing option contract toward coordination of supply chains [J]. International Journal of Production Economics, 2016, 178: 42 - 56.

[14] BAKER T, COLLIER D A. The economic payout model for service guarantees [J]. Decision Sciences, 2005, 36 (2): 197 - 220.

[15] BALTACIOGLU T, ADA E, KAPLAN M, et al. A new framework for service supply chains [J]. The Service Industries Journal, 2007, 27 (2): 105 - 124.

[16] BARTELS D M, URMINSKY O. On intertemporal selfishness: how the perceived instability of identity underlies impatient consumption [J]. Journal of Consumer Research, 2011, 38 (1): 182 - 198.

[17] BARUAH P, CHINNAM R B, KOROSTELEV A, et al. Optimal soft-order revisions under demand and supply uncertainty and upstream information [J]. International Journal of Production Economics, 2016, 182: 14 - 25.

[18] BEITELSPACHER L S, BAKER T L, RAPP A, et al. Understanding the long-term implications of retailer returns in business-to-business relationships [J]. Journal of the Academy of Marketing Science, 2018, 46 (2): 252 - 272.

[19] BENDOLY E, DONOHUE K, SCHULTZ K. Behavior in operations management: assessing recent findings and revisiting old assumptions [J]. Journal

of Operations Management, 2006, 24 (6): 737 –752.

[20] BENEDETTINI O, NEELY A, SWINK M. Why do servitized firms fail? a risk-based explanation [J]. International Journal of Operations & Production Management, 2015, 35 (6): 946 –979.

[21] BENJAAFAR S, COOPER W L, SETAREH M. Production-inventory systems with imperfect advance demand information and updating [J]. Naval Research Logistics, 2011, 58 (2): 88 –106.

[22] BERK E, GURLER U, LEVINE R A. Bayesian demand updating in the lost sales newsvendor problem: a two-moment approximation [J]. European Journal of Operational Research, 2007, 182 (1): 256 –281.

[23] BERMAN B, MATHUR A. Planning and implementing effective service guarantee programs [J]. Business Horizons, 2014, 57 (1): 107 –116.

[24] BICHOU K, GRAY R. A logistics and supply chain management approach to port performance measurement [J]. Maritime Policy & Management, 2004, 31 (1): 47 –67.

[25] BIYALOGORSKY E, KOENIGSBERG O. The design and introduction of product lines when consumer valuations are uncertain [J]. Production and Operations Management, 2014, 23 (9): 1539 –1548.

[26] BLASS T. Obedience: social psychological perspectives [J]. International Encyclopedia of the Social & Behavioral Sciences, 2001: 10765 –10768.

[27] BOLTON G E, CHATTERJEE K, MCGINN K L. How communication links influence coalition bargaining: a laboratory investigation [J]. Management Science, 2003, 49 (5): 583 –598.

[28] BOLTON G E, KATOK E. Learning by doing in the newsvendor problem: a laboratory investigation of the role of experience and feedback [J]. Manufacturing & Service Operations Management, 2008, 10 (3): 519 –538.

[29] BOLTON G E, OCKENFELS A. ERC: a theory of equity, reciprocity, and competition [J]. The American Economic Review, 2001 (1): 166 –193.

[30] BOONE T, GANESHAN R, JAIN A, et al. Forecasting sales in the supply chain: consumer analytics in the big data era [J]. International Journal of Forecasting, 2019, 35 (1): 170 –180.

[31] BOON-ITT S, WONG C Y, WONG C W Y. Service supply chain management process capabilities: measurement development [J]. International Journal of Production Economics, 2017, 193 (C): 1 -11.

[32] BOSHOFF C, LEONG J. Empowerment, attribution and apologising as dimensions of service recovery. An experimental study [J]. International Journal of Service Industry Management, 1998, 9 (1): 24 -47.

[33] BOSTIAN A A, HOLT C A, SMITH A M. Newsvendor "pull-to-center" effect: adaptive learning in a laboratory experiment [J]. Manufacturing & Service Operations Management, 2008, 10 (4): 590 -608.

[34] BOYSEN N, EMDE S, HOECK M, et al. Part logistics in the automotive industry: decision problems, literature review and research agenda [J]. European Journal of Operational Research, 2015, 242 (1): 107 -120.

[35] BRAVO M I R, MONTES F J L, MORENO A R. Open innovation in supply networks: an expectation disconfirmation theory perspective [J]. Journal of Business & Industrial Marketing, 2017, 32 (3): 432 -444.

[36] BREIDBACH C F, REEFKE H, WOOD L C. Investigating the formation of service supply chains [J]. The Service Industries Journal, 2015, 35 (1 -2): 5 -23.

[37] BRIEF A P, DIETZ J, COHEN R R, et al. Just doing business: modern racism and obedience to authority as explanations for employment discrimination [J]. Organizational Behavior and Human Decision Processes, 2000, 81 (1): 72 -97.

[38] BUDDE M, MINNER S. First-and second-price sealed-bid auctions applied to push and pull supply contracts [J]. European Journal of Operational Research, 2014, 237 (1): 370 -382.

[39] BURNETAS A, RITCHKEN P. Option pricing with downward-sloping demand curves: the case of supply chain options [J]. Management Science, 2005, 51 (4): 566 -580.

[40] CAI J, HU X, TADIKAMALLA P R, et al. Flexible contract design for VMI supply chain with service-sensitive demand: revenue-sharing and supplier subsidy [J]. European Journal of Operational Research, 2017, 261: 143 -153.

[41] CAI S, GOH M, SOUZA R, et al. Knowledge sharing in collaborative

supply chains: twin effects of trust and power [J]. International Journal of Production Research, 2013, 51 (7): 2060 – 2076.

[42] CAMPBELL L, SIMPSON J A, BOLDRY J G, et al. Trust, variability in relationship evaluations, and relationship processes [J]. Journal of Personality and Social Psychology, 2010, 99 (1): 14 – 31.

[43] CARLO H J, VIS I F A, ROODBERGEN K J. Transport operations in container terminals: literature overview, trends, research directions and classification scheme [J]. European Journal of Operational Research, 2014, 236 (1): 1 – 13.

[44] CARVALHO A, BARBOSA-PÓVOA A P F D. A new methodology to identify supply chains sustainability bottlenecks [J]. Computer Aided Chemical Engineering, 2013, 32: 541 – 546.

[45] CARVELL S A, QUAN D C. Exotic reservations—low-price guarantees [J]. International Journal of Hospitality Management, 2008, 27 (2): 162 – 169.

[46] CELESTINA M. Between trust and distrust in research with participants in conflict context [J]. International Journal of Social Research Methodology, 2018, 21 (3): 373 – 383.

[47] CENTOBELLI P, CERCHIONE R, ESPOSITO E. Environmental sustainability in the service industry of transportation and logistics service providers: systematic literature review and research directions [J]. Transportation Research Part D: Transport and Environment, 2017, 53: 454 – 470.

[48] CERIC A, D' ALESSANDRO S, SOUTAR G, et al. Using blueprinting and benchmarking to identify marketing resources that help co-create customer value [J]. Journal of Business Research, 2016, 69 (12): 5653 – 5661.

[49] CHEN F Y, YANO C A. Improving supply chain performance and managing risk under weather-related demand uncertainty [J]. Management Science, 2010, 56 (8): 1380 – 1397.

[50] CHEN F, KRAJBICH I. Biased sequential sampling underlies the effects of time pressure and delay in social decision making [J]. Nature Communications, 2018, 9 (1): 3557.

[51] CHEN H, CHEN J, CHEN Y. A coordination mechanism for a supply chain with demand information updating [J]. International Journal of Production

Economics, 2006, 103 (1): 347 - 361.

[52] CHEN H, CHEN W. Clarifying the behavioral patterns of contractor supply chain payment conditions [J]. International Journal of Project Management, 2005, 23 (6): 463 - 473.

[53] CHEN H, CHEN Y, CHIU C H, et al. Coordination mechanism for the supply chain with leadtime consideration and price-dependent demand [J]. European Journal of Operational Research, 2010, 203 (1): 70 - 80.

[54] CHEN J, LIANG L, YAO D, et al. Price and quality decisions in dual-channel supply chains [J]. European Journal of Operational Research, 2017, 259 (3): 935 - 948.

[55] CHEN J. The optimal strategies of risk-averse newsvendor model for a dyadic supply chain with financing service [J]. Discrete Dynamics in Nature and Society, 2017, 2: 1 - 18.

[56] CHEN K, SHEN J, FENG M. Disruptions management of a supply chain under strategic subsidy policy for the demand-stimulating inventory [J]. Computers & Industrial Engineering, 2014, 76: 169 - 182.

[57] CHEN K, WANG X, HUANG M, et al. Salesforce contract design, joint pricing and production planning with asymmetric overconfidence sales agent [J]. Journal of Industrial and Management Optimization, 2017, 13 (2): 873 - 899.

[58] CHEN K, XIAO T. Outsourcing strategy and production disruption of supply chain with demand and capacity allocation uncertainties [J]. International Journal of Production Economics, 2015, 170 (1): 243 - 257.

[59] CHEN L, XU F. Study on the collaborative innovation oriented SDN enterprise ecological collaboration model [J]. International Business Research, 2011, 4 (2): 112.

[60] CHEN M S, CHUANG C C. Extended newsboy problem with shortage-level constraints [J]. International Journal of Production Economics, 2000, 67 (3): 269 - 277.

[61] CHEN P, XU H, LI Y, et al. Joint product variety, pricing and scheduling decisions in a flexible facility [J]. International Journal of Production Research, 2017, 55 (2): 606 - 620.

[62] CHEN X, HAO G, LI L. Channel coordination with a loss-averse retailer and option contracts [J]. International Journal of Production Economics, 2014, 150: 52 -57.

[63] CHEN Y, SU X, ZHAO X. Modeling bounded rationality in capacity allocation games with the quantal response equilibrium [J]. Management Science, 2012, 58 (10): 1952 -1962.

[64] CHENG Y, TAN J, LIN W H. Allocating the cost of empty railcar miles in a dynamic railroad network [J]. International Journal of Shipping and Transport Logistics, 2013, 5 (3): 350 -366.

[65] CHIANG W, CAI G, XU X, et al. Service guarantee and optimal payout models [J]. International Journal of Production Economics, 2013, 141: 519 -528.

[66] CHO D W, LEE Y H, AHN S H, et al. A framework for measuring the performance of service supply chain management [J]. Computers & Industrial Engineering, 2012, 62 (3): 801 -818.

[67] CHOI T M, LI D, YAN H. Optimal single ordering policy with multiple delivery modes and bayesian information updates [J]. Computers & Operations Research, 2004, 31 (12): 1965 -1984.

[68] CHOI T M, LI D, YAN H. Optimal two-stage ordering policy with Bayesian information updating [J]. Journal of the Operational Research Society, 2003, 54: 846 -859.

[69] CHOI T M, LI D, YAN H. Quick response policy with bayesian information updates [J]. European Journal of Operational Research, 2006, 170 (3): 788 -808.

[70] CHOI T M, WALLACE S W, WANG Y. Risk management and coordination in service supply chains: information, logistics and outsourcing [J]. Journal of the Operational Research Society, 2016, 67: 159 -164.

[71] CHOI T M. Impacts of retailer's risk averse behaviors on quick response fashion supply chain systems [J]. Annals of Operations Research, 2018, 268 (1): 239 -257.

[72] CHOI T M. Pre-season stocking and pricing decisions for fashion retailers

with multiple information updating [J]. International Journal of Production Economics, 2007, 106 (1): 146-170.

[73] CHOY K L, LI C L, SO S C, et al. Managing uncertainty in logistics service supply chain [J]. International Journal of Risk Assessment and Management, 2007 (1): 19-43.

[74] CHU P Y, CHANG K H, HUANG H F. How to increase supplier flexibility through social mechanisms and influence strategies [J]. Journal of Business & Industrial Marketing, 2012, 27 (2): 115-131.

[75] COYLE A. Are you in this country? How "local" social relations can limit the "globalisation" of customer services supply chains [J]. Antipode, 2010, 42 (2): 289-309.

[76] CROSON R, DONOHUE K. Impact of POS data sharing on supply chain management: an experimental study [J]. Production and Operations Management, 2003, 12 (1): 1-11.

[77] CROSON R, SCHULTZ K, SIEMSEN E, et al. Behavioral operations: the state of the field [J]. Journal of Operations Management, 2013, 31: 1-5.

[78] CUI Q, CHIU C H, DAI X, et al. Store brand introduction in a two-echelon logistics system with a risk-averse retailer [J]. Transportation Research Part E: Logistics and Transportation Review, 2016, 90: 69-89.

[79] CUI T H, RAJU J S, ZHANG Z J. Fairness and channel coordination [J]. Management Science, 2007, 53 (8): 1303-1314.

[80] CUI T H, WU Y. Incorporating behavioral factors into operations theory [J]. The Handbook of Behavioral Operations, 2018: 89-119.

[81] DAN B, XU G, LIU C. Pricing policies in a dual-channel supply chain with retail services [J]. International Journal of Production Economics, 2012, 139 (1): 312-320.

[82] DANIA W A P, XING K, AMER Y. Collaboration behavioural factors for sustainable agri-food supply chains: a systematic review [J]. Journal of Cleaner Production, 2018 (10): 851-864.

[83] FOERSTER B, GRACHT H A. Sustainability in food service supply chains: future expectations from European industry experts toward the environmental

perspective [J]. Supply Chain Management: An International Journal, 2015, 20 (2): 163-178.

[84] DATTA P P, CHRISTOPHER M G. Information sharing and coordination mechanisms for managing uncertainty in supply chains: a simulation study [J]. International Journal of Production Research, 2011, 49 (3): 765-803.

[85] DAUGHERTY P J, BOLUMOLE Y, GRAWE S J. The new age of customer impatience: an agenda for reawakening logistics customer service research [J]. International Journal of Physical Distribution & Logistics Management, 2019, 49 (1): 4-32.

[86] DELUGA R J. Leader-member exchange quality and effectiveness ratings: the role of subordinate-supervisor conscientiousness similarity [J]. Group & Organization Management, 1998, 23 (2): 189-216.

[87] DEMIRTAS E A, ÜSTUN Ö. An integrated multiobjective decision making process for supplier selection and order allocation [J]. Omega, 2008, 36 (1): 76-90.

[88] DESAI P S, SRINIVASAN K. Demand signaling under unobservable effort in franchising: linear and nonlinear price contracts [J]. Management Science, 1995, 41 (10): 1608-1623.

[89] DORAN D, THOMAS P, CALDWELL N. Examiningbuyer-supplier relationships within a service sector context [J]. Supply Chain Management, 2005, 10 (4): 272-277.

[90] DU B. Rational expectations equilibrium analysis on newsvendor model with information transfer. [C]. 2009 International Conference on Management of Ecommerce and E-government, Procedings, 2009: 355-358.

[91] DU N, HAN Q. Pricing and service quality guarantee decisions in logistics service supply chain with fairness concern [J]. Asia-Pacific Journal of Operational Research, 2018, 35 (5): 1850036.

[92] DU S, NIE T, CHU C, et al. Reciprocal supply chain with intention [J]. European Journal of Operational Research, 2014, 239 (2): 389-402.

[93] DUTTA P, CHAKRABORTY D, ROY A R. An inventory model for single-period products with reordering opportunities under fuzzy demand [J].

Computers & Mathematics with Applications, 2007, 53 (10): 1502 - 1517.

[94] EISENHARDT K M. Making fast strategic decisions in high-velocity environments [J]. Academy of Management Journal, 1989, 32 (3): 543 - 576.

[95] ELLRAM L M, TATE W L, BILLINGTON C. Understanding and managing the services supply chain [J]. Journal of Supply Chain Management, 2006, 40 (4): 17 - 32.

[96] EPPEN G D, IYER A V. Backup agreements in fashion buying—the value of upstream flexibility [J]. Management Science, 1997, 43 (11): 1469 - 1484.

[97] FAWCETT S E, JONES S L, FAWCETT A M. Supply chain trust: the catalyst for collaborative innovation [J]. Business Horizons, 2012, 55 (2): 163 - 178.

[98] FORNELL C, JOHNSON M D, ANDERSON E W, et al. The American customer satisfaction index: nature, purpose, and findings [J]. Journal of Marketing, 1996, 60 (4): 7 - 18.

[99] FOSS N J. The resource-based perspective: an assessment and diagnosis of problems [J]. Scandinavian Journal of Management, 1998, 14 (3): 133 - 149.

[100] GAO F, CHEN F Y, CHAO X. Joint optimal ordering and weather hedging decisions: mean-CVaR model [J]. Flexible Services and Manufacturing Journal, 2011, 23 (1): 1 - 25.

[101] GHEZAVATI V R, JABAL-AMELI, M S, MAKUI A. A new heuristic method for distribution networks considering service level constraint and coverage radius [J]. Expert Systems with Applications, 2009, 36 (3): 5620 - 5629.

[102] GOODWIN P, MORITZ B, SIEMSEN E. Forecast decisions [J]. The Handbook of Behavioral Operations, 2018: 433 - 458.

[103] GREEN F B, TURNER W, ROBERTS S, et al. A practitioner's perspective on the role of a third-party logistics provider [J]. Journal of Business & Economics Research, 2008, 6 (6): 9 - 13.

[104] GREGOR T, KRAJČOVIČ M, WIĘCEK D. Smart connected logistics [J]. Procedia Engineering, 2017, 192: 265 - 270.

[105] GRUBB, M D. Selling to overconfident consumers [J]. American Economic Review, 2009, 99 (5): 1770 - 1807.

[106] GU B, YE Q. First step in social media: measuring the influence of online management responses on customer satisfaction [J]. Production and Operations Management, 2014, 23 (4): 570-582.

[107] GURNANI H, TANG C S. Note: optimal ordering decisions with uncertain cost and demand forecast updating [J]. Management Science, 1999, 45 (10): 1456-1462.

[108] HAANAES K, MICHAEL D, JURGENS J, et al. Making sustainability profitable [J]. Harvard Business Review, 2013, 91 (3): 110-115.

[109] HAAS C, KIMBROUGH S O, DINTHER C V. Strategic learning by eservice suppliers in service value networks [J]. Journal of Service Research, 2013, 16 (3): 259-276.

[110] HAIR J F, RINGLE C M, SARSTEDT M. PLS-SEM: indeed a silver bullet [J]. Journal of Marketing Theory and Practice, 2011, 19 (2): 139-152.

[111] HAMDOUCH Y. Multi-period supply chain network equilibrium with capacity constraints and purchasing strategies [J]. Transportation Research Part C: Emerging Technologies, 2011, 19 (5): 803-820.

[112] HAN X H, FENG B, PU X. Modelling decision behaviours in pricing game of closed-loop supply chains [J]. Journal of the Operational Research Society, 2015, 66 (6): 1052-1060.

[113] HANDFIELD R B, BECHTEL C. Trust, power, dependence, and economics: can SCM research borrow paradigms [J]. International Journal of Integrated Supply Management, 2004, 1 (1): 3-32.

[114] HASSIN R, HAVIV M. Equilibrium strategies for queues with impatient customers [J]. Operations Research Letters, 1995, 17 (1): 41-45.

[115] HAYS J M, HILL A V. A longitudinal study of the effect of a service guarantee on service quality [J]. Production and Operations Management, 2001, 10 (4): 405-423.

[116] HAYS J M, HILL A V. Service guarantee strength: the key to service quality [J]. Journal of Operations Management, 2006, 24 (6): 753-764.

[117] HENSELER J, RINGLE C M, SINKOVICS R R. The use of partial least squares path modeling in international marketing [J]. Advances in International

Marketing, 2009, 20: 277 -320.

[118] HINGLEY M K. Power to all our friends? Living with imbalance in supplier-retailer relationships [J]. Industrial Marketing Management, 2005, 34 (8): 848 -858.

[119] HO T H, SU X, WU Y. Distributional and peer-induced fairness in supply chain contract design [J]. Production & Operations Management, 2014, 23 (2): 161 -175.

[120] HO T H, SU X. Peer-induced fairness in games [J]. American Economic Review, 2009, 99 (5): 2022 -2049.

[121] HOLBERT R L, STEPHENSON M T. The importance of indirect effects in media effects research: testing for mediation in structural equation modeling [J]. Journal of Broadcasting & Electronic Media, 2003, 47 (4): 556 -572.

[122] HOLLEBEEK L D, JURIC B, TANG W. Virtual brand community engagement practices: a refined typology and model [J]. Journal of Services Marketing, 2017, 31 (3): 204 -217.

[123] HSU C L, CHEN M C, CHANG K C, et al. Applying loss aversion to investigate service quality in logistics: a moderating effect of service convenience [J]. International Journal of Operations & Production Management, 2010, 30 (5): 508 -525.

[124] HUANG C K, CHANG T Y, NARAYANAN B G. Mining the change of customer behavior in dynamic markets [J]. Information Technology and Management, 2015, 16 (2): 117 -138.

[125] HUANG M G. Real option s approach-based demand forecasting method for a range of products with highly volatile and correlated demand [J]. European Journal of Operational Research, 2009, 198 (3): 867 -877.

[126] HUANG Y, WILKINSON I F. The dynamics and evolution of trust in business relationships [J]. Industrial Marketing Management, 2013, 42 (3): 455 -465.

[127] HULLAND J. Use of partial least squares (PLS) in strategic management research: a review of four recent studies [J]. Strategic Management Journal, 1999, 20 (2): 195 -204.

[128] IVANOV D, DAS A, CHOI T M. New flexibility drivers for manufacturing, supply chain and service operations [J]. International Journal of Production Research, 2018, 56 (10): 3359 -3368.

[129] IYER V A, BERGEN E M. Quick response in manufacturer-retailer channels [J]. Management Science, 1997, 43 (4): 559 -570.

[130] JIN Y, RYAN J K. Price and service competition in an outsourced supply chain [J]. Production and Operations Management, 2012, 21 (2): 331 - 344.

[131] JOHNSON D D P, TIERNEY D. The Rubicon theory of war: how the path to conflict reaches the point of no return [J]. International Security, 2011, 36 (1): 7 -40.

[132] JOHNSTON D A, MCCUTCHEON D M, STUART F I. Effects of supplier relationships [J]. Journal of Operations Management, 2004, 22 (1): 23 -28.

[133] KAHNEMAN D, TVERSKY A. Prospect theory: an analysis of decision under risk [J]. Econometrica, 1979, 47 (2): 263 -291.

[134] KAYNAK R, SERT G, AKYUZ B. Supply chain unethical behaviors and continuity of relationship: using the PLS approach for testing moderation effects of inter-organizational justice [J]. International Journal of Production Economics, 2015, 162 (1): 83 -91.

[135] KRAJBICH I, BARTLING B, HARE T, et al. Rethinking fast and slow based on a critique of reaction-time reverse inference [J]. Nature Communications, 2015, 6 (1): 223 -241.

[136] KRISTENSEN K, MARTENSEN A, GRNNHOLDT L. Customer satisfaction measurement at post denmark: results of application of the European customer satisfaction index methodology [J]. Total Quality Management, 2000, 11 (7): 1007 -1015.

[137] KU E C S, WU W C, CHEN Y J. The relationships among supply chain partnerships, customer orientation, and operational performance: the effect of flexibility [J]. Information Systems and E-business Management, 2016, 14 (2): 415 -441.

[138] KURATA H, NAM S H. After-sales service competition in a supply chain: does uncertainty affect the conflict between profit maximization and customer satisfaction [J]. International Journal of Production Economics, 2013, 144 (1): 268 - 280.

[139] LEE J, LEE C Y, LEE K S. Forecasting demand for a newly introduced product using reservation price data and Bayesian updating [J]. Technological Forecasting & Social Change, 2012, 79 (7): 1280 - 1291.

[140] LEE V H, FOO A T L, LEONG L Y, et al. Can competitive advantage be achieved through knowledge management? A case study on SMEs [J]. Expert Systems with Applications, 2016, 65: 136 - 151.

[141] LI B, JIANG Y. Impacts of returns policy under supplier encroachment with risk-averse retailer [J]. Journal of Retailing and Consumer Services, 2019, 47: 104 - 115.

[142] LI M, PETRUZZI N C, ZHANG J. Overconfident competing newsvendors [J]. Management Science, 2017, 63 (8): 2397 - 2771.

[143] LI X, LI Y, CAI X, et al. Service channel choice for supply chain: who is better off by undertaking the service [J]. Production and Operations Management, 2016, 25 (3): 516 - 534.

[144] LI X, LI Y. Optimal service contract under cost information symmetry/asymmetry [J]. Journal of the Operational Research Society, 2016, 67 (2): 269 - 279.

[145] LIANG C, ÇAKANYILDIRIM M, SETHI S P. Can strategic customer behavior speed up product innovation [J]. Production and Operations Management, 2018, 27 (8): 1516 - 1533.

[146] LIU J, WANG Z, YAO D, et al. Transaction cost analysis of supply chain logistics services: firm-based versus port-focal [J]. Journal of the Operational Research Society, 2016, 67 (2): 176 - 186.

[147] LIU Q, ZHANG D. Dynamic pricing competition with strategic customers under vertical product differentiation [J]. Management Science, 2013, 59 (1): 84 - 101.

[148] LIU W, GE M, XIE W, et al. An order allocation model in logistics

service supply chain based on the pre-estimate behaviour and competitive-bidding strategy [J]. International Journal of Production Research, 2014, 52 (8): 2327 - 2344.

[149] LIU W, GE M, YANG D. An order allocation model in a two-echelon logistics service supply chain based on the rational expectations equilibrium [J]. International Journal of Production Research, 2013, 51 (13): 3963 - 3976.

[150] LIU W, LIU C, XU X, et al. Quantity coordination of capacity cooperation in logistic service supply chain: a comparison study based on capacity matching constraint [J]. African Journal of Business Management, 2012, 6 (5): 1795 - 1807.

[151] LIU W, SHEN X, WANG D. The impacts of dual overconfidence behavior and demand updating on the decisions of port service supply chain: a real case study from China [J]. Annals of Operations Research, 2020, 291: 565 - 604.

[152] LIU W, SONG S, LI B, et al. A periodic review inventory model with loss-averse retailer, random supply capacity and demand [J]. International Journal of Production Research, 2015, 53 (12): 3623 - 3634.

[153] LIU W, WANG D, LONG S, et al. Service supply chain management: a behavioural operations perspective [J]. Modern Supply Chain Research and Applications, 2019, 1 (1): 28 - 53.

[154] LIU W, WANG D, TANG O, et al. The impacts of logistics service integrator's overconfidence behaviour on supply chain decision under demand surge [J]. European Journal of Industrial Engineering, 2018, 12 (4): 558 - 597.

[155] LIU W, WANG D, ZHAO X, et al. The framework for designing new logistics service product: a multi-case investigation in China [J]. Asia Pacific Journal of Marketing and Logistics, 2019, 31 (4): 898 - 924.

[156] LIU W, XIE D, LIU Y, et al. Service capability procurement decision in logistics service supply chain: a research under demand updating and quality guarantee [J]. International Journal of Production Research, 2015, 53 (2): 488 - 510.

[157] LIU W, XIE D, XU X. Quality supervision and coordination of logistic service supply chain under multi-period conditions [J]. International Journal of Production Economics, 2013, 142 (2): 353 - 361.

[158] LIU W, XIE D. Quality decision of the logistics service supply chain with service quality guarantee [J]. International Journal of Production Research, 2013, 51 (5): 1618 – 1634.

[159] LIU W, XU X, KOUHPAENEJAD A. Deterministic approach to the fairest revenue-sharing coefficient in logistics service supply chain under the stochastic demand condition [J]. Computers & Industrial Engineering, 2013, 66 (1): 41 – 52.

[160] LIU W, XU X. Study on the quantity coordination of capability collaboration for multi-period-oriented two-echelon logistics service supply chain [J]. African Journal of Business Management, 2012, 6 (11): 3920 – 3929.

[161] LIU W, YAN X, WEI W, et al. Altruistic preference for investment decisions in the logistics service supply chain [J]. European Journal of Industrial Engineering, 2018, 12 (4): 598 – 635.

[162] LIU X, GOU Q, ALWAN L, et al. Option contracts: a solution for overloading problems in the delivery service supply chain [J]. Journal of the Operational Research Society, 2016, 67 (2): 187 – 197.

[163] LIU Y, LI Y, TAO L, et al. Relationship stability, trust and relational risk in marketing channels: evidence from China [J]. Industrial Marketing Management, 2008, 37 (4): 432 – 446.

[164] LU X, SHANG J, WU S, et al. Impacts of supplier hubris on inventory decisions and green manufacturing endeavors [J]. European Journal of Operational Research, 2015, 245 (1): 121 – 132.

[165] LUO X, ZHENG Q. Reciprocity in corporate social responsibility and channel performance: do birds of a feather flock together [J]. Journal of Business Ethics, 2013, 118 (1): 203 – 213.

[166] MA L, ZHAO Y, XUE W, et al. Loss-averse newsvendor model with two ordering opportunities and market information updating [J]. International Journal of Production Economics, 2012, 140 (2): 912 – 921.

[167] MADHANI P M. Supply chain management and marketing integration: enhancing customer lifetime value [J]. International Journal of Logistics Systems and Management, 2016, 25 (4): 441 – 473.

[168] MAHMOUD M A, HINSON R E, ADIKA M K. The effect of trust, commitment, and conflict handling on customer retention: the mediating role of customer satisfaction [J]. Journal of Relationship Marketing, 2018, 17 (6): 1–20.

[169] MALONI M J, BENTON W C. Supply chain partnerships: opportunities for operations research [J]. European Journal of Operational Research, 1997, 101 (3): 419–429.

[170] MANARY M P, WILLEMS S P, SHIHATA A F. Correcting heterogeneous and biased forecast error at intel for supply chain optimization [J]. Critical Asian Studies, 2009, 39 (5): 415–427.

[171] MAULL R, GERALDI J, JOHNSTON R. Service supply chains: a customer perspective [J]. Journal of Supply Chain Management, 2012, 48 (4): 72–86.

[172] MEERAN S, JAHANBIN S, GOODWIN P, et al. When do changes in consumer preferences make forecasts from choice-based conjoint models unreliable [J]. European Journal of Operational Research, 2017, 258 (2): 512–524.

[173] MILNER J M, ROSENBLATT M J. Flexible supply contracts for short life-cycle goods: the buyer's perspective [J]. Naval Research Logistics, 2002, 49 (1): 25–45.

[174] MUNSON C L, ROSENBLATT M J, ROSENBLATT Z. The use and abuse of power in supply chains [J]. Business Horizons, 1999, 42 (1): 55–56.

[175] MURRY G R, SILVER E A. A bayesian analysis of the style goods inventory problem [J]. Management Science, 1966, 12 (11): 785–797.

[176] MUTH J F. Rational expectations and the theory of price movements [J]. Econometrica, 1961, 29 (3): 315–335.

[177] NAGARAJAN M, SOŠIĆ G. Game-theoretic analysis of cooperation among supply chain agents: review and extensions [J]. European Journal of Operational Research, 2008, 187 (3): 719–745.

[178] NAIR A S, SHAJIN D. Customer impatience: a supply chain model [J]. International Journal of Pure and Applied Mathematics, 2018, 119 (12): 2779–2786.

[179] NARAYANAN A, MORITZ B B. Decision making and cognition in

multi-echelon supply chains: an experimental study [J]. Production and Operations Management, 2015, 24 (8): 1216 - 1234.

[180] NEDAIASL K, BASTANI A F, RAFIEE A. A product integration method for the approximation of the early exercise boundary in the American option pricing problem [J]. Mathematical Methods in the Applied Sciences, 2019, 42 (8): 2825 - 2841.

[181] NIRANJAN T T, WAGNER S M, BODE C. An alternative theoretical explanation and empirical insights into overordering behavior in supply chains [J]. Production and Operation Management, 2014, 42 (4): 859 - 888.

[182] NOMIKOS N K, KYRIAKOU I, PAPAPOSTOLOU N C, et al. Freight options: price modelling and empirical analysis [J]. Transportation Research Part E: Logistics and Transportation Review, 2013, 51: 82 - 94.

[183] PANDARI A R, AZAR A. A fuzzy cognitive mapping model for service supply chains performance [J]. Measuring Business Excellence, 2017, 21 (4): 388 - 404.

[184] PAPANASTASIOU Y, SAVVA N. Dynamic pricing in the presence of social learning and strategic consumers [J]. Management Science, 2016, 63 (4): 919 - 939.

[185] PARKER J A. Why don't households smooth consumption? Evidence from a $25 million experiment [J]. American Economic Journal: Macroeconomics, 2017, 9 (4): 153 - 183.

[186] PFEFFER J. Understanding power in organizations [J]. California Management Review, 1992, 34 (2): 29 - 50.

[187] PODSAKOFF P M, MACKENZIE S B, LEE J Y, et al. Common method biases in behavioral research: a critical review of the literature and recommended remedies [J]. Journal of Applied Psychology, 2003, 88 (5): 879 - 903.

[188] POPESCU I, WU Y Z. Dynamic pricing strategies with reference effects [J]. Operations Research, 2007, 55 (3): 413 - 429.

[189] POZZI M, FATTORI F, BOCCHIARO P, et al. Do the right thing! A study on social representation of obedience and disobedience [J]. New Ideas in Psychology, 2014, 35: 18 - 27.

[190] QI X, BARD J F, YU G. Supply chain coordination with demand disruptions [J]. Omega, 2004, 32 (4): 301 -312.

[191] RABELO L, HELAL M, LERTPATTARAPONG C, et al. Using system dynamics, neural nets, and eigenvalues to analyse supply chain behavior. A case study [J]. International Journal of Production Research, 2008, 46 (1): 51 -71.

[192] REZAPOUR S, FARAHANI R Z. Supply chain network design under oligopolistic price and service level competition with foresight [J]. Computers & Industrial Engineering, 2014, 72: 129 -142.

[193] RIZZO L, VALENTE P. On service guarantees of fair-queueing schedulers in real systems [J]. Computer Communications, 2015, 67: 34 -44.

[194] RU J, SHI R, ZHANG J. When does a supply chain member benefit from vendor-managed inventory [J]. Production and Operations Management, 2018, 27 (5): 807 -821.

[195] SABERI S, KOUHIZADEH M, SARKIS J, et al. Blockchain technology and its relationships to sustainable supply chain management [J]. International Journal of Production Research, 2019, 57 (7): 2117 -2135.

[196] SARVARY M, PADMANABHAN V. The informational role of manufacturer returns policies: how they can help in learning the demand [J]. Marketing Letters, 2001, 12 (4): 341 -350.

[197] SATTLER H, VOLCKNER F, RIEDIGER C, et al. The impact of brand extension success factors on brand extension price premium [J]. International Journal of Reaeach in Marketing, 2010, 27 (4): 319 -328.

[198] SCHROEDER R G, BATES K A, JUNTTILA M A. A resource-based view of manufacturing strategy and the relationship to manufacturing performance [J]. Strategic Management Journal, 2002, 23 (2): 105 -117.

[199] SCHWEITZER M E, CACHON G P. Decision bias in the newsvendor problem with a known demand distribution: Experimental evidence [J]. Management Science, 2000, 46 (3): 404 -420.

[200] SETHI S P, YAN H, ZHANG H, et al. A supply chain with a service requirement for each market signal [J]. Production and Operations Management, 2007, 16 (3): 322 -342.

[201] SETHI S P, YAN H, ZHANG H, et al. Information updated supply chain with service-level constraints [J]. Journal of Industrial and Management Optimization, 2005, 1 (4): 513-531.

[202] SIMATUPANG T M, SRIDHARAN R. An integrative framework for supply chain collaboration [J]. The International Journal of Logistics Management, 2005, 16 (2): 257-274.

[203] SLUIS S, GIOVANNI P D. The selection of contracts in supply chains: an empirical analysis [J]. Journal of Operations Management, 2016, 41 (1): 1-11.

[204] SO K C, ZHENG X. Impact of supplier's lead time and forecast demand updating on retailer's order quantity variability in a two-level supply chain [J]. International Journal of Production Economics, 2003, 86 (2): 169-179.

[205] SONG H, YANG H, BENSOUSSAN A, et al. Optimal decision making in multi-product dual sourcing procurement with demand forecast updating [J]. Computers & Operations Research, 2014, 41: 299-308.

[206] SONG H, YU K, CHATTERJEE S R, et al. Service supply chain: strategic interaction and relationship value [J]. Journal of Business & Industrial Marketing, 2016, 31 (5): 611-624.

[207] SPINA G, CANIATO F, LUZZINI D, et al. Past, present and future trends of purchasing and supply management: an extensive literature review [J]. Industrial Marketing Management, 2013, 42 (8): 1202-1212.

[208] SPINLER S, HUCHZERMEIER A, KLEINDORFER P. Risk hedging via options contracts for physical delivery [J]. OR Spectrum, 2003, 25 (3): 379-395.

[209] THALER R H, JOHNSON E J. Gambling with the house money and trying to break even: the effects of prior outcomes on risky choice [J]. Management Science, 1990, 36 (6): 643-660.

[210] TOUBOULIC A, CHICKSAND D, WALKER H. Managing imbalanced supply chain relationships for sustainability: a power perspective [J]. Decision Sciences, 2014, 45 (4): 577-619.

[211] TRUONG H Q, HARA Y. Supply chain risk management: manufacturing- and service-oriented firms [J]. Journal of Manufacturing Technology Management, 2018, 29 (2): 218-239.

[212] TSAY A A, AGRAWAL N. Channel conflict and coordination in the ecommerce age [J]. Production and Operations Management, 2004, 13 (1): 93 - 110.

[213] TSAY A A. The quantity flexibility contract and supplier-customer incentives [J]. Management Science, 1999, 45 (10): 1339 - 1358.

[214] TSENG M L, LIM M K, WONG W P, et al. A framework for evaluating the performance of sustainable service supply chain management under uncertainty [J]. International Journal of Production Economics, 2018, 195: 359 - 372.

[215] URDA J, LOCH C H. Social preferences and emotions as regulators of behavior in processes [J]. Journal of Operations Management, 2013, 31 (1 - 2): 6 - 23.

[216] VENUGOPALAN J, SARATH V S, PILLAI R J, et al. Analysis of Decision Models in Supply Chain Management [J]. Procedia Engineering, 2014 (97): 2259 - 2268.

[217] VIEIRA A V, MONTEIRO P R, VEIGA T R. Relationship marketing in supply chain: an empirical analysis in the Brazilian service sector [J]. Journal of Business & Industrial Marketing, 2011, 26 (7): 524 - 531.

[218] WAART D, KEMPER S. Five steps to service supply chain excellence [J]. Supply Chain Management Review, 2004, 8 (1): 28 - 35.

[219] WADHWA V, RAVINDRAN A R. Vendor selection in outsourcing [J]. Computers and Operations Research, 2007, 34 (12): 3725 - 3737.

[220] WANG B, KANG Y, CHILDERHOUSE P, et al. Service supply chain integration: the role of interpersonal relationships [J]. Industrial Management & Data Systems, 2018, 118 (4): 828 - 849.

[221] WANG D, LIU W, SHEN X, et al. Service order allocation under uncertain demand: risk aversion, peer competition, and relationship strength [J]. Transportation Research Part E: Logistics and Transportation Review, 2019, 130: 293 - 311.

[222] WANG N, ZHANG Y, WANG X, et al. Channel coordination in logistics service supply chain under service integrator's fairness concerns [C]. 2014 11th International Conference on Service Systems and Service Management, 2014.

[223] WANG X W. The effects of overconfidence in supply chain systems [J].

Applied Mechanics and Materials, 2014, 543 –547: 4218 –4222.

[224] WANG Y, WALLACE S W, SHEN B, et al. Service supply chain management: a review of operational models [J]. European Journal of Operational Research, 2015, 247 (3): 685 –698.

[225] WEBER M, ZUCHEL H. How do prior outcomes affect risk attitude? Comparing escalation of commitment and the house-money effect [J]. Decision Analysis, 2005, 2 (1): 30 –43.

[226] WILLIAMS B D, WALLER M A. Top-down versus bottom-up demand forecasts: the value of shared point-of-sale data in the retail supply chain [J]. Journal of Business Logistics, 2011, 32 (1): 17 –26.

[227] WILLIAMS J, MACKINNON D P. Resampling and distribution of the product methods for testing indirect effects in complex models [J]. Structural Equation Modeling, 2008, 15 (1): 23 –51.

[228] WU D J, KLEINDORFER P R. Competitive options, supply contracting, and electronic markets [J]. Management Science, 2005, 51 (3): 452 –466.

[229] WU I, CHUANG C, HSU C. Information sharing and collaborative behaviors in enabling supply chain performance: a social exchange perspective [J]. International Journal of Production Economics, 2014, 148: 122 –132.

[230] XIA L, GUO T, QIN J, et al. Carbon emission reduction and pricing policies of a supply chain considering reciprocal preferences in cap-and-trade system [J]. Annals of Operations Research, 2018, 268 (1 –2): 149 –175.

[231] XIA Y, CHEN B, JAYARAMAN V, et al. Competition and market segmentation of the call center service supply chain [J]. European Journal of Operational Research, 2015, 247 (2): 504 –514.

[232] XIAO T, LUO J, JIN J. Coordination of a supply chain with demand stimulation and random demand disruption [J]. International Journal of Information Systems and Supply Chain Management, 2009, 2 (1): 1 –15.

[233] XIE G, YUE W, WANG S, et al. Quality investment and price decision in a risk-averse supply chain [J]. European Journal of Operational Research, 2011, 214 (2): 403 –410.

[234] XU N, NOZICK L. Modeling supplier selection and the use of option

contracts for global supply chain design [J]. Computers & Operations Research, 2009, 36 (10): 2786 -2800.

[235] YAN H, LIU K, HSU A. Optimal ordering in a dual-supplier system with demand forecast updates [J]. Production and Operations Management, 2003, 12 (1): 30 -45.

[236] YAN X, WANG Y. A newsvendor model with capital constraint and demand forecast update [J]. International Journal of Production Research, 2014, 52 (17): 5021 -5040.

[237] YANG B, LI C, ZHANG Y, et al. A resource allocation model of logistics services supply chain for multi-agent based on ant colony algorithm [J]. Applied Mechanics and Materials, 2012, 157 -158: 189 -192.

[238] YANG D, CHOI T M, XIAO T, et al. Coordinating a two-supplier and one-retailer supply chain with forecast updating [J]. Automatica, 2011, 47 (7): 1317 -1329.

[239] YI Z, WANG Y, LIU Y, et al. The impact of consumer fairness seeking on distribution channel selection: direct selling vs. agent selling [J]. Production and Operations Management, 2018, 27 (6): 1148 -1167.

[240] YOUNGDAHL W E, LOOMBA A P. Service-driven global supply chains [J]. International Journal of Service Industry Management, 2000, 11 (4): 329 -347.

[241] ZACHARIA Z, PLASCH M, MOHAN U, et al. The emerging role of coopetition within inter-firm relationships [J]. International Journal of Logistics Management, 2019, 30 (2): 414 -437.

[242] ZENG A Z, XIA Y. Building a mutually beneficial partnership to ensure backup supply [J]. Omega, 2015, 52: 77 -91.

[243] ZHA Y, ZHANG J, YUE X, et al. Service supply chain coordination with platform effort-induced demand [J]. Annals of Operations Research, 2015, 235 (1): 785 -806.

[244] ZHANG C, XING P, LI J. Optimal strategy of social responsibility and quality effort in service supply chain with quality preference [J]. Asia-Pacific Journal of Operational Research, 2018, 35 (3): 1 -43.

[245] ZHANG J, SHOU B, CHEN J. Postponed product differentiation with demand information update [J]. International Journal of Production Economics, 2013, 141 (2): 529 -540.

[246] ZHANG S, ZHANG J. Agency selling or reselling: E-tailer information sharing with supplier offline entry [J]. European Journal of Operational Research, 2020, 280 (1): 134 -151.

[247] ZHANG W, FU J, LI H, et al. Coordination of supply chain with a revenue-sharing contract under demand disruptions when retailers compete [J]. International Journal of Production Economics, 2012, 138 (1): 68 -75.

[248] ZHANG Y, MANTIN B, WU Y. Inventory decisions in the presence of strategic customers: theory and behavioral evidence [J]. Production and Operations Management, 2019, 28 (2): 374 -392.

[249] ZHAO X, XING W, LIU L, et al. Demand information and spot price information: supply chains trading in spot markets [J]. European Journal of Operational Research, 2015, 246 (3): 837 -849.

[250] ZHAO Y, WANG S, CHENG T C E, et al. Coordination of supply chains by option contracts: a cooperative game theory approach [J]. European Journal of Operational Research, 2010, 207 (2): 668 -675.

[251] ZHAO Y, YANG L, CHENG T C E, et al. A value-based approach to option pricing: the case of supply chain options [J]. International Journal of Production Economics, 2013, 143 (1): 171 -177.

[252] 包晓英，胡本勇，唐小我. 基于过度自信的逆供应链激励机制设计 [J]. 计算机应用研究，2011，28 (9)：3378 -3380.

[253] 陈洪转，王玥. 主制造商供应商合作协商定价让步博弈研究 [J]. 工业技术经济，2017，36 (5)：102 -108.

[254] 陈虎. 物流服务供应链构建与绩效评价研究 [D]. 成都：西南交通大学，2013.

[255] 陈金亮，宋华，徐渝. 不对称信息下具有需求预测更新的供应链合同协调研究 [J]. 中国管理科学，2010，18 (1)：83 -89.

[256] 陈思云，谢明华. 第三方物流企业的资源整合 [J]. 中国物流与采购，2005 (19)：62 -64.

[257] 陈章跃，王勇，陈晓旭．制造商双向公平关切下闭环供应链的竞争分析 [J]. 管理学报，2016，13（5）：772 - 780.

[258] 桂云苗，龚本刚，程幼明．需求不确定下物流服务供应链协调 [J]. 计算机集成制造系统，2009，15（12）：2412 - 2416，2438.

[259] 郭杰．快消品物流服务供应链中物流供应商选择与任务分配 [D]. 郑州：郑州大学，2019.

[260] 何美玲，张锦，武晓晖．物流服务供应链能力协调研究 [J]. 铁道运输与经济，2010，32（11）：52 - 56.

[261] 胡彦勇，范志强．模糊环境下物流服务供应链订单分配问题研究 [J]. 重庆师范大学学报（自然科学版），2019，36（5）：35 - 41.

[262] 黄波，孟卫东，李宇雨．基于纵向溢出的供应链上、下游企业 R&D 合作研究 [J]. 科技管理研究，2008（6）：477 - 479.

[263] 黄甫，宋华明，杨慧，等．价格、质量与服务竞争情形下的二级供应链系统协调策略分析 [J]. 中国管理科学，2018，26（8）：106 - 117.

[264] 黄金虎，郜旭彤，赵金楼．基于时效激励机制的物流服务供应链任务分配 [J]. 管理评论，2020，32（4）：242 - 249.

[265] 黄祖庆，蔡文婷，张宝友．利益相关者理论视角下物流服务供应链绩效评价——以传化物流为主导的物流服务供应链的实证 [J]. 西安电子科技大学学报（社会科学版），2013，23（5）：1 - 10.

[266] 贾建锋，唐贵瑶，李俊鹏，等．高管胜任特征与战略导向的匹配对企业绩效的影响 [J]. 管理世界，2015（2）：120 - 132.

[267] 简惠云，王国顺，许民利．具有两阶段生产模式和需求信息更新的供应链契约研究 [J]. 中国管理科学，2013，21（1）：80 - 89.

[268] 蹇洁，张昱瑶，陈华，等．基于多周期合作的物流服务供应链质量协调研究 [J]. 数学的实践与认识，2018，48（5）：44 - 51.

[269] 江田田．基于平台的物流服务供应链能力协调契约研究 [D]. 武汉：武汉理工大学，2019.

[270] 鞠英杰．集成商行为对物流服务供应链绩效影响研究 [D]. 济南：济南大学，2019.

[271] 孔振德．基于转移支付契约的供应商产品质量激励研究 [J]. 物流工程与管理，2018，40（2）：125 - 126，100.

[272] 李娟，黄培清，赵晓敏．基于更新信息的两级供应链双向期权合同研究［J］．系统工程学报，2008，23（3）：295－301.

[273] 李姗姗．物流服务供应链订单分配优化及其遗传算法［J］．运筹与管理，2014，23（5）：35－41.

[274] 李祥祥，郭进利．需求信息更新的制造商两阶段批发策略［J］．系统工程，2015，33（10）：54－58.

[275] 李晓萍，刘美璐．物流服务供应链质量监控行为博弈分析［J］．工业工程，2015，18（4）：66－71.

[276] 李晓萍，许寒蕊．关系质量视角下物流服务供应链绩效评价体系研究［J］．物流技术，2020，39（8）：99－104，115.

[277] 梁学成，万迪防．基于服务外包的企业间互惠合作创新模式研究［J］．中国软科学，2007（1）：151－155.

[278] 林海芬，苏敬勤．管理创新研究方法探析：探索性与解释性案例研究法的结合［J］．科学学与科学技术管理，2010，31（6）：59－65.

[279] 林润辉，侯如靖．互惠偏好对回购契约协调效果和决策行为影响［J］．工业工程与管理，2014，19（1）：85－90，102.

[280] 刘璞，孔会迪，王雪莲，等．供应链集成能力与企业绩效——环境不确定性与战略导向的调节效应［J］．河北工业大学学报（社会科学版），2018，10（1）：17－24.

[281] 刘伟华，季建华，包兴，等．物流服务供应链两级能力合作的协调研究［J］．武汉理工大学学报，2008（2）：149－153.

[282] 刘伟华，季建华，顾巧论．物流服务供应链两级合作的质量监控与协调［J］．工业工程与管理，2007（3）：47－52.

[283] 刘伟华，季建华，周乐．两级物流服务供应链任务分配模型［J］．上海交通大学学报，2008（9）：1524－1528，1533.

[284] 刘伟华，曲思源，钟石泉．随机环境下的三级物流服务供应链任务分配［J］．计算机集成制造系统，2012，18（2）：381－388.

[285] 刘伟华，周丽珍，刘春玲，等．基于网络层次分析方法的物流服务供应链综合绩效评价［J］．工业工程，2011，14（4）：52－57.

[286] 刘伟华．物流服务供应链能力合作的协调研究［D］．上海：上海交通大学，2007.

[287] 刘艳秋，蔡超. 考虑可靠性的物流服务供应链的契约设计 [J]. 控制与决策，2017，32 (11)：2039-2044.

[288] 柳键，舒斯亮. 考虑公平关切的服务供应链协调契约 [J]. 控制与决策，2015，30 (1)：98-104.

[289] 马雪松，陈荣秋. 基于公平关切和服务合作价值的服务供应链应急协调策略 [J]. 控制与决策，2017，32 (6)：1047-1056.

[290] 毛基业，陈诚. 案例研究的理论构建：艾森哈特的新洞见——第十届“中国企业管理案例与质性研究论坛（2016）”会议综述 [J]. 管理世界，2017 (2)：135-141.

[291] 浦徐进，诸葛瑞杰. 考虑供应商过度自信和公平关切的供应链双边努力行为研究 [J]. 计算机集成制造系统，2014，20 (6)：1462-1470.

[292] 齐二石，杨道箭，刘亮. 基于顾客战略行为的供应链两部定价契约 [J]. 计算机集成制造系统，2010，16 (4)：828-833.

[293] 秦雅玲. 考虑服务时间的生产库存系统分析与 (s，S) 策略的优化 [D]. 秦皇岛：燕山大学，2019.

[294] 尚文芳，祁明，陈琴. 需求预测信息更新条件下供应链的三阶段期权协调机制 [J]. 系统工程理论与实践，2013，33 (6)：1424-1433.

[295] 佘升翔，郑小伟，周劼，等. 恐惧降低跨期选择的耐心吗？——来自行为实验的证据 [J]. 心理学探新，2016，36 (1)：25-30.

[296] 申成霖，侯文华，张新鑫，等. 基于信息更新与服务水平约束的供应链订货及协调决策 [J]. 中国管理科学，2012，20 (5)：55-63.

[297] 申成霖，张新鑫，侯文华. 需求学习下考虑顾客策略行为的供应链决策 [J]. 中国管理科学，2015，23 (4)：86-95.

[298] 石岿然，蒋凤，孙玉玲. 利他偏好对双渠道供应链成员企业的策略影响研究 [J]. 运筹与管理，2018，27 (9)：66-72.

[299] 石岿然，浦珏，孙玉玲. 平台介入的多物流服务提供商合作模式研究 [J]. 中国管理科学，2017，25 (4)：78-85.

[300] 石岿然，周扬，蒋凤. 考虑零售商过度自信的供应链决策与协调 [J]. 工业工程，2014，17 (3)：46-50.

[301] 宋华明，杨慧，罗建强，等. 需求预测更新情形下的供应链 Stackelberg 博弈与协调研究 [J]. 中国管理科学，2010，18 (4)：86-92.

［302］宋志刚．客户价值视角下物流服务供应链利益协调机制研究［D］．北京：北京交通大学，2016.

［303］苏敬勤，张雁鸣，林菁菁．新兴国家企业选择专业化战略的情境识别及机制探讨——基于深圳企业的多案例研究［J］．管理评论，2020，32（1）：309－323.

［304］田宇．物流服务数量折扣与回购分包合同模型［J］．商业经济与管理，2005（11）：34－37.

［305］徒君，黄敏，赵世杰．物流供应商公平关切下电商供应链契约设计［J］．控制与决策，2017，32（6）：1057－1062.

［306］汪峻萍，王圣东．需求信息更新点与期末紧急订购联合决策的供应链协调模型［J］．系统管理学报，2015，24（2）：280－288.

［307］王大飞，张旭梅，周茂森，等．考虑消费者策略行为的产品服务供应链动态定价与协调［J］．系统工程理论与实践，2017，37（12）：3052－3065.

［308］王东生，郑宽明．物流服务供应链整合对物流绩效的影响测度［J］．商业经济研究，2020（23）：103－106.

［309］王晶，田玲，王寻．信息更新频率对供应链稳定性的影响［J］．系统工程，2010，28（3）：33－39.

［310］王磊，戴更新．利他偏好、服务与供应链 Stackelberg 博弈研究［J］．中国管理科学，2014（S1）：473－478.

［311］王树青．行为视角下的物流服务供应链绩效研究［D］．天津：天津大学，2016.

［312］王效俐，张默．物流服务供应链突发事件合作补救能力评价模型［J］．同济大学学报（自然科学版），2014，42（1）：159－166.

［313］王宣涛，张玉林．考虑顾客行为与零售商公平关切的易逝品定价与供应链协调研究［J］．管理工程学报，2015，29（1）：89－97.

［314］王志宏，夏青．商业信用和数量折扣组合合同下物流服务供应链的协调［J］．预测，2015，34（5）：41－47.

［315］魏炜，申金升．基于贝叶斯更新的供应链协同预测模型研究［J］．预测，2010，29（5）：68－73.

［316］温馨，郭永江．带有库存限制与需求更新的供应链订货策略研究［J］．浙江理工大学学报（社会科学版），2017，38（4）：299－305.

[317] 吴江华，翟昕，何玉红. 供应链中基于信息更新的订货时间及价格联合决策研究 [J]. 中国管理科学，2010，18 (5): 58-65.

[318] 徐兵，熊志建. 基于顾客策略行为和缺货损失的供应链定价与订购决策 [J]. 中国管理科学，2015，23 (5): 48-55.

[319] 闫秀霞，孙林岩，王侃昌. 物流服务供应链模式特性及其绩效评价研究 [J]. 中国机械工程，2005 (11): 969-974.

[320] 杨道箭，齐二石，姜宏. 基于顾客策略行为的供货水平与供应链绩效 [J]. 计算机集成制造系统，2010，16 (9): 1984-1991.

[321] 杨道箭，齐二石，魏峰. 顾客策略行为与风险偏好下供应链利润分享 [J]. 管理科学学报，2011，14 (12): 50-59.

[322] 原长弘，田元强，佘健华. 怎样提高产学研合作案例研究的效度与信度? [J]. 科学学与科学技术管理，2012，33 (7): 29-36.

[323] 张丹凤. 基于努力水平的物流服务供应链质量监督与协调研究 [J]. 现代商贸工业，2018，39 (32): 60-61.

[324] 张俊艳，靳鹏霄，杨祖国，等. 标准必要专利的 FRAND 许可定价——基于判决书的多案例研究 [J]. 管理案例研究与评论，2016，9 (5): 457-471.

[325] 张睿君，陈菊红，吴迪. 制造企业服务化战略与运维商业模式创新的匹配——基于多案例的研究 [J]. 管理评论，2020，32 (2): 308-326.

[326] 张新鑫，侯文华，申成霖. 顾客策略行为下基于 CVaR 和回购契约的供应链决策模型 [J]. 中国管理科学，2015，23 (2): 80-91.

[327] 张旭梅，金亮. 存在线下体验店的 O2O 供应链佣金契约设计 [J]. 管理评论，2020，32 (2): 278-286.

[328] 张旭梅，寇军，冷金钟，等. 风险规避下产品服务供应链售前服务优化策略 [J]. 计算机集成制造系统，2017，23 (6): 1352-1358.

[329] 郑琪，范体军. 考虑风险偏好的生鲜农产品供应链激励契约设计 [J]. 管理工程学报，2018，32 (2): 171-178.

[330] 周桂芳. 敬畏对耐心的影响研究 [D]. 成都: 四川师范大学，2019.

附　录

附录3－1

$$\frac{\partial E(\Pi_I^N)}{\partial Q_1}=\begin{cases}-v_1+(r+b)[1-F(Q_1+M\mid x_e)] & ,Q_1\leqslant F^{-1}(A\mid x_e)-M\\(k_c-1)v_1 & ,F^{-1}(A\mid x_e)-M<Q_1<F^{-1}(A\mid x_e)\\-v_1+(r+b)[1-F(Q_1\mid x_e)] & ,Q_1\geqslant F^{-1}(A\mid x_e)\end{cases},$$

$A=\frac{r+b-k_cv_1}{r+b}$。

（1）$Q_1\leqslant F^{-1}(A\mid x_e)-M$时，$\frac{\partial^2E(\Pi_I^N)}{\partial Q_1^2}=-(r+b)f(Q_1+M\mid x_e)\leqslant 0$。因此$E(\Pi_I^N)$关于$Q_1$的函数有最大值，最大值满足$\frac{\partial E(\Pi_I^N)}{\partial Q_1}=-v_1+(r+b)[1-F(Q_1+M\mid x_e)]=0$，即$Q_1^{N*}=F^{-1}\left(\frac{r+b-v_1}{r+b}\middle| x_e\right)-M$。考虑到$Q_1\in[0,F^{-1}(A\mid x_e)-M]$，因此

$$Q_1^{N*}=\begin{cases}F^{-1}(A\mid x_e)-M & ,k_c\geqslant 1\\F^{-1}\left(\frac{r+b-v_1}{r+b}\middle| x_e\right)-M & ,k_c<1\end{cases}$$

（2）$F^{-1}(A\mid x_e)-M<Q_1<F^{-1}(A\mid x_e)$时，$\frac{\partial E(\Pi_I^N)}{\partial Q_1}=(k_c-1)v_1$。若$k_c>1$，则$\frac{\partial E(\Pi_I^N)}{\partial Q_1}>0$，第一阶段应采购尽可能多的物流服务能力。若$k_c<1$，则$\frac{\partial E(\Pi_I^N)}{\partial Q_1}<0$，第一阶段应采购尽可能少的物流服务能力；但考虑到约束$q\leqslant M$，因此第一阶段采购物流服务能力时也应考虑到总能力能否满足客户需要。若$k_c=1$，则$\frac{\partial E(\Pi_I^N)}{\partial Q_1}=0$，$Q_1^{N*}$可取$[F^{-1}(A\mid x_e)-M,F^{-1}(A\mid x_e)]$之间的任

意值。因此

$$Q_1^{N*}=\begin{cases}F^{-1}(A\mid x_e) & ,k_c>1\\ \left[F^{-1}\left(\frac{r+b-v_1}{r+b}\middle| x_e\right)-M,F^{-1}\left(\frac{r+b-v_1}{r+b}\middle| x_e\right)\right] & ,k_c=1\\ F^{-1}(A\mid x_e)-M & ,k_c<1\end{cases}$$

(3) $Q_1\geqslant F^{-1}(A\mid x_e)$ 时，$\frac{\partial^2E(\Pi_I^N)}{\partial Q_1^2}=-(r+b)f(Q_1\mid x_e)\leqslant 0$。因此 Π_I 关于 Q_1 的函数有最大值，最大值满足 $\frac{\partial E(\Pi_I^N)}{\partial Q_1}=-v_1+(r+b)[1-F(Q_1\mid x_e)]=0$，即 $Q_1^{N*}=F^{-1}\left(\frac{r+b-v_1}{r+b}\middle| x_e\right)$。考虑到 $Q_1\in[F^{-1}(A\mid x_e),+\infty]$，因此

$$Q_1^{N*}=\begin{cases}F^{-1}\left(\frac{r+b-v_1}{r+b}\middle| x_e\right) & ,k_c\geqslant 1\\ F^{-1}(A\mid x_e) & ,k_c<1\end{cases}$$

附录 3-2

$$\frac{\partial E(\Pi_I^R)}{\partial Q_1}=\begin{cases}-v_1+(r+b)[1-F(M+Q_1\mid x_e)] & ,Q_1\leqslant F^{-1}(A\mid x_e)-M\\ (k_c-1)v_1 & ,F^{-1}(A\mid x_e)-M<Q_1<F^{-1}(A\mid x_e)\\ -v_1+(r+b)[1-F(Q_1\mid x_e)] & ,F^{-1}(A\mid x_e)\leqslant Q_1\leqslant F^{-1}(B\mid x_e)\\ -(k_p+1)v_1 & ,F^{-1}(B\mid x_e)<Q_1<\frac{1}{1-\alpha}F^{-1}(B\mid x_e)\\ (\alpha k_c-1)v_1+(1-\alpha)(r+b)\{1-F[(1-\alpha)Q_1\mid x_e]\} & ,Q_1\geqslant\frac{1}{1-\alpha}F^{-1}(B\mid x_e)\end{cases}$$

$A=\frac{r+b-k_cv_1}{r+b}$，$B=\frac{r+b+k_pv_1}{r+b}$。

(1) $Q_1\leqslant F^{-1}(A\mid x_e)-M$ 时，根据附录 3-1，

$$Q_1^{R*}=\begin{cases}F^{-1}(A\mid x_e)-M & ,k_c\geqslant 1\\ F^{-1}\left(\frac{r+b-v_1}{r+b}\middle| x_e\right)-M & ,k_c<1\end{cases}\tag{2-1}$$

(2) $F^{-1}(A\mid x_e)-M<Q_1<F^{-1}(A\mid x_e)$ 时，根据附录 3-1，

$$Q_1^{R*}=\begin{cases}F^{-1}(A\mid x_e) & ,k_c>1\\ \left[F^{-1}\left(\frac{r+b-v_1}{r+b}\middle| x_e\right)-M,F^{-1}\left(\frac{r+b-v_1}{r+b}\middle| x_e\right)\right] & ,k_c=1\\ F^{-1}(A\mid x_e)-M & ,k_c<1\end{cases} \quad (2-2)$$

(3) $F^{-1}(A\mid x_e)\leqslant Q_1\leqslant F^{-1}(B\mid x_e)$ 时，根据附录 3－1，

$$Q_1^{R*}=\begin{cases}F^{-1}\left(\frac{r+b-v_1}{r+b}\middle| x_e\right) & ,k_c\geqslant 1\\ F^{-1}(A\mid x_e) & ,k_c<1\end{cases} \quad (2-3)$$

(4) $F^{-1}(B\mid x_e)<Q_1<\frac{1}{1-\alpha}F^{-1}(B\mid x_e)$ 时，$\frac{\partial E(\Pi_I^R)}{\partial Q_1}=-(k_p+1)v_1<0$，因此 $Q_1^{R*}=F^{-1}(B\mid x_e)$。此时，$Q_1^{R*}=Q_2^{R*}$，即 $q^{R*}=0$。

(5) $Q_1\geqslant\frac{1}{1-\alpha}F^{-1}(B\mid x_e)$ 时，$\frac{\partial^2 E(\Pi_I^R)}{\partial Q_1^2}=-(1-\alpha)^2(r+b)f((1-\alpha)Q_1\mid x_e)\leqslant 0$。因此 Π_I^R 关于 Q_1 的函数有最大值，最大值满足 $\frac{\partial E(\Pi_I^R)}{\partial Q_1}=-(\alpha k_p+1)v_1+(1-\alpha)(r+b)(1-F((1-\alpha)Q_1\mid x_e))=0$，即 $Q_1^{R*}=\frac{1}{1-\alpha}F^{-1}\left(\left(1-\frac{(1+\alpha k_p)v_1}{(1-\alpha)(r+b)}\right)\middle| x_e\right)$。考虑到 $Q_1\in\left[\frac{1}{1-\alpha}F^{-1}(B\mid x_e),+\infty\right)$，因此若 $Q_1^{R*}=\frac{1}{1-\alpha}F^{-1}\left(\left(1-\frac{(1+\alpha k_p)v_1}{(1-\alpha)(r+b)}\right)\middle| x_e\right)$ 是 Q_1 的最优值，必须满足 $1-\frac{(1+\alpha k_p)v_1}{(1-\alpha)(r+b)}\geqslant B$。从而有

$$1-\frac{(1+\alpha k_p)v_1}{(1-\alpha)(r+b)}-B=\frac{-(1+k_p)v_1}{(1-\alpha)(r+b)}<0 \quad (2-4)$$

因此

$$Q_1^{R*}=\frac{1}{1-\alpha}F^{-1}(B\mid x_e) \quad (2-5)$$

附录 3－3——对于 LSI，模式 2 优于模式 1 的条件

(1) Model Ⅰ 中 LSI 的期望利润。

① $Q_1\leqslant F^{-1}(A\mid x_e)-M$。

q^* 和 Q_1^{N*} 的取值均分为三种情况，我们先讨论 $Q_1 \leqslant F^{-1}(A \mid x_e) - M$ 的情形。此时，$F(Q_2^{N*} \mid x_e) = \dfrac{r+b-v_1}{r+b} = \dfrac{Q_- Q_2^{N*}}{Q_1 - \mu + \delta}$，即 $Q_2^{N*} = \mu - \delta + \dfrac{v_1}{r+b}(Q_1 - \mu + \delta)$。

将 Q_2^{N*} 表达式代入集成商期望利润函数 $E(\Pi_I^N)$，得到

$$E(\Pi_I^{N*}) = \frac{1-\zeta}{\zeta}c_1 + (k_c - 1)v_1 Q_1 + \frac{v_1}{2}(\mu - \delta) -$$

$$\frac{2}{\tau}b\mu\delta + \frac{r+b}{\tau}\left(\mu - \delta + \frac{v_1}{r+b}\tau\right)\left[2\delta + \frac{-1-2k_c}{2(r+b)}v_1\tau\right] \qquad (3-1)$$

其中 $\tau = Q_1 - \mu + \delta$。

对于 Q_1^{N*}，若 $k_c > 1$，则 $F(Q_1^{N*} + M \mid x_e) = \dfrac{r+b-k_c v_1}{r+b} = \dfrac{Q_1^{N*} - Q_1^{N*} - M}{Q_1^{N*} - \mu + \delta}$，即 $Q_1^{N*} = \mu - \delta - \dfrac{r+b}{r+b-k_c v_1}M$；若 $k_c < 1$，则 $F(Q_1^{N*} + M \mid x_e) = \dfrac{r+b-v_1}{r+b} = \dfrac{Q_1^{N*} - Q_1^{N*} - M}{Q_1^{N*} - \mu + \delta}$，即 $Q_1^{N*} = \mu - \delta - \dfrac{r+b}{r+b-v_1}M$。

因此，当 $k_c > 1$ 时，

$$E(\Pi_I^{N*}) = \frac{1-\zeta}{\zeta}c_I + (3\delta - \mu)v_1 + \frac{Mv_1}{r+b-k_c v_1}$$

$$\left[\frac{1+2k_c}{2}v_1 - (k_c - 1)(r+b)\right] + 2\delta\frac{r+b-k_c v_1}{M}\left(-\frac{r}{r+b}\mu + \delta\right) \qquad (3-2)$$

当 $k_c < 1$ 时，

$$E(\Pi_I^{N*}) = \frac{1-\zeta}{\zeta}c_I + (3\delta - \mu)v_1 + \frac{Mv_1}{r+b-v_1}$$

$$\left[\frac{1+2k_c}{2}v_1 - (k_c - 1)(r+b)\right] + 2\delta\frac{r+b-v_1}{M}\left(-\frac{r}{r+b}\mu + \delta\right) \qquad (3-3)$$

② $F^{-1}(A \mid x_e) - M < Q_1 < F^{-1}(A \mid x_e)$。

此时有 $F(Q_2^{N*} \mid x_e) = \dfrac{r+b-k_c v_1}{r+b} = \dfrac{Q_1 - Q_2^{N*}}{Q_1 - \mu + \delta}$，因此 $Q_2^{N*} = \mu - \delta + \dfrac{k_c v_1}{r+b}(Q_1 - \mu + \delta)$。

将 Q_2^{N*} 表达式代入集成商期望利润函数 $E(\Pi_I^N)$，得到

$$E(\Pi_I^{N*}) = \frac{1-\zeta}{\zeta}c_I + (k_c - 1)v_1 Q_1 + \frac{k_c v_1}{2}(\mu - \delta) -$$

$$\frac{2}{\tau}b\mu\delta + \left(2\frac{r+b}{\tau}\delta - \frac{3}{2}k_c v_1\right)\left(\mu - \delta + \frac{k_c v_1}{r+b}\tau\right) \tag{3-4}$$

其中 $\tau = Q_1 - \mu + \delta$。

对于 Q_1^{N*}，若 $k_c > 1$，则 $F(Q_1^{N*} \mid x_e) = \frac{r+b-k_c v_1}{r+b} = \frac{Q_1^{N*} - Q_1^{N*}}{Q_1^{N*} - \mu + \delta}$，即 $Q_1^{N*} = \mu - \delta$；若 $k_c < 1$，则 $F(Q_1^{N*} + M \mid x_e) = \frac{r+b-v_1}{r+b} = \frac{Q_1^{N*} - Q_1^{N*} - M}{Q_1^{N*} - \mu + \delta}$，即 $Q_1^{N*} = \mu - \delta - \frac{r+b}{r+b-v_1}M$。

因此，当 $k_c > 1$ 时，

$$E(\Pi_I^{N*}) = \frac{1-\zeta}{\zeta}c_I - v_1(\mu - \delta) \tag{3-5}$$

当 $k_c < 1$ 时，

$$E(\Pi_I^{N*}) = \frac{1-\zeta}{\zeta}c_I + (3\delta - \mu)k_c v_1 + \frac{Mv_1}{r+b-v_1}\left[\frac{3}{2}k_c^2 v_1 - (k_c - 1)(r+b)\right] + 2\delta\frac{r+b-v_1}{M}\left(\frac{-r}{r+b}\mu + \delta\right) + (k_c - 1)v_1(\mu - \delta) \tag{3-6}$$

③ $Q_1 \geqslant F^{-1}(A \mid x_e)$。

此时，$F(Q_2^{N*} \mid x_e) = \frac{r+b-v_1}{r+b} = \frac{Q_1 - Q_2^{N*}}{Q_1 - \mu + \delta}$，即 $Q_2^{N*} = \mu - \delta + \frac{v_1}{r+b}(Q_1 - \mu + \delta)$。将 Q_2^{N*} 表达式代入集成商期望利润函数 $E(\Pi_I^N)$，得到

$$E(\Pi_I^{N*}) = \frac{1-\zeta}{\zeta}c_I + (k_c - 1)v_1 Q_1 + \frac{v_1}{2}(\mu - \delta) - \frac{2}{\tau}b\mu\delta + \frac{r+b}{\tau}\left(\mu - \delta + \frac{v_1}{r+b}\tau\right)\left[2\delta + \frac{-1-2k_c}{2(r+b)}v_1\tau\right] \tag{3-7}$$

对于 Q_1^{N*}，若 $k_c > 1$，则 $F(Q_1^{N*} \mid x_e) = \frac{r+b-v_1}{r+b} = \frac{Q_1^{N*} - Q_1^{N*}}{Q_1^{N*} - \mu + \delta}$，即 $Q_1^{N*} = \mu - \delta$；若 $k_c < 1$，则 $F(Q_1^{N*} \mid x_e) = \frac{r+b-k_c v_1}{r+b} = \frac{Q_1^{N*} - Q_1^{N*}}{Q_1^{N*} - \mu + \delta}$，即 $Q_1^{N*} = \mu - \delta$。

因此，当 $k_c > 1$ 时，

$$E(\Pi_I^{N*}) = \frac{1-\zeta}{\zeta}c_I + \left(\frac{3}{2}k_c - 1\right)v_1(\mu - \delta) \tag{3-8}$$

当 $k_c < 1$ 时，

$$E(\Pi_I^{N*}) = \frac{1-\zeta}{\zeta}c_I + \left(\frac{3}{2}k_c - 1\right)v_1(\mu - \delta) \tag{3-9}$$

（2）Model Ⅱ中 LSI 的期望利润。

① $Q_1 \leqslant F^{-1}(B \mid x_e)$。

$Q_1 \leqslant F^{-1}(A \mid x_e) - M$ 或 $F^{-1}(A \mid x_e) - M < Q_1 < F^{-1}(A \mid x_e)$ 或 $F^{-1}(A \mid x_e) \leqslant Q_1 \leqslant F^{-1}(B \mid x_e)$ 时，Q_2^{R*} 的值同 Model Ⅰ中 Q_2^{R*} 的解。

② $F^{-1}(B \mid x_e) < Q_1 < \frac{1}{1-\alpha}F^{-1}(B \mid x_e)$。

当 $F^{-1}(B \mid x_e) < Q_1 < \frac{1}{1-\alpha}F^{-1}(B \mid x_e)$ 时，$F(Q_2^{R*} \mid x_e) = \frac{r+b+k_p v_1}{r+b} = \frac{Q_1 - Q_2^{R*}}{Q-\mu+\delta}$，即 $Q_2^{R*} = (\mu-\delta) + \frac{k_p v_1}{r+b}(\mu-\delta-Q_1)$。此时，$Q_1^{R*} = Q_2^{R*} = (\mu-\delta) + \frac{k_p v_1}{r+b}(\mu-\delta-Q_1^{R*})$，即 $Q_1^{R*} = \mu-\delta$。

将 Q_2^{R*} 表达式代入集成商期望利润函数 $E(\Pi_I^R)$，得到

$$E(\Pi_I^{R*}) = c_I - v_1(\mu-\delta) - (2\delta+1)k_p v_1 \tag{3-10}$$

③ $Q_1 \geqslant \frac{1}{1-\alpha}F^{-1}(B \mid x_e)$。

$Q_1 \geqslant \frac{1}{1-\alpha}F^{-1}(B \mid x_e)$ 时，$F(Q_2^{R*} \mid x_e) = \frac{r+b+k_p v_1}{r+b} = \frac{Q_1 - Q_2^{R*}}{Q_1-\mu+\delta}$，即 $Q_2^{R*} = (\mu-\delta) + \frac{k_p v_1}{r+b}(\mu-\delta-Q_1)$，$Q_1^{R*} = \frac{1}{1-\alpha}Q_2^{R*} = \frac{1}{1-\alpha}\left[(\mu-\delta) + \frac{k_p v_1}{r+b}(\mu-\delta-Q_1^{R*})\right]$。因此 $Q_1^{R*} = \frac{r+b+k_p v_1}{(r+b)(1-\alpha)+k_p v_1}(\mu-\delta)$。

$$\begin{aligned} E(\Pi_I^{R*}) = {} & \frac{\zeta}{1-\zeta}c_I - \frac{1}{2}k_p v_1(\mu-\delta) + \\ & \left(\frac{1}{2}k_p - \frac{3}{2}\alpha k_p - 1\right)\frac{(r+b+k_p v_1)(\mu-\delta)}{(r+b)(1-\alpha)+k_p v_1}v_1 + \\ & 2\delta\frac{[r\mu-(r+b)\delta](1-\alpha)+\left[\frac{r\mu}{(r+b)}-\alpha\mu-(1-\alpha)\delta\right]k_p v_1}{\alpha(\mu-\delta)} \end{aligned} \tag{3-11}$$

（3）LSI 的期望利润 Model Ⅱ优于 Model Ⅰ的情形。

从（1）（2）中的分析可知，$Q_1 > F^{-1}(B \mid x_e)$ 时，Model Ⅱ与 Model Ⅰ在

第二次订购时采取了不同的解决方法，Model Ⅱ可以减少订购量，而 Model Ⅰ不能减少只能增加订购量；$Q_1 \leqslant F^{-1}(B \mid x_e)$ 时，Model Ⅱ与 Model Ⅰ是相同的。故本部分将讨论 $Q_1 > F^{-1}(B \mid x_e)$ 时 Model Ⅱ优于 Model Ⅰ的条件，从而得出 LSI 倾向于二次订购模式 2 的条件。定义 $E(\Delta\Pi_I^*) = E(\Pi_I^{R*}) - E(\Pi_I^{N*})$，显然对于 LSI 来说，当 $E(\Delta\Pi_I^*) > 0$ 时，模式 2 优于模式 1。

① $F^{-1}(B \mid x_e) < Q_1 < \frac{1}{1-\alpha}F^{-1}(B \mid x_e)$。

由式（3－8），式（3－9）和式（3－10）得：

$$E(\Pi_I^{R*}) = \frac{2\zeta-1}{\zeta}c_I - \frac{3}{2}(\mu-\delta)k_c v_1 - (2\delta+1)k_p v_1 \tag{3-12}$$

此时，模式 2 优于模式 1 的条件为 $\frac{2\zeta-1}{\zeta}c_I - \frac{3}{2}(\mu-\delta)k_c v_1 - (2\delta+1)k_p v_1 > 0$。

② $Q_1 \geqslant \frac{1}{1-\alpha}F^{-1}(B \mid x_e)$。

$k_c > 1$ 时，由式（3－8），式（3－9）和式（3－11）得：

$$\begin{aligned} E(\Delta\Pi_I^*) = {} & \frac{2\zeta-1}{\zeta(1-\zeta)}c_I - \left(\frac{3}{2}k_c + \frac{1}{2}k_p - 1\right)v_1(\mu-\delta) + \\ & \left(\frac{1}{2}k_p - \frac{3}{2}\alpha k_p - 1\right)\frac{(r+b+k_p v_1)(\mu-\delta)}{(r+b)(1-\alpha)+k_p v_1}v_2 + \\ & 2\delta\frac{[r\mu-(r+b)\delta](1-\alpha)+\left[\frac{r\mu}{(r+b)}-\alpha\mu-(1-\alpha)\delta\right]k_p v_1}{\alpha(\mu-\delta)} \end{aligned} \tag{3-13}$$

此时，模式 2 优于模式 1 的条件为：

$$\begin{aligned} & \frac{2\zeta-1}{\zeta(1-\zeta)}c_I - \left(\frac{3}{2}k_c + \frac{1}{2}k_p - 1\right)v_1(\mu-\delta) + \\ & \left(\frac{1}{2}k_p - \frac{3}{2}\alpha k_p - 1\right)\frac{(r+b+k_p v_1)(\mu-\delta)}{(r+b)(1-\alpha)+k_p v_1}v_1 + \\ & 2\delta\frac{[r\mu-(r+b)\delta](1-\alpha)+\left[\frac{r\mu}{(r+b)}-\alpha\mu-(1-\alpha)\delta\right]k_p v_1}{\alpha(\mu-\delta)} > 0 \end{aligned} \tag{3-14}$$

注：当 $\alpha(\mu-\delta)[(r+b)(1-\alpha)+k_p v_1] = 0$ 时，$E(\Delta\Pi_I^*) = 0$ 无解，即存在间断点，此时

$$\alpha = 0 \text{ 或 } \alpha = \frac{r+b+k_p v_1}{r+b} \tag{3-15}$$

附录 3－4——对于 FLSP，模式 2 优于模式 1 的条件

定义 $E(\Delta\Pi_F^*) = E(\Pi_F^{R*}) - E(\Pi_F^{N*})$，对于 FLSP 来说，当 $E(\Delta\Pi_F^*) > 0$ 时，模式 2 优于模式 1。

(1) $k_c \geqslant 1$。

$$E(\Delta\Pi_F^*) = \begin{cases} 0 & ,Q_1 \leqslant F^{-1}(B \mid x_e) \\ (v_1 - c_F)\dfrac{v_1}{r + b - k_c v_1}M & ,F^{-1}(B \mid x_e) < Q_1 < \dfrac{1}{1-\alpha}F^{-1}(B \mid x_e) \\ \dfrac{(r + b + k_p v_1)(\mu - \delta)}{(r + b)(1 - \alpha) + k_p v_1}(v - \alpha k_p v_1 - c_F) - \dfrac{c_I}{1-\zeta} - (v_1 - c_F)\left(\mu - \delta - \dfrac{v_1}{r + b - k_c v_1}M\right) & ,Q_1 \geqslant \dfrac{1}{1-\alpha}F^{-1}(B \mid x_e) \end{cases} \tag{4－1}$$

由式（4－1）知：

$F^{-1}(B \mid x_e) < Q_1 < \dfrac{1}{1-\alpha}F^{-1}(B \mid x_e)$ 时，$E(\Delta\Pi_F^*) = (v_1 - c_F)\dfrac{v_1}{r + b - k_c v_1}M > 0$，模式 2 适用。

$Q_1 \geqslant \dfrac{1}{1-\alpha}F^{-1}(B \mid x_e)$ 时，$E(\Delta\Pi_F^*) = \dfrac{(r + b + k_p v_1)(\mu - \delta)}{(r + b)(1 - \alpha) + k_p v_1}(v_1 - \alpha k_p v_1 - c_F) - \dfrac{c_I}{1-\zeta} - (v_1 - c_F)\left(\mu - \delta - \dfrac{v_1}{r + b - k_c v_1}M\right)$。

令 $E(\Delta\Pi_F^*) > 0$，得：

$$\frac{(r + b + k_p v_1)(\mu - \delta)}{(r + b)(1 - \alpha) + k_p v_1}(v - \alpha k_p v_1 - c_F) - \frac{c_I}{1-\zeta} - (v_1 - c_F)\left(\mu - \delta - \frac{v_1}{r + b - k_c v_1}M\right) > 0 \tag{4－2}$$

(2) $k_c < 1$。

$$E(\Delta\Pi_F^*) = \begin{cases} 0 & ,Q_1 \leqslant F^{-1}(B \mid x_e) \\ (v_1 - c_F)\dfrac{k_c v_1}{r + b - v_1}M & ,F^{-1}(B \mid x_e) < Q_1 < \dfrac{1}{1-\alpha}F^{-1}(B \mid x_e) \\ \dfrac{(r + b + k_p v_1)(\mu - \delta)}{(r + b)(1 - \alpha) + k_p v_1}(v_1 - \alpha k_p v_1 - c_F) - \dfrac{c_I}{1-\zeta} - (v_1 - c_F)\left(\mu - \delta - \dfrac{k_c v_1}{r + b - v_1}M\right) & ,Q_1 \geqslant \dfrac{1}{1-\alpha}F^{-1}(B \mid x_e) \end{cases} \tag{4－3}$$

由式（4－3）可知：

$F^{-1}(B \mid x_e) < Q_1 < \frac{1}{1-\alpha}F^{-1}(B \mid x_e)$ 时，$E(\Delta\Pi_F^*) = (v_1 - c_F)\frac{k_c v_1}{r+b-v_1}$ $M > 0$，模式 2 适用。

当 $Q_1 \geqslant \frac{1}{1-\alpha}F^{-1}(B \mid x_e)$ 时，令 $E(\Delta\Pi_F^*) > 0$，得：

$$\frac{(r+b+k_p v_1)(\mu-\delta)}{(r+b)(1-\alpha)+k_p v_1}(v_1 - \alpha k_p v_1 - c_F) - \frac{c_I}{1-\zeta} - (v_1 - c_F)\left(\mu - \delta - \frac{k_c v_1}{r+b-v_1}M\right) > 0 \tag{4-4}$$

当 $(r+b)(1-\alpha)+k_p v_1 = 0$ 时，$E(\Delta\Pi_F^*) = 0$ 无解，即存在间断点，此时

$$\alpha = \frac{r+b+k_p v_1}{r+b} \tag{4-5}$$

附录 4－1

证明：由于 $X \sim N(\mu_1, \sigma_0^2)$，所以 $\frac{X-\mu_1}{\sigma_0} \sim N(0,1)$。因此

$\Phi\left(\frac{Q_1^{d*}-\mu_1}{\sigma_0}\right) = F(Q_1^{d*}) = \frac{p+g-w_0-\rho\gamma}{p+g-v}$，所以 $Q_1^{d*} = \mu_1 + \Phi^{-1}\left(\frac{p+g-w_0-\rho\gamma}{p+g-v}\right)\sigma_0$。

同理，Q_2^{d*} 也可以转化成下面的形式：$Q_2^{d*} = \mu_2 + \Phi^{-1}\left(\frac{p+g-w_t^d-\rho\gamma}{p+g-v}\right)\sigma_t^d$。

由于 $Q_1^{d*} < Q_2^{d*}$，所以

$$\mu_1 + \Phi^{-1}\left(\frac{p+g-w_0-\rho\gamma}{p+g-v}\right)\sigma_0 < \mu_2 + \Phi^{-1}\left(\frac{p+g-w_t^d-\rho\gamma}{p+g-v}\right)\sigma_t^d$$

令 $M_1^d = \mu_1 + \sigma_0\left(\Phi^{-1}\left(\frac{p+g-w_0-\rho\gamma}{p+g-v}\right) - \Phi^{-1}\left(\frac{p+g-w_t^d-\rho\gamma}{p+g-v}\right)\frac{T_2-t^d}{T_2}\right)$

得到 $\mu_2 > M_1^d$。

附录 4－2

由 4.6.1 节可知，本章提出的互惠合同可以协调供应链，那么需要满足两点要求。当集成商在第二阶段增订时，为满足第一个条件，$Q_2^{r*} = Q_2^{c*}$，所

以 $Q_2^{c*}=G^{-1}\left(\dfrac{(1-\varphi)p+g-(1-\eta)w_t^{r*}-\rho\gamma}{(1-\varphi)(p-v)+g}\right)$，可得：

$$\hat{w}_0=\frac{(1-\varphi)p+g-\rho\gamma-[(1-\varphi)(p-v)+g]G(Q_2^{c*})}{1-\eta}-kt^{r*}\text{。}$$

那么第二阶段批发价格 $\hat{w}_t^{r*}=\dfrac{(1-\varphi)p+g-\rho\gamma-[(1-\varphi)(p-v)+g]G(Q_2^{c*})}{1-\eta}$。

记 $\Delta\Pi_I=E(\Pi_I^{r*})-E(\Pi_I^{d*})$，$\Delta\Pi_F=E(\Pi_F^{r*})-E(\Pi_F^{d*})$ 分别表示集成商和提供商在互惠条件下获得的利润增量。为了满足第二个条件，应有 $\Delta\Pi_I=E(\Pi_I^{r*})-E(\Pi_I^{d*})\geqslant 0$ 且 $\Delta\Pi_F=E(\Pi_F^{r*})-E(\Pi_F^{d*})\geqslant 0$。

将 $Q_2^{r*}=Q_2^{c*}$、$\hat{w}_0$ 和 $\hat{w}_t^{r*}$ 代入上面两个不等式，并记 $A=pQ_2^{c*}-(p-v)\int_0^{Q_2^{c*}}G(X)\mathrm{d}X$，$B=\hat{w}_t^{r*}Q_2^{c*}+kt^{r*}Q_1^{r*}$，$N=g\left(Q_2^{c*}-\int_0^{Q_2^{c*}}G(X)\mathrm{d}X-\mu_2\right)-\rho\gamma Q_2^{c*}$，可得：

$$E(\Pi_I^{r*})=A(1-\varphi)-B(1-\eta)+N,E(\Pi_F^{r*})=A\varphi+B(1-\eta)-cQ_2^{c*}$$

对于 $\Delta\Pi_I=E(\Pi_I^{r*})-E(\Pi_I^{d*})\geqslant 0$，有 $A(1-\varphi)-B(1-\eta)\geqslant E(\Pi_I^{d*})-N$；对于 $\Delta\Pi_F=E(\Pi_F^{r*})-E(\Pi_F^{d*})\geqslant 0$，有 $A(1-\varphi)-B(1-\eta)\leqslant -E(\Pi_F^{d*})-cQ_2^{c*}+A$。因此，$\varphi$ 和 η 应该满足 $E(\Pi_I^{d*})-N\leqslant A(1-\varphi)-B(1-\eta)\leqslant -E(\Pi_F^{d*})+A-cQ_2^{c*}$

注意，若集成商在第二阶段维持原订购量，那么 $Q_1^{r*}=Q_1^{c*}$，可得：

$$\tilde{w}_0=\frac{(1-\varphi)p+g-\rho\gamma-[(1-\varphi)(p-v)+g]F(Q_2^{c*})}{1-\eta}$$

同理，将 $Q_1^{r*}=Q_1^{c*}$ 和 $\tilde{w}_0$ 代入上面两个不等式，并记 $\tilde{A}=pQ_1^{c*}-(p-v)\int_0^{Q_1^{c*}}G(X)\mathrm{d}X$，$\tilde{B}=\tilde{w}_0Q_1^{c*}$，$\tilde{N}=g\left(Q_1^{c*}-\int_0^{Q_1^{c*}}G(X)\mathrm{d}X-\mu_2\right)-\rho\gamma Q_1^{c*}$，可得：

$$E(\Pi_I^{r*})=\tilde{A}(1-\varphi)-\tilde{B}(1-\eta)+\tilde{N},E(\Pi_F^{r*})=\tilde{A}\varphi+\tilde{B}(1-\eta)-cQ_1^{c*}$$

因此，φ 和 η 应该满足 $E(\Pi_I^{d*})-\tilde{N}\leqslant\tilde{A}(1-\varphi)-\tilde{B}(1-\eta)\leqslant -E(\Pi_F^{d*})+\tilde{A}-cQ_1^{c*}$。

附录 4 – 3

当本章提出的互惠合同可以协调供应链时，

$$\hat{w}_0 = \frac{(1-\varphi)p + g - \rho\gamma - [(1-\varphi)(p-v)+g]G(Q_2^{c*})}{1-\eta} - kt^{r*}$$ 。

对 $\hat{w}_0$ 求关于 φ 的一阶导数可得：$\frac{\partial \hat{w}_0}{\partial \varphi} = \frac{-1}{1-\eta}[p-(p-v)G(Q_2^{c*})] - k\frac{\partial t^{r*}}{\partial \varphi}$。

接下来求解 $\frac{\partial t^{r*}}{\partial \varphi}$，由正文中表 4－1 可知互惠条件下的第二阶段最优增订点 t^{r*} 满足：

$$\frac{[(1-\varphi)(p-v)+g]\sigma_0}{T_2}\phi(z^r(t^{r*})) - kz^r(t^{r*})\frac{T_2 - t^{r*}}{T_2}\sigma_0$$
$$-\mu_2(1-\eta)k + (1-\eta)kQ_1^{r*} = 0$$

对上式左右两边同时对 φ 求导，可得：

$$\left[\frac{\eta k\sigma_0}{T_2}z^r(t^{r*}) - k\sigma_0(z^r(t^{r*}))'\frac{T_2 - t^{r*}}{T_2}\right]\frac{\partial t^{r*}}{\partial \varphi}$$
$$= \frac{(p-v)\sigma_0}{T_2}\phi(z^r(t^{r*})) - (1-\eta)k\frac{\partial Q_1^{r*}}{\partial \varphi} \qquad (3-1)$$

当 $w_0 = \hat{w}_0$ 时，对 $Q_1^{r*} = F^{-1}\left(\frac{(1-\varphi)p + g - (1-\eta)\hat{w}_0 - \rho\gamma}{(1-\varphi)(p-v)+g}\right)$ 关于 φ 求导，可得：

$$-(p-v)F(Q_1^{r*}) + f(Q_1^{r*})\frac{\partial Q_1^{r*}}{\partial \varphi}[(1-\varphi)(p-v)+g] = -p - (1-\eta)\frac{\partial \hat{w}_0}{\partial \varphi}$$

进一步得到下面的式子：

$$f(Q_1^{r*})\frac{\partial Q_1^{r*}}{\partial \varphi}[(1-\varphi)(p-v)+g] = -(p-v)(G(Q_2^{c*})$$
$$-F(Q_1^{r*})) + (1-\eta)k\frac{\partial t^{r*}}{\partial \varphi}$$

所以 $\frac{\partial Q_1^{r*}}{\partial \varphi} = \frac{-(p-v)(G(Q_2^{c*}) - F(Q_1^{r*})) + (1-\eta)k\frac{\partial t^{r*}}{\partial \varphi}}{f(Q_1^{r*})[(1-\varphi)(p-v)+g]}$，代入式（3－1）可得：

$$\left[\frac{\eta k\sigma_0}{T_2}z^r(t^{r*}) - k\sigma_0(z^r(t^{r*}))'\frac{T_2 - t^{r*}}{T_2} + \frac{(1-\eta)^2k^2}{f(Q_1^{r*})[(1-\varphi)(p-v)+g]}\right]\frac{\partial t^{r*}}{\partial \varphi} =$$
$$-\frac{(p-v)\sigma_0}{T_2}\phi(z^r(t^{r*})) + (1-\eta)k\frac{(p-v)(G(Q_2^{c*}) - F(Q_1^{r*}))}{f(Q_1^{r*})[(1-\varphi)(p-v)+g]} \qquad (3-2)$$

下面考虑：

$$\eta z^r(t^{r*}) - (z^r(t^{r*}))'(T_2 - t^{r*}) \tag{3-3}$$

令 $H(t^{r*}) = \eta \dfrac{z^r(t^{r*})}{(z^r(t^{r*}))'} - (T_2 - t^{r*})$，当 $1 - (z^r(t^{r*}))^2 > 0$ 时，

$$H(t^{r*}) \geqslant H(0) = \eta \frac{z^r(0)}{(z^r(0))'} - T_2 \tag{3-4}$$

另外，采用正文第5章的求解方法，$Q_2^r = \mu_2 + \Phi^{-1}\left(\dfrac{(1-\varphi)p + g - (1-\eta)w_t^r - \rho\gamma}{(1-\varphi)(p-v)+g}\right)\sigma_t^r$，当互惠合同可以协调供应链时，设 $\Phi(z^r) = \dfrac{(1-\varphi)p + g - (1-\eta)\hat{w}_t^r - \rho\gamma}{(1-\varphi)(p-v)+g}$。两边同时对 t^r 求导，可得 $(z^r(t^r))' = \dfrac{-(1-\eta)k}{[(1-\varphi)(p-v)+g]\phi(z^r)} < 0$，因此：

$$\eta z^r(t^{r*}) - (z^r(t^{r*}))'(T_2 - t^{r*}) = (z^r(t^{r*}))'H(t^{r*}) < (z^r(t^{r*}))'H(0)$$

当 $H(0) > 0$ 时，$\eta z^r(t^{r*}) - (z^r(t^{r*}))'(T_2 - t^{r*}) > 0$，则式（3－2）中 $\dfrac{\partial t^{r*}}{\partial \varphi}$ 的系数是负数。

为了满足 $1 - (z^r(t^{r*}))^2 > 0$，需要满足 $k < M_2^r$，其中：

$$M_2^r = \min\left(\begin{array}{l}\dfrac{(1-\varphi)p + g - (1-\eta)w_0 - \rho\gamma - [(1-\varphi)(p-v)+g]\Phi(-1)}{T_1}, \\ \dfrac{2[(1-\varphi)(p-v)+g]}{(1-\eta)T_2}\Phi^{-1}\left(\dfrac{(1-\varphi)p + g - (1-\eta)w_0 - \rho\gamma}{(1-\varphi)(p-v)+g}\right)\phi\left(\Phi^{-1}\left(\dfrac{(1-\varphi)p + g - (1-\eta)w_0 - \rho\gamma}{(1-\varphi)(p-v)+g}\right)\right)\end{array}\right)$$

对式（3－2）中等式右边的部分进行化简，因为 $G(Q_2^{c*}) - F(Q_1^{r*}) < G(Q_2^{c*}) - G(Q_2^{r*}) = 0$，可以得到：

$$\frac{(p-v)\sigma_0}{T_2}\phi(z^r(t^{r*})) + (1-\eta)k\frac{(p-v)(G(Q_2^{c*}) - F(Q_1^{r*}))}{f(Q_1^{r*})(\varphi p + g - \varphi v)}$$

$$< \frac{(p-v)\sigma_0}{T_2}\phi(0) - (1-\eta)k\frac{\sigma_0(p-v)kt^{r*}}{\phi(0)}$$

若 $T_2(1-\eta)k^2t^{r*} > \phi^2(0)$，

那么 $\dfrac{(p-v)\sigma_0}{T_2}\phi(0) - (1-\eta)k\dfrac{\sigma_0(p-v)kt^{r*}}{\phi(0)} < 0$，可得 $\dfrac{\partial t^{r*}}{\partial \varphi} < 0$。

所以 $\dfrac{\partial w_0}{\partial \varphi} = \dfrac{1}{1-\eta}[p - (p-v)G(Q_1^{c*})] - k\dfrac{\partial t^{r*}}{\partial \varphi} < 0$。

综上所述，当参数同时满足 $k < M_2^r$ 且 $T_2(1-\eta)k^2t^{r*} > \phi^2(0)$ 时，$\dfrac{\partial w_0}{\partial \varphi} =$

$$\frac{1}{1-\eta}[p-(p-v)G(Q_1^{c*})]-k\frac{\partial t^{r*}}{\partial \varphi}<0$$。

附录 4－4

（1）证明互惠系数对集成商最优采购量的影响。

当双方采取互惠合作时，对 Q_1^{r*} 求关于 η 的一阶导数可得：

$$\frac{\partial Q_1^{r*}}{\partial \eta}=\frac{1}{f\left(\frac{(1-\varphi)p+g-(1-\eta)w_0-\rho\gamma}{(1-\varphi)(p-v)+g}\right)}\frac{w_0}{(1-\varphi)(p-v)+g}>0$$

若集成商在第二阶段决定增订，可得：

$$\frac{\partial Q_2^{r*}}{\partial \eta}=\frac{1}{g\left(\frac{(1-\varphi)p+g-(1-\eta)w_t^{r*}-\rho\gamma}{(1-\varphi)(p-v)+g}\right)}$$

$$\frac{-1}{(1-\varphi)(p-v)+g}\left(-w_t^{r*}+k(1-\eta)\frac{\partial t^{r*}}{\partial \eta}\right)$$

考察其中的 $\frac{\partial t^{r*}}{\partial \eta}$。由正文可知，集成商的最优增订点 t^{r*} 满足：

$$\frac{[(1-\varphi)(p-v)+g]\sigma_0}{T_2}\phi(z^r(t^{r*}))-kz^r(t^{r*})\frac{T_2-t^{r*}}{T_2}\sigma_0-$$

$$\mu_2(1-\eta)k+(1-\eta)kQ_1^{r*}=0$$

等式两边同时对 η 求导，可得：

$$\left[\frac{\eta k\sigma_0}{T_2}z^r(t^{r*})-k\sigma_0(z^r(t^{r*}))'\frac{T_2-t^{r*}}{T_2}\right]\frac{\partial t^{r*}}{\partial \eta}=$$

$$-\mu_2 k+kQ_1^{r*}-(1-\eta)k\frac{\partial Q_1^{r*}}{\partial \eta}$$

由附录 4－3 可知，$\frac{\eta k\sigma_0}{T_2}z^r(t^{r*})-k\sigma_0(z^r(t^{r*}))'\frac{T_2-t^{r*}}{T_2}<0$

此时，若 $\mu_2-Q_1^{r*}-(1-\eta)\frac{\partial Q_1^{r*}}{\partial \eta}>0$，则 $\frac{\partial t^{r*}}{\partial \eta}<0$

可得 $\frac{\partial Q_2^{mb*}}{\partial \eta}=\frac{1}{g\left(\frac{\varphi p+g-\eta w_t^{mb*}-\rho\gamma}{\varphi p+g-\varphi v}\right)}\frac{-1}{\varphi p+g-\varphi v}\left(-w_t^{mb*}+k\eta\frac{\partial t^{mb*}}{\partial \eta}\right)>0$

（2）证明互惠系数对第二阶段批发价格的影响。

若集成商在第二阶段决定增订，那么第二阶段批发价格为：$w_t^{r*} = w_0 + kt^{r*}$。对 w_t^{r*} 求关于 φ 的一阶导数可得：$\frac{\partial w_t^{r*}}{\partial \varphi} = k\frac{\partial t^{r*}}{\partial \varphi}$。集成商的最优增订点 t^{r*} 满足：

$$\frac{[(1-\varphi)(p-v)+g]\sigma_0}{T_2}\phi(z^r(t^{r*})) - kz^r(t^{r*})\frac{T_2-t^{r*}}{T_2}\sigma_0$$

$$-\mu_2(1-\eta)k + (1-\eta)kQ_1^{r*} = 0$$

在上式左右两边同时对 φ 求导，化简后可得：

$$\left[\frac{\eta k\sigma_0}{T_2}z^r(t^{r*}) - k\sigma_0(z^r(t^{r*}))'\frac{T_2-t^{r*}}{T_2}\right]\frac{\partial t^{r*}}{\partial \varphi}$$

$$= \frac{(p-v)\sigma_0}{T_2}\phi(z^r(t^{r*})) - (1-\eta)k\frac{\partial Q_1^{r*}}{\partial \varphi}$$

其中 $\frac{\partial Q_1^{r*}}{\partial \varphi} < 0$，所以 $\frac{\partial t^{r*}}{\partial \varphi} < 0$，即 $\frac{\partial w_t^{r*}}{\partial \varphi} = k\frac{\partial t^{r*}}{\partial \varphi} < 0$

附录 4－5

互惠行为中，双方将自己的部分收益共享给合作伙伴，促进双方的长期合作并实现双赢。集成商和提供商不会将自己的收益共享给对方，而是在满足自己效用的前提下才会采取互惠行动。

首先，研究集成商互惠系数和提供商互惠系数之间的关系。当双方实行互惠合同时，集成商的效用函数为：

$$\Delta U = E(\Pi_I^r) - E(\Pi_F^r) =$$

$$-(2\varphi-1)\left[ps(Q_2^r) + v\int_0^{Q_2^r}G(X)\mathrm{d}X\right] - g\left(-Q_2^r + \int_0^{Q_2^r}G(X)\mathrm{d}X + \mu_2\right) -$$

$$2(1-\eta)[w_0Q_1^r + w_t^r(Q_2^r - Q_1^r)] - (\rho\gamma - c)Q_2^r$$

对 ΔU 求关于 Q_2^r 的一阶导数为零，可得：

$$-(2\varphi-1)[p - pG(Q_2^r) + vG(Q_2^r)] - g[-1 + G(Q_2^r)] -$$

$$2(1-\eta)w_t^r - \rho\gamma + c = 0$$

求 φ 关于 η 的一阶导数，可得：$\frac{\partial \varphi}{\partial \eta} = \frac{w_t^r}{p - pG(Q_2^r) + vG(Q_2^r)}$

其中 $0 < G(Q_2^r) < 1$，所以 $\frac{\partial \varphi}{\partial \eta} > 0$，即提供商的互惠系数 η 随集成商的互惠系数 φ 增加，因此，集成商和提供商的互惠行为是相互促进的。

接下来，考虑除互惠行为因素外，其他因素对双方互惠系数的影响。

当集成商采取自利行为时，其互惠系数 $\varphi = 0$，集成商没有与提供商共享收益。此时，提供商将自身销售收入的 η 共享给集成商，那么集成商的期望总利润表达式为：

$$E[\Pi_I^r(\varphi = 0)] = ps(Q_2^r) - g\left(-Q_2^r + \int_0^{Q_2^r} G(X)\mathrm{d}X + \mu_2\right) + v\int_0^{Q_2^r} G(X)\mathrm{d}X - (1-\eta)[w_0 Q_1^r + w_t^r(Q_2^r - Q_1^r)] - \rho\gamma Q_2^r$$

提供商的期望总利润表达式为：

$$E[\Pi_F^r(\varphi = 0)] = (1-\eta)[w_0 Q_1 + w_t(Q_2 - Q_1)] - cQ_2$$

那么集成商的效用函数为：

$$\begin{aligned}\Delta U_1 &= E[\Pi_I^r(\varphi = 0)] - E[\Pi_F^r(\varphi = 0)] \\ &= ps(Q_2^r) - g\left(-Q_2^r + \int_0^{Q_2^r} G(X)\mathrm{d}X + \mu_2\right) + \\ &\quad v\int_0^{Q_2^r} G(X)\mathrm{d}X - 2(1-\eta)[w_0 Q_1^r + w_t^r(Q_2^r - Q_1^r)] - (\rho\gamma - c)Q_2^r\end{aligned}$$

令 ΔU_1 求关于 Q_2^r 的一阶导数为零，可得提供商互惠系数的阈值为：

$$\eta^* = 1 - \frac{1}{2w_t^r}[p + g - \rho\gamma + c - (p + g - v)G(Q_2^r)]$$

由于互惠系数的范围是（0，1），所以 $0 < [p + g - \rho\gamma + c - (p + g - v)G(Q_2^r)] < 2w_t^r$。

又因为 $0 < G(Q_2^r) < 1$，所以需要满足：$v + c - \rho\gamma > 0$，$p + g - \rho\gamma + c < 2w_t^r$。

由于 $\frac{\partial \eta^*}{\partial c} = \frac{-1}{2w_t^r} < 0$ 且 $\frac{\partial \eta^*}{\partial \gamma} = \frac{\rho}{2w_t^c} > 0$，提供商互惠系数随着提供商边际成本降低，随客户要求的服务水平提高。

由于 $\frac{\partial \varphi}{\partial \eta} > 0$，所以 $\frac{\partial \varphi}{\partial c} = \frac{\partial \varphi}{\partial \eta}\frac{\partial \eta}{\partial c} < 0$，$\frac{\partial \varphi}{\partial \gamma} = \frac{\partial \varphi}{\partial \eta}\frac{\partial \eta}{\partial \gamma} > 0$

注意，若集成商在第二阶段选择维持原有订购量，那么：

$$\frac{\partial \varphi}{\partial \eta} = \frac{w_0}{p - pG(Q_1^r) + vG(Q_1^r)}$$

$$\eta^* = 1 - \frac{1}{2w_0}[p + g + \rho\gamma - c - (p + g - v)G(Q_1^r)]$$

通过求导，可以得到与 $Q_1 < Q_2$ 情况下相同的结论。

附录 4 – 6

命题 5 证明过程如下。

因为 $G(Q_2^r) = \Phi\left(\frac{Q_2^r - \mu_2}{\sigma_t}\right)$，所以根据附录 4 – 5，对 η^* 求关于 σ_t 的一阶导数可得：

$$\frac{\partial \eta^*}{\partial \sigma_t} = \frac{1}{2w_t^r}(p + g - v)\phi\left(\frac{Q_2^r - \mu_2}{\sigma_t}\right)(Q_2^r - \mu_2)\frac{-1}{(\sigma_t)^2}$$

若 $Q_2^r > \mu_2$，则 $\frac{\partial \eta^*}{\partial \sigma_t} < 0$；若 $Q_2^r < \mu_2$，则 $\frac{\partial \eta^*}{\partial \sigma_t} > 0$。

另外，由附录 4 – 5 可知 $\frac{\partial \varphi}{\partial \eta} > 0$，因此，若 $Q_2^r > \mu_2$，则 $\frac{\partial \varphi}{\partial \sigma_t} < 0$；若 $Q_2^r < \mu_2$，则 $\frac{\partial \varphi}{\partial \sigma_t} > 0$。

附录 5 – 1

对正文中式（5 – 2）求 γ_1 的一阶导数，可得：

$$\frac{\partial \Pi_{I_1}(\gamma_1, z_1)}{\partial \gamma_1} = \beta \cdot (1 - \lambda)[p - w + (k_i - k_c)(1 - \varphi_1)]$$

由于 $\beta(1 - \lambda) > 0$，若满足 $p - w + (k_i - k_c)(1 - \varphi_1) > 0$，则 $\frac{\partial \Pi_{I_1}(\gamma_1, z_1)}{\partial \gamma_1} > 0$，$I$ 第一阶段的利润随服务质量承诺递增，那么 $\gamma_1^* = 1$。下面对参数需要满足的条件进行化简。由命题 1 可知 $k_c > k_i$，因此上述条件转化为 $\varphi_1 > 1 + \frac{p - w}{k_i - k_c}$。

若满足 $p - w + (k_i - k_c)(1 - \varphi_1) < 0$，则 $\frac{\partial \Pi_{I_1}(\gamma_1, z_1)}{\partial \gamma_1} < 0$，$I$ 第一阶段

的利润随服务质量承诺递减，那么 $\gamma_1^* = \underline{\gamma}$，则上述条件转化为 $\underline{\varphi} < \varphi_1 < 1 + \frac{p - w}{k_i - k_c}$。

考虑到提供商顺从因子的下限为 $\underline{\varphi}$，需要同时满足 $\underline{\varphi} < 1 + \frac{p - w}{k_i - k_c}$。

由此可以得到命题2。

附录 5－2

对正文中式（5－5）求 γ_2 的一阶导数，可得：

$$\frac{\partial \tilde{\Pi}_{I_2}(\gamma_2, z_2)}{\partial \gamma_2} = F(z_1^*)[p - w + (k_i - k_c)(1 - \varphi_2)]\beta(1 - \lambda) + \eta$$

若满足 $F(z_1^*)[p - w + (k_i - k_c)(1 - \varphi_2)]\beta(1 - \lambda) + \eta > 0$，则 $\frac{\partial \tilde{\Pi}_{I_2}(\gamma_2, z_2)}{\partial \gamma_2} > 0$，$I$ 第二阶段的利润随服务质量承诺递增，那么 $\gamma_2^* = 1$。由命题 1 可知 $k_c > k_i$，因此上述条件转化为 $1 > \varphi_2 > 1 - \frac{p - w}{k_c - k_i} - \frac{\eta}{\beta(1 - \lambda) \cdot F(z_1^*)(k_c - k_i)}$。

若满足 $F(z_1^*)[p - w + (k_i - k_c)(1 - \varphi_2)]\beta(1 - \lambda) + \eta < 0$，则 $\frac{\partial \tilde{\Pi}_{I_2}(\gamma_2, z_2)}{\partial \gamma_2} < 0$，$I$ 第二阶段的利润随服务质量承诺递减，那么 $\gamma_2^* = \underline{\gamma}$。由命题 1 可知 $k_c > k_i$，因此上述条件转化为 $\underline{\varphi} < \varphi_2 < 1 - \frac{p - w}{k_c - k_i} - \frac{\eta}{\beta(1 - \lambda) \cdot F(z_1^*)(k_c - k_i)}$。

考虑到提供商顺从因子的下限为 $\underline{\varphi}$，需要同时满足 $\underline{\varphi} < 1 - \frac{p - w}{k_c - k_i} - \frac{\eta}{\beta(1 - \lambda) \cdot F(z_1^*)(k_c - k_i)}$。

由此可以得到命题3。

附录 5－3

正文中式（5－7）中代入 I 第二阶段的采购决策变量 $\hat{z}_2 = \hat{Q}_2 - l(s_2)$，并求 $\hat{z}_2$ 的二阶导数。

当 $\hat{z}_2 > 0$ 时，可得：

$$\frac{\partial^2 \tilde{\Pi}_{I_2}(\gamma_2, \hat{z}_2)}{\partial \hat{z}_2^2} = -[1 - F(z_1^*)] \cdot [p - k_c(1 - \varphi_2) + g - v] g(\hat{z}_2)$$

当 $p - k_c(1 - \varphi_2) + g - v > 0$ 时，$\frac{\partial^2 \tilde{\Pi}_{I_2}(\gamma_2, \hat{z}_2)}{\partial \hat{z}_2^2} < 0$，存在最优的 $\hat{z}_2^*$，使得 I 第二阶段的利润有最优值。令 $\frac{\partial \hat{\Pi}_{I_2}(\gamma_2, \hat{z}_2)}{\partial \hat{z}_2} = 0$，解得：

$$\hat{z}_2^* = G^{-1}\left(\frac{p + g - k_c(1 - \varphi_2) + k_i(1 - \varphi_2) - w}{p + g - k_c(1 - \varphi_2) - v}\right)$$

当 $\hat{z}_2 < 0$ 时，可得：

$$\frac{\partial^2 \hat{\Pi}_{I_2}(\gamma_2, \hat{z}_2)}{\partial \hat{z}_2^2} = [1 - F(z_1^*)] \cdot [p - k_c(1 - \varphi_2) + g - v] g(\hat{z}_2)$$

当 $p - k_c(1 - \varphi_2) + g - v > 0$ 时，$\frac{\partial^2 \hat{\Pi}_{I_2}(\gamma_2, \hat{z}_2)}{\partial \hat{z}_2^2} > 0$，因此 $\hat{\Pi}_{I_2}(\gamma_2, \hat{z}_2)$ 是 $\hat{z}_2$ 的凹函数，需要考虑 $\hat{z}_2$ 的取值范围。由于采购量应有 $\hat{Q}_2 \geqslant 0$，因此 $-l(s_2) \leqslant \hat{z}_2 < 0$。

因此当 $\hat{\Pi}_{I_2}(\gamma_2, \hat{z}_2 = 0) \leqslant \hat{\Pi}_{I_2}(\gamma_2, \hat{z}_2 = -l(s_2))$ 时，$\hat{z}_2^* = -l(s_2)$；

当 $\hat{\Pi}_{I_2}(\gamma_2, \hat{z}_2 = 0) > \hat{\Pi}_{I_2}(\gamma_2, \hat{z}_2 = -l(s_2))$ 时，$\hat{z}_2^* = 0$。

因为 $G(\hat{z}_2^*)$ 满足 $0 \leqslant G(\hat{z}_2^*) \leqslant 1$，可得 $p + g - k_c(1 - \varphi_2) + k_i(1 - \varphi_2) - w \geqslant 0$，$w - k_i(1 - \varphi_2) \geqslant v$。

由于本章采用贝叶斯更新，$G(\hat{z}_2^*) = \frac{F(\hat{z}_2^*) - F(z_1^*)}{1 - F(z_1^*)}$。

因此，$F(\hat{z}_2^*) - F(z_1^*) = \dfrac{p + g - k_c(1 - \varphi_2) + k_i(1 - \varphi_2) - w}{p + g - k_c(1 - \varphi_2) - v}[1 - F(z_1^*)] \geqslant 0$，即 $F(\hat{z}_2^*) > F(z_1^*)$。由于 $F(x)$ 为单调递增函数，因此 $\hat{z}_2^* \geqslant z_1^*$。

附录 5－4

若 $-\rho\gamma_2^* + k_i > 0$，由于 $\dfrac{\partial \hat{z}_2^*}{\partial \varphi_2}[w - c - \rho\varphi_2\gamma_2^* - k_i(1 - \varphi_2)] > 0$ 且 $\hat{z}_2^* + l(s_2) > 0$，所以 $\dfrac{\partial \hat{\Pi}_{F_2}}{\partial \varphi_2} > 0$，$F$ 第二阶段的利润 $\hat{\Pi}_{F_2}$ 随其顺从因子 φ_2 递增，因此 $\hat{\varphi}_2^* = 1$。

若 $-\rho\gamma_2^* + k_i < 0$，对正文中式（5－8）求关于 φ_2 的二阶导数，可得：

$$\frac{\partial^2 \hat{\Pi}_{F_2}(\varphi_2)}{\partial \varphi_2^2} = [1 - F(z_1^*)] \cdot$$

$$\left\{\frac{\partial^2 \hat{z}_2^*}{\partial \varphi_2^2}[w - c - \rho\varphi_2\gamma_2^* - k_i(1 - \varphi_2)] + 2(-\rho\gamma_2^* + k_i)\frac{\partial \hat{z}_2^*}{\partial \varphi_2}\right\}$$

其中：

$$\frac{\partial^2 \hat{z}_2^*}{\partial \varphi_2^2} = \frac{1}{g(\hat{z}_2^*)} \cdot \frac{2k_c[k_c(w - v) - k_i(p + g - v)]}{[p - k_c(1 - \varphi_2) + g - v]^3} -$$

$$\frac{1}{f^2(\hat{z}_2^*)}\frac{\partial \hat{z}_2^*}{\partial \varphi_2}\frac{k_c(w - v) - k_i(p + g - v)}{[p - k_c(1 - \varphi_2) + g - v]^2}$$

$$= \frac{1}{g(\hat{z}_2^*)} \cdot \frac{k_c(w - v) - k_i(p + g - v)}{[p - k_c(1 - \varphi_2) + g - v]^3}$$

$$\left[-2k_c - f^2(\hat{z}_2^*)\frac{k_c(w - v) - k_i(p + g - v)}{p - k_c(1 - \varphi_2) + g - v}\right] < 0$$

由于 $w - c - \rho\varphi_1\gamma_1^* - k_i(1 - \varphi_1) > 0$ 且 $\dfrac{\partial \hat{z}_2^*}{\partial \varphi_2} > 0$，因此，当 $-\rho\gamma_2^* + k_i < 0$ 时，有 $\dfrac{\partial^2 \hat{\Pi}_{F_2}(\varphi_2)}{\partial \varphi_2^2} < 0$。说明存在 φ_2^* 使得 F 第二阶段的利润获得极大值。

令 $\dfrac{\partial \hat{\Pi}_{F_2}(\varphi_2)}{\partial \varphi_2} = 0$，可得 $\varphi_2 = \dfrac{w - c - k_i}{\rho\gamma_2^* - k_i} - \dfrac{z_2^* + l(s_2)}{\partial z_2^* / \partial \varphi_2}$。

因此：

$$\hat{\varphi}_2^* = \begin{cases} \underline{\varphi} & \dfrac{w-c-k_i}{\rho\gamma_2^* - k_i} - \dfrac{z_2^* + l(s_2)}{\partial z_2^* / \partial \hat{\varphi}_2^*} < \underline{\varphi} \\ \dfrac{w-c-k_i}{\rho\gamma_2^* - k_i} - \dfrac{z_2^* + l(s_2)}{\partial z_2^* / \partial \hat{\varphi}_2^*} & \underline{\varphi} < \dfrac{w-c-k_i}{\rho\gamma_2^* - k_i} - \dfrac{z_2^* + l(s_2)}{\partial z_2^* / \partial \hat{\varphi}_2^*} < 1 \\ 1 & \dfrac{w-c-k_i}{\rho\gamma_2^* - k_i} - \dfrac{z_2^* + l(s_2)}{\partial z_2^* / \partial \hat{\varphi}_2^*} > 1 \end{cases}$$

附录 5－5

市场需求不确定性完全揭示时，对正文中式（5－6）求关于 φ_1^* 的一阶导数，可得：

$$\frac{\partial \tilde{\Pi}_{F_2}(\varphi_2)}{\partial \varphi_1^*} = [w - c - \rho\varphi_2\gamma_2^* - k_i(1-\varphi_2)]\left\{f(z_1^*)\frac{\partial z_1^*}{\partial \varphi_1}\tilde{Q}_2^* + F(z_1^*)\varphi_1\lambda\right\}$$

若满足命题 1，则 $\dfrac{\partial z_1^*}{\partial \varphi_1} > 0$，又由第三部分问题描述中的假设可知提供商 F 在满足利润门槛后才会参与合作，因此 $w - c - \rho\varphi_2\gamma_2^* - k_i(1-\varphi_2) > 0$。所以 $\dfrac{\partial \tilde{\Pi}_{F_2}(\varphi_2)}{\partial \varphi_1^*} > 0$，即 F 第二阶段利润随第一阶段的顺从因子 φ_1^* 递增。

市场需求不确定性不完全揭示时，对正文中式（5－9）求关于 φ_1^* 的一阶导数，可得：

$$\frac{\partial \hat{\Pi}_{F_2}(\varphi_2)}{\partial \varphi_1} = [w - c - \rho\varphi_2\gamma_2^* - k_i(1-\varphi_2)]$$
$$\left\{-f(z_1^*)\frac{\partial z_1^*}{\partial \varphi_1}\hat{Q}_2^* + [1 - F(z_1^*)]\frac{\partial \hat{Q}_2^*}{\partial \varphi_1}\right\}$$

其中 $\dfrac{\partial \hat{Q}_2^*}{\partial \varphi_1} = \dfrac{\partial z_2^*}{\partial \varphi_1} + \beta\gamma_1\lambda$。

对于 $F(\hat{z}_2^*) = \dfrac{p + g - k_c(1-\varphi_2) + k_i(1-\varphi_2) - w}{p + g - k_c(1-\varphi_2) - v}[1 - F(z_1^*)] + F(z_1^*)$ 两边同时求 φ_1 一阶导数，可得：

$$f(\hat{z}_2^*)\frac{\partial z_2^*}{\partial \varphi_1}=\frac{w-v-k_i(1-\varphi_2)}{p+g-k_c(1-\varphi_2)-v}f(z_1^*)\frac{\partial z_1^*}{\partial \varphi_1}>0$$

因此 $\frac{\partial z_2^*}{\partial \varphi_1}>0$，进一步可得 $\frac{\partial \hat{Q}_2^*}{\partial \varphi_1}>0$。因此 $\frac{\partial \hat{\Pi}_{F_2}(\varphi_2)}{\partial \varphi_1}$ 可能大于、等于或小于0，即 F 第一阶段的顺从因子 φ_1^* 对其第二阶段利润的影响不确定。

附录 6 –1

需求减少情形下，在 non-option，option 1，option 2 情境下的订单分配结果（见表 1 ~ 表 5）。

表 1　　在 non-option 分配结果

t	Π_{LSI}			U_{FLSP}			TP		
	scenario 1	scenario 2	scenario 3	scenario 1	scenario 2	scenario 3	scenario 1	scenario 2	scenario 3
10	528.280	564.390	641.890	0.305	0.306	0.292	0.191	0.188	0.182
15	561.290	596.290	676.780	0.344	0.340	0.319	0.217	0.214	0.207
20	604.580	642.280	748.980	0.356	0.355	0.347	0.224	0.222	0.215
25	621.360	660.270	746.250	0.362	0.359	0.351	0.228	0.225	0.218
30	628.930	668.260	752.570	0.364	0.359	0.354	0.229	0.225	0.219
35	631.240	671.020	753.180	0.364	0.359	0.354	0.229	0.225	0.219
40	631.240	671.850	754.020	0.364	0.363	0.354	0.229	0.225	0.219
45	631.240	671.980	754.380	0.364	0.363	0.354	0.229	0.227	0.219
50	632.240	672.980	755.380	0.364	0.363	0.354	0.229	0.227	0.219

表 2　　在 option 1 情况下订单分配结果

t	Π_{LSI}			U_{FLSP}			TP		
	scenario 1	scenario 2	scenario 3	scenario 1	scenario 2	scenario 3	scenario 1	scenario 2	scenario 3
5	5212.604	5214.035	5219.711	0.390	0.390	0.390	0.999	1.000	1.000
10	4989.574	4991.008	4996.698	0.385	0.384	0.384	0.999	1.000	1.000
15	4820.468	4821.904	4827.605	0.380	0.380	0.380	0.999	0.999	1.000
20	4731.125	4732.563	4738.269	0.378	0.378	0.378	0.999	0.999	1.000
25	4692.747	4694.186	4699.894	0.377	0.377	0.377	0.999	0.999	1.000
30	4677.743	4679.182	4684.891	0.376	0.376	0.376	0.999	0.999	1.000
35	4672.095	4673.534	4679.243	0.376	0.376	0.376	0.999	0.999	1.000
40	4669.999	4671.438	4677.148	0.376	0.376	0.376	0.999	0.999	1.000
45	4669.226	4670.665	4676.374	0.376	0.376	0.376	0.999	0.999	1.000
50	4668.941	4670.380	4676.090	0.376	0.376	0.376	0.999	0.999	1.000

表 3　　在 option 2 情况下订单分配结果

t	Π_{LSI}			U_{FLSP}			TP		
	scenario 1	scenario 2	scenario 3	scenario 1	scenario 2	scenario 3	scenario 1	scenario 2	scenario 3
5	3513. 128	3513. 128	3513. 127	1. 423	1. 423	1. 422	0. 994	0. 995	0. 996
10	4473. 498	4473. 498	4473. 498	1. 422	1. 422	1. 422	0. 992	0. 994	0. 995
15	4533. 986	4533. 986	4533. 986	1. 422	1. 422	1. 422	0. 991	0. 994	0. 995
20	4458. 996	4458. 996	4458. 996	1. 422	1. 422	1. 422	0. 991	0. 993	0. 994
25	4426. 783	4426. 783	4426. 783	1. 422	1. 422	1. 421	0. 991	0. 993	0. 994
30	4414. 189	4414. 189	4414. 189	1. 422	1. 422	1. 421	0. 991	0. 993	0. 994
35	4409. 448	4409. 448	4409. 448	1. 422	1. 422	1. 421	0. 991	0. 993	0. 994
40	4407. 690	4407. 690	4407. 689	1. 422	1. 422	1. 421	0. 991	0. 993	0. 994
45	4407. 040	4407. 040	4407. 040	1. 422	1. 422	1. 421	0. 991	0. 993	0. 994
50	4406. 801	4406. 801	4406. 801	1. 422	1. 422	1. 421	0. 991	0. 993	0. 994

表 4　　不公平差异较小情况下分配结果变化情况

t	$\Delta \Pi_{LSI}^{1-2}$			ΔU_{FLSP}^{1-2}			ΔTP^{1-2}		
	non-option	option 1	option 2	non-option	option 1	option 2	non-option	option 1	option 2
10	6. 835%	0. 029%	0. 000%	1. 553%	0. 019%	0. 005%	0. 624%	0. 012%	0. 254%
15	6. 236%	0. 030%	0. 000%	1. 553%	0. 020%	0. 005%	1. 279%	0. 013%	0. 264%
20	6. 236%	0. 030%	0. 000%	1. 213%	0. 021%	0. 005%	0. 449%	0. 013%	0. 238%
25	6. 262%	0. 031%	0. 000%	1. 413%	0. 021%	0. 005%	0. 750%	0. 013%	0. 226%
30	6. 253%	0. 031%	0. 000%	1. 625%	0. 021%	0. 005%	1. 442%	0. 013%	0. 232%
35	6. 302%	0. 031%	0. 000%	1. 848%	0. 021%	0. 005%	1. 442%	0. 013%	0. 230%
40	6. 433%	0. 031%	0. 000%	1. 848%	0. 021%	0. 005%	0. 371%	0. 013%	0. 232%
45	6. 454%	0. 031%	0. 000%	0. 909%	0. 021%	0. 005%	0. 371%	0. 013%	0. 234%
50	6. 444%	0. 031%	0. 000%	0. 909%	0. 021%	0. 005%	0. 371%	0. 013%	0. 225%

表 5　　不公平差异较大情况下分配结果变化情况

t	$\Delta \Pi_{LSI}^{1-3}$			ΔU_{FLSP}^{1-3}			ΔTP^{1-3}		
	non-option	option 1	option 2	non-option	option 1	option 2	non-option	option 1	option 2
10	21. 506%	0. 143%	0. 000%	4. 643%	0. 078%	0. 023%	4. 007%	0. 062%	0. 348%
15	20. 576%	0. 148%	0. 000%	4. 484%	0. 085%	0. 023%	7. 386%	0. 064%	0. 363%
20	23. 884%	0. 151%	0. 000%	4. 017%	0. 088%	0. 023%	2. 570%	0. 065%	0. 350%
25	20. 099%	0. 152%	0. 000%	4. 295%	0. 090%	0. 023%	2. 774%	0. 066%	0. 343%
30	19. 659%	0. 153%	0. 000%	4. 356%	0. 091%	0. 023%	2. 791%	0. 066%	0. 348%
35	19. 318%	0. 153%	0. 000%	4. 573%	0. 091%	0. 023%	2. 791%	0. 066%	0. 349%
40	19. 451%	0. 153%	0. 000%	4. 573%	0. 091%	0. 023%	2. 791%	0. 066%	0. 350%
45	19. 508%	0. 153%	0. 000%	4. 573%	0. 091%	0. 023%	2. 791%	0. 066%	0. 350%
50	19. 477%	0. 153%	0. 000%	4. 573%	0. 091%	0. 023%	2. 791%	0. 066%	0. 350%

附录 6 -2

需求增加情形下，在 non-option，option 1，option 2 情境下的订单分配结果（见表 1 ~ 表 5）。

表 1　　non-option 情况下的订单分配结果（Liu et al.，2017）

t	Π_{LSI}			U_{FLSP}			TP		
	scenario 1	scenario 2	scenario 3	scenario 1	scenario 2	scenario 3	scenario 1	scenario 2	scenario 3
10	5043. 467	5042. 428	4890. 278	0. 141	0. 148	0. 137	0. 505	0. 505	0. 505
15	5208. 289	5190. 688	5212. 365	0. 268	0. 267	0. 272	0. 734	0. 734	0. 734
20	5305. 389	5306. 389	5304. 389	0. 297	0. 296	0. 291	0. 786	0. 786	0. 786
25	5321. 357	5320. 357	5325. 357	0. 311	0. 314	0. 320	0. 804	0. 804	0. 803
30	5322. 357	5321. 357	5326. 357	0. 319	0. 325	0. 319	0. 807	0. 806	0. 806
35	5323. 357	5322. 357	5327. 357	0. 326	0. 327	0. 327	0. 807	0. 807	0. 807
40	5324. 357	5323. 357	5328. 357	0. 328	0. 328	0. 327	0. 807	0. 807	0. 807
45	5325. 357	5324. 357	5329. 357	0. 328	0. 328	0. 328	0. 807	0. 807	0. 807
50	5326. 357	5325. 357	5330. 357	0. 328	0. 328	0. 328	0. 807	0. 807	0. 807

表 2　　option 1 情况下的订单分配结果

t	Π_{LSI}			U_{FLSP}			TP		
	scenario 1	scenario 2	scenario 3	scenario 1	scenario 2	scenario 3	scenario 1	scenario 2	scenario 3
5	5951. 744	5953. 379	5959. 872	0. 410	0. 410	0. 410	0. 999	1. 000	1. 000
10	6174. 774	6176. 406	6182. 885	0. 417	0. 416	0. 416	1. 000	1. 000	1. 000
15	6343. 880	6345. 510	6351. 978	0. 421	0. 421	0. 421	1. 000	1. 000	1. 000
20	6433. 223	6434. 851	6441. 314	0. 424	0. 424	0. 424	1. 000	1. 000	1. 000
25	6471. 601	6473. 229	6479. 689	0. 425	0. 425	0. 425	1. 000	1. 000	1. 000
30	6486. 605	6488. 233	6494. 693	0. 425	0. 425	0. 425	1. 000	1. 000	1. 000
35	6492. 253	6493. 880	6500. 340	0. 425	0. 425	0. 425	1. 000	1. 000	1. 000
40	6494. 349	6495. 976	6502. 435	0. 426	0. 425	0. 425	1. 000	1. 000	1. 000
45	6495. 122	6496. 749	6503. 209	0. 426	0. 426	0. 425	1. 000	1. 000	1. 000
50	6495. 407	6497. 034	6503. 493	0. 426	0. 426	0. 425	1. 000	1. 000	1. 000

表 3　　option 2 情况下分配结果

t	Π_{LSI}			U_{FLSP}			TP		
	scenario 1	scenario 2	scenario 3	scenario 1	scenario 2	scenario 3	scenario 1	scenario 2	scenario 3
5	4123. 226	4123. 226	4123. 226	1. 424	1. 424	1. 423	0. 999	0. 999	0. 999
10	5441. 720	5441. 720	5441. 720	1. 424	1. 424	1. 424	0. 999	0. 999	0. 999
15	5775. 426	5775. 426	5775. 426	1. 424	1. 424	1. 424	1. 000	1. 000	1. 000
20	5845. 852	5845. 852	5845. 852	1. 425	1. 424	1. 424	1. 000	1. 000	1. 000
25	5876. 104	5876. 104	5876. 104	1. 425	1. 425	1. 424	1. 000	1. 000	1. 000
30	5887. 931	5887. 931	5887. 931	1. 425	1. 425	1. 424	1. 000	1. 000	1. 000
35	5892. 383	5892. 383	5892. 383	1. 425	1. 425	1. 424	1. 000	1. 000	1. 000
40	5894. 035	5894. 035	5894. 035	1. 425	1. 425	1. 424	1. 000	1. 000	1. 000
45	5894. 645	5894. 645	5894. 645	1. 425	1. 425	1. 424	1. 000	1. 000	1. 000
50	5894. 869	5894. 869	5894. 869	1. 425	1. 425	1. 424	1. 000	1. 000	1. 000

表 4　　不公平差异较小情况下分配结果变化情况

t	$\Delta\Pi_{LSI}^{1-2}$			ΔU_{FLSP}^{1-2}			ΔTP^{1-2}		
	non-option	option 1	option 2	non-option	option 1	option 2	non-option	option 1	option 2
10	0. 020%	0. 027%	0. 000%	4. 977%	0. 010%	0. 007%	0. 020%	0. 010%	0. 066%
15	0. 021%	0. 026%	0. 000%	0. 234%	0. 009%	0. 006%	0. 060%	0. 010%	0. 034%
20	0. 024%	0. 026%	0. 000%	0. 448%	0. 008%	0. 004%	0. 013%	0. 009%	0. 014%
25	0. 019%	0. 025%	0. 000%	0. 964%	0. 008%	0. 003%	0. 025%	0. 009%	0. 005%
30	0. 019%	0. 025%	0. 000%	1. 970%	0. 008%	0. 002%	0. 011%	0. 009%	0. 002%
35	0. 019%	0. 025%	0. 000%	0. 233%	0. 008%	0. 002%	0. 015%	0. 009%	0. 001%
40	0. 019%	0. 025%	0. 000%	0. 153%	0. 008%	0. 002%	0. 011%	0. 009%	0. 000%
45	0. 019%	0. 025%	0. 000%	0. 139%	0. 008%	0. 002%	0. 011%	0. 009%	0. 000%
50	0. 019%	0. 025%	0. 000%	0. 128%	0. 008%	0. 002%	0. 011%	0. 009%	0. 000%

表 5　　不公平差异较大情况下分配结果变化情况

t	$\Delta\Pi_{LSI}^{1-3}$			ΔU_{FLSP}^{1-3}			ΔTP^{1-3}		
	non-option	option 1	option 2	non-option	option 1	option 2	non-option	option 1	option 2
10	0. 037%	0. 131%	0. 000%	2. 841%	0. 037%	0. 036%	0. 040%	0. 049%	0. 000%
15	0. 078%	0. 127%	0. 000%	1. 593%	0. 031%	0. 029%	0. 046%	0. 048%	0. 000%
20	0. 019%	0. 126%	0. 000%	2. 087%	0. 028%	0. 018%	0. 045%	0. 047%	0. 000%
25	0. 075%	0. 125%	0. 000%	2. 785%	0. 026%	0. 013%	0. 037%	0. 046%	0. 000%
30	0. 075%	0. 125%	0. 000%	0. 199%	0. 026%	0. 011%	0. 010%	0. 046%	0. 000%

续 表

t	$\Delta \Pi_{LSI}^{1-3}$			ΔU_{FLSP}^{1-3}			ΔTP^{1-3}		
	non-option	option 1	option 2	non-option	option 1	option 2	non-option	option 1	option 2
35	0.075%	0.124%	0.000%	0.156%	0.026%	0.011%	0.011%	0.046%	0.000%
40	0.075%	0.124%	0.000%	0.109%	0.026%	0.010%	0.006%	0.046%	0.000%
45	0.075%	0.124%	0.000%	0.106%	0.026%	0.010%	0.006%	0.046%	0.000%
50	0.075%	0.124%	0.000%	0.106%	0.026%	0.010%	0.006%	0.046%	0.000%

附录 7

引理 1 证明过程如下。

$$\frac{\partial Q_{k1}^*}{\partial k} = (b-a)\frac{\gamma w + g}{f\left[\frac{(p+h+g)k-\gamma w-g}{k(p+h+g)}\right]k^2(p+h+g)} > 0$$

$$\frac{\partial \beta_{l1}^*}{\partial k} = \frac{(w-v-c)[h(\bar{\beta})-h(\underline{\beta})]}{le\cdot f\left[\frac{k(p+h+g)-\gamma w-g}{k(p+h+g)}\right]}\cdot\frac{\gamma w+g}{k^2(p+h+g)} > 0$$

$$\frac{\partial \beta_{l1}^*}{\partial l} = -\frac{(w-v-c)[h(\bar{\beta})-h(\underline{\beta})]F^{-1}\left[\frac{k(p+h+g)-\gamma w-g}{k(p+h+g)}\right]}{l^2 e} < 0$$

Q_{k2}^*，β_{l2}^* 与 Q_{k1}^*，β_{l1}^* 类似。

命题 1 证明过程如下。

$$Q_{k1}^* - Q_1^* = (b-a)\left\{F^{-1}\left[\frac{(p+h+g)k-\gamma w-g}{k(p+h+g)}\right]-F^{-1}\left(\frac{p+h-\gamma w}{p+h+g}\right)\right\}$$

$$\frac{(p+h+g)k-\gamma w-g}{k(p+h+g)}-\frac{p+h-\gamma w}{p+h+g}=\frac{(k-1)(g+\gamma w)}{k(p+h+g)}$$

由于 $F^{-}(x)$ 是单调增函数，因此：

当 $k>1$，$F^{-1}\left(\frac{(p+h+g)k-\gamma w-g}{k(p+h+g)}\right) > F^{-1}\left(\frac{p+h-\gamma w}{p+h+g}\right)$，$Q_{k1}^* - Q_1^* > 0$。

当 $0<k<1$，$F^{-1}\left(\frac{(p+h+g)k-\gamma w-g}{k(p+h+g)}\right) < F^{-1}\left(\frac{p+h-\gamma w}{p+h+g}\right)$，$Q_{k1}^* - Q_1^* > 0$。

$$Q_{k2}^* - Q_2^* = (b-a)$$

$$\left\{F^{-1}\left[\frac{k(p+h+g)-(\gamma w+g)}{k(p+h+g)}+\frac{I_k(\gamma w+g)}{k(p+h+g)}\right]-F^{-1}\left[\frac{(p+h-\gamma w)}{(p+h+g)}+I\cdot\frac{(g+\gamma w)}{(p+h+g)}\right]\right\}$$

只需比较 $\frac{k(p+h+g)-(\gamma w+g)}{k(p+h+g)}+\frac{I_k(\gamma w+g)}{k(p+h+g)}$ 和 $\frac{(p+h-\gamma w)}{(p+h+g)}+I\cdot\frac{(g+\gamma w)}{(p+h+g)}$ 的大小。

$$\frac{k(p+h+g)-(\gamma w+g)}{k(p+h+g)}+\frac{I_k(\gamma w+g)}{k(p+h+g)}-\frac{(p+h-\gamma w)}{(p+h+g)}-I\cdot\frac{(g+\gamma w)}{(p+h+g)}$$

$$=\frac{\gamma w+g}{k(p+h+g)}[k(1-I)+(I_k-1)]$$

$$\because\ k(1-I)>\frac{k(\gamma w+g)}{p+h+g},I_k-1<-\frac{\gamma w+g}{k(p+h+g)}$$

$$\therefore\ \frac{\gamma w+g}{p+h+g}<k<1,Q_{k2}^*<Q_2^*;k>1,Q_{k2}^*>Q_2^*$$

命题2证明过程如下。

$$\beta_{l1}^*-\beta_1^*=\frac{(w-v-c)\left\{F^{-1}\left[\frac{(p+h+g)k-\gamma w-g}{k(p+h+g)}\right]-lF^{-1}\left(\frac{p+h-\gamma w}{p+h+g}\right)\right\}}{le}\cdot$$

$$(h(\bar{\beta})-h(\underline{\beta}))$$

则需要比较 $F^{-1}\left[\frac{(p+h+g)k-\gamma w-g}{k(p+h+g)}\right]$ 和 $lF^{-1}\left(\frac{p+h-\gamma w}{p+h+g}\right)$ 的大小。

先比较 $\frac{(p+h+g)k-\gamma w-g}{k(p+h+g)}$ 和 $\frac{p+h-\gamma w}{p+h+g}$ 的大小。

$$\frac{(p+h+g)k-\gamma w-g}{k(p+h+g)}-\frac{p+h-\gamma w}{p+h+g}=\frac{(\gamma w+g)(k-1)}{k(p+h+g)}$$

由于 $F^{-1}(x)$ 是单调递增函数，因此：

（1）当 $k>1$ 且 $l<1$ 时，$F^{-1}\left[\frac{(p+h+g)k-\gamma w-g}{k(p+h+g)}\right]>lF^{-1}\left(\frac{p+h-\gamma w}{p+h+g}\right)$，$\beta_{l1}^*>\beta_1^*$。

（2）当 $0<k<1$ 且 $l>1$ 时，$F^{-1}\left[\frac{(p+h+g)k-\gamma w-g}{k(p+h+g)}\right]<lF^{-1}\left(\frac{p+h-\gamma w}{p+h+g}\right)$，$\beta_{l1}^*<\beta_1^*$。

（3）当 $0<k<1$ 且 $0<l<1$ 时，

$$F^{-1}\left[\frac{(p+h+g)k-\gamma w-g}{k(p+h+g)}\right]-lF^{-1}\left(\frac{p+h-\gamma w}{p+h+g}\right)>$$

$$l\left\{F^{-1}\left[\frac{(p+h+g)k-\gamma w-g}{k(p+h+g)}\right]-F^{-1}\left(\frac{p+h-\gamma w}{p+h+g}\right)\right\}$$

$$\beta_{l1}^{*}-\beta_{1}^{*}>\frac{(w-v-c)\left\{F^{-1}\left[\frac{(p+h+g)k-\gamma w-g}{k(p+h+g)}\right]-F^{-1}\left(\frac{p+h-\gamma w}{p+h+g}\right)\right\}}{e}\cdot$$

$$(h(\bar{\beta}_{1})-h(\underline{\beta}_{1}))$$

$\because 0<k<1$

$\therefore \left\{F^{-1}\left[\frac{(p+h+g)k-\gamma w-g}{k(p+h+g)}\right]-F^{-1}\left(\frac{p+h-\gamma w}{p+h+g}\right)\right\}<0$

所以不能确定 $\beta_{l1}^{*}-\beta_{1}^{*}$ 的正负。

令 $\beta_{l1}^{*}-\beta_{1}^{*}=0$，$l=\dfrac{F^{-1}\left[\frac{(p+h+g)k-\gamma w-g}{k(p+h+g)}\right]}{F^{-1}\left(\frac{p+h-\gamma w}{p+h+g}\right)}$

$\because 0<k<1$

$\therefore l=\dfrac{F^{-1}\left[\frac{(p+h+g)k-\gamma w-g}{k(p+h+g)}\right]}{F^{-1}\left(\frac{p+h-\gamma w}{p+h+g}\right)}<1$

①当 $0<k<1, 0<l<\dfrac{F^{-1}\left[\frac{(p+h+g)k-\gamma w-g}{k(p+h+g)}\right]}{F^{-1}\left(\frac{p+h-\gamma w}{p+h+g}\right)}<1, \beta_{l1}^{*}>\beta_{1}^{*}$。

②当 $0<k<1, \dfrac{F^{-1}\left[\frac{(p+h+g)k-\gamma w-g}{k(p+h+g)}\right]}{F^{-1}\left(\frac{p+h-\gamma w}{p+h+g}\right)}<l<1, \beta_{l1}^{*}<\beta_{1}^{*}$。

(4) 当 $k>1$ 且 $l>1$ 时，

$$F^{-1}\left[\frac{(p+h+g)k-\gamma w-g}{k(p+h+g)}\right]-lF^{-1}\left(\frac{p+h-\gamma w}{p+h+g}\right)<$$

$$l\left\{F^{-1}\left[\frac{(p+h+g)k-\gamma w-g}{k(p+h+g)}\right]-F^{-1}\left(\frac{p+h-\gamma w}{p+h+g}\right)\right\}$$

$$\beta_{l1}^{*}-\beta_{1}^{*}<\frac{(w-v-c)\tau\left\{F^{-1}\left[\frac{(p+h+g)k-\gamma w-g}{k(p+h+g)}\right]-F^{-1}\left(\frac{p+h-\gamma w}{p+h+g}\right)\right\}}{e}$$

$\because k>1$

$\therefore \dfrac{(w-v-c)\tau\left\{F^{-1}\left[\frac{(p+h+g)k-\gamma w-g}{k(p+h+g)}\right]-F^{-1}\left(\frac{p+h-\gamma w}{p+h+g}\right)\right\}}{e}>0$

所以不能确定 $\beta_{l1}^{*}-\beta_{1}^{*}$ 的正负。

令 $\beta_{l1}^{*}-\beta_{1}^{*}=0$，$l=\dfrac{F^{-1}\left[\dfrac{(p+h+g)k-\gamma w-g}{k(p+h+g)}\right]}{F^{-1}\left(\dfrac{p+h-\gamma w}{p+h+g}\right)}$

$\because k>1$

$$\therefore l=\frac{F^{-1}\left[\dfrac{(p+h+g)k-\gamma w-g}{k(p+h+g)}\right]}{F^{-1}\left(\dfrac{p+h-\gamma w}{p+h+g}\right)}>1$$

①当 $k>1,1<l<\dfrac{F^{-1}\left[\dfrac{(p+h+g)k-\gamma w-g}{k(p+h+g)}\right]}{F^{-1}\left(\dfrac{p+h-\gamma w}{p+h+g}\right)},\beta_{l1}^{*}>\beta_{1}^{*}$

②当 $k>1,1<\dfrac{F^{-1}\left[\dfrac{(p+h+g)k-\gamma w-g}{k(p+h+g)}\right]}{F^{-1}\left(\dfrac{p+h-\gamma w}{p+h+g}\right)}<l,\beta_{l1}^{*}<\beta_{1}^{*}$

综上所述，当

$l<\dfrac{F^{-1}\left[\dfrac{(p+h+g)k-\gamma w-g}{k(p+h+g)}\right]}{F^{-1}\left(\dfrac{p+h-\gamma w}{p+h+g}\right)},\beta_{l1}^{*}>\beta_{1}^{*}$；$l>\dfrac{F^{-1}\left[\dfrac{(p+h+g)k-\gamma w-g}{k(p+h+g)}\right]}{F^{-1}\left(\dfrac{p+h-\gamma w}{p+h+g}\right)}$，$\beta_{l1}^{*}<\beta_{1}^{*}$。

$\dfrac{(p+h+g)k-\gamma w-g}{k(p+h+g)}=1-\dfrac{(\gamma w+g)}{k(p+h+g)}$ 随 k 单调递增，因为 $F^{-1}(x)$ 是单调增函数，因此 $F^{-1}\left[\dfrac{(p+h+g)k-\gamma w-g}{k(p+h+g)}\right]$ 随 k 单调递增，因此 $A=\dfrac{F^{-1}\left[\dfrac{(p+h+g)k-\gamma w-g}{k(p+h+g)}\right]}{F^{-1}\left(\dfrac{p+h-\gamma w}{p+h+g}\right)}$ 随 k 单调递增。

$\beta_{l2}^{*}-\beta_{2}^{*}$ 与 $\beta_{l1}^{*}-\beta_{1}^{*}$ 的证明过程类似。

引理 2 证明过程如下。

$$A_{j}=\frac{F^{-1}\left[\dfrac{k(p+h+g)-(g+\gamma w)}{k(p+h+g)}\right]}{F^{-1}\left[\dfrac{p+h-\gamma w}{(p+h+g)}\right]}$$

比较 A_j 与 1 的大小，只需比较 $\frac{k(p+h+g)-(g+\gamma w)}{k(p+h+g)}$ 和 $\frac{p+h-\gamma w}{(p+h+g)}$ 的大小。

$$\frac{k(p+h+g)-(g+\gamma w)}{k(p+h+g)}-\frac{p+h-\gamma w}{(p+h+g)}=\frac{(k-1)(g+\gamma w)}{k(p+h+g)}$$

因此，当 $\frac{g+\gamma w}{p+h+g}<k<1$ 时,$A_j<1$；当 $\frac{g+\gamma w}{p+h+g}\geqslant 1$ 时,$A_j\geqslant 1$。

$$\frac{\partial A_j}{\partial k}=\frac{g+\gamma w}{F^{-1}\left[\frac{p+h-\gamma w}{(p+h+g)}\right]\cdot f\left[\frac{k(p+h+g)-(g+\gamma w)}{k(p+h+g)}\right]\cdot k^2(p+h+g)}>0$$

命题 3 证明过程如下。

需求更新前，船公司存在过度自信行为时，与理性条件下相比，船公司的利润变化为:

$$\Delta\Pi_{S_1}=\Pi_{S_1}^k-\Pi_{S_1}=(p+h-\gamma w)(Q_{k1}^*-Q_1^*)-$$
$$(p+h+g)\left[\hat{\beta}_1\int_0^{\frac{Q_{k1}^*}{\hat{\beta}_1}}F(x)\mathrm{d}x-\hat{\beta}_1\int_0^{\frac{Q_1^*}{\hat{\beta}_1}}F(x)\mathrm{d}x\right]$$

需求更新后，船公司存在过度自信行为时，与理性条件下相比，船公司的利润变化为:

$$\Delta\Pi_{S_2}=\Pi_{S_2}^k-\Pi_{S_2}=(p+h-\gamma w)(Q_{k2}^*-Q_2^*)-$$
$$(p+h+g)\left[\hat{\beta}_2\int_0^{\frac{Q_{k2}^*}{\hat{\beta}_2}}G(x)\mathrm{d}x-\hat{\beta}_2\int_0^{\frac{Q_2^*}{\hat{\beta}_2}}G(x)\mathrm{d}x\right]$$

对船公司的利润变化求一阶导数得:

$$\frac{\partial\Delta\Pi_{S_1}}{\partial k}=(p+h-\gamma w)\frac{\partial Q_{k1}^*}{\partial k}-(p+h+g)F\left(\frac{Q_{k1}^*}{\hat{\beta}_1}\right)\frac{\partial Q_{k1}^*}{\partial k}$$
$$=(\gamma w+g)\left(\frac{1}{k}-1\right)\frac{\partial Q_{k1}^*}{\partial k}$$
$$=(\gamma w+g)\left(\frac{1}{k}-1\right)(b-a)\frac{\left[\frac{\gamma w+g}{k^2(p+h+g)}\right]}{F^{-1}\left[\frac{(p+h+g)k-\gamma w-g}{k(p+h+g)}\right]}$$

当 $k=1$ 时，$\frac{\partial\Delta\Pi_{S_1}}{\partial k}=0$；当 $\frac{g+\gamma w}{p+g+h}<k<1$ 时，$\frac{\partial\Delta\Pi_{S_1}}{\partial k}>0$；当 $k>$

1 时，$\frac{\partial \Delta \Pi_{S_1}}{\partial k} < 0$。

又 $\because k = 1$ 时，$\Delta \Pi_{S_1} = 0$，$\Pi_{S_1}^k = \Pi_{S_1}$，$\therefore \Delta \Pi_{S_1} \leqslant 0$。

$\Delta \Pi_{S_2}$ 证明与 $\Delta \Pi_{S_1}$ 类似。

命题 4 证明过程如下。

$$Q_2^* - Q_1^* = (b-a)\left\{F^{-1}\left[\frac{(p+h-\gamma w)}{(p+h+g)} + I \cdot \frac{(g+\gamma w)}{(p+h+g)}\right] - F^{-1}\left(\frac{p+h-\gamma w}{p+h+g}\right)\right\}$$

$$\because \frac{(p+h-\gamma w)}{(p+h+g)} + I \cdot \frac{(g+\gamma w)}{(p+h+g)} - \frac{p+h-\gamma w}{p+h+g} = I \cdot \frac{(g+\gamma w)}{(p+h+g)} > 0$$

$$\therefore F^{-1}\left[\frac{(p+h-\gamma w)}{(p+h+g)} + I \cdot \frac{(g+\gamma w)}{(p+h+g)}\right] > F^{-1}\left(\frac{p+h-\gamma w}{p+h+g}\right)$$

$$\therefore Q_2^* > Q_1^*$$

$$\beta_2^* - \beta_1^* = \frac{(w-v-c)(h(\bar{\beta}) - h(\underline{\beta}))}{e}$$

$$\left\{F^{-1}\left[\frac{(p+h-\gamma w)}{(p+h+g)} + I \cdot \frac{(g+\gamma w)}{(p+h+g)}\right] - F^{-1}\left(\frac{p+h-\gamma w}{p+h+g}\right)\right\}$$

$$\because \frac{(p+h-\gamma w)}{(p+h+g)} + I \cdot \frac{(g+\gamma w)}{(p+h+g)} - \frac{p+h-\gamma w}{p+h+g} = I \cdot \frac{(g+\gamma w)}{(p+h+g)} > 0$$

$$\therefore F^{-1}\left[\frac{(p+h-\gamma w)}{(p+h+g)} + I \cdot \frac{(g+\gamma w)}{(p+h+g)}\right] > F^{-1}\left(\frac{p+h-\gamma w}{p+h+g}\right)$$

$$\therefore \beta_2^* > \beta_1^*$$

$$\beta_{l2}^* - \beta_{l1}^* = \frac{(w-v-c)(h(\bar{\beta}) - h(\underline{\beta}))}{le}$$

$$\left\{F^{-1}\left[\frac{k(p+h+g) - (\gamma w + g)}{k(p+h+g)} + \frac{I_k(\gamma w + g)}{k(p+h+g)}\right] - F^{-1}\left[\frac{(p+h+g)k - \gamma w - g}{k(p+h+g)}\right]\right\}$$

$$\because \frac{k(p+h+g) - (\gamma w + g)}{k(p+h+g)} + \frac{I_k(\gamma w + g)}{k(p+h+g)} - \frac{k(p+h+g) - (\gamma w + g)}{k(p+h+g)} =$$

$$\frac{I_k(\gamma w + g)}{k(p+h+g)} > 0$$

$$\therefore F^{-1}\left[\frac{k(p+h+g) - (\gamma w + g)}{k(p+h+g)} + \frac{I_k(\gamma w + g)}{k(p+h+g)}\right] > F^{-1}\left[\frac{(p+h+g)k - \gamma w - g}{k(p+h+g)}\right]$$

$$\therefore \beta_{l2}^* > \beta_{l1}^*$$

$$Q_{k2}^* - Q_{k1}^* = (b-a)$$

$$\left\{F^{-1}\left[\frac{k(p+h+g)-(\gamma w+g)}{k(p+h+g)}+\frac{I_k(\gamma w+g)}{k(p+h+g)}\right]-F^{-1}\left[\frac{(p+h+g)k-\gamma w-g}{k(p+h+g)}\right]\right\}$$

$\because \dfrac{k(p+h+g)-(\gamma w+g)}{k(p+h+g)}+\dfrac{I_k(\gamma w+g)}{k(p+h+g)}-\dfrac{k(p+h+g)-(\gamma w+g)}{k(p+h+g)}=$
$\dfrac{I_k(\gamma w+g)}{k(p+h+g)}>0$

$$\therefore F^{-1}\left[\frac{k(p+h+g)-(\gamma w+g)}{k(p+h+g)}+\frac{I_k(\gamma w+g)}{k(p+h+g)}\right]>F^{-1}\left[\frac{(p+h+g)k-\gamma w-g}{k(p+h+g)}\right]$$

$\therefore Q_{k2}^{*}>Q_{k1}^{*}$

命题5证明过程如下。

$$A_2-A_1=\frac{F^{-1}\left[\dfrac{k(p+h+g)-(\gamma w+g)}{k(p+h+g)}+\dfrac{I_k(\gamma w+g)}{k(p+h+g)}\right]}{F^{-1}\left[\dfrac{k(p+h+g)-(g+\gamma w)}{k(p+h+g)}\right]}-\frac{F^{-1}\left[\dfrac{(p+h-\gamma w)}{(p+h+g)}+I\cdot\dfrac{(g+\gamma w)}{(p+h+g)}\right]}{F^{-1}\left[\dfrac{p+h-\gamma w}{(p+h+g)}\right]}$$

$$\frac{\partial(A_2-A_1)}{\partial k}=\frac{f\left[\dfrac{k(p+h+g)-(g+\gamma w)}{k(p+h+g)}\right]}{f\left[\dfrac{k(p+h+g)-(\gamma w+g)}{k(p+h+g)}+\dfrac{I_k(\gamma w+g)}{k(p+h+g)}\right]}\cdot\frac{2\left[\dfrac{(g+\gamma w)}{(p+h+g)}\right]}{k}>0$$

因此，A_2-A_1 随 k 单调递增。

当 $k=1$ 时，$A_2-A_1=0$，$A_2=A_1$。

当 $k<1$ 时，$A_2-A_1<0$，$A_2<A_1$。

当 $k>1$ 时，$A_2-A_1>0$，$A_2>A_1$。

附录8-1

命题1证明过程如下。

对 p_1^* 求关于 M 的一阶导数，可得：$\dfrac{\partial p_1^*}{\partial M}=\dfrac{1}{2}\cdot\dfrac{k}{\alpha k-\varphi\beta^2}>0$

对 p_1^* 求关于 β 的一阶导数，可得：$\dfrac{\partial p_1^*}{\partial \beta}=\dfrac{\varphi\beta Mk}{(\alpha k-\varphi\beta^2)^2}>0$

对 p_1^* 求关于 φ 的一阶导数，可得：$\frac{\partial p_1^*}{\partial \varphi} = \frac{1}{2}\frac{Mk}{(\alpha k - \varphi\beta^2)^2} > 0$

对 p_1^* 求关于 α 的一阶导数，可得：$\frac{\partial p_1^*}{\partial \alpha} = -\frac{1}{2}\frac{Mk^2}{(\alpha k - \varphi\beta^2)^2} < 0$

对 p_1^* 求关于 k 的一阶导数，可得：$\frac{\partial p_1^*}{\partial k} = -\frac{1}{2}\frac{\alpha Mk}{(\alpha k - \varphi\beta^2)^2} < 0$

由于 $s_1^* = \frac{\varphi\beta}{k}p_1$，因此 s_1^* 的敏感性与 p_1^* 一致。

附录 8 - 2

命题 2 证明过程如下。

由正文中求得的集成商最优定价可以直观发现 p_2^* 是关于 β 和 Δ 的增函数。若集成商过度自信的采购能力无法满足第二阶段市场需求，集成商第二阶段的最优定价为 $p_2^* = \frac{1}{2\alpha}\left[M + \Delta + \beta s_{\text{low}} - \varphi\frac{M}{2C}lC' + \alpha w_B\right]$，此时对 p_2^* 求关于 M 的一阶导数，可得：$\frac{\partial p_2^*}{\partial M} = \frac{1}{2\alpha}\cdot\left(1 - \frac{\varphi}{2C}lC'\right)$。若 $l < \frac{2C}{\varphi C'}$，则 $\frac{\partial p_2^*}{\partial M} > 0$，若 $l > \frac{2C}{\varphi C'}$，则 $\frac{\partial p_2^*}{\partial M} < 0$。

对 p_2^* 求关于 α 的一阶导数可得：$\frac{\partial p_2^*}{\partial \alpha} = \frac{-1}{2\alpha^2}\left[M + \Delta + \beta s_{\text{low}} - \varphi\frac{M}{2C}lC'\right]$。若 $l < \frac{2C}{\varphi MC'}(M + \Delta + \beta s_{\text{low}})$，则 $\frac{\partial p_2^*}{\partial \alpha} < 0$；若 $l > \frac{2C}{\varphi MC'}(M + \Delta + \beta s_{\text{low}})$，则 $\frac{\partial p_2^*}{\partial \alpha} > 0$。因此，当 l 较大时，市场需求对价格越敏感，集成商越可以定高价。

对 p_2^* 求关于 l 的一阶导数，可得：$\frac{\partial p_2^*}{\partial l} = -\frac{1}{2\alpha}\varphi\frac{M}{2C}C' < 0$

对 p_2^* 求关于 φ 的一阶导数，可得：$\frac{\partial p_2^*}{\partial \varphi} = -\frac{1}{2\alpha}\frac{Ml}{2C}C' < 0$

若集成商过度自信的采购能力可以满足第二阶段市场需求，集成商第二阶段的最优定价为 $p_2^* = \frac{1}{2\alpha}\left(M + \Delta + \beta s_{\text{low}} + \frac{g\alpha}{1 - \varphi}\right)$，此时 $\frac{\partial p_2^*}{\partial \varphi} = \frac{1}{2\alpha}g$

$\frac{1}{(1-\varphi)^2} > 0$ 。

附录 8－3

$$s_2^{f*} - s_1^* = \frac{\varphi\beta MC'}{4\alpha kC} - \frac{1}{2}\cdot\frac{\varphi\beta M}{\alpha k-\varphi\beta^2} = \frac{\varphi\beta M}{2}\left(\frac{C'}{2C}\cdot\frac{1}{\alpha k} - \frac{1}{\alpha k-\varphi\beta^2}\right)$$
$$= \frac{\varphi\beta M}{2}\cdot\frac{C'(\alpha k-\varphi\beta^2)-2C\alpha k}{2C\alpha k(\alpha k-\varphi\beta^2)}$$

其中，

$$C'(\alpha k-\varphi\beta^2)-2C\alpha k = (\alpha k-\varphi\beta^2)\left(C'-2C\frac{\alpha k}{\alpha k-\varphi\beta^2}\right)$$
$$< (\alpha k-\varphi\beta^2)(C'-2C)$$

由命题 1 可知，$\alpha k-\varphi\beta^2>0$ 。由于提供商很难在短期内将自身的总能力扩大到原来的两倍，因此很难实现 $C'-2C>0$ 。进一步得出 $s_2^{f*}-s_1^*>0$ 是很难成立。因此，$s_2^* < s_2^{f*} < s_1^*$ 。这说明仅仅采取提供商主导供应链的措施，不能消除需求突增和集成商过度自信给服务水平带来的不利影响。

为了进一步探究提供商主导供应链能否消除这一不利影响，下面比较集成商第二阶段的最优定价 p_2^{f*} 和集成商第一阶段的最优定价 p_1^* ，可得：

若想使 $\frac{p_2^{f*}}{p_1^*}\geqslant 1$ ，需要满足 $\frac{M+\Delta+\frac{\varphi\beta^2MC'}{4\alpha kC}+\frac{g\alpha}{1-\varphi}}{M}\geqslant\frac{\alpha k}{\alpha k-\varphi\beta^2}$ ，即 $\frac{\Delta}{M}\geqslant\frac{\alpha k}{\alpha k-\varphi\beta^2}-1-\frac{\varphi\beta^2C'}{4\alpha kC}-\frac{g\alpha}{M(1-\varphi)}=\frac{\varphi\beta^2}{\alpha k-\varphi\beta^2}-\frac{\varphi\beta^2C'}{4\alpha kC}-\frac{g\alpha}{M(1-\varphi)}$ 。

因此，当满足 $\frac{\Delta}{M}\geqslant\frac{\varphi\beta^2}{\alpha k-\varphi\beta^2}-\frac{\varphi\beta^2C'}{4\alpha kC}-\frac{g\alpha}{M(1-\varphi)}$ 时，提供商主导供应链条件下集成商第二阶段的最优定价才能达到没有需求突增和过度自信时的最优定价。

附录 8－4

$$s_2^{f*} - s_1^* = \frac{\varphi\beta lMC'}{4\alpha kC} - \frac{1}{2}\cdot\frac{\varphi\beta M}{\alpha k-\varphi\beta^2} = \frac{\varphi\beta M}{2}\left(\frac{C'l}{2C}\frac{1}{\alpha k} - \frac{1}{\alpha k-\varphi\beta^2}\right)$$

$$= \frac{\varphi\beta M}{2} \cdot \frac{C'l(\alpha k - \varphi\beta^2) - 2C\alpha k}{2C\alpha k(\alpha k - \varphi\beta^2)}$$

当 $C'l(\alpha k - \varphi\beta^2) - 2C\alpha k \geqslant 0$ 时，即集成商过度自信因子满足 $l \geqslant \frac{2C\alpha k}{C'(\alpha k - \varphi\beta^2)}$ 时，$s_2^{f*} \geqslant s_1^*$ 。又因为集成商需要满足 $p_2 - w_2 > 0$ ，所以 $\varphi l < 1$。因此集成商过度自信因子 $\frac{2C\alpha k}{C'(\alpha k - \varphi\beta^2)} \leqslant l < \frac{1}{\varphi}$ 时，提供商主导供应链下的动态批发价格机制可以消除需求突增和集成商过度自信给服务水平带来的不利影响。

为了进一步探究这种机制能否消除这一不利影响，下面比较集成商第二阶段的最优定价 p_2^{f*} 和集成商第一阶段的最优定价 p_1^* ，可得：

$$p_2^{f*} - p_1^* = \frac{1}{2\alpha}\left(M + \Delta + \frac{\varphi\beta^2 lMC'}{4\alpha kC} - \varphi\frac{M}{2C}lC' + \alpha w_B\right) - \frac{1}{2}\frac{Mk}{\alpha k - \varphi\beta^2}$$

其中 $\frac{\varphi\beta^2 lMC'}{4\alpha kC} - \varphi\frac{M}{2C}lC' = \frac{\varphi MlC'}{2c}\left(\frac{\beta^2}{2\alpha k} - 1\right)$ 。由正文可知，需要满足 $-\alpha + \frac{\varphi\beta^2}{k} < 0$ ，因此当 $\varphi < \frac{1}{2}$ 时，有 $\frac{\beta^2}{2\alpha k} - 1 > 0$ ，即 $\frac{\varphi\beta^2 lMC'}{4\alpha kC} - \varphi\frac{M}{2C}lC' > 0$ 。

另外，$\frac{1}{2\alpha}(M + \Delta + \alpha w_B) - \frac{1}{2}\frac{Mk}{\alpha k - \varphi\beta^2} = \frac{1}{2}\frac{(\Delta + \alpha w_B)(\alpha k - \varphi\beta^2) - M\varphi\beta^2}{\alpha(\alpha k - \varphi\beta^2)}$

由于 $\varphi < \frac{1}{2}$ ，所以有：

$$\frac{1}{2\alpha}(M + \Delta + \alpha w_B) - \frac{1}{2}\frac{Mk}{\alpha k - \varphi\beta^2} > \frac{1}{2}\frac{\Delta(\alpha k - \varphi\beta^2) - \frac{1}{2}M\beta^2}{\alpha(\alpha k - \varphi\beta^2)}$$

因此，只需要满足 $\frac{\Delta}{M} > \frac{1}{2}\frac{\beta^2}{\alpha k - \varphi\beta^2}$ 即可使得 $p_2^{f*} > p_1^*$ 。又因为 $\frac{1}{2}\frac{\beta^2}{\alpha k - \varphi\beta^2} < \frac{1}{2}\frac{\beta^2}{\alpha k - \frac{1}{2}\beta^2} = \frac{\beta^2}{2\alpha k - \beta^2} < 0$ ，因此 $\frac{\Delta}{M} > \frac{1}{2}\frac{\beta^2}{\alpha k - \varphi\beta^2}$ 肯定能够满足。

由以上两方面可得：$p_2^{f*} - p_1^* > 0$ 。

附录 8-5

与正文类似，我们发现当集成商过度自信因子 $\frac{2C\alpha k}{C'(\alpha k - \varphi\beta^2)} \leqslant l < \frac{1}{\varphi}$ 时，

提供商主导供应链下的动态批发价格机制可以消除需求突增和集成商过度自信给服务水平带来的不利影响。

通过比较集成商主导和提供商主导供应链两种情况下集成商的定价，可得：

$$p_2^{f*} - p_2^* = \frac{1}{2\alpha}\left(M + \Delta + \frac{\varphi\beta^2 lMC'}{4\alpha kC} + \frac{g\alpha}{1 - \varphi l}\right) - \frac{1}{2\alpha}\left(M + \Delta + \beta s_{\text{low}} + \frac{g\alpha}{1 - \varphi}\right)$$

$$= \frac{1}{2\alpha}\left[\left(\frac{\varphi\beta^2 lMC'}{4\alpha kC} - \beta s_{\text{low}}\right) + \left(\frac{g\alpha}{1 - \varphi l} - \frac{g\alpha}{1 - \varphi}\right)\right]$$

由于 $s_2^{f*} = \frac{\varphi\beta lMC'}{4\alpha kC} > s_{\text{low}}$ 且 $\frac{g\alpha}{1 - \varphi l} - \frac{g\alpha}{1 - \varphi} > 0$，因此 $p_2^{f*} - p_2^* > 0$。

说明提供商主导下的动态批发价格机制可以改善需求突增和集成商过度自信给集成商定价造成的不利影响。

为了进一步探究这种机制能否消除这一不利影响，下面比较集成商第二阶段的最优定价 p_2^{f*} 和集成商第一阶段的最优定价 p_1^*，可得：

$$p_2^{f*} - p_1^* = \frac{1}{2\alpha}\left(M + \Delta + \frac{\varphi\beta^2 lMC'}{4\alpha kC} + \frac{g\alpha}{1 - \varphi l}\right) - \frac{1}{2}\frac{Mk}{\alpha k - \varphi\beta^2}$$

$$> \frac{1}{2\alpha}\left(M + \Delta + \frac{\varphi\beta^2 lMC'}{4\alpha kC}\right) - \frac{1}{2}\frac{Mk}{\alpha k - \varphi\beta^2}$$

$$= \frac{M}{2}\frac{\left(\frac{\Delta}{M} + \frac{\varphi\beta^2 lC'}{4\alpha kC}\right)(\alpha k - \varphi\beta^2) - \varphi\beta^2}{\alpha(\alpha k - \varphi\beta^2)}$$

由于 $\frac{2C\alpha k}{C'(\alpha k - \varphi\beta^2)} \leqslant l < \frac{1}{\varphi}$，因此当 $\frac{\Delta}{M} > \frac{1}{2}\frac{\varphi\beta^2}{\alpha k - \varphi\beta^2}$ 即可使得 $p_2^{f*} > p_1^*$。

综上所述，只需集成商的过度自信因子满足 $\frac{2C\alpha k}{C'(\alpha k - \varphi\beta^2)} \leqslant l < \frac{1}{\varphi}$ 和 $\frac{\Delta}{M} > \frac{1}{2}\frac{\varphi\beta^2}{\alpha k - \varphi\beta^2}$，当集成商过度自信的采购能力可以满足市场需求时，提供商主导下的动态批发价格机制就可以消除需求突增和集成商过度自信给定价和服务水平造成的不利影响。

附录 9－1　均衡解

表 1　均衡解

	高质量服务提供商		低质量服务提供商	
	说真话	说谎	说谎	说真话
期望需求 $\bar{d}(=\bar{q})$	$\bar{d}_{HH}=\bar{q}_{HH}=\frac{a+\bar{v}_H}{4}$	$\bar{d}_{HL}=\bar{q}_{HL}=\frac{a+\bar{v}_L}{4}$	$\bar{d}_{LL}=\bar{q}_{LL}=\frac{a+\bar{v}_L}{4}$	$\bar{d}_{LH}=\bar{q}_{LH}=\frac{a+\bar{v}_H}{4}$
真实需求 $\bar{d}$	$\bar{d}_{HH}=\frac{a+(4-3\beta)v_H-3(1-\beta)v_L}{4}$	$\bar{d}_{HL}=\frac{a-3\beta v_L+(1+3\beta)v_H}{4}$	$\bar{d}_{LL}=\frac{a+(4-3\beta)v_L-3(1-\beta)v_H}{4}$	$\bar{d}_{LH}=\frac{a-3\beta v_H+(1+3\beta)v_L}{4}$
市场价格 $\bar{p}^*$	$\bar{p}^*_{HH}=\frac{3(a+\bar{v}_H)}{4}$	$\bar{p}^*_{HL}=\frac{3(a+\bar{v}_L)}{4}$	$\bar{p}^*_{LL}=\frac{3(a+\bar{v}_L)}{4}$	$\bar{p}^*_{LH}=\frac{3(a+\bar{v}_H)}{4}$
批发价格 $\bar{w}^*$	$\bar{w}^*_{HH}=\frac{a+\bar{v}_H}{2}$	$\bar{w}^*_{HL}=\frac{a+\bar{v}_L}{2}$	$\bar{w}^*_{LL}=\frac{a+\bar{v}_L}{2}$	$\bar{w}^*_{LH}=\frac{a+\bar{v}_H}{2}$
$\bar{\pi}^{i*}$	$\bar{\pi}^{i*}_{HH}=\frac{(a+\bar{v}_H)(a+(4-3\beta)v_H-3(1-\beta)v_L)}{16}$	$\bar{\pi}^{i*}_{HL}=\frac{(a+\bar{v}_L)(a-3\beta v_L+(1+3\beta)v_H)}{16}$	$\bar{\pi}^{i*}_{LL}=\frac{(a+\bar{v}_L)(a+(4-3\beta)v_L-3(1-\beta)v_H)}{16}-\frac{(a+\bar{v}_L)^2}{8}$	$\bar{\pi}^{i*}_{HL}=\frac{9(a+\bar{v}_H)(a-3\beta v_H+(1+3\beta)v_L)}{16}-\frac{(a+\bar{v}_H)^2}{8}$
$\bar{\pi}^{s*}$	$\bar{\pi}^{s*}_{HH}=\frac{(a+\bar{v}_H)(a+(4-3\beta)v_H-3(1-\beta)v_L)}{8}$	$\bar{\pi}^{s*}_{HL}=\frac{(a+\bar{v}_L)(a-3\beta v_L+(1+3\beta)v_H)}{8}$	$\bar{\pi}^{s*}_{LL}=\bar{w}^*_L\bar{q}_L=\frac{(a+\bar{v}_L)^2}{8}$	$\bar{\pi}^{i*}_{LH}=\bar{w}^*_{LH}\bar{q}_{LH}=\frac{(a+\bar{v}_H)^2}{8}$

$$\tilde{\pi}_{HH}^{i*} = \frac{a^2 + 2a(2-\beta)v_H - 2a(1-\beta)v_L + (4-3\beta)\beta v_H^2 - 3(1-\beta)^2 v_L^2 + 2(2-3\beta)(1-\beta)v_H v_L}{16}$$

$$\tilde{\pi}_{HH}^{s*} = \frac{a^2 + 2a(2-\beta)v_H - 2a(1-\beta)v_L + (4-3\beta)\beta v_H^2 - 3(1-\beta)^2 v_L^2 + 2(2-3\beta)(1-\beta)v_H v_L}{8}$$

$$\tilde{\pi}_{HL}^{i*} = \frac{a^2 + 2a(1+\beta)v_H - 2a\beta v_L + (1+3\beta)(1-\beta)v_H^2 - 3\beta^2 v_L^2 + 2\beta(3\beta-1)v_H v_L}{16}$$

$$\tilde{\pi}_{HL}^{s*} = \frac{a^2 + 2a(1+\beta)v_H - 2a\beta v_L + (1+3\beta)(1-\beta)v_H^2 - 3\beta^2 v_L^2 + 2\beta(3\beta-1)v_H v_L}{8}$$

$$\tilde{\pi}_{LL}^{i*} = \frac{a^2 - 10a(1-\beta)v_H + 2a(6-5\beta)v_L - 11(1-\beta)^2 v_H^2 + (12\beta-11\beta^2)v_L^2 + 2(6-11\beta)(1-\beta)v_H v_L}{16}$$

$$\tilde{\pi}_{LL}^{s*} = \frac{a^2 + 2a(1-\beta)v_H + 2a\beta v_L + (1-\beta)^2 v_H^2 + \beta^2 v_L^2 + 2\beta(1-\beta)v_H v_L}{8}$$

$$\tilde{\pi}_{LH}^{i*} = \frac{a^2 - 11\beta^2 v_H^2 + (1-\beta)(1+11\beta)v_L^2 - 10a\beta v_H + (2a+10a\beta)v_L + (22\beta^2-10\beta)v_H v_L}{16}$$

$$\tilde{\pi}_{LH}^{s*} = \frac{a^2 + 2a(1-\beta)v_L + 2a\beta v_H + (1-\beta)^2 v_L^2 + \beta^2 v_H^2 + 2\beta(1-\beta)v_H v_L}{8}$$

附录 9－2　定理 1 的证明

（i）$\tilde{d}_{HH} - \tilde{d}_{HL} = \frac{(4-3\beta)v_H - 3(1-\beta)v_L + 3\beta v_L - (1+3\beta)v_H}{4} = \frac{3(1-2\beta)(v_H - v_L)}{4}$

当$\beta < \frac{1}{2}$，$\tilde{d}_{HH} - \tilde{d}_{HL} > 0$

当$\beta > \frac{1}{2}$，$\tilde{d}_{HH} - \tilde{d}_{HL} < 0$

$$\tilde{d}_{HH} - d_H = \frac{(4-3\beta)v_H - v_H}{4} = \frac{3(1-\beta)v_H}{4} > 0$$

$$\tilde{d}_{HL} - d_H = \frac{-3\beta v_L + (1+3\beta)v_H - v_H}{4} = \frac{\beta(v_H - v_L)}{4} > 0$$

（ii）$\tilde{d}_{LH} - \tilde{d}_{LL} = \frac{-3\beta v_H + (1+3\beta)v_L + (3-3\beta)v_H - 4v_L + 3\beta v_L}{4} = \frac{(3-6\beta)(v_H - v_L)}{4} > 0$

$$\tilde{d}_{LL} - d_L = \frac{(4-3\beta)v_L - 3(1-\beta)v_H - v_L}{4} = \frac{3(1-\beta)(v_L - v_H)}{4} < 0$$

$$\tilde{d}_{LH} - d_L = \frac{-3\beta v_H + (1+3\beta)v_L - v_L}{4} = \frac{3\beta(v_L - v_H)}{4} < 0$$

(iii) $\frac{\partial \tilde{d}_{HH}}{\partial \beta} = \frac{\partial \tilde{d}_{LH}}{\partial \beta} = \frac{3(v_L - v_H)}{4} < 0$

$\frac{\partial \tilde{d}_{LL}}{\partial \beta} = \frac{\partial \tilde{d}_{HL}}{\partial \beta} = \frac{3(v_H - v_L)}{4} > 0$

附录 9－3　定理 2 的证明

(i) $\tilde{p}^*_{HH} - \tilde{p}^*_{HL} = \frac{3(a + \bar{v}_H)}{4} - \frac{3(a + \bar{v}_L)}{4} = \frac{3(2\beta - 1)(v_H - v_L)}{4}$

当 $\beta > \frac{1}{2}$，$\tilde{p}^*_{HH} - \tilde{p}^*_{HL} > 0$

当 $\beta < \frac{1}{2}$，$\tilde{p}^*_{HH} - \tilde{p}^*_{HL} < 0$

$\tilde{p}^*_{HH} - p^*_H = \frac{3(a + \bar{v}_H) - 3(a + v_H)}{4} = \frac{-3(1 - \beta)(v_H - v_L)}{4} < 0$

$\tilde{p}^*_{HL} - p^*_H = \frac{3(a + \bar{v}_L) - 3(a + v_H)}{4} = \frac{-3\beta(v_H - v_L)}{4} < 0$

最优值 w^* 的证明与 p^* 类似。

(ii) $\tilde{p}^*_{LL} - \tilde{p}^*_{LH} = \frac{3(a + \bar{v}_L)}{4} - \frac{3(a + \bar{v}_H)}{4} = \frac{3(2\beta - 1)(v_L - v_H)}{4}$

当 $\beta > \frac{1}{2}$，$\tilde{p}^*_{LL} - \tilde{p}^*_{LH} < 0$

当 $\beta < \frac{1}{2}$，$\tilde{p}^*_{LL} - \tilde{p}^*_{LH} > 0$

$\tilde{p}^*_{LL} - p^*_L = \frac{3(a + \bar{v}_L) - 3(a + v_L)}{4} = \frac{3(1 - \beta)(v_H - v_L)}{4} > 0$

$\tilde{p}^*_{LH} - p^*_L = \frac{3(a + \bar{v}_H) - 3(a + v_L)}{4} = \frac{3\beta(v_H - v_L)}{4} > 0$

最优值 w^* 的证明与 p^* 类似。

(iii) $\frac{\partial \tilde{p}^*_{HH}}{\partial \beta} = \frac{\partial \tilde{p}^*_{LH}}{\partial \beta} = \frac{3(v_H - v_L)}{4} > 0$；$\frac{\partial \tilde{w}^*_{HH}}{\partial \beta} = \frac{\partial \tilde{w}^*_{LH}}{\partial \beta} = \frac{(v_H - v_L)}{2} > 0$

$\frac{\partial \tilde{p}^*_{LL}}{\partial \beta} = \frac{\partial \tilde{p}^*_{HL}}{\partial \beta} = \frac{3(v_L - v_H)}{4} < 0$；$\frac{\partial \tilde{w}^*_{LL}}{\partial \beta} = \frac{\partial \tilde{w}^*_{HL}}{\partial \beta} = \frac{(v_L - v_H)}{2} < 0$

附录9－4 定理3的证明

(i) $\Delta\tilde{\pi}_{HH}^{i*}=\tilde{\pi}_{HH}^{i*}-\pi_{H}^{i*}=\dfrac{(1-\beta)(2av_H-2av_L-(1-3\beta)v_H^2-3(1-\beta)v_L^2-2(2-3\beta)v_Hv_L)}{16}$

$$\frac{\partial\Delta\tilde{\pi}_{HH}^{i*}}{\partial\beta}=\frac{-(2a-4v_H+6v_L+6\beta(v_H-v_L))(v_H-v_L)}{16}$$

$$\frac{\partial^2\Delta\tilde{\pi}_{HH}^{i*}}{\partial\beta^2}=\frac{-6(v_H-v_L)^2}{16}<0$$

我们可以得到$\Delta\tilde{\pi}_{HH}^{i*}$是$\beta$的凹函数。

令$\dfrac{\partial\Delta\pi_{HH}^{i*}}{\partial\beta}=0$，我们可以证得$\beta^*=\dfrac{v_H-3v_L-2a}{3(v_H-v_L)}$

由于$2a-v_H+3v_L>0$，明显可以发现$\beta_2=\dfrac{v_H-3v_L-2a}{3(v_H-v_L)}<0$

因此$\Delta\tilde{\pi}_{HH}^{i*}\geqslant 0$，$\beta\in[0,1]$

$$\Delta\tilde{\pi}_{HL}^{i*}=\tilde{\pi}_{HL}^{i*}-\pi_{H}^{i*}=$$

$$\frac{\beta(2av_H-2av_L+(2-3\beta)v_H^2-3\beta v_L^2+2(3\beta-1)v_Hv_L)}{16}$$

$$\frac{\partial\Delta\tilde{\pi}_{HL}^{i*}}{\partial\beta}=\frac{2av_H-2av_L+(2-3\beta)v_H^2-3\beta v_L^2+2(3\beta-1)v_Hv_L+6\beta v_Hv_L-3\beta v_H^2-3\beta v_L^2}{16}$$

$$=\frac{2a(v_H-v_L)-6\beta(v_H-v_L)^2+2v_H(v_H-v_L)}{16}$$

$$=\frac{(2a+2v_H-6\beta(v_H-v_L))(v_H-v_L)}{16}$$

$$\frac{\partial^2\Delta\tilde{\pi}_{HL}^{i*}}{\partial\beta^2}=\frac{-6(v_H-v_L)^2}{16}<0$$

我们可以得到$\Delta\tilde{\pi}_{HL}^{i*}$是$\beta$的凹函数。

令$\dfrac{\partial\Delta\tilde{\pi}_{HL}^{i*}}{\partial\beta}=0$，我们可以得到$\beta^*=\dfrac{2v_H+2a}{3(v_H-v_L)}$

由于$2a-v_H+3v_L>0$，我们可以证得$\beta_2=\dfrac{2v_H+2a}{3(v_H-v_L)}>1$

因此$\Delta\tilde{\pi}_{HL}^{i*}\geqslant 0$，$\beta\in[0,1]$

如上所述，我们可以证得$\tilde{\pi}_{HH}^{i*}>\pi_{H}^{i*}$，$\tilde{\pi}_{HH}^{i*}>\pi_{H}^{i*}$

类似地，我们可以证得 $\tilde{\pi}_{HL}^{s*} > \pi_{H}^{s*}$，$\tilde{\pi}_{HH}^{s*} > \pi_{H}^{s*}$

(ii) $\Delta\tilde{\pi}_{LH}^{i*} = \tilde{\pi}_{LH}^{i*} - \pi_{L}^{i*}$

$$= \frac{\beta(-11\beta v_H^2 + (10 - 11\beta)v_L^2 - 10av_H + 10av_L + (22\beta - 10)v_H v_L)}{16}$$

$$= \frac{\beta(-11\beta(v_H - v_L)^2 - 10(v_H - v_L) + 10v_L^2 - 10v_H v_L)}{16}$$

$$= \frac{\beta(v_H - v_L)(-11\beta(v_H - v_L) - 10a - 10v_L)}{16} < 0$$

$\Delta\tilde{\pi}_{LL}^{i*} = \tilde{\pi}_{LL}^{i*} - \pi_{L}^{i*}$

$$= \frac{(1-\beta)(-10av_H + 10av_L - 11(1-\beta)v_H^2 + (11\beta - 1)v_L^2 + 2(6 - 11\beta)v_H v_L)}{16}$$

$$= \frac{(1-\beta)(-10a(v_H - v_L) + 11\beta(v_H - v_L)^2 + (v_L - 11v_H)(v_H - v_L))}{16}$$

$$= \frac{(1-\beta)(v_H - v_L)(11\beta(v_H - v_L) - 10a + v_L - 11v_H)}{16}$$

$$\frac{\partial^2\Delta\tilde{\pi}_{LL}^{i*}}{\partial\beta^2} = \frac{-22(v_H - v_L)^2}{16} < 0$$

令 $\Delta\tilde{\pi}_{LL}^{i*} = 0$，则 $\beta_1 = 1$，$\beta_2 = \dfrac{10a + 11v_H - v_L}{11(v_H - v_L)}$

因为 $2a - v_H + 3v_L > 0$，明显可证得 $\beta_2 = \dfrac{10a + 11v_H - v_L}{11(v_H - v_L)} > 1$

因此，$\Delta\tilde{\pi}_{LL}^{i*} \leqslant 0$，$\beta \in [0,1]$

如上所述，我们可以证得 $\tilde{\pi}_{LL}^{i*} < \pi_{L}^{i*}$，$\tilde{\pi}_{LH}^{i*} < \pi_{L}^{i*}$。

$\Delta\tilde{\pi}_{LL}^{s*} = \tilde{\pi}_{LL}^{s*} - \pi_{L}^{s*}$

$$= \frac{(2a + \bar{v}_L + v_L)(\bar{v}_L - v_L)}{8} = \frac{(2a + \bar{v}_L + v_L)(1-\beta)(v_H - v_L)}{8} > 0$$

$\Delta\tilde{\pi}_{LH}^{s*} = \tilde{\pi}_{LH}^{s*} - \pi_{L}^{s*}$

$$= \frac{(2a + \bar{v}_H + v_L)(\bar{v}_H - v_L)}{8} = \frac{(2a + \bar{v}_H + v_L)\beta(v_H - v_L)}{8} > 0$$

如上所述，我们可以证明 $\tilde{\pi}_{LH}^{s*} > \pi_{L}^{s*}$，$\tilde{\pi}_{LL}^{s*} > \pi_{L}^{s*}$。

附录 9 – 5 定理 4 的证明

$$\frac{\partial\tilde{\pi}_{HH}^{i*}}{\partial\beta}=\frac{-2av_H+2av_L-6\beta v_H^2+6(1-\beta)v_L^2+(12\beta-10)v_Hv_L}{16}$$

$$=\frac{(v_H-v_L)(-2a-6\beta(v_H-v_L)-6v_L)-4v_Hv_L}{16}<0$$

类似地，$\frac{\partial\tilde{\pi}_{HH}^{s*}}{\partial\beta}=\frac{(v_H-v_L)(-2a-6\beta(v_H-v_L)-6v_L)-4v_Hv_L}{8}<0$

$$\frac{\partial\tilde{\pi}_{HL}^{i*}}{\partial\beta}=\frac{2av_H-2av_L+(2-6\beta)v_H^2-6\beta v_L^2+(12\beta-2)v_Hv_L}{16}$$

$$=\frac{(v_H-v_L)(2a-6\beta(v_H-v_L)+2v_H)}{16}$$

$\frac{\partial^2\tilde{\pi}_{HL}^{i*}}{\partial\beta^2}=\frac{-6(v_H-v_L)^2}{16}<0$，因此 $\tilde{\pi}_{HL}^{i*}$ 是 β 的凹函数。

令 $\frac{\partial\tilde{\pi}_{HL}^{i*}}{\partial\beta}=0$，我们可以得出 $\beta=\frac{a+v_H}{3(v_H-v_L)}$

如果 $a>2v_H-3v_L$，$\frac{\partial\tilde{\pi}_{HL}^{i*}}{\partial\beta}>0$，$\beta\in[0,1]$。

如果 $\frac{v_H-3v_L}{2}\leqslant a\leqslant 2v_H-3v_L$，当 $\beta=\frac{a+v_H}{3(v_H-v_L)}$，$\tilde{\pi}_{HL}^{i*}$ 存在最大值。

类似地，当 $a>2v_H-3v_L$，$\frac{\partial\tilde{\pi}_{HL}^{s*}}{\partial\beta}>0$，$\beta\in[0,1]$。

当 $\frac{v_H-3v_L}{2}\leqslant a\leqslant 2v_H-3v_L$，当 $\beta=\frac{a+v_H}{3(v_H-v_L)}$，$\tilde{\pi}_{HL}^{s*}$ 存在最大值。

$$\frac{\partial\tilde{\pi}_{LL}^{i*}}{\partial\beta}=\frac{10av_H-10av_L+22(1-\beta)v_H^2+(12-22\beta)v_L^2+(44\beta-34)v_Hv_L}{16}$$

$$=\frac{(v_H-v_L)(10a-22\beta(v_H-v_L)+22v_H-12v_L)}{16}$$

$$=\frac{(v_H-v_L)(12(1-\beta)(v_H-v_L)+10(a+v_L))}{16}>0$$

$$\frac{\partial\tilde{\pi}_{LH}^{i*}}{\partial\beta}=\frac{-22\beta v_H^2+(10-22\beta)v_L^2-10av_H+10av_L+(44\beta-10)v_Hv_L}{16}$$

$$= \frac{(v_H - v_L)(-22\beta(v_H - v_L) - 10a - 10v_L)}{16} < 0$$

$$\frac{\partial \tilde{\pi}_{LL}^{s*}}{\partial \beta} = \frac{(a + \beta v_L + (1-\beta)v_H)^2}{8} = \frac{(a + \beta v_L + (1-\beta)v_H)(v_L - v_H)}{4} < 0$$

$$\frac{\partial \tilde{\pi}_{LH}^{s*}}{\partial \beta} = \frac{(a + \beta v_H + (1-\beta)v_L)^2}{8} = \frac{(a + \beta v_H + (1-\beta)v_L)(v_H - v_L)}{4} > 0$$

附录 9－6　定理 5 和定理 6 的证明

$$\tilde{\pi}_{HH}^{s*} - \tilde{\pi}_{HL}^{s*} = \frac{2a(1-2\beta)v_H - 2a(1-2\beta)v_L - (1-2\beta)v_H^2 - 3(1-2\beta)v_L^2 + 4(1-2\beta)v_H v_L}{8}$$

$$= \frac{(1-2\beta)(2av_H - 2av_L - v_H^2 - 3v_L^2 + 4v_H v_L)}{8}$$

$$= \frac{(1-2\beta)(v_H - v_L)(2a - v_H + 3v_L)}{8}$$

因为 $2a - v_H + 3v_L > 0$

我们可以得出当 $\beta < \frac{1}{2}$，$\tilde{\pi}_{HH}^{s*} > \tilde{\pi}_{HL}^{s*}$；当 $\beta > \frac{1}{2}$，$\tilde{\pi}_{HH}^{s*} < \tilde{\pi}_{HL}^{s*}$。

与 $\tilde{\pi}_{HH}^{s*}$ 和 $\tilde{\pi}_{HL}^{s*}$ 类似，我们可以比较 $\tilde{\pi}_{HH}^{i*}$ 和 $\tilde{\pi}_{HL}^{i*}$，

$$\tilde{\pi}_{LL}^{s*} - \tilde{\pi}_{LH}^{s*} = \frac{(a + \bar{v}_L)^2 - (a + \bar{v}_H)^2}{8} = \frac{(2a + \bar{v}_L + \bar{v}_H)(1-2\beta)(v_H - v_L)}{8}$$

我们可以得到，当 $\beta < \frac{1}{2}$，$\tilde{\pi}_{LL}^{s*} > \tilde{\pi}_{LH}^{s*}$；反之，当 $\beta > \frac{1}{2}$，$\tilde{\pi}_{LL}^{s*} < \tilde{\pi}_{LH}^{s*}$。

根据 $\tilde{\pi}_{LL}^{i*}$ 和 $\tilde{\pi}_{LH}^{i*}$

$$\tilde{\pi}_{LL}^{i*} - \tilde{\pi}_{LH}^{i*} = \frac{10a(2\beta-1)v_H + 10a(2\beta-1)v_L + 11(2\beta-1)v_H^2 + (2\beta-1)v_L^2 - 12(2\beta-1)v_H v_L}{16}$$

$$= \frac{(2\beta-1)(10a(v_H + v_L) + 11v_H^2 + v_L^2 - 12v_H v_L)}{16}$$

$$= \frac{(2\beta-1)(10a(v_H + v_L) + (11v_H - v_L)(v_H - v_L))}{16}$$

我们可以得出，当 $\beta < \frac{1}{2}$，$\tilde{\pi}_{LL}^{i*} < \tilde{\pi}_{LH}^{i*}$；反之，当 $\beta > \frac{1}{2}$，$\tilde{\pi}_{LL}^{i*} > \tilde{\pi}_{LH}^{i*}$。

附录9－7　考虑客户偏好情况下的均衡解

表1　　考虑客户偏好情况下的均衡解

		期望需求 $\bar{d}(=\bar{q})$	真实需求 $\bar{d}$	市场价格 $\bar{p}^*$	批发价格 $\bar{w}^*$
高质量提供商	说真话	$\bar{d}^{\alpha}_{HH}=\frac{(1+\alpha+\beta-2\alpha\beta)a+\bar{v}_H}{4}$	$\bar{d}^{\alpha}_{HH}=\frac{(5\alpha+\beta-2\alpha\beta-3)a+(4-3\beta)v_H-3(1-\beta)v_L}{4}$	$p^{\alpha*}_{HH}=\frac{(3+2\alpha\beta-\alpha-\beta)a+3\bar{v}_H}{4}$	$w^{\alpha*}_{HH}=\frac{(1-2\alpha\beta+\alpha+\beta)a+\bar{v}_H}{2}$
	说谎	$\bar{d}^{\alpha}_{HL}=\frac{(2+2\alpha\beta-\alpha-\beta)a+\bar{v}_L}{4}$	$\bar{d}^{\alpha}_{HL}=\frac{(3\alpha-2-\beta+2\alpha\beta)a+(1+3\beta)v_H-3\beta v_L}{4}$	$p^{\alpha*}_{HL}=\frac{(2-2\alpha\beta+\alpha+\beta)a+3\bar{v}_L}{4}$	$w^{\alpha*}_{HL}=\frac{(2+2\alpha\beta-\alpha-\beta)a+\bar{v}_L}{2}$
低质量提供商	说谎	$\bar{d}^{\alpha}_{LL}=\frac{(2+2\alpha\beta-\alpha-\beta)a+\bar{v}_L}{4}$	$\bar{d}^{\alpha}_{LL}=\frac{(2-5\alpha-\beta+2\alpha\beta)a+(4-3\beta)v_L-3(1-\beta)v_H}{4}$	$p^{\alpha*}_{LL}=\frac{(2-2\alpha\beta+\alpha+\beta)a+3\bar{v}_L}{4}$	$w^{\alpha*}_{LL}=\frac{(2+2\alpha\beta-\alpha-\beta)a+\bar{v}_L}{2}$
	说真话	$\bar{d}^{\alpha}_{LH}=\frac{(1+\alpha+\beta-2\alpha\beta)a+\bar{v}_H}{4}$	$\bar{d}^{\alpha}_{LH}=\frac{(1-3\alpha+\beta-2\alpha\beta)a+(1+3\beta)v_L-3\beta v_H}{4}$	$p^{\alpha*}_{LH}=\frac{(3+2\alpha\beta-\alpha-\beta)a+3\bar{v}_H}{4}$	$w^{\alpha*}_{LH}=\frac{(1-2\alpha\beta+\alpha+\beta)a+\bar{v}_H}{2}$

附录 10－1 物流服务供应链调研问卷

课题组将对我国物流服务供应链的有关问题进行研究，目的是讨论物流企业行为决策与供应链整体绩效的关联关系，提出相应的管理建议。课题组设计了如下调查问卷，请您根据企业自身的实际情况，协助课题组填写。您的建议将是我们研究的重要参考。我们承诺贵公司信息仅供课题研究参考，不对外公开也不予以他用。感谢您的支持与配合！

第一部分：基本信息

1. 您的职位是________

A. 总裁　　B. 经理

C. 主管　　D. 普通员工

2. 您的物流行业从业经验是________

A. 2 年以内　　B. 3～5 年

C. 6～10 年　　D. 10 年以上

3. 贵公司属于________

A. 物流服务的集成商【如选本项请作答第二部分】

拥有较强的物流资源管理能力，全面整合物流服务、金融服务、信息技术等，通过业务转包的形式选择合适的功能型物流企业来为物流需求方服务。例如，广州宝供物流公司在全国各地整合了许多车队、仓储公司资源，那么宝供物流就是物流服务集成商。

B. 功能型物流服务供应商【如选本项请作答第三部分】

以提供运输仓储等标准化的服务为主，自营物流资产较多，物流方案设计能力一般，通常被他人整合。例如，广州宝供物流公司在全国各地整合了许多车队、仓储公司资源，那么车队和仓储公司就属于功能型物流服务供应商。

C. 既是物流服务集成商，又是物流服务提供商【如选本项请先作答第二部分，再作答第三部分】

4. 贵公司的员工数量________

A. 100 人以内　　B. 101～500 人

C. 501～1000 人　　D. 1001～5000 人

E. 5001～10000 人　　F. 超过 10000 人

5. 贵公司年营业收入________

A. 1000 万元以内　　B. 1001 万～5000 万元

C. 5001 万～1 亿元　　D. 1 亿元以上

6. 贵公司成立于________年，目前的发展阶段是________

A. 起步期　　B. 成长期

C. 成熟期（稳定期）　　D. 下坡期

E. 再生期（二次创业期）

7. 贵公司总部位于哪个地区？________

A. 华北　　B. 华东

C. 华南　　D. 华中

E. 西南　　F. 西北

G. 东北

8. 贵公司的物流业务网络覆盖哪些地区？________（可多选）

A. 华北　　B. 华东

C. 华南　　D. 华中

E. 西南　　F. 西北

G. 东北

第二部分：物流服务集成商部分

请先阅读以下对于物流服务提供商的定义，然后选择符合本企业情况的选项，请在相应叙述下打“√”。

● 物流服务提供商：提供运输、仓储等功能性的物流服务，被贵司整合，是贵司物流服务的供应商。

A1. 贵司经常对市场需求进行预测，并提前进行相应准备？

非常不同意	不同意	不一定	同意	非常同意

A2. 对市场需求进行预测，越提前越好？

非常不同意	不同意	不一定	同意	非常同意

A3. 以贵司的主要客户为例，其市场需求的波动量如何（如是否经常出现季节性波动）？

没有波动	波动较小	波动一般	波动较大	波动极大

B1. 在日常合作中，您是否信任您的物流服务提供商？

极不信任	较不信任	一般	较信任	非常信任

B2. 贵司愿意提供资源对提供商进行培训，帮助他们更好地提升服务水平。

非常不同意	不同意	不一定	同意	非常同意

B3. 面对不同的提供商（如合作时间、能力、规模等方面存在差异），贵司在进行任务分配时，是否保证公平？

非常不公平	不公平	一般	公平	非常公平

B4. 贵司会根据不同情境（如提供商的数量、市场需求环境等）选择不同的定价方式，您同意吗？

非常不同意	同意	不一定	同意	非常同意

B5. 贵司从物流服务提供商处采购的服务价格是否经常变化？

没有变化	变化较小	一般	变化较大	变化很大

B6. 在需求波动的情况下，贵司在向物流服务提供商采购物流服务时，会分期多次下单。

非常不同意	不同意	不一定	同意	非常同意

D1. 您认为客户对于贵司提供的服务是否满意？

非常不满意	不满意	一般	满意	非常满意

D2. 您认为公司的盈利能力如何（综合考虑市场占有率、利润增长率、投资报酬率、资金周转率等因素）？

非常差	较差	一般	较好	非常好

● 请考虑贵司的物流服务提供商在合作中的真实表现，在相应的叙述下打“√”。

C1. 在合作中，贵司的物流服务提供商会对付出与收益有一个预期的目标，并且期望双方能较好地达成一致。

非常不同意	不同意	不一定	同意	非常同意

C2. 在提供物流服务时，物流服务提供商会向您承诺一个服务水平，并对服务质量做出保证。

非常不同意	不同意	不一定	同意	非常同意

C3. 在合作中物流服务提供商总是尽量避免损害自身利益，比如向您要求额外的承诺。

非常不同意	不同意	不一定	同意	非常同意

C4. 在合作中，贵司的提供商希望实现共赢，并且愿意为此付出积极的努力，比如如实向您提供报价、需求信息共享等。

非常不同意	不同意	不一定	同意	非常同意

C5. 合作中，物流服务提供商会为了规避市场波动的风险而放弃质量改进的努力。

非常不同意	不同意	不一定	同意	非常同意

C6. 与贵司的合作中，在不冲突自身利益的前提下，您的物流服务提供商愿意按照您的指令行动，听从您的调配。

非常不同意	不同意	不一定	同意	非常同意

D3. 您认为贵司的物流服务提供商对于合作的满意度如何?

非常不满意	不满意	一般	满意	非常满意

集成商部分问题到此结束。若贵公司同时也是物流服务的提供商，请继续作答第三部分“物流服务提供商部分”。您的反馈对本课题有非常重大的意义!

第三部分：物流服务提供商部分

请先阅读以下对于物流服务集成商的定义，然后选择符合本企业情况的选项，请在相应叙述下打“√”。

- 物流服务集成商：向贵司采购运输、仓储等物流服务能力的物流企业，是管理型的物流公司。例如，广州宝供物流公司在全国各地整合了许多车队、仓储公司等提供商的物流资源，那么宝供物流就属于物流服务集成商。

C1. 在与物流服务集成商的合作中，您会对付出与收益有一个预期的目标，并且期望双方能较好地达成一致。

非常不同意	不同意	不一定	同意	非常同意

C2. 在提供物流服务时，会向集成商承诺一个服务水平，对服务质量做出保证，即便需要为此投入额外的资源。

非常不同意	不同意	不一定	同意	非常同意

C3. 贵司会为了规避市场波动的风险而放弃服务改进的努力。

非常不同意	不同意	不一定	同意	非常同意

C4. 贵司希望双方能在合作中实现共赢，并且愿意为此付出积极的努力，比如向集成商如实提供报价、信息共享等。

非常不同意	不同意	不一定	同意	非常同意

C5. 在合作中贵司总是尽量避免损害自身利益，比如向集成商要求额外的承诺。

非常不同意	不同意	不一定	同意	非常同意

C6. 与集成商的合作中，在不与自身利益冲突的前提下，贵司愿意按照集成商的指令行动，听从集成商的调配。

非常不同意	不同意	不一定	同意	非常同意

D1. 您认为客户对于贵司提供的服务是否满意？

非常不满意	不满意	一般	满意	非常满意

D2. 您认为公司的盈利能力如何（综合考虑市场占有率、利润增长率、投资报酬率、资金周转率等因素）？

非常差	较差	一般	较好	非常好

- 请根据贵司的集成商在合作中的真实表现，在相应的叙述下打“√”。

B1. 在合作中，贵司的集成商是否信任您？

非常不信任	不信任	一般	信任	非常信任

B2. 贵司的集成商愿意提供培训，帮助您改善服务水平或是提高效率等。

非常不同意	不同意	不一定	同意	非常同意

B3. 贵司的集成商可能同时整合了除您之外的其他物流服务提供商，在订单分配方面，您认为集成商是公平的吗？

非常不公平	不公平	一般	公平	非常公平

B4. 当由贵司的集成商定价时，他会在不同情况下（如提供商的数量、市场需求环境等）选择不同的定价方式。

非常不同意	不同意	不一定	同意	非常同意

B5. 贵司提供给集成商的价格是否会经常波动？

没有波动	波动较小	一般	波动较大	波动很大

B6. 在需求变化的情况下，贵司的集成商会分期多次下单。

非常不同意	不同意	不一定	同意	非常同意

D4. 您认为贵司的集成商对于合作的满意度如何？

非常不满意	不满意	一般	满意	非常满意

本问卷到此结束，再次感谢您的耐心作答，您的反馈对本课题有非常重大的意义！

附录10－2　原始题项可靠性分析与确定性因子分析（EFA）

表1　可靠性分析结果

Cronbach's Alpha＝0. 713	项已删除的刻度均值	项已删除的刻度方差	校正的项总计相关性	项已删除的 Cronbach's Alpha 值
A1	69. 11	29. 445	0. 321	0. 699
A2	69. 72	29. 008	0. 231	0. 709
A3	70. 13	31. 679	－0. 042	0. 741
B1	69. 26	29. 65	0. 349	0. 698
B2	68. 9	29. 61	0. 327	0. 699
B3	69. 3	29. 582	0. 344	0. 698
B4	69. 11	30. 64	0. 213	0. 707
B5	70. 51	30. 166	0. 197	0. 709
B6	69. 76	30. 096	0. 162	0. 714
C1	69. 02	28. 586	0. 479	0. 686
C2	69. 2	27. 338	0. 577	0. 674
C3	69. 55	28. 337	0. 236	0. 711
C4	69. 04	29. 563	0. 368	0. 696
C5	69. 76	30. 748	0. 049	0. 73
C6	69. 28	29. 182	0. 3	0. 7
D1	69. 15	28. 934	0. 428	0. 691
D2	69. 59	29. 049	0. 359	0. 695
D3	69. 2	29. 556	0. 411	0. 694
D4	69. 12	28. 192	0. 572	0. 68

表 2　　　　EFA 结果

KMO = 0.592	成　分						
Total Variance Explained：64.06%	1	2	3	4	5	6	7
C2	0.75	—	—	—	—	—	—
C1	0.735	—	—	—	—	—	—
C3	0.593	—	—	—	—	—	—
B2	—	—	—	—	—	—	—
C4	—	—	—	—	—	—	—
D3	—	0.701	—	—	—	—	—
B1	—	0.664	—	—	—	—	—
A1	—	—	—	—	—	—	—
B3	—	—	—	—	—	—	—
A2	—	—	—	—	—	—	—
D2	—	—	0.781	—	—	—	—
D1	—	—	—	—	—	—	—
B5	—	—	—	0.771	—	—	—
A3	—	—	—	0.752	—	—	—
C5	—	—	—	—	0.856	—	—
D4	—	—	—	—	—	—	—
C6	—	—	—	—	—	0.709	—
B6	—	—	—	—	—	0.598	—
B4	—	—	—	—	—	—	0.825

附录 10－3　重要性－绩效矩阵分析（IPMA）结果

重要性－性能矩阵分析（IPMA）是有用的扩展发现的基本 PLS－SEM 使用潜在变量得分。基本的 PLS－SEM 分析通过提取对直接关系、间接关系和总关系的估计来识别结构模型中各构件的相对重要性。IPMA 用另一个维度扩展了这些 PLS－SEM 结果，其中包括每个结构的实际重要性和性能（Fornell et al.，1996；Hock et al.，2010；Kristensen et al.，2000；Sattler et al.，2010）。

因此，重要性-绩效矩阵分析是路径模型分析的一种补充，能够帮助管理者更好地认识改善管理活动的重要领域。

重要性极为总效应，用以衡量因子对于目标因子的贡献度，绩效的计算方法为，将因子得分重新编码后，取平均值，用以反映因子的实际表现，计算公式为式（1）。

$$Y_i^{rescaled} = \frac{(Y_i - \text{Minscale}[Y])}{(\text{Maxscale}[Y] - \text{Minscale}[Y])} \cdot 100 \tag{1}$$

（1）供应链绩效。

以供应链绩效因子为目标因子，进行 IPMA，结果如表 1、图 1 所示。

表 1　　IPMA 分析结果

	重要性	绩效
集成商行为因子	0.4080	59.1070
提供商行为因子	0.2680	70.8470
需求更新因子	0.1600	62.8050

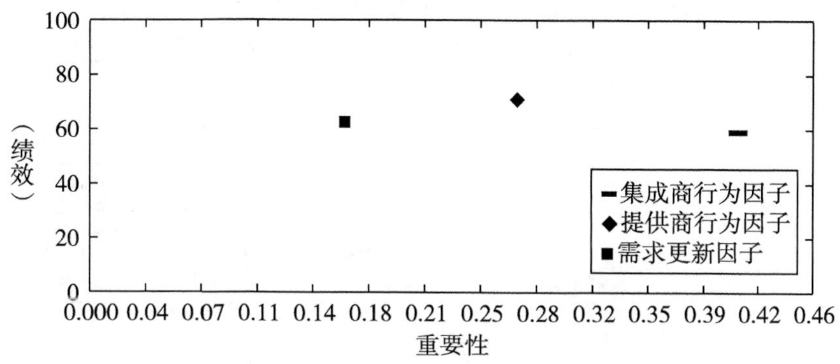

图 1　供应链绩效的重要性——绩效矩阵

（2）集成商行为。

如前文所述，集成商行为因子的总效应是由需求更新因子贡献的，对于需求预测的精度（A1）以及需求更新时刻（A2）两个表示需求更新的指标而言，我们希望辨识出对集成商行为因子有着更大的贡献度的指标。进行以集成商行为因子为目标因子的 IPMA 分析，如图 2 所示。

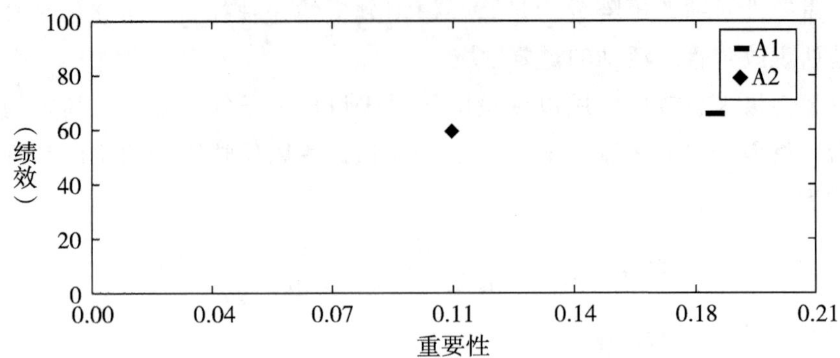

图 2　集成商行为因子的重要性——绩效矩阵

由图 2 可知，对于集成商行为因子而言，需求更新的时刻有较高的重要性（0.18），但是绩效仍不到 70%，说明集成商在关注需求更新时，更应该重视需求更新的时刻这一指标。

（3）提供商行为。

类似地，就提供商行为因子的总效应而言，取决于需求更新因子和集成商行为因子贡献的效应值，更具体而言，是由需求预测精度（A1）、需求更新时刻（A2）、对提供商的信任（B1）、对提供商的培训（B2）、订单任务分配的公平性（B3）五个指标决定的。以提供商行为因子为目标因子，进行 IPMA 分析，结果如图 3 所示。

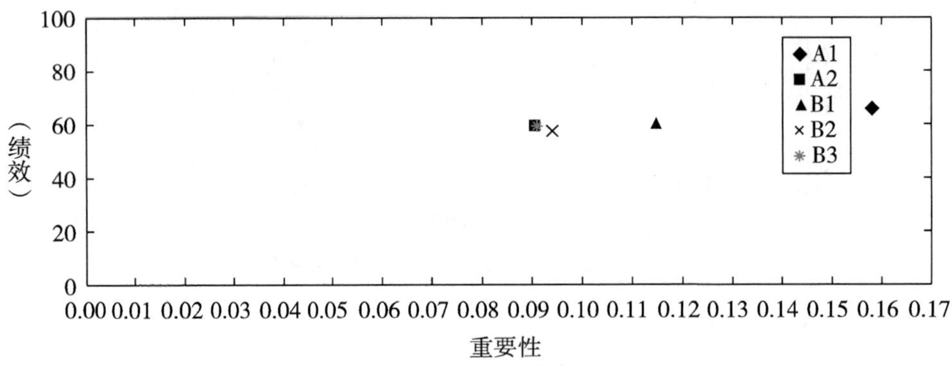

图 3　提供商行为因子的重要性——绩效矩阵

由于 IPMA 的逻辑是，考虑与改善目标潜变量相关的其他潜变量的（绩效）与影响路径（重要性），因此是从外部影响因素的角度，对于提高改善目标表现提供优先改进的建议。根据图 3 的路径模型图，可以得到每个潜变量下各个指标的因子载荷，可以由此确定各指标对该潜变量的贡献程度大小。

因此，结合图 1 至图 3，分别从内部因素和外部因素两个角度，梳理出对改善供应链绩效因子、集成商决策因子以及提供商行为因子贡献较大的指标。如表 2 至表 4 所示。

表 2　　以集成商行为因子为改善目标的改善指标建议

改善目标	集成商行为因子			
改善优先级	内部		外部	
1	B3	订单任务分配的公平性	A1	需求更新的时刻
2	B2	对提供商的培训	A2	需求预测的精度
3	B1	对提供商的信任	—	

通过对影响集成商行为的内、外部因子进行分析，对内，集成商需要重视订单任务分配的公平性、对提供商提供必要的培训以及信任；对外，需求更新的时刻与精度是需要关注的重点。

表 3　　以提供商行为因子为改善目标的改善指标建议

改善目标	提供商行为因子			
改善优先级	内部		外部	
1	C2	理性预期行为	A1	需求更新的时刻
2	C1	质量承诺行为	B1	对提供商的信任
3	C3	风险规避行为	B2	对提供商的培训

对提供商行为因子的影响因素进行分析，理性预期、质量承诺以及风险规避，是诸多行为因子中值得重点关注的，同时，外部需求更新的时刻，以及集成商的信任和培训，同样对提供商行为的影响有着较大的贡献度。

表 4　　以供应链绩效因子为改善目标的改善指标建议

改善目标	供应链绩效因子			
改善优先级	内部		外部	
1	D1	客户满意度	B1	对提供商的信任
2	D5	集成商合作满意度	B2	对提供商的培训
3	D4	提供商合作满意度	B3	订单任务分配的公平性

至于供应链绩效因子，满意度指标均体现出了较大的权重，进一步证明了物流服务供应链中，需要多方协作才能实现较好的绩效，这一点在外部因子的影响权重中再次得到印证，集成商对提供商的信任、培训，以及订单任务分配的公平性，对提供商行为积极性有着重要影响。